Institut für Sächsische Geschichte und Volkskunde 1997 – 2017

Martina Schattkowsky (Hg.)

Frauen und Reformation

Handlungsfelder – Rollenmuster – Engagement

GRENZEN & DIFFERENZEN

Zur Macht sozialer und kultureller Grenzziehungen

35. Kongress der Deutschen Gesellschaft für Volkskunde

25.–28. September 2005, Dresden

SACHSEN: WELTOFFEN!

MOBILITÄT – FREMDHEIT – TOLERANZ

INSTITUT FÜR SÄCHSISCHE GESCHICHTE UND VOLKSKUNDE | THELEM

Swen Steinberg

Unternehmenskultur im Industriedorf

Die Papierfabriken Kübler & Niethammer in Sachsen (1856–1956)

Leipziger Universitätsverlag

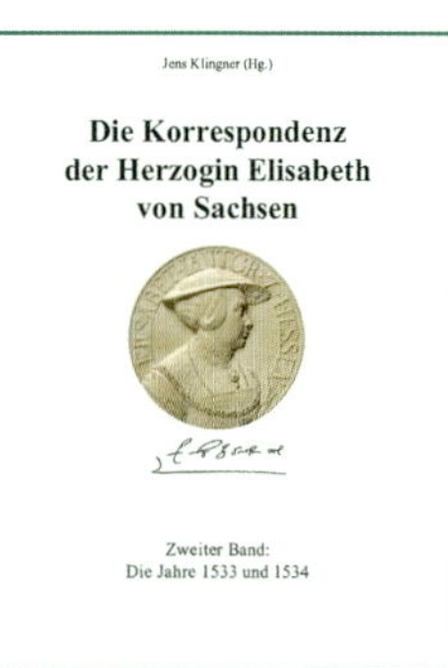

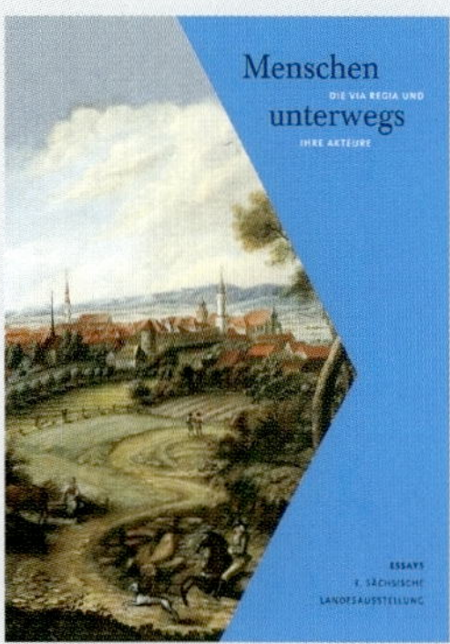

Institut für Sächsische Geschichte und Volkskunde 1997 – 2017

HERAUSGEGEBEN
VOM INSTITUT FÜR SÄCHSISCHE GESCHICHTE
UND VOLKSKUNDE E.V., DRESDEN
REDAKTION: WINFRIED MÜLLER UND DANIEL GEISSLER

SANDSTEIN VERLAG · DRESDEN 2017

Spurensuche
Geschichte und Kultur Sachsens
Band 7

Im Auftrag des Instituts
für Sächsische Geschichte und
Volkskunde e. V.
herausgegeben
von Enno Bünz, Winfried Müller,
Martina Schattkowsky und
Ira Spieker

Redaktionelle Mitarbeit
an diesem Band:
Susanne Müller

Bibliografische Information
der Deutschen Nationalbibliothek
Die Deutsche Nationalbibliothek
verzeichnet diese Publikation in
der Deutschen Nationalbibliografie;
detaillierte bibliografische Daten
sind im Internet über
http://dnb.ddb.de abrufbar.

Bibliographic information
published by Die Deutsche
Nationalbibliothek
Die Deutsche Nationalbibliothek
lists this publication in the
Deutsche Nationalbibliografie;
detailed bibliographic data is
available in the internet at
http://dnb.ddb.de

ISBN 978-3-95498-352-0

Sandstein Verlag, Dresden
Goetheallee 6 | 01309 Dresden
Tel. +49 (0)351-4407 8-0
Fax +49 (0)351-440 78 12
www.sandstein-verlag.de

Inhalt

ANHANG

Das Institut für Sächsische Geschichte und Volkskunde (ISGV) 1997–2017

»Die Konstruktion des ISGV als Zusammenfassung der beiden Disziplinen Landesgeschichte und Volkskunde hat sich in dieser Kombination in den letzten 20 Jahren als ausgesprochen innovativ und zukunftsträchtig erwiesen.« Diese Formulierung ist dem Bericht über die am 30. und 31. März 2017 durchgeführte Evaluierung des Instituts für Sächsische Geschichte und Volkskunde entnommen. Einerseits, so betonte die aus Vertretern beider Fachrichtungen zusammengesetzte Evaluierungskommission, hätten Landesgeschichte und Volkskunde im ISGV ein eigenständiges Profil entwickelt, stets aber auch darauf geachtet, dass es Schnittmengen gibt, die als Grundlage für gemeinsame Projekte und Aktivitäten genutzt werden können. Wenn diese als ein »Alleinstellungsmerkmal« des ISGV definiert wurden, so ist damit zugleich gesagt, dass die Zusammenführung beider Disziplinen unter dem Dach eines Instituts eine Besonderheit darstellt. Sie ist auch mit der unterschiedlichen Entwicklung von Landesgeschichte und Volkskunde im Wissenschaftssystem der DDR zu erklären.

Aus der Perspektive der Landesgeschichte war die Institutsgründung insofern besonders angebracht, weil das Fach und seine Vertreter in der DDR nach der Auflösung der Länder 1952 kontinuierlich an den Rand gedrängt worden waren. Der Föderalismus war als Gegenbild zum sozialistischen Einheitsstaat verpönt, die Länder und ihre Geschichte galten mehr oder weniger als Traditionsballast, und damit hatte auch die sogenannte bürgerliche Landesgeschichte in der DDR kaum Entfaltungsmöglichkeiten. Kulminationspunkt dieser Entwicklung war bekanntlich die 3. Hochschulreform von 1969, mit der die Landesgeschichte den ihr noch verbliebenen Rest an Selbstständigkeit verlor, indem sie in der neu gegründeten Sektion für Geschichte an der Universität Leipzig nicht mehr eigens ausgewiesen wurde. Die insbesondere von Rudolf Kötzschke und Hellmut Kretzschmar geprägte Tradition der sächsischen Landesgeschichte bzw. des Leipziger Seminars für Landesgeschichte und Siedlungskunde wurde damit gezielt abgebrochen. Ihr wichtigster Hüter wurde – eigenen Worten zufolge als »bürgerlicher Historiker am Rande der DDR«[1] – Karlheinz Blaschke, zunächst im staatlichen Archivdienst, seit 1969 am kirchlichen Theologischen Seminar Leipzig als Dozent für Geschichte.

In Abgrenzung von dieser ›bürgerlichen‹ Landesgeschichte wurde durch Karl Czok an der Universität Leipzig eine marxistische Regionalgeschichte konzeptioniert, die 1967 ein »Jahrbuch für Regionalgeschichte« begründete und die in den 1980er-Jahren von dem im Zuge der sogenannten Erbe-Diskussion neu erwachten Interesse an der Geschichte der Länder profitierte. In diesem Kontext ist die von Karl Czok 1989 noch zu DDR-Zeiten herausgegebene, in einzelnen Kapiteln stark ideologisch geprägte »Geschichte Sachsens« zu sehen – die einzige in der DDR entstandene landesgeschichtliche Gesamtdarstellung, deren Erarbeitung nicht zuletzt dadurch möglich war, dass Sachsen über die gesamte DDR-Zeit hinweg über eine landesgeschichtlich arbeitende historische Kommission verfügte.[2] Ungeachtet dieser Kontinuitätsstränge blieb die Landesgeschichte eineRanddisziplin, und so gesehen bot erst der mit der Gründung der neuen Bundesländer zum Abschluss gelangende Prozess der Reföderalisierung auf dem Gebiet der ehemaligen DDR neue Chancen für das Fach. Zunächst kam es dabei zur Einrichtung bzw. Neubesetzung landesgeschichtlicher Professuren an den Technischen Universitäten Chemnitz und Dresden sowie an der Universität Leipzig. Mit der Gründung des ISGV gelangte diese nach der Friedlichen Revolution eingeleitete Aufbauphase der Sächsischen Landesgeschichte 1997 zum Abschluss.[3]

Ähnlich wie die Landesgeschichte kann auch die Volkskunde in Sachsen auf eine lange Tradition zurückblicken. Zugleich war das Fach in der DDR durchaus positiv konnotiert. Namentlich der Begriff der »Volkskunst« wurde als Ausdruck der schöpferischen Aktivitäten der werktätigen Bevölkerung programmatisch aufgeladen – einerseits als Gegenmodell zur westlichen Popularkultur, deren beschleunigter Wandel nach 1945 als Dekadenzerscheinung und Amerikanisierungsphänomen apostrophiert wurde. Andererseits stand hinter dem Interesse an der Volkskunst das gesellschaftspolitische Leitbild von der klassenlosen Gesellschaft, in der sich Volks- bzw. Laienkunst und Berufskunst einander annäherten. Vor diesem Hintergrund war das Überleben des 1946 in Dresden gegründeten Instituts für Volkskunst und Volksbrauch gesichert, mit dem an die 1926 gegründete Professur für deutsche Philologie und Volkskunde an der Technischen Hochschule Dresden angeknüpft wurde. Als 1952 an der Deutschen Akademie der Wissenschaften zu Berlin ein Institut für deutsche Volkskunde eingerichtet wurde, blieb die Dresdner Forschungseinrichtung als Außenstelle erhalten. Nach der Friedlichen Revolution wurde sie im Zuge der Abwicklung der Akademie der Wissenschaften der DDR dann zwar aufgelöst, allerdings konnte sie als Arbeitsgruppe Volkskunde im Rahmen des Wissenschaftlerintegrationsprogramms weiterarbeiten und war zunächst dem Lehrstuhl für Sächsische Landesgeschichte an der Technischen Universität Dresden angegliedert. 1992 wandten sich ihre Mitglieder mit der Bitte an den Sächsischen Landtag, den Fortbestand ihrer Arbeit zu sichern. In ähnlichem Sinne äußerten sich auch die Gesellschaft für Ethnographie und der Präsident der Sächsischen Akademie der Wissenschaften zu Leipzig. Zuvor schon, im September 1991, hatte Karlheinz Blaschke als erster Inhaber der neu gegründeten landesgeschichtlichen Professur an der Technischen Universität Dresden in einer dem Staatsministerium für Wissenschaft und Kunst vorgelegten Denkschrift für die Einrichtung eines Forschungsinstituts für sächsische Geschichte plädiert.

Dies war der Hintergrund, vor dem das Sächsische Staatsministerium für Wissenschaft und Kunst die Konzeption für ein sowohl die Landesgeschichte als auch die Volkskunde berücksichtigendes Forschungsinstitut erarbeitete. Dieses war einerseits als komplementäre außeruniversitäre Ergänzung zu den landesgeschichtlichen Professuren gedacht, um mittel- und langfristige Projekte zu realisieren, die im Rahmen des universitären Lehr- und Forschungsbetriebs nicht zu verwirklichen sind.

Andererseits sollte es die Tradition der – allerdings an keiner sächsischen Hochschule institutionalisierten – Volkskunde fortsetzen. In diesem Sinne bewahrt das ISGV als Kontinuitätsträger der Volkskunde in Sachsen auch deren materielles Erbe – eine Bibliothek von ca. 30 000 Bänden, wissenschaftliche Nachlässe etwa von Adolf Spamer oder Siegfried Kube, eine ca. 70 000 Dokumente umfassende Bildsammlung.

Die konzeptionelle Vorarbeit wurde dann zur Grundlage eines am 23. Mai 1996 gefassten Landtagsbeschlusses zur Gründung eines Instituts für Sächsische Geschichte und Volkskunde. Die Sächsische Staatsregierung stimmte der Institutsgründung in ihrer Kabinettssitzung vom 25. März 1997 zu, im Mai 1997 schloss eine überregional zusammengesetzte Gründungskommission[4] ihre Arbeit ab und legte Vorschläge zu Aufgabenstellung, Satzung und Personalstruktur des ISGV vor. In der Satzung vom 22. Oktober 1997[5] wurde der Auftrag definiert, »die sächsische Geschichte in ihren historischen Räumen« sowie »volkskundlich die alltäglichen Lebenswelten, auch im Verhältnis zwischen regionaler Eingrenzung und kulturellem Austausch, bis zur Gegenwart« zu erforschen und die »Erschließung und Dokumentation der einschlägigen Quellen voranzutreiben«. Unter gleichem Datum wurde das ISGV in Dresden in der Rechtsform eines eingetragenen Vereins errichtet. Mitglieder des Trägervereins des ISGV sind das Sächsische Staatsministerium für Wissenschaft und Kunst, die Universität Leipzig, die Technischen Universitäten Dresden, Chemnitz und Bergakademie Freiberg sowie das Sorbische Institut Bautzen, die Sächsische Akademie der Wissenschaften zu Leipzig und die Sächsische Landesbibliothek – Staats- und Universitätsbibliothek Dresden. Als Organ des Trägervereins ist ein Kuratorium als Aufsichtsgremium für alle grundsätzlichen Angelegenheiten des ISGV zuständig, in dem das Sächsische Staatsministerium für Wissenschaft und Kunst, die Technische Universität Dresden und die Universität Leipzig sowie ein Mitglied des Trägervereins vertreten sind.[6] Die Tätigkeit des Instituts wird von einem Wissenschaftlichen Beirat begleitet, der sich aus international anerkannten Vertretern der Fächer Geschichte und Volkskunde zusammensetzt.[7] Ergänzt wird diese Beratungstätigkeit durch Evaluierungen, die unter Hinzuziehung externer Gutachter bislang drei Mal – 2002, 2006 und 2017 – durchgeführt wurden; 2011 beantwortete das ISGV einen an die außeruniversitären Forschungseinrichtungen mit Osteuropa-Bezug gerichteten umfangreichen Fragenkatalog des Wissenschaftsrats. 2016 wurde ferner eine Prüfung des Sächsischen Rechnungshofs abgeschlossen, die dem ISGV den verantwortungsvollen Umgang mit den zur Verfügung gestellten Mitteln bescheinigte.

Die Neuformierung der sächsischen Wissenschaftslandschaft in den 1990er-Jahren spiegelt sich in der Leitungsstruktur des ISGV insofern wider, als die Inhaber der Lehrstühle für Sächsische Landesgeschichte an der Technischen Universität Dresden und der Universität Leipzig gemeinsam das Direktorium des Instituts bzw. die Vorstandschaft des Trägervereins wahrnehmen. Gemäß Satzung werden die Direktoren in der Regel für vier Jahre vom Kuratorium bestellt und alternieren in zweijährigem Turnus in der Geschäftsführung. Das Gründungsdirektorium setzte sich aus den beiden Vorsitzenden der Gründungskommission, Walter Schmitz (Technische Universität Dresden) und Günther Wartenberg (Universität Leipzig), zusammen. In deren Nachfolge leiten Winfried Müller (Dresden) und Enno Bünz (Leipzig) seit 2000 bzw. 2002 das ISGV gemeinsam. Beide

Dresden, Zellescher Weg 17 (»DrePunct«) – seit 1998 Sitz des ISGV

Direktoren üben ihre Tätigkeit im ISGV nebenamtlich aus und sind daher in besonderem Maße auf die Unterstützung der Verwaltung und des geschäftsführenden Assistenten sowie der Leitungen der Bereiche Geschichte und Volkskunde angewiesen. Die Bereichsleitung liegt üblicherweise bei habilitierten Wissenschaftlerinnen und Wissenschaftlern. Der anfänglich von Katrin Keller betreute Bereich Geschichte wird seit Februar 1999 von Martina Schattkowsky geleitet, die 2008 zur apl. Professorin in der Philosophischen Fakultät der Technischen Universität Dresden ernannt wurde. Die Leitung des Bereichs Volkskunde lag zunächst bei Michael Simon, der im Oktober 2000 einem Ruf auf die Professur für Kulturanthropologie/Volkskunde an der Johannes Gutenberg-Universität Mainz folgte. Nach der kommissarischen Leitungstätigkeit von Monika Kania-Schütz war von 2002 bis 2006 Johannes Moser als Leiter des Bereichs Volkskunde tätig, der dann auf den Lehrstuhl für Volkskunde/Europäische Ethnologie an der Ludwig-Maximilians-Universität München berufen wurde. Ihm folgte bis 2013 Manfred Seifert, mittlerweile Professor für Europäische Ethnologie/Kulturwissenschaft an der Philipps-Universität Marburg. Seit 2014 wird der Bereich Volkskunde von Ira Spieker geleitet, die 2015 an der Universität Jena habilitiert wurde.

Was die wissenschaftlichen Mitarbeiterinnen und Mitarbeiter betrifft, so wurde der in der Planungsphase für das ISGV vorgesehene Personalstand aus Haushaltsgründen nicht erreicht. Im Augenblick sind beiden Bereichen acht wissenschaftliche Planstellen zugeordnet. Deren Inhaber arbeiteten zunächst, nach Bereichen getrennt, an zwei Standorten: die Volkskundler im Ständehaus im Zentrum Dresdens, die Historiker im Bürogebäude »Falkenbrunnen« in der Chemnitzer Straße. Seit August 1998 ist das ISGV in seiner Gesamtheit im Bürogebäude »DrePunct« am Zelleschen Weg 17 untergebracht.

In seiner wissenschaftlichen Arbeit ist das ISGV bestrebt, seinem Satzungsauftrag durch eine Kombination von langfristig angelegten Projekten der Grundlagenforschung und mittelfristigen Arbeitsvorhaben nachzukommen und dabei zugleich das in der Satzung angesprochene Spannungsfeld von »regionaler Eingrenzung und kulturellem Austausch« vor allem mit den Nachbarländern auszuloten. Hierbei ist eine gewisse Fokussierung der Institutsarbeit auf das Länderdreieck Deutschland – Tschechien – Polen bzw. historisch gesehen Sachsen/Oberlausitz – Böhmen – Schlesien unverkennbar. In diesem Kontext führte das ISGV bereits 2007 mit finanzieller Unterstützung des Sächsischen Staatsministeriums des Innern und gemeinsam mit dem Schlesischen Museum Görlitz sowie dem Sächsischen Staatsarchiv das Projekt »300 Jahre Altranstädter Konvention – 300 Jahre schlesische Toleranz« durch; das ISGV war für die Erstellung einer zweisprachigen Begleitpublikation[8] und für eine in mehreren Orten Polens und Deutschlands gezeigte Wanderausstellung verantwortlich. Aktuell spielen transnationale Kontakte, Formen der Annäherung und Abgrenzung sowie damit verbundene wechselseitige Einflüsse in dem u. a. von der Beauftragten der Bundesregierung für Kultur und Medien geförderten Projekt »Kontaktzonen. Kulturelle Praktiken im deutsch-tschechisch-polnischen Grenzraum« eine hervorgehobene Rolle in der Institutsarbeit. Hier wird – nachdem 2017 erste Ergebnisse auf einer dreisprachigen Website präsentiert wurden[9] – sicherlich auch in Zukunft ein wichtiger Forschungsschwerpunkt der Volkskunde im ISGV liegen. Ausdruck des Anliegens, Transferprozesse zwischen Sachsen und seinen Nachbarländern multiperspektivisch zu erforschen, war es auch, dass das ISGV wiederholt für Wissenschaftlerinnen und Wissenschaftler aus Polen und Tschechien als Gastgeber fungierte und über mehrere Jahre hinweg einen tschechischen Wissenschaftler zu seinen Mitarbeitern zählte, der insbesondere für ein in Ústí nad Labem geplantes Ausstellungsprojekt zur Geschichte der deutschsprachigen Bevölkerung in Böhmen zuständig war. Auch die Beteiligung des ISGV an der 3. Sächsischen Landesausstellung zur via regia als der bedeutendsten Ost-West-Magistrale der Vormoderne stand im Zeichen der Analyse des transnationalen Güter- und Ideentransfers. Und nicht zuletzt ist, wenn es um internationale Perspektiven der Landesgeschichte geht, an die Einbindung des ISGV in die internationale Biografieforschung zu erinnern: 2012 wurde die Sächsische Biografie als erstes biografisches Regionalportal in das europäische Biographie-Portal integriert.[10]

Was die angesprochenen Langzeitprojekte betrifft, so sei für den Bereich Geschichte zunächst auf den Codex diplomaticus Saxoniae (CDS) hingewiesen,[11] der für den mitteldeutschen Raum wichtigsten Edition von Urkunden des Mittelalters. Nach jahrzehntelanger Unterbrechung des in den 1860er-Jahren begonnenen Vorhabens, in dessen Rahmen bis 1941 25 Bände vorgelegt wurden, wurde die Arbeit am CDS in den 1990er-Jahren wieder aufgenommen, wobei sich das ISGV und die Sächsische Akademie der Wissenschaften dieser Aufgabe gemeinsam annahmen. Die Akademie ist hierbei für den Hauptteil I »Urkunden der Markgrafen von Meißen und Landgrafen von Thüringen« zuständig. Das ISGV hat mit den Urkunden des Zisterzienserklosters Altzelle und dem Urkundenbuch der Stadt Dresden bislang den Fokus auf den Hauptteil II, die urkundliche Überlieferung der Städte und geistlichen Institutionen in Sachsen, gerichtet. Nachdem 2009 bereits Band 1 der Papsturkunden des Sächsischen Staatsarchivs, Hauptstaatsarchivs Dresden erschienen war, rückte seit 2017 der Hauptteil III mit den päpstlichen Urkunden zur Geschichte Sachsens in den Mittelpunkt; hier werden zunächst die Originalurkunden des Hauptstaatsarchivs Dresden der Forschung zugänglich gemacht.

Reformationsgeschichte aus der Gender-Perspektive

Eine nicht minder große editorische Herausforderung stellt das Projekt »Fürstinnenkorrespondenz in der Reformationszeit« dar, das sich zunächst die Edition der ausgesprochen schwer leserlichen Briefe der Herzogin Elisabeth von Sachsen – der lutherischen ›Vorkämpferin‹ am katholischen Dresdner Hof ihres Schwiegervaters Herzog Georg – vorgenommen hat. Nach der Veröffentlichung des ersten Bandes (2010) mit den Briefen der Jahre 1505 bis 1532 präsentiert der 2017 erschienene zweite Band die Briefe der Jahre 1533/34 im Volltext. Zum Luther-Jahr 2017 und dem 500. Reformationsjubiläum wird durch die Korrespondenz einer der politisch und geistig einflussreichsten Reformationsfürstinnen ein vertieftes Verständnis des Reformationsgeschehens eröffnet. Zugleich wird damit auch der historischen Genderforschung ein wichtiger Impuls gegeben; flankierend zum Editionsprojekt erschien 2016 der Tagungsband »Frauen und Reformation«.[12]

Besonderer Rang unter den Langzeitprojekten des Bereichs Geschichte bzw. des ISGV insgesamt kommt der Sächsischen Biografie zu, deren Anfänge in die Konzeptionsphase des Instituts zurückreichen und die 2003 mit einer Präsentationsveranstaltung im Sächsischen Landtag erstmals einer breiteren Öffentlichkeit vorgestellt wurde. Die Sächsische Biografie war von Anfang an als ergänzungsoffene Open Access-Publikation geplant worden, die 2005 freigeschaltet wurde. In der Gründungsphase des ISGV, als das Internet noch in den Kinderschuhen steckte, war das keine unumstrittene Entscheidung gewesen, die sich allerdings voll bewährt hat und mittlerweile auch von allen wichtigen Nationalbiografien praktiziert wird. Dass das ISGV bei der Präsentation seines personengeschichtlichen Lexikons zur sächsischen Geschichte eine Vorreiterrolle eingenommen hat, wird dabei durchaus anerkannt; die Einbindung in das europäische Biographie-Portal wurde bereits angesprochen, überdies ist die wissenschaftliche Leiterin des Projekts, Martina Schattkowsky, Mitglied des Wissenschaftlichen Beirats des Instituts für Neuzeit- und Zeitgeschichtsforschung der Österreichischen Akademie der Wissenschaften und in diesem Rahmen für das Österreichische Biographische Lexikon zuständig. Mittlerweile sind in der Sächsischen Biografie ca. 11 600 Persönlichkeiten abrufbar, die in der Mark Meißen, in Kursachsen bzw. im Königreich Sachsen bis hin zum heutigen Freistaat Sachsen gewirkt haben. Annähernd 1 600 Einträge sind mit Volltextbiografien hinterlegt. Der Entschluss zur Online-Publikation schloss zwar alphabetisch geordnete, gedruckte Lexikonbände aus, war aber nicht mit dem vollständigen Verzicht auf das Buch gleichzusetzen. So waren von Anfang an Themenbände zu spezifischen Berufs- oder Sozialgruppen vorgesehen.[13] Hier wurde mit dem 2014 vorgelegten Band »Dresdner Bibliothekarinnen und Bibliothekare« ein Anfang gemacht. Mit dem Sorbischen Institut in Bautzen und Cottbus wird ein Spezialband zu sorbischen Persönlichkeiten, der zweisprachig in deutscher und sorbischer Sprache erscheinen soll, vorbereitet.

Der Bereich Volkskunde konzentrierte sich gerade in der Gründungsphase des Instituts, die ja auch eine Phase der Rückfragen an die Vergangenheit des eigenen Fachs und der wissenschaftlichen Neuorientierung war, zunächst auf die Wissenschaftsgeschichte der Volkskunde. Zugleich galt es, das eingangs angesprochene materielle Erbe der Volkskunde in Sachsen zu sichern. Hier verdient insbesondere der umfangreiche Teilnachlass des Germanisten und Volkskundlers Adolf Spamer Erwähnung, der nach dem Zweiten Weltkrieg in Dresden das Institut für Volkskunst und Volksbrauch gegründet hatte, das im Mai 1947 in Institut für Volkskunde umbenannt und der Technischen Hochschule Dresden angegliedert wurde. Der u. a. das Corpus der deutschen Segen und Beschwörungsformeln, Andachtsbilder und die sogenannte Weltkriegssammlung – Flugblätter, Feldpostbriefe, Postkarten etc. – beinhaltende Teil des Spamer-Nachlasses zog wiederholt das Interesse der internationalen Forschung auf sich, sodass 2017 ein Erschließungs- und Digitalisierungsprojekt in Angriff genommen wurde. Wesentlich früher war dies bei den im ISGV archivierten Bildquellen der Fall. Als Pilotprojekt kam es hier in der Gründungs- und Frühphase des ISGV zu einer großangelegten, bis 2001 von der VolkswagenStiftung Hannover geförderten digitalen Erfassung von Bildmaterialien; historische Bestände wie die Sammlungen des Heimatwerks Sachsen sind hier ebenso zu nennen wie eine Gruppe von Bildquellen aus den Jahren 1994 bis 1996, die die Veränderungen der Nachwendezeit dokumentiert. Aktuell umfasst der Bestand ca. 150 000 Objekte, von denen ca. 60 000 frei im Internet abrufbar sind.

Das Bildarchiv arbeitet eng mit einem anderen Langzeitprojekt des Bereichs Volkskunde zusammen, dem Lebensgeschichtlichen Archiv für Sachsen (LGA), für das biografische und autobiografische Zeugnisse gesammelt und archiviert werden. Methodisch dem Forschungsansatz der kulturwissenschaftlichen Bewusstseinsanalyse verpflichtet,[14] schlug sich die Arbeit am LGA in einer ganzen Reihe von Buchpublikationen nieder. Die Bandbreite reicht hier von Briefen eines Studenten aus der Frühzeit der Dresdner polytechnischen Bildungsanstalt über biografische Zeugnisse sächsischer Marionettenspieler bis hin zu Erinnerungen an Urlaub und Reisen in der DDR.[15] Zugleich werden die für das LGA gesammelten Quellen in einer Datenbank aufbereitet, die sukzessive und im Rahmen der daten- und urheberschutzrechtlichen Möglichkeiten als Online-Version zugänglich gemacht wird.

Zu diesen in der Verantwortung entweder des Bereichs Geschichte oder des Bereichs Volkskunde liegenden Projekten kam die Realisierung von Forschungsvorhaben hinzu, die die beiden Fachkulturen bewusst zusammenführen, um die Kombination der Disziplinen Landesgeschichte und Volkskunde unter dem Dach des ISGV zu nutzen. Ein entscheidender Impuls für diese interdisziplinäre Vorgehensweise war von der Bewilligung des Projekts »Ländlicher Alltag auf dem Weg in die Moderne. Sächsische und oberlausitzische Agrargesellschaften zwischen Rétablissement und 1. Weltkrieg (1763–1914)« durch die Deutsche Forschungsgemeinschaft (DFG) ausgegangen. Zwischen 2006 und 2009 analysierten Ira Spieker und Elke Schlenkrich gemeinsam Umbrüche und längerfristige Wandlungsprozesse in der ländlichen Gesellschaft Sachsens, wobei die Handlungsfelder der lokalen Herrschaftspraxis, der familialen Strategien, der Konfliktkultur sowie der ländlichen Ökonomien im Zentrum des Interesses standen. Gerade weil Sachsen für den Untersuchungszeitraum gemeinhin als Industrieland wahrgenommen wird, wurde hier ein bislang kaum thematisiertes Forschungsfeld erschlossen.[16]

Der Ansatz, kulturwissenschaftliche Themen im Verbund von volkskundlicher und historischer Forschung zu bearbeiten, fand 2007 in einem weiteren Drittmittelprojekt seine Fortsetzung, das vom Sächsischen Staatsministerium für Wissenschaft und Kunst anlässlich des Jahres der Geisteswissenschaften ausgelobt worden war. Unter dem Arbeitstitel »Migration und Toleranz. Historisch-volkskundliche Studien zur

Stadt und Industriedorf – Schauplätze der Industriekultur und Arbeitswelt in Sachsen

Einwanderung im Grenzraum Sachsen, Böhmen und Schlesien während des 18. und 19. Jahrhunderts« wurde in einem sozusagen klassischen Begegnungsraum der Zusammenhang von sowohl konfessionell als auch ökonomisch bedingten Migrationsprozessen, Toleranzdiskursen und lebensweltlichen Formen des Miteinanders in einer Grenzregion analysiert; der Ertrag des Projekts wird durch zwei gewichtige Dissertationen dokumentiert.[17] Und noch in einem weiteren, an diese mobilitäts- und migrationsgeschichtlichen Fragestellungen anknüpfenden Projekt kam es zu einer engen Verflechtung der Arbeit beider Bereiche des ISGV: »Sachsen: Weltoffen! Mobilität – Fremdheit – Toleranz« versuchte vor dem Hintergrund aktueller Migrationsdebatten und fremdenfeindlicher Aktivitäten Mobilitätsprozesse in eine historische Perspektive zu stellen und aufzuzeigen, dass Migration und die Begegnung mit Fremden gewissermaßen der historische Normalfall waren. Dass die freiwilligen oder erzwungenen Kulturkontakte vielfach auch von Ängsten begleitet wurden, zugleich aber für die historischen Akteure von Gewinn waren, wird dabei in einem weit gespannten Thementableau entfaltet, das vom mittelalterlichen Landesausbau bis hin zu Flucht und Vertreibung nach 1945 reicht. Die bewusst populärwissenschaftlich angelegten Essays erschienen zunächst als Open Access-Publikationen auf der Homepage des ISGV, 2016 dann – gedruckt mit Unterstützung des Geschäftsbereichs Gleichstellung und Integration des Sächsischen Staatsministeriums für Soziales und Verbraucherschutz sowie des Sächsischen Ausländerbeauftragten – in Buchform.[18]

Ein zentrales Forschungsthema: Migration und Mobilität

Unter anderem am Beispiel der zuletzt genannten Projekte wird deutlich, dass sich das ISGV als landesfinanzierte außeruniversitäre Forschungseinrichtung in Permanenz darum bemüht, in Ergänzung zu seinem regulären Etat Drittmittel einzuwerben. Neben den bereits genannten Institutionen kann das ISGV auf die VolkswagenStiftung Hannover als Drittmittelgeber verweisen, die den Aufbau des Digitalen Bildarchivs über mehrere Jahre hinweg förderte. Ein Projekt zur Elitenbildung in Sachsen wurde mit Mitteln der Fritz Thyssen Stiftung finanziert. Die DFG, die bereits im Zusammenhang mit dem Vorhaben »Ländlicher Alltag auf dem Weg in die Moderne« genannt wurde, förderte von 2009 bis 2012 das von Wolfgang Hesse durchgeführte fotohistorische Projekt »Das Auge des Arbeiters. Untersuchungen zur proletarischen Arbeiterfotografie am Beispiel Sachsens«. Dessen Ergebnisreichtum mündete ab 2013 in eine zweijährige Weiterförderung im Rahmen eines neuen DFG-Förderformats ein. Es handelte sich dabei um ein sogenanntes Erkenntnistransferprojekt, dessen Ziel es war, die Ergebnisse der wissenschaftlichen Grundlagenforschung in praxisorientierter Absicht einer interessierten Öffentlichkeit zu vermitteln. Im konkreten Fall bedeutete dies die Präsentation der Forschungsergebnisse in drei Ausstellungen.[19]

Wenn es um Projektförderung durch Mittel geht, die zusätzlich zum regulären Institutsetat zur Verfügung gestellt werden, ist auf vorhabenbezogene Sondermittel etwa der Sächsischen Staatsministerien des Innern oder für Wissenschaft und Kunst zu verweisen. Auf diese Weise wurden die Neubearbeitung des Historischen Ortsverzeichnisses von Sachsen sowie 2009 der Beginn des Sächsischen Klosterbuchs ermöglicht. Und grundsätzlich gilt: Bei allen Erfolgen, die das ISGV bei der Einwerbung von Drittmitteln erzielte, muss gerade auch vor dem Hintergrund der deutlich gesunkenen Bewilligungsquoten der großen Förderinstitutionen betont werden, dass das Interesse des Sächsischen Staatsministeriums für Wissenschaft und Kunst als des Zuwendungsgebers an der Arbeit des ISGV unverzichtbar ist. Fächer wie Geschichte und Volkskunde werden es im Wettbewerb mit anwendungsorientierten Wissenschaftsdisziplinen immer schwer haben, da sie jenseits aller notwendigen Pragmatik auf Sinnhorizonte verweisen, die zwar für die humane Qualität einer Gesellschaft unverzichtbar sind, die sich aber dem Geist der Rechenhaftigkeit entziehen.

Zugleich bedeutet dies natürlich auch, dass sich das ISGV sowohl gegenüber der wissenschaftlichen als auch gegenüber der allgemeinen, an Themen der Landesgeschichte und Volkskunde interessierten Öffentlichkeit in der Pflicht sieht. Das Institut informiert deshalb ausführlich über seine Arbeit und steht vor allem mit Blick auf die Online-Projekte in einem intensiven Austausch mit den Nutzern seiner Forschungsergebnisse. Diesem Ziel dient zunächst einmal die zuletzt 2015 einem umfassenden Relaunch unterzogene Website des ISGV. Zusätzlich zu den unter www.isgv.de erhältlichen Informationen zur Institutsarbeit versendet das ISGV seit 2013 regelmäßig einen Newsletter »Aktuelles aus dem ISGV«, der über den E-Mail-Verteiler des Instituts ca. 600 Adressaten auf aktuelle Veranstaltungen und Publikationen hinweist.

Die Website des Instituts stellt zugleich umfangreiche wissenschaftliche Serviceleistungen zur Verfügung. So sind beispielsweise die älteren Bände des Codex diplomaticus Saxoniae, die von der internationalen mediävistischen Fachwelt intensiv genutzt werden, in digitalisierter Form einsehbar. Die Retrodigitalisierung, bei der das ISGV u. a. im Rahmen des Informationsportals Sachsen digital eng mit der Sächsischen Landesbibliothek – Staats- und Universitätsbibliothek Dresden kooperiert, ist freilich nicht der Markenkern des Instituts. Als solcher ist eher die vor allem am Beispiel der Sächsischen Biografie deutlich gewordene Tendenz zu bezeichnen, langfristig angelegte Projekte als Open Access-Publikationen zu konzipieren. Dies wiederum ist keineswegs gleichzusetzen mit einem Verzicht auf die klassischen Printmedien Buch und Zeitschrift. Das ISGV hat deshalb für die Präsentation und Veröffentlichung seiner Forschungsergebnisse von Anfang an eine Doppelstrategie mit einer sinnvollen wechselseitigen Ergänzung ›alter‹ und ›neuer‹ Medien verfolgt. Ein gutes Beispiel hierfür ist das Historische Ortsverzeichnis von Sachsen (HOV), dessen Neubearbeitung durch Karlheinz Blaschke und Susanne Baudisch zunächst 2006 in

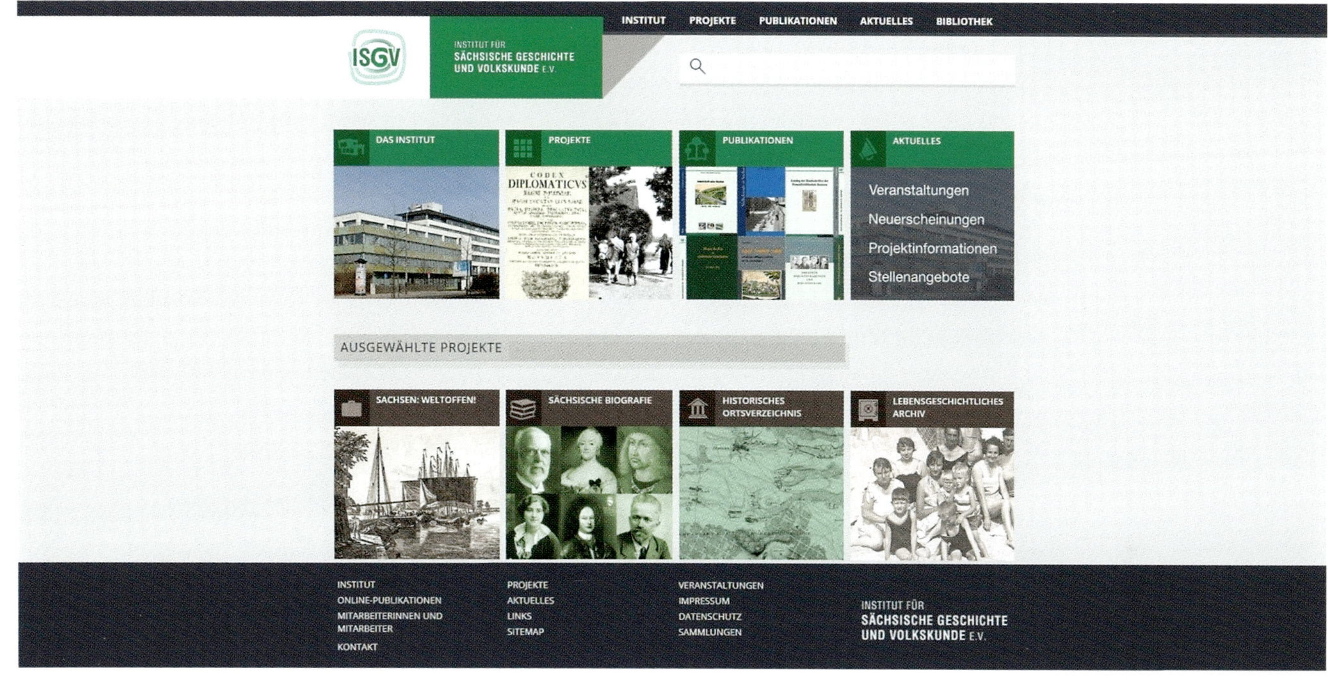

www.isgv.de: Das Institut legt seit seiner Gründung großen Wert auf seine Internet-Präsentationen

Buchform erschien. Bereits ab 2007 wurde dann eine inhaltlich überarbeitete und frei zugängliche digitale Version mit Verknüpfungen zu den amtlichen Dokumentationssystemen in Sachsen entwickelt. Seit 2008 steht das HOV online zur Verfügung und bietet – wie zuletzt mit dem vom Sächsischen Staatsarchiv realisierten Projekt »Sächsische Gerichtsbücher« – die Basis für die Verlinkung von ortsbezogenen Daten.

Was die Buchveröffentlichungen des ISGV betrifft, so ist die ›große‹ Schriftenreihe, die für Monografien sowie Tagungs- und Aufsatzbände vorgesehen ist, zweifelsohne das Flaggschiff. 2000 unter dem Reihentitel »Schriften zur sächsischen Landesgeschichte« begonnen, firmiert die im Leipziger Universitätsverlag erscheinende Reihe ab Band 5 (2002) unter dem Titel »Schriften zur sächsischen Geschichte und Volkskunde«. Damit soll die enge Verklammerung der Bereiche Geschichte und Volkskunde im ISGV zum Ausdruck gebracht werden; die Herausgeberschaft wird vom Direktorium und den Bereichsleitungen gemeinsam wahrgenommen. Mittlerweile nähert sich die Reihe dem 60. Band, wobei keineswegs nur Eigenproduktionen des ISGV oder der Kooperationsuniversitäten Dresden und Leipzig aufgenommen werden. Vielmehr hat das Institut wiederholt auch Publikationsangebote aus anderen Bundesländern bzw. Universitäten aufgegriffen, sodass sich die Reihe als zentrales Publikationsforum für Qualifikationsarbeiten zur sächsischen Geschichte und Volkskunde etabliert hat.

Ergänzt wird die ›große‹ Institutsreihe seit 2004 durch eine ›kleine‹, mittlerweile auf fast 40 Bände angewachsene Schriftenreihe, die »Bausteine aus dem Institut für Sächsische Geschichte und Volkskunde«. Mit ihr wurde dem Bedürfnis entsprochen, ein Publikationsforum zur Dokumentation von Workshops, für Projekte mit kürzerer Laufzeit oder auch für akademische Abschlussarbeiten geringeren Seitenumfangs zu schaffen. Die 2004 begründete Reihe »Quellen und Materialien zur sächsischen Geschichte und Volkskunde« ist hingegen für Quelleneditionen, Inventare und Dokumentationen wie das Historische Ortsverzeichnis oder die Fürstinnenkorrespondenzen in der Reformationszeit gedacht und ergänzt damit die für Monografien und Aufsatzsammlungen vorgesehenen Buchreihen. Und schließlich ist noch die 2007 begründete Reihe »Spurensuche. Geschichte und Kultur Sachsens« zu erwähnen, die in Format und Gestaltung an den 2005 erschienenen Katalog der im Museum für Sächsische Volkskunst in Dresden gezeigten Ausstellung »Spurensuche. Einblicke in die Sammlungen des Instituts für Sächsische Geschichte und Volkskunde« anknüpft. In verständlicher Form und möglichst reich bebildert werden dort landesgeschichtliche und volkskundliche Themen, die einen gewissen Aktualitätsbezug haben oder von allgemeinem Interesse sind, behandelt. Wohl am besten wird das Anliegen dieser Reihe durch den bereits erwähnten Band »Sachsen: Weltoffen! Mobilität – Fremdheit – Toleranz« veranschaulicht.

Neben den Buchreihen sind den Bereichen Geschichte und Volkskunde schließlich noch die beiden Periodika »Neues Archiv für sächsische Geschichte« (NASG) und »Volkskunde in Sachsen« (ViS) zugeordnet. Zunächst als volkskundliche Zeitschrift der Arbeitsgruppe Volkskunde am Institut für Geschichte der Technischen Universität Dresden begonnen, wurde die ViS ab Heft 4 vom ISGV übernommen und fungierte einerseits als klassisches, aktuelle Forschungsbeiträge versammelndes Periodikum, zugleich war sie Publikationsforum für Quellen- und Tagungsbände bzw. thematisch gebündelte Aufsatzbände. Indem für Letztere die ursprünglich nur für Publikationen des Bereichs Geschichte vorgesehene ›große‹ Schriftenreihe des ISGV geöffnet wurde, konnte sich die ViS unter der Ägide von Johannes Moser als wissenschaftliche Zeitschrift mit Beiträgen zur Volkskunde Sachsens und des mitteldeutschen Raums profilieren, die zugleich auch die Forschungslandschaft des ostmitteleuropäischen Raums im Blick hat. In dieser Hinsicht sieht sich die ViS in der Tradition der Zeitschrift »Demos«, die 1960 gegründet worden war, um für die DDR die Ergebnisse der ethnografischen und folkloristischen Forschung der osteuropäischen Staaten zu erschließen. Die Auflösung wissenschaftlicher Institutionen nach 1989 hatten es der Chefredakteurin Brigitte Emmrich zuletzt immer schwerer gemacht, Beiträge aus den östlichen Nachbarländern zu akquirieren. Im Anschluss an die als eine Art Bestandsaufnahme anzusehende Tagung »Europäische Ethnologien im neuen Millennium«[20] (2001) fiel deshalb die nicht länger zu vermeidende Entscheidung, die Zeitschrift einzustellen.

Für das NASG, die Traditionszeitschrift der sächsischen Landesgeschichte, trat das ISGV bald nach seiner Gründung in die Verantwortung. Als Fortsetzung des von 1863 bis 1880 erschienenen »Archivs für sächsische Geschichte« von Hubert Ermisch begründet, nahm das NASG bis zu seiner kriegsbedingten Einstellung mit Band 63 (1942) einen anerkannten Platz unter den führenden landesgeschichtlichen Zeitschriften ein. Unter den eingangs angesprochenen Rahmenbedingungen der DDR-Zeit war an ein Wiedererscheinen der Zeitschrift nicht zu denken. Erst 1993, nach einer Unterbrechung von 50 Jahren, war es Karlheinz Blaschke möglich, das NASG neu zu begründen; in Anknüpfung an die alte Bandzählung erschien 1993 Band 64. Unter seiner Herausgeberschaft ge-

Festakt im Sächsischen Landtag: 175 Jahre Sächsische Verfassung 1831 – 2006

lang es rasch, der Zeitschrift in der Fachwelt erneut Anerkennung zu verschaffen. Seit 1999 wird das NASG dann in Verbindung mit dem ISGV herausgegeben und ist seither auch dort etatisiert. 2002 stimmte der Wiederbegründer der Einsetzung eines Herausgebergremiums zu, sodass das NASG ab 2003 von Karlheinz Blaschke, Enno Bünz, Winfried Müller, Martina Schattkowsky und Uwe Schirmer herausgegeben wird; die Redaktion lag zunächst bei André Thieme, seit 2010 wird sie von Frank Metasch wahrgenommen.

Neben der kontinuierlichen Arbeit an den Langzeitprojekten, mittelfristig angelegten Arbeitsvorhaben und bewilligungsabhängigen Drittmittelvorhaben war und ist es das besondere Anliegen des ISGV, durch Tagungen und Vorträge den Dialog von Wissenschaft und Gesellschaft sowie Kontakte mit der internationalen wie nationalen scientific community zu fördern und zu intensivieren. So führte das ISGV in der Vergangenheit gemeinsame Vortragsreihen mit der Evangelischen Akademie Meißen, dem von der Katholischen Akademie des Bistums Dresden-Meißen geförderten Kathedralforum Dresden und dem Sächsischen Staatsarchiv, Hauptstaatsarchiv Dresden durch.

Ergänzt durch Vorträge zu besonderen Anlässen – 2006 fand beispielsweise ein in Verbindung mit dem Sächsischen Landtag und dem Sächsischen Staatsarchiv veranstalteter Festakt aus Anlass des 175. Jahrestags der Sächsischen Verfassung von 1831 statt –,[21] war und ist das ISGV im Sinne des Wissenstransfers bestrebt, historische und volkskundliche Forschungsergebnisse einer breiteren Öffentlichkeit zu vermitteln. Diesem Zweck dient vor allem eine dichte Folge von Tagungen.[22] Mittlerweile kann auf annähernd 90 zwischen 1999 und 2017 durchgeführte Konferenzen, Kolloquien und Workshops verwiesen werden. Im Bestreben, möglichst viele Facetten und Epochen sächsischer Geschichte und Kultur zu präsentieren, reicht das thematische Spektrum im Bereich Geschichte von der Klosterkultur am Beispiel Altzelles bis zur Position Sachsens im Deutschen Bund, von der Erforschung der vorreformatorischen Frömmigkeit über die Rolle der Frauen in der Reformation, von der mittelalterlichen Ostsiedlung bis zu König Johann von Sachsen (1801–1873). Der Bereich Volkskunde befasste sich im Rahmen von Tagungen mit der medikalen Alltagskultur ebenso wie mit Kultur, Identität und Symbolik der Montanregion Erzgebirge, mit dem Heimatdiskurs sowohl an der Wende vom 19. zum 20. Jahrhundert als auch in der Gegenwart, der Geschichte der Arbeiterfotografie in den 1920er-Jahren, der lokalen Repräsentation von Industriekultur sowie kulturwissenschaftlichen Perspektiven auf Grenzen.

Bei der Durchführung dieser regional wie national und international jeweils auf beachtliches Interesse stoßenden Veranstaltungen – teilweise wurden Teilnehmerzahlen von 150 Personen erreicht – beschränkt sich das ISGV keineswegs auf den Institutsstandort Dresden. Vielmehr wird bewusst versucht, möglichst viele Städte Sachsens einzubinden: Annaberg, Bautzen, Chemnitz, Crimmitschau, Freiberg, Görlitz, Leipzig, Rochlitz, Torgau – diese durchaus noch erweiterbare Liste verdeutlicht das Interesse des Instituts an einer breiten regionalen Streuung seiner Aktivitäten hinlänglich. Dass 2017 mit der Tagung »Reformation als Kommunikationsprozess. Böhmische Kronländer – Sachsen – Mitteleuropa« der Aktionsradius um Prag erweitert wurde, ist gerade im Hinblick auf den Auftrag des ISGV, kulturelle Austauschprozesse zwischen Sachsen und seinen Nachbarländern zu erforschen, von besonderer Wichtigkeit. Kooperationspartner ist dort die Tschechische Akademie der Wissenschaften. Gerade im Tagungssegment ist diese partnerschaftliche Zusammenarbeit mit anderen wissenschaftlichen Einrichtungen und Verbänden von essentieller Bedeutung. Das zeigte sich beispielsweise 2005, als das ISGV sowohl die Jahrestagung des Arbeitskreises Bild Druck Papier[23] als auch den 35. Kongress der Deutschen Gesellschaft für Volkskunde in Dresden ausrichtete. Letzterer war die bislang größte organisatorische Herausforderung für das Institut, versammelten sich doch mehr als 500 Wissenschaftlerinnen und Wissenschaftler, um über das Thema »Grenzen & Differenzen. Zur Macht sozialer und kultureller Grenzziehungen« zu diskutieren; der Tagungsband konnte bereits im Folgejahr in den »Schriften zur sächsischen Geschichte und Volkskunde« vorgelegt werden.[24]

Mit gleich mehreren landesgeschichtlich orientierten historischen Kommissionen – jenen Sachsen-Anhalts, Sachsens, Thüringens sowie der Preußischen Historischen Kommission – wurde 2015 in Merseburg eine Tagung zum Wiener Kongress und der 1815 gefundenen politischen Neuordnung des mitteldeutschen Raums durchgeführt.[25] Ein wichtiger und verlässlicher Partner des ISGV war und ist der Staatsbetrieb Staatliche Schlösser, Burgen und Gärten Sachsen, wie u. a. durch Tagungen in Kloster Altzelle, auf Schloss Weesenstein und in Rochlitz belegt wird. Mehrfach kam es auch bereits zu Kooperationen mit der Oberlausitzischen Gesellschaft der Wissenschaften. Diese und die Staatlichen Kunstsammlungen Dresden (SKD) waren beispielsweise 2011 in Görlitz Partner bei der Durchführung der die 3. Sächsische Landesausstellung begleitenden Tagung »Menschen unterwegs. Die via regia und ihre Akteu-

2005: Das ISGV richtet den 35. Kongress der Deutschen Gesellschaft für Volkskunde »Grenzen & Differenzen. Zur Macht sozialer und kultureller Grenzziehungen« aus

re«.[26] Gerade mit den SKD kam es in den letzten Jahren zu einer Intensivierung der Zusammenarbeit: 2013 mit der in Schloss Hubertusburg durchgeführten Tagung zum Siebenjährigen Krieg und dem Hubertusburger Frieden, 2015 in Torgau mit einer Tagung zu Kurfürst August aus Anlass der 1. Nationalen Sonderausstellung zum 500. Reformationsjubiläum.[27]

Mit dieser zunächst über gemeinsame Tagungen erfolgenden Einbindung ins Ausstellungswesen ist ein Tätigkeitsfeld angesprochen, das weder in der Gründungskonzeption des ISGV vorgesehen war noch in der Institutsarbeit zunächst eine prominente Rolle spielte. Dies hat sich allerdings in den zurückliegenden Jahren grundlegend geändert, wobei das ISGV meist nicht selbst als ›Macher‹ hervortrat, sondern vielmehr an Ausstellungskonzeptionen, wissenschaftlichen Begleittexten und Katalogen maßgeblich beteiligt war. Ein erster wichtiger Schritt war hier die Beteiligung des Instituts an der Konzeptionierung und Realisierung einer historischen Ausstellungsebene im 2014 eröffneten Staatlichen Museum für Archäologie (smac) in Chemnitz. Für das ISGV war hier in enger Verbindung mit dem Landesamt für Archäologie seit 2008 Maike Günther zuständig. Auch nach der Eröffnung wurde die beratende Tätigkeit des ISGV fortgesetzt, etwa im Rahmen der 2016 gezeigten Sonderausstellung GELD.

Ein zweiter wichtiger Schritt für die Etablierung des ISGV in der Ausstellungsberatung war die Zusammenarbeit mit dem Collegium Bohemicum in Ústí nad Labem. In dem mit EU-Mitteln geförderten Projekt ging es um die »Entwicklung und Durchführung einer Konzeption für die Dauerausstellung zur Geschichte der Deutschen in den böhmischen Ländern«. Das ISGV brachte hier über seinen mittlerweile das Department of Anthropology an der Westböhmischen Universität Pilsen/Západočeská univerzita v Plzni leitenden Mitarbeiter Petr Lozoviuk seine Expertise ein; u. a. veranstaltete das ISGV in diesem Kontext 2012 die Tagung »Visualisierte Minderheiten. Probleme und Möglichkeiten der musealen Präsentation von ethnischen bzw. nationalen Minderheiten«. Nach Abschluss der Konzeptionierungsphase wird die Realisierung dieses Projekts unter Beteiligung von Ira Spieker, der Leiterin des Bereichs Volkskunde im ISGV, wieder verstärkt seit 2016 vorangetrieben. Martina Schattkowsky wiederum vertritt das Institut bei der seit Längerem unter Federführung der Staatlichen Schlösser, Burgen und Gärten Sachsens in Planung befindlichen Dauerausstellung zur Geschichte des sächsischen Adels, die 2021 in Schloss Nossen eröffnet werden soll.

Ein bereits abgeschlossenes Ausstellungsvorhaben war mit dem Projekt »Fremde – Heimat – Sachsen« verbunden, das sich den durch Flucht und Vertreibung ausgelösten Bevölkerungsverschiebungen nach Ende des Zweiten Weltkriegs und der Schaffung sogenannter Neubauernstellen in Sachsen im Zuge der Bodenreform zuwandte. Neben einer wissenschaftlichen Publikation[28] und einem Praxisprojekt für die außerschulische Vermittlung der Arbeitsergebnisse im Museumsbereich konzipierten Ira Spieker und Uta Bretschneider zugleich eine projektbegleitende Wanderausstellung, die ab Oktober 2012 an wechselnden Orten Sachsens gezeigt wurde. Gleichfalls mehrfach – in den Mühlhäuser Museen, dem Stadtgeschichtlichen Museum Leipzig und im Kulturhistorischen Museum Magdeburg – war 2013/14 die Ausstellung »Umsonst ist der Tod. Alltag und Frömmigkeit am Vorabend der Reformation« zu sehen; hier war für das ISGV Enno Bünz an Ausstellungskonzeption und -katalog beteiligt.[29]

Fünf Jahre von der DFG gefördert: Projekt zur Arbeiterfotografie in Sachsen

Das bereits erwähnte Projekt zur Arbeiterfotografie visualisierte seine Arbeitsergebnisse in drei von Wolfgang Hesse kuratierten Ausstellungen in Zwickau (Max-Pechstein-Museum Kunstsammlungen Zwickau), Köln (Käthe Kollwitz Museum) und Dresden (Stadtmuseum).[30]

Wenn vom Ausstellungsbereich die Rede ist, müssen schließlich noch die Landesausstellungen erwähnt werden. Hier war das ISGV durch Winfried Müller sowohl in die Vorbereitung und Durchführung der 3. Sächsischen Landesausstellung »via regia. 800 Jahre Bewegung und Begegnung«, die 2011 in Görlitz stattfand, als auch der 1. Brandenburgischen Landesausstellung »Preußen und Sachsen. Szenen einer Nachbarschaft« eingebunden, die 2014 in Schloss Doberlug gezeigt wurde. Mitwirkung an der Konzeption, Durchführung der ausstellungsvorbereitenden wissenschaftlichen Tagungen unter reger Beteiligung von Vortragenden aus dem ISGV und die Mitherausgabe der ausstellungsbegleitenden Essaybände[31] zählten dabei zu den Aufgaben.

Dass der Vertreter des ISGV bei beiden zuletzt erwähnten Landesausstellungen auch als Mitglied bzw. stellvertretender Vorsitzender des jeweiligen Wissenschaftlichen Beirats fungierte, verweist auf die Mitwirkung von Direktorium und Bereichsleitung des ISGV in den einschlägigen Gremien. So ist Enno Bünz Vorsitzender des Wissenschaftlichen Beirats des smac, Ira Spieker gehört seit 2017 dem die Realisierung der Dauerausstellung zur Geschichte der Deutschen in den böhmischen Ländern begleitenden Wissenschaftlichen Beirat an, Martina Schattkowsky ist stellvertretende Vorsitzende des Wissenschaftlichen Beirats des Zentrums Neuzeit- und Zeitgeschichtsforschung der Österreichischen Akademie der Wissenschaften, Winfried Müller ist Vorsitzender des Wissenschaftlichen Beirats des Sorbischen Instituts in Bautzen und Cottbus. Die Vertretung des ISGV in der Mitgliederversammlung des Hannah-Arendt-Instituts für Totalitarismusforschung, im Gesamtverein der deutschen Geschichts- und Altertumsvereine oder in diversen Historischen Kommissionen sei hier nur noch kursorisch angeführt. Und wenn von der Einbindung des ISGV in die Wissenschaftslandschaft die Rede ist, ist ferner darauf aufmerksam zu machen, dass einige Mitarbeiterinnen und Mitarbeiter regelmäßig Lehraufträge an den Universitäten Dresden, Leipzig und Jena übernehmen. Dazu kommen für die Außenwirkung keineswegs unwichtige wissenschaftliche Serviceleistungen, die das ISGV in den letzten Jahren auf Nachfragen der Medien sowie von privater und behördlicher Seite in nicht unerheblichem Umfang erbracht hat. Insgesamt hat sich – um noch einmal eine Formulierung aus dem eingangs zitierten Bericht über die 2017 durchgeführte Evaluierung des ISGV aufzugrei-

Das ISGV wirkte an der Konzeption und Durchführung der 3. Sächsischen Landesausstellung in Görlitz (2011) und der 1. Brandenburgischen Landesausstellung in Schloss Doberlug (2014) mit

fen – das Institut auf diese Weise seit seiner Gründung 1997 »zu einer zentralen, landeskundliche Kompetenzen bündelnden Institution entwickelt«, die nicht nur »fest in der sächsischen Wissenschaftslandschaft verankert« ist, sondern auch »sowohl national wie international in der wissenschaftlichen Öffentlichkeit hervorragend aufgestellt« ist. Darauf wollen die Wissenschaftlerinnen und Wissenschaftler des ISGV aufbauen, wenn sie auch künftig mit ihren Publikationen im Internet und in Buchform, mit ihrer Vortragstätigkeit und mit der Durchführung von Tagungen über Geschichte und Kultur Sachsens informieren und dessen Überlieferung auf Dauer stellen.

Anmerkungen

1 Karlheinz Blaschke, Als bürgerlicher Historiker am Rande der DDR. Erlebnisse, Beobachtungen und Überlegungen eines Nonkonformisten, in: Karl Heinrich Pohl (Hg.), Historiker in der DDR, Göttingen 1997, S. 45–93.

2 Vgl. Reiner Groß/Helmar Junghans/Manfred Unger/Gerald Wiemers (Red.), Geschichtsforschung in Sachsen. Von der Sächsischen Kommission für Geschichte zur Historischen Kommission bei der Sächsischen Akademie der Wissenschaften zu Leipzig 1896–1996, Stuttgart 1996.

3 Vgl. Winfried Müller, Landes- und Regionalgeschichte in Sachsen 1945–1989. Ein Beitrag zur Geschichte der Geschichtswissenschaften in der DDR, in: Enno Bünz (Hg.), 100 Jahre Landesgeschichte (1906–2006). Leipziger Leistungen, Verwicklungen und Wirkungen, Leipzig 2012, S. 444 ff. Vgl. in diesem Band den Beitrag von Enno Bünz.

4 Die Kommission tagte unter dem Vorsitz des Prorektors für Bildung der Technischen Universität Dresden, Walter Schmitz, und des Prorektors für Lehre und Studium der Universität Leipzig, Günther Wartenberg. Im Einzelnen gehörten ihr an: Ingolf Bauer (Bayerisches Nationalmuseum, München), Wolfgang Brückner (Julius-Maximilians-Universität Würzburg), Michael Gockel (Forschungsstelle für geschichtliche Landeskunde Mitteldeutschlands, Marburg), Wilhelm Janssen (Rheinische Friedrich-Wilhelms-Universität Bonn), Konrad Köstlin (Universität Wien), Ferdinand Kramer (Katholische Universität Eichstätt), Karl-Siegbert Rehberg (Technische Universität Dresden), Konrad Vanja (Museum Europäischer Kulturen, Berlin), Hartmut Zwahr (Universität Leipzig).

5 Vgl. den Volltext der Satzung unter http://www.isgv.de; dort auch Informationen zur aktuellen Zusammensetzung der die Arbeit des Instituts begleitenden Gremien.

6 Zu den Mitgliedern des Kuratoriums seit Gründung des ISGV sowie zu den weiteren Gremien und ihrer personellen Zusammensetzung vgl. S. 222 f. Der/die Vorsitzende des Wissenschaftlichen Beirats nimmt ohne Stimmrecht an den Sitzungen des Kuratoriums teil.

7 Zu den Mitgliedern des Wissenschaftlichen Beirats des ISGV vgl. S. 223.

8 Vgl. Frank Metasch, 300 Jahre Altranstädter Konvention – 300 Jahre schlesische Toleranz/300 Lat Ugody Altransztadzkiej – 300 Lat Śląskiej Tolerancji, Dresden 2007.

9 Vgl. http://www.bordernetwork.eu.

10 Vgl. http://www.biographie-portal.eu.

11 Zum Projekt und den daraus hervorgegangenen Publikationen vgl. den Beitrag von Christian Schuffels in diesem Band.

12 Vgl. Martina Schattkowsky (Hg.), Frauen und Reformation. Handlungsmuster – Rollen – Engagement, Leipzig 2016. Zur Edition der Fürstinnenkorrespondenz vgl. den Beitrag von Jens Klingner in diesem Band.

13 Vgl. Martina Schattkowsky/Konstantin Hermann/Roman Rabe (Hgg.), Dresdner Bibliothekarinnen und Bibliothekare, Leipzig 2014.

14 Zu den einzelnen Bänden vgl. im Anhang »Bausteine aus dem Institut für Sächsische Geschichte und Volkskunde«; zur methodischen Ausrichtung des Projekts vgl. Manfred Seifert/Sönke Friedreich (Hgg.), Alltagsleben biografisch erfassen. Zur Konzeption lebensgeschichtlich orientierter Forschung, Dresden 2009.

15 Zu den bibliografischen Einzelnachweisen vgl. im Anhang die Reihe »Bausteine aus dem Institut für Sächsische Geschichte und Volkskunde«.

16 Vgl. den in der »Bausteine«-Reihe des ISGV erschienenen Band von Ira Spieker, Kapital – Konflikte – Kalkül. Ländlicher Alltag in Sachsen im 19. Jahrhundert. Mit Beiträgen von Uta Bretschneider und Nadine Kulbe, Dresden 2013.

17 In den »Schriften zur sächsischen Geschichte und Volkskunde« erschienen: Lutz Vogel, Aufnehmen oder abweisen? Kleinräumige Migration und Einbürgerungspraxis in der sächsischen Oberlausitz 1815–

1871, Leipzig 2014; Katrin Lehnert, Die Un-Ordnung der Grenze. Mobiler Alltag zwischen Sachsen und Böhmen und die Produktion von Migration im 19. Jahrhundert, Leipzig 2017.

18 Vgl. Enno Bünz/Winfried Müller/Martina Schattkowsky/Ira Spieker (Hgg.), Sachsen: Weltoffen! Mobilität – Fremdheit – Toleranz, Dresden 2016; sowie http://www.isgv.de/aktuelles/sachsen-weltoffen.

19 Vgl. den ausstellungsbegleitenden Band von Wolfgang Hesse (Hg.), Das Auge des Arbeiters. Arbeiterfotografie und Kunst um 1930, Leipzig 2014.

20 Vgl. hierzu den im ISGV erschienenen Sonderband Brigitte Emmrich/Johannes Moser (Hgg.), Europäische Ethnologien im neuen Millennium. Osteuropäische Ethnologien auf neuen Wegen – Abschied vom Referatenorgan DEMOS, Dresden 2002.

21 Vgl. Festveranstaltung »175 Jahre Sächsische Verfassung« am 4. September 2006, hrsg. vom Sächsischen Landtag (Veranstaltungen des Sächsischen Landtags 35), Dresden 2007.

22 Vgl. das Verzeichnis im Anhang, S. 215.

23 Vgl. Arbeitskreis Bild Druck Papier. Tagungsband Dresden 2005, hrsg. von Christa Pieske, Konrad Vanja, Detlef Lorenz und Sigrid Nagy, Münster u. a. 2006.

24 Vgl. Thomas Hengartner/Johannes Moser (Hgg.), Grenzen & Differenzen. Zur Macht sozialer und kultureller Grenzziehungen, Dresden 2005.

25 Vgl. den außerhalb der Institutsreihen erschienenen Tagungsband Ulrike Höroldt (Hg.), 1815: Europäische Friedensordnung – mitteldeutsche Neuordnung. Die Neuordnung auf dem Wiener Kongress und ihre Folgen für den mitteldeutschen Raum (Quellen und Forschungen zur Geschichte Sachsen-Anhalts 13), Halle/Saale 2017.

26 Vgl. Winfried Müller/Swen Steinberg (Hgg.), Menschen unterwegs. Die via regia und ihre Akteure. Essayband zur 3. Sächsischen Landesausstellung [Görlitz, 21. Mai bis 31. Oktober 2011], Dresden 2011.

27 Vgl. Kurfürst August von Sachsen. Ein nachreformatorischer »Friedensfürst« zwischen Territorium und Reich, hrsg. von den Staatlichen Kunstsammlungen Dresden und dem Institut für Sächsische Geschichte und Volkskunde durch Winfried Müller, Martina Schattkowsky und Dirk Syndram, Dresden 2017.

28 Ira Spieker/Sönke Friedreich (Hgg.), Fremde – Heimat – Sachsen. Neubauernfamilien in der Nachkriegszeit, Beucha/Markkleeberg 2014.

29 Vgl. Alltag und Frömmigkeit am Vorabend der Reformation in Mitteldeutschland. Katalog zur Ausstellung »Umsonst ist der Tod«, hrsg. von Hartmut Kühne, Enno Bünz und Thomas T. Müller, Petersberg 2013; vgl. ferner Enno Bünz/Hartmut Kühne (Hgg.), Alltag und Frömmigkeit am Vorabend der Reformation in Mitteldeutschland. Wissenschaftlicher Begleitband zur Ausstellung »Umsonst ist der Tod«, Leipzig 2015.

30 Zum Ausstellungskatalog vgl. Anm. 19.

31 Vgl. Anm. 26; sowie Preußen und Sachsen. Szenen einer Nachbarschaft. Katalog zur 1. Brandenburgischen Landesausstellung, 2 Bde., hrsg. von Frank Göse, Winfried Müller, Kurt Winkler und Anne-Katrin Ziesak, Dresden 2014.

Landesgeschichtsforschung in Sachsen

Zur Institutionalisierung des Fachs vom Ende des 19. bis zum Beginn des 21. Jahrhunderts

Mit der Gründung des Instituts für Sächsische Geschichte und Volkskunde 1997 wurde die sächsische Landesgeschichtsforschung auf neue Grundlagen gestellt, denn eine vom Land getragene Einrichtung, die für Langzeitvorhaben und Grundlagenforschung bestimmt ist, hatte es in der Vergangenheit in Sachsen nicht gegeben.[1] Der Freistaat Sachsen hat damit für die Landesgeschichte eine Einrichtung geschaffen, wie sie in manchen anderen Bundesländern schon seit langem besteht, man denke nur an das Institut für geschichtliche Landeskunde der Rheinlande an der Universität Bonn, das Institut für Geschichtliche Landeskunde an der Universität Mainz, die Kommission für bayerische Landesgeschichte bei der Bayerischen Akademie der Wissenschaften in München, die Kommission für geschichtliche Landeskunde von Baden-Württemberg in Stuttgart oder das Institut für Historische Landesforschung der Universität Göttingen. Bei aller Unterschiedlichkeit der Bezeichnungen und der Organisationsformen ist den genannten Einrichtungen gemeinsam, dass es sich um vom Land finanzierte Forschungsinstitute handelt, die mit einer festen Zahl von Mitarbeiterstellen ausgestattet sind, um so Arbeitsvorhaben durchzuführen, die an den Universitäten im Rahmen akademischer Qualifikationsschriften oder für wenige Jahre finanzierter Drittmittelprojekte nicht geleistet werden können.

Die Institutionalisierung der Landesgeschichte erstreckt sich gleichwohl auf verschiedenen Ebenen und erfüllt unterschiedliche Aufgaben. Mit dem Wiederaufbau des sächsischen Hochschulwesens nach der deutschen Wiedervereinigung[2] wurden an den Universitäten Chemnitz, Dresden und Leipzig Lehrstühle für sächsische Landesgeschichte eingerichtet. Auf die Professur für Regionalgeschichte Sachsens wurde 1994 Reiner Groß berufen; die Stelle ist nach seiner Pensionierung 2002 allerdings nicht wiederbesetzt worden. Stattdessen wurde Miloš Řezník 2002 als Juniorprofessor für Europäische Regionalgeschichte und nach seiner Habilitation 2007 als Inhaber der Professur Europäische Regionalgeschichte berufen.[3] Die Professur für sächsische Landesgeschichte und Geschichte der Frühen Neuzeit an der Technischen Universität Dresden hatte von 1992 bis

1998 Karlheinz Blaschke inne, als dessen Nachfolger auf den nunmehr landesgeschichtlichen Lehrstuhl 1999 Winfried Müller berufen wurde; die mit seiner Berufung einhergehende Konzentration auf die sächsische Landesgeschichte war der erweiterten Aufgabenstellung durch die 1997 erfolgte Gründung des ISGV und den Eintritt in dessen Direktorium geschuldet. An der Universität Leipzig, wo bereits vor der Wende eine Professur für Regionalgeschichte bestand, wurde 1992 auf den neu eingerichteten Lehrstuhl für sächsische Landesgeschichte Wieland Held (1939–2003) berufen, der sich aber 1998 aus gesundheitlichen Gründen vorzeitig pensionieren lassen musste.[4] Nach einer längeren Vakanz bzw. Vertretungen hat diese Stelle seit 2001 Enno Bünz inne, der 2002 auch in das Direktorium des ISGV eintrat. Die Reorganisation der sächsischen Universitäten seit den frühen 1990er-Jahren ging einher mit dem ausdrücklichen Willen, im Rahmen einer breit aufgestellten Geschichtswissenschaft auch das Fach Landesgeschichte wiedereinzurichten und durch die Verbindung der Lehrstühle in Dresden und Leipzig zu einer leistungsfähigen Disziplin zu machen, nicht zuletzt, um den nach jahrzehntelanger Vernachlässigung der Landesgeschichtsforschung entstandenen Rückstand aufzuholen.

Landesgeschichte ist als multidisziplinäre Wissenschaft[5] auf die Zusammenarbeit mit anderen Institutionen im Lande angewiesen, die zugleich historisch arbeitende Nachbardisziplinen wie die Vor- und Frühgeschichte, die Bau- und Kunstgeschichte und die Kulturgeografie repräsentieren. Erwähnt seien nur das Landesamt für Archäologie, das Landesamt für Denkmalpflege, der Staatsbetrieb Staatliche Schlösser, Burgen und Gärten Sachsen, aber auch die Staatlichen Kunstsammlungen in Dresden und das 1992 neu gegründete Leibniz-Institut für Länderkunde in Leipzig, das die 1957 begründete, landesgeschichtlich und heimatkundlich wichtige Buchreihe »Werte deutscher Heimat« unter dem Titel »Landschaften in Deutschland« weiterführt. Im Archivwesen des Landes nimmt das Sächsische Staatsarchiv, Hauptstaatsarchiv Dresden eine zentrale Stellung ein; es war bereits im 19. Jahrhundert für die Landesgeschichte von besonderer Bedeutung, weil dort die Redaktion des »Archivs für sächsische Geschichte« (seit 1863) und des »Neuen Archivs für sächsische Geschichte« (NASG, seit 1880) angebunden war und die Bearbeitung des Codex diplomaticus Saxoniae regiae (CDS) zur Herausgabe der mittelalterlichen Urkunden Sachsens organisiert wurde, beides landesgeschichtliche Langzeitvorhaben, die nun unter dem Dach des ISGV weitergeführt werden.[6]

Stärker als andere Teildisziplinen der Geschichtswissenschaft bedarf die Landesgeschichte des Rückhalts im Land und vor Ort. In diesem Zusammenhang sind die Geschichtsvereine wichtig, die vielfach in das 19. Jahrhundert zurückreichen und lange vor der Etablierung der Landesgeschichte an den Universitäten zur Erforschung der Landesgeschichte beigetragen haben.[7] Neben dem Verein für sächsische Landesgeschichte, der 1992 in Nachfolge des Sächsischen Altertumsvereins neu begründet wurde, existieren seit den 1990er-Jahren wieder mehrere orts- und regionalgeschichtliche Vereine, beispielsweise in Chemnitz, Dresden, Freiberg und Leipzig. Eine besondere Stellung nimmt die traditionsreiche Oberlausitzische Gesellschaft der Wissenschaften in Görlitz ein, die im 18. Jahrhundert als Gelehrtensozietät entstand. In diesem Zusammenhang ist auch auf die Arbeitsgemeinschaft für sächsische Kirchengeschichte hinzuweisen, die daran erinnert, dass seit langem die territoriale Kirchengeschichte in Sachsen einen wichtigen Beitrag zur Landesgeschichtsforschung leistet, nicht zuletzt durch die Herausgabe des landeskirchengeschichtlichen Jahrbuchs »Herbergen der Christenheit«, das seit 1957 erscheint. Die von den landes- und stadtgeschichtlichen Vereinen herausgegebenen Periodika stellen vielfach seit dem 19. Jahrhundert, wenn auch mit einer jahrzehntelangen Unterbrechung in der DDR-Zeit, unverzichtbare Publikationsorgane der landesgeschichtlichen Forschung dar.[8]

Die Institutionalisierung der Landesgeschichtsforschung weist also viele Facetten auf, weshalb es in diesem Beitrag nur möglich sein kann, die wesentlichen Entwicklungslinien nachzuzeichnen.[9] Dabei ist es sinnvoll, den Blick auf die Wende vom 19. zum 20. Jahrhundert zu richten, als in Leipzig mit der Gründung der (Königlich) Sächsischen Kommission für Geschichte 1896 und des Seminars für Landesgeschichte und Siedlungskunde an der Universität 1906 die Weichen für eine wissenschaftliche Landesgeschichtsforschung gestellt worden sind, deren Impulse weit über Sachsen hinaus gewirkt haben.

Treibendes Element war der Historiker Karl Lamprecht (1856–1915), der nach Stationen an den Universitäten Bonn und Marburg 1891 einem Ruf an die Universität Leipzig gefolgt ist.[10] Lamprechts Betonung der Kulturgeschichte im weitesten Sinne zielte auf eine konzeptionelle Neuausrichtung der Geschichtswissenschaft, was nicht nur zu schweren Verwerfungen mit den Leipziger Historikerkollegen führte,[11] sondern in einen grundsätzlichen »Methodenstreit« einmünden sollte. Die Hintergründe, die nicht nur fachlicher Natur waren, können hier nicht erörtert werden. Angesichts der vehementen Kritik, die im Zuge des Methodenstreits gegen Lamprechts Fähigkeiten als Historiker vorgebracht worden sind, muss betont werden, dass er sich in seiner Bonner Zeit durch das bahnbrechende Buch »Deutsches Wirtschaftsleben im Mittelalter« über die Entwicklung der materiellen Kultur des Mosellandes (1885–1886) einen Namen gemacht hatte. Bereits diese dreibändige Darstellung, das wohl bis heute bedeutendste Werk Lamprechts, verfolgte mit einem genuin landesgeschichtlichen Ansatz allgemeinhistorische Fragen. Lamprecht ist in seiner Bonner Zeit aber nicht nur durch landesgeschichtliche Forschungen hervorgetreten, sondern auch als Wissenschaftsorganisator, war die Gründung der Gesellschaft für Rheinische Geschichtskunde 1881 doch maßgeblich sein Werk. Der Gelehrte war von der Notwendigkeit überzeugt, die Landesgeschichte als akademische Disziplin an der Universität zu verankern, entsprechenden Forschungen darüber hinaus aber durch die Schaffung einer wissenschaftlichen Kommission einen organisatorischen Rückhalt zu schaffen.[12]

In Sachsen war der erste Schritt auf diesem Weg die Gründung einer »historischen Commission für sächsische Geschichte«, die Lamprecht seit 1893 betrieben hat.[13] Wie die Gesellschaft für Rheinische Geschichtskunde sollte auch die sächsische Kommission gewissermaßen eine Mittlerstellung zwischen den Universitäten, Archiven und Historischen Vereinen einnehmen und als Gelehrtengremium 30 ordentliche und außerordentliche Mitglieder umfassen. Lamprecht konnte darauf verweisen, dass entsprechende Kommissionen nicht nur im Rheinland (seit 1881), sondern auch in der Provinz Sachsen (1876), in Baden (1883) und Württemberg (1891) bereits bestanden. Die maßgeblich von Lamprecht entworfene Satzung der Königlich Sächsischen Kommission für Geschichte datiert vom 22. Juni 1896, doch vergingen noch einige Monate, bis die landesgeschichtliche Kommission mit der konstituierenden Versammlung am 3. Dezember 1896 ihre Arbeit aufnehmen konnte. Die Sächsische Kommission stand unabhängig neben der 1842 begründeten Königlich Sächsischen Gesellschaft der Wissenschaften zu Leipzig (seit 1919 Sächsische Akademie der Wissenschaften), unterstand der Aufsicht und dem Vorsitz des sächsischen Kultusministers, der die ersten Mitglieder zu ernennen sowie die Zuwahl weiterer Mitglieder zu bestätigen hatte, und war mit einem aus dem Staathaushalt zugewiesenen Etat ausgestattet. Erst dies ermöglichte die Durchführung von Editions- und Forschungsvorhaben zur sächsischen Landesgeschichte, indem von der Kommission wissenschaftliche Mitarbeiter beauftragt und bezahlt wurden. Als Aufgabe der Kommission sah das Statut von 1896 recht allgemein vor, »die Kenntniß der Geschichte des Königlichen Hauses und des Gesammthauses der Wettiner sowie der von ihnen regierten Länder und im Zusammenhange hiermit auch der deutschen Geschichte [...] zu fördern«.[14]

»Zug der Geschichte«. Max Klingers Titelvignette der »Schriften der Königlich Sächsischen Kommission für Geschichte« (1898)

In den »Schriften der (Königlich) Sächsischen Kommission für Geschichte« sind von 1898 bis 1942 insgesamt 42 zum Teil mehrbändige Editionen, Untersuchungen und Bibliografien zur sächsischen Landesgeschichte herausgekommen.[15] Von den Editionen seien hier nur die Politische Korrespondenz des Herzogs und Kurfürsten Moritz von Sachsen, die Akten und Briefe zur Kirchenpolitik Herzog Georgs von Sachsen, der Briefwechsel Thomas Müntzers und die Akten zur Geschichte des Bauernkrieges in Mitteldeutschland erwähnt;[16] von den seitens der Kommission veranlassten Darstellungen, die insgesamt weniger zahlreich sind, verdienen Otto Kaemmels »Geschichte des Leipziger Schulwesens« und Rudolf Wustmanns »Musikgeschichte Leipzigs« hervorgehoben zu werden; als Arbeitsinstrument unverzichtbar ist noch immer Rudolf Bemmanns »Bibliographie der Sächsischen Geschichte«, die im Auftrag der Kommission bearbeitet wurde. Vor allem die zahlreichen Editionen zur sächsischen Geschichte des Mittelalters und der Neuzeit haben das hohe Ansehen der Sächsischen Kommission für Geschichte begründet. Allerdings blieb das zentrale Editionsvorhaben zur mittelalterlichen Geschichte Sachsens, der 1864 begonnene Codex diplomaticus Saxoniae (regiae), dem Hauptstaatsarchiv in Dresden unterstellt, bis das Vorhaben ab 1941 für mehr als 60 Jahre zum Erliegen kam.[17]

Die weitere Arbeit der Sächsischen Kommission sollte auch davon profitieren, dass es Karl Lamprecht im Jahrzehnt nach 1896 gelang, die Landesgeschichte als eine neue wissenschaftliche Disziplin an der Universität Leipzig zu etablieren. Die Entwicklung der landesgeschichtlichen Forschung zu einem modernen wissenschaftlichen Teilfach ist untrennbar mit dem Namen Rudolf Kötzschkes (1867–1949) verbunden.[18] Der geborene Dresdner hatte in Leipzig die Hauptfächer Latein und Geschichte und die Nebenfächer Deutsch, Geografie und Griechisch studiert. Nach Staatsprüfung und Promotion 1890 war Kötzschke zunächst als Lehrer an einer Dresdner Privatschule tätig, bis ihn 1894 Karl Lamprecht wieder nach Leipzig holte. Dessen Betonung der Kulturgeschichte im weitesten Sinne zielte auf eine konzeptionelle Neuausrichtung der Geschichtswissenschaft. Dabei stand allerdings zunächst nicht die sächsische Landesgeschichte im Vordergrund. Lamprecht plante, seine in Bonn begonnenen landesgeschichtlichen Forschungen zur Wirtschafts- und Sozialgeschichte des Mittelalters in Leipzig fortzusetzen. Die Gesellschaft für Rheinische Geschichtskunde hatte Lamprecht mit der Herausgabe der rheinischen Urbare des Mittelalters betraut, und es gelang ihm, den jungen Rudolf Kötzschke für die Edition der Urbare der Abtei Werden an der Ruhr zu gewinnen. So begann der wissenschaftliche Werdegang Kötzschkes zwar in Leipzig, aber thematisch weitab von der sächsischen Landesgeschichte. Die Beschäftigung mit diesen Quellen hat Kötzschke den Zugang zur allgemeinen Wirtschaftsgeschichte eröffnet, die zeitlebens eines seiner Arbeitsfelder bleiben sollte.[19] Mit Studien zur Verwaltungsgeschichte der Grundherrschaft des Klosters Werden hat sich Kötzschke 1899 in Leipzig für »mittlere und neuere Geschichte, im besonderen für sächsische Landesgeschichte« habilitiert.

Ein akademischer Schüler Lamprechts im eigentlichen Sinne war Kötzschke zwar nicht, doch ließ er sich von ihm für landesgeschichtliche Forschungen gewinnen, für die mit der Sächsischen Kommission für Geschichte 1896 ein organisatorischer Rahmen geschaffen worden war. Zu den ersten Arbeitsvorhaben der Kommission gehörte die Bearbeitung von historisch-statistischen Grundkarten im Maßstab 1:100 000 für Sachsen, die unter der Leitung Rudolf Kötzschkes seit 1899 innerhalb weniger Jahre fast flächendeckend bearbeitet und in den Schriften der Kommission veröffentlicht wurden.[20] Die Arbeit des jungen Gelehrten war von einer fachlichen Kontroverse mit dem Leipziger Mediävisten Gerhard Seeliger (1860–1921) begleitet, der die Aussagekraft der Grundkarten für die mittelalterlichen Flurverhältnisse zu Unrecht bezweifelte.[21] Tatsächlich bieten diese eine verlässliche Basis für die Kartierung historischer Zustände, seien es nun territoriale Strukturen (z.B. Ämter), Grundherrschaften oder kirchliche Raumeinheiten wie z.B. Pfarrsprengel.

Rudolf Kötzschke (1867–1949)

Mit Hilfe Kötzschkes gelang es Lamprecht, die Landesgeschichte an der Universität Leipzig zu etablieren. Allerdings gestaltete sich die akademische Laufbahn Kötzschkes angesichts der Auswirkungen des sogenannten Methodenstreits, der um Lamprecht entbrannt war und auch das Verhältnis zum Historischen Seminar bestimmte, schwierig. 1905 wurde Kötzschke Extraordinarius, seit 1917 Inhaber einer Professur für sächsische Geschichte, doch erst 1930 sollte er ein persönliches Ordinariat erhalten. Zum Ordentlichen Mitglied der Sächsischen Akademie der Wissenschaften zu Leipzig sollte er sogar erst 1935, im Jahr seiner Emeritierung, gewählt werden.[22]

Einen Meilenstein auf dem Weg zur Institutionalisierung des Fachs Landesgeschichte in Leipzig stellt das 1906 begründete Seminar für Landesgeschichte und Siedlungskunde dar, nach dessen Vorbild später an weiteren Universitäten landesgeschichtliche Institute gegründet wurden.[23] Mit Kötzschkes Bestellung zum Direktor dieser Einrichtung am 1. Oktober 1906 begann eine mehrere Jahrzehnte währende fruchtbare Phase der Leipziger Landesgeschichte in Forschung und Lehre. Schon an der Bezeichnung ist der prägende Einfluss der Geografie ablesbar. Für Lamprecht und Kötzschke war nämlich in Leipzig die Begegnung mit Friedrich Ratzel (1844–1904) von Bedeutung, der zu den Begründern einer modernen Geografie gehörte. Sowohl die von Ratzel entwickelten Ansätze der Anthropogeografie, die auf die Wechselwirkungen zwischen Mensch und Erdoberfläche zielten, als auch die damit verbundene politische Geografie waren für die Zeit modern und sind prägend nicht nur für die Leipziger Landesgeschichte gewesen.[24] Ratzels programmatisches Diktum »Im Raum lesen wir die Zeit« wurde von Kötzschke aufgegriffen und führte zu methodischen Neuansätzen, die weit über Sachsen hinaus gewirkt haben. Bereits 1898 war es auf Anregung Ratzels im Leipziger Geographischen Seminar zur Gründung eines Historisch-geographischen Instituts gekommen. Aus der von Karl Lamprecht geleiteten Abteilung für historische Geographie mittlerer und neuerer Zeiten, an der der junge Kötzschke als Assistent beschäftigt war, ist 1906 das selbstständige Seminar für Landesgeschichte und Siedlungskunde hervorgegangen.

Rudolf Kötzschke wurde zwar 1906 zum Mitglied der Königlich Sächsischen Kommission für Geschichte berufen, aber es ist doch bezeichnend, dass ihm aufgrund der geschilderten Querelen erst 1939 – vier Jahre nach seiner Emeritierung – die Leitung der Kommission zufiel. Die Geschäftsführung hatte von der Gründung bis 1915 zunächst in den Händen Karl Lamprechts gelegen, war 1915 an den Leipziger Historiker Gerhard Seeliger übergegangen, bis nach dessen Tod 1921 sein Kollege Erich Brandenburg (1868–1946) die Leitung übernahm, unter dem Kötzschke 1922 aber immerhin zum Stellvertreter aufrückte und faktisch die Geschäfte führte. Man hatte eben im Leipziger Historischen Seminar nicht vergessen, wie Lamprecht als Förderer Kötzschkes im Konflikt mit dem Historischen Seminar agiert hatte; zudem mochte auch eine Rolle spielen, dass von den zahlreichen wissenschaftlichen Vorhaben, die sich die Kommission 1896 auf die Fahnen geschrieben hatte, ausgerechnet die aktenmäßige Darstellung der sächsischen Zentralverwaltung im 16. Jahrhundert, mit der man damals Kötzschke betraut hatte, nicht zum Abschluss gekommen war.[25] Kötzschke räumte anderen Themen größere Priorität ein und wurde zu einem der führenden Experten der Siedlungsgeschichte.

Auf diesem Feld entwickelte Rudolf Kötzschke die methodischen Neuansätze und Arbeitsvorhaben, die ihn zeitlebens beschäftigen sollten.[26] Wenn für Kötzschke seit etwa 1900 Landesgeschichte ganz wesentlich zur Siedlungsgeschichte wurde, dann ist dafür allerdings nicht nur der allgemeine Einfluss des Leipziger Geografen Ratzel verantwortlich gewesen. Entscheidende methodische Anstöße hatte er auch August Meitzens Buch »Siedlung und Agrarwesen der Westgermanen und Ostgermanen, der Kelten, Römer, Finnen und Slawen« (1895) zu verdanken, insbesondere der darin angewandten kartografischen Methodik. Siedlungsgeschichte im Sinne Kötzschkes zielte auf größere Zusammenhänge der Agrar-, Sozial-, Wirtschafts- und Kulturgeschichte. Die Kartografie wurde durch ihn zu einer konsequent angewendeten historischen Methodik und mündete in zwei große landesgeschichtliche Arbeitsvorhaben ein: Den »Atlas typischer Flurkarten zur Geschichte der Agrarverfassung« konnte Kötzschke zwar fertigstellen, doch verbrannten bei dem schweren Luftangriff auf Leipzig im Dezember 1943 alle Vorarbeiten.[27] Weniger weit gediehen waren damals die Arbeiten am »Historischen Atlas von Sachsen«, der aber – nach vergeblichen Neuansätzen in den 1950er-Jahren – seit 1998 als »Atlas zur Geschichte und Landeskunde von Sachsen« von der Philologisch-historischen Klasse der Sächsischen Akademie der Wissenschaften in Verbindung mit dem Staatsbetrieb Geobasisinformation und Vermessung Sachsen bis zur Einstellung des Vorhabens 2010 herausgegeben wurde.[28]

Sowohl auf dem Gebiet der Siedlungsgeschichte als auch der Landesgeschichte hat Kötzschke schulebildend gewirkt.[29] In seinem Seminar sind von 1906 bis zu seiner Emeritierung 1935 über 100 Dissertationen zu Themen der allgemeinen Siedlungs- und Agrargeschichte wie auch zur sächsischen Landesgeschichte entstanden. Kötzschkes innovativer Paradigmenwechsel hatte sich allerdings schon seit den 1920er-Jahren mit völkischen Vorstellungen verbunden. Die Schockerfahrung des verlorenen Ersten Weltkriegs und Grenzverschiebungen im Osten, mit denen die Gründung neuer Staaten einherging, in denen große deutsche Bevölkerungsgruppen lebten, lenkten den Blick (in Kötzschkes Worten) auf »deutsches Land und deutsches Volkstum« jenseits der Reichsgrenze[30] und damit auf die Erforschung der deutschen Ostsiedlung des Mittelalters. Kötzschkes wissenschaftliche und wissenschaftsorganisatorische Tätigkeit in den 1920er- und 1930er-Jahren ist untrennbar mit der deutschen Ostforschung verbunden, die damals nicht nur zu einer wichtigen frühen Schnittstelle von Mittelalter- und Landesgeschichtsforschung, sondern in sehr einseitiger Weise auch zur Projektionsfläche völkischer Vorstellungen wurde.[31]

Zu den zahlreichen Forschungsverbünden und Netzwerken, die in diesem Zusammenhang entstanden, gehörte die überregional tätige Stiftung für deutsche Volks- und Kulturbodenforschung in Leipzig, in der Kötzschke mit dem Leipziger Geografen Wilhelm Volz zusammenarbeitete. Gemeinsam gründeten sie am 1. April 1927 ein Institut für Heimatforschung, das als universitäres Forschungsinstitut seit 1929 mit dem Seminar für Landesgeschichte und Siedlungskunde verbunden wurde. Kötzschke hat sich zu den Aufgaben des Instituts für Heimatforschung 1927 in einem programmatischen Aufsatz über »Landesgeschichte und Heimatgedanke« geäußert: Erforschung der Siedlung »als dauernde Verbundenheit mit dem Boden«, Erforschung von Sprache, Stammestum, Volksschlag und Abstammungsverhältnissen, weil die »Blutsgemeinschaft [...] Lebensbeziehungen innigster Art« begründe, die »aufs stärkste in das Heimatbewusstsein eingehen«, und schließlich die Erforschung der Bevölkerungsgeschichte, Kultur, Wirtschaft, Volkskunde, Verfassung, Staat und Kirche.[32] Inhaltlich-thematisch bedeutete das Institut für Heimatforschung keine Erweiterung der bisherigen landesgeschichtlichen Arbeit Kötzschkes. Bezeichnend sind aber die hier aufscheinenden terminologischen Akzente, die mit der Verbindung von »Blutsgemeinschaft« und »Boden« erkennen lassen, wie das völkische Denken bereits im Vorfeld der nationalsozialistischen Machtergreifung in den Vordergrund trat und die wissenschaftliche Arbeit kontaminierte.

Die neuen landesgeschichtlichen Ansätze mündeten in den 1930er-Jahren in die sogenannte Volks- und Kulturbodenforschung, als deren maßgeblicher Vertreter neben Kötzschke der Bonner Landeshistoriker Herman Aubin (1885–1969) zu nennen ist.[33] Wie in Bonn resultierte daraus in Leipzig eine enge interdisziplinäre Zusammenarbeit mit der Sprachgeschichte und Volkskunde, die sich in dem Werk »Kulturräume und Kulturströmungen im mitteldeutschen Osten« (1936) manifestierte.[34] Gemeinsam mit seinem Schüler Wolfgang Ebert veröffentlichte Kötzschke 1937 eine »Geschichte der ostdeutschen Kolonisation«, die erste umfassende Synthese dieses für Sachsen und Mitteldeutschland wie für den gesamten ostdeutschen und ostmitteleuropäischen Raum bedeutenden Umbruchprozesses. Bereits 1935, im Jahr seiner Emeritierung, hatte Kötzschke gemeinsam mit dem Dresdner Archivar Hellmut Kretzschmar die »Geschichte Sachsens« veröffentlicht. Das Buch stellt eine für ihre Zeit beeindruckende Synthese dar, die durch die umfassende Berücksichtigung der Wirtschafts-, Sozial-, Verfassungs- und Kulturgeschichte im Kontext der Landes- und Reichsgeschichte noch immer lesenswert, in vielerlei Hinsicht freilich auch überholt ist. Vor allem die »Geschichte der ostdeutschen Kolonisation«, aber auch die »Geschichte Sachsens«, deren Nachkriegsdrucke stellenweise ›bereinigt‹ wurden, zeigen, wie sehr sich Kötzschke völkisches Denken und nationalsozialistische Ideologie zu eigen gemacht hatte.[35]

Als Nachfolger Kötzschkes wurde 1935 der Österreicher Adolf Helbok (1883–1968) berufen, der durch Arbeiten zur Siedlungsgeschichte für die Fortführung der Leipziger Neuansätze in der Landesgeschichte geeignet erschien.[36] Allerdings hatte sich Helbok nicht nur frühzeitig der Volksgeschichte zugewandt, sondern gefordert, die ›Rassekunde‹ als neue geschichtswissenschaftliche ›Methodik‹ zu berücksichtigen, während sich Kötzschke schon 1927 gegen die Verwendung des Begriffs ›Rasse‹ in der Geschichtswissenschaft verwahrt hatte. Ganz anders sein Nachfolger Helbok, der zu den entschiedenen Protagonisten einer nationalsozialistisch geprägten Volks- und Kulturraumforschung gehörte. In seiner Leipziger Antrittsvorlesung über »Die Aufgaben der deutschen Landes- und Volkstumsgeschichte« 1935 machte er deutlich, dass mit seiner Berufung eine Neuausrichtung der Landesgeschichte und damit auch des Seminars für Landesgeschichte und Siedlungskunde verbunden war, das nun in Institut für Deutsche Landes- und Volksgeschichte umbenannt wurde. Die Kötzschke-Schüler Walter Schlesinger und Herbert Helbig schieden im Streit mit Helbok aus dem Institut aus, weil sie – wie ihr Lehrer – Helboks Volkstumsgeschichte auf rassischer Grundlage als unwissenschaftlich ablehnten.[37] Hinzu kam der berechtigte Vorwurf, dass Helbok an Fragen der sächsischen Geschichte uninteressiert war; entsprechend erfolglos blieb er als akademischer Lehrer in Leipzig. Zum 1. Mai 1941 ist Adolf Helbok deshalb einem Ruf an die Universität Innsbruck gefolgt, wo er noch bis zu seiner politisch bedingten Entlassung 1945 gelehrt hat.

Währenddessen liefen mit tätiger Förderung Kötzschkes schon Bemühungen, seinen

Im Dachgeschoss des Gebäudes Universitätsstraße 11 (»Goldener Bär«) in Leipzig war bis 1943 das 1906 begründete Seminar für Landesgeschichte und Siedlungskunde untergebracht, Fotografie, 1925

1940 habilitierten Schüler Walter Schlesinger (1908–1984) als Professor für Landesgeschichte nach Leipzig zu berufen.[38] Schlesinger konnte allerdings erst im Juli 1944, nach einer schweren Kriegsverwundung, seine Tätigkeit in Leipzig aufnehmen. Das landesgeschichtliche Institut in der Universitätsstraße (im Haus Goldener Bär) war aber bereits im Dezember 1943 durch einen Luftangriff total zerstört worden, so dass an eine systematische Lehr- und Forschungstätigkeit kaum noch zu denken war.[39]

Die NS-Machtergreifung hat sich nicht nur auf die Arbeit des Seminars für Landesgeschichte und Siedlungskunde ausgewirkt. Auch die Arbeit der Sächsischen Kommission für Geschichte stagnierte schon bald nach 1933.[40] Zwar folgte auf die Jahreshauptversammlung von 1931 nochmals 1934 eine Zusammenkunft der Mitglieder, aber dann wurde die Kommission nicht mehr einberufen. Die Publikationstätigkeit kam für mehrere Jahre zum Erliegen. In längeren Verhandlungen mit dem sächsischen Volksbildungsministerium, die maßgeblich seit 1938 Rudolf Kötzschke und Hellmut Kretzschmar führten, wurde von staatlicher Seite auf die Neugründung der Kommission gedrungen.[41] Die bisherigen Mitgliedschaften erloschen, die Leitung der Kommission wurde nach dem »Führerprinzip« organisiert und die Aufgabenstellung wurde um die Erforschung der sächsischen Geschichte »im Rahmen der deutschen Volks- und Reichsgeschichte« erweitert.[42] Am 22. Februar 1939 fand die Eröffnungssitzung der neuen Kommission statt. Reichsstatthalter Martin Mutschmann hatte Rudolf Kötzschke zum Vorsitzenden, den Dresdner Archivar Hellmut Kretzschmar zum stellvertretenden Vorsitzenden und Walter Schlesinger zum Schriftführer ernannt. Die Mitgliederzahl der Kommission war nun auf 25 begrenzt. Thematisch und inhaltlich unterschied sich die Arbeit dieser Kommission nicht grundsätzlich von ihrer Vorgängereinrichtung; das damals zusammengestellte Arbeitsprogramm knüpfte überwiegend an die früheren Vorhaben an und konnte zeitbedingte Themen weitgehend ausklammern. Von dem weitgespannten Arbeitsplan konnte im Laufe der Kriegsjahre jedoch praktisch nichts mehr verwirklicht werden. 1941 und 1942 wurden noch drei Bände in den Schriften veröffentlicht. In der 1941 neu begründeten Reihe »Sächsische Forschungen zur Geschichte« konnte lediglich Schlesingers Habilitationsschrift über »Die Entstehung der Landesherrschaft« erscheinen.[43] Im verheerenden Bombenangriff auf Leipzig am 4. Dezember 1943 verbrannten nicht nur die Unterlagen der Kommission, sondern auch sämtliche Manuskripte und Materialien für die laufenden oder im Druck befindlichen Forschungsvorhaben. Da auch das Kötzschke-Institut zerstört worden war, lag die organisatorisch auf Leipzig zentrierte sächsische Landesgeschichtsforschung seit Ende 1943 praktisch in Trümmern.[44]

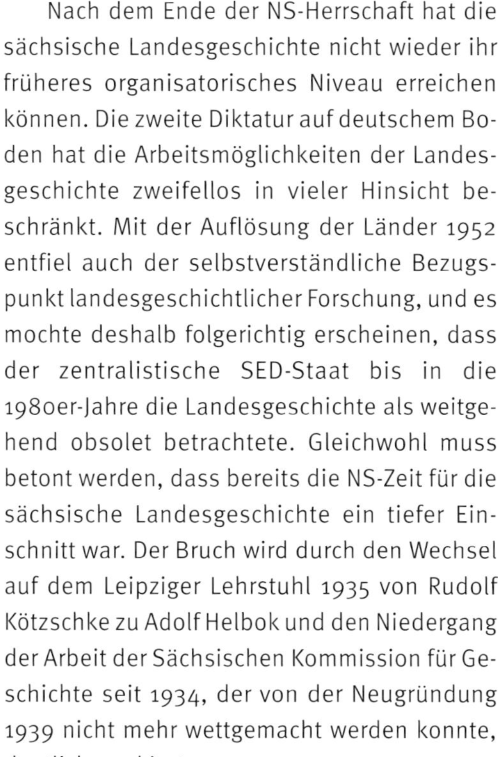

Nach dem Ende der NS-Herrschaft hat die sächsische Landesgeschichte nicht wieder ihr früheres organisatorisches Niveau erreichen können. Die zweite Diktatur auf deutschem Boden hat die Arbeitsmöglichkeiten der Landesgeschichte zweifellos in vieler Hinsicht beschränkt. Mit der Auflösung der Länder 1952 entfiel auch der selbstverständliche Bezugspunkt landesgeschichtlicher Forschung, und es mochte deshalb folgerichtig erscheinen, dass der zentralistische SED-Staat bis in die 1980er-Jahre die Landesgeschichte als weitgehend obsolet betrachtete. Gleichwohl muss betont werden, dass bereits die NS-Zeit für die sächsische Landesgeschichte ein tiefer Einschnitt war. Der Bruch wird durch den Wechsel auf dem Leipziger Lehrstuhl 1935 von Rudolf Kötzschke zu Adolf Helbok und den Niedergang der Arbeit der Sächsischen Kommission für Geschichte seit 1934, der von der Neugründung 1939 nicht mehr wettgemacht werden konnte, deutlich markiert.

Die landesgeschichtliche Arbeit in Leipzig musste nach dem Ende des Zweiten Weltkriegs aus dem Nichts wiederbegründet werden,[45] konnte aber angesichts der geschilderten Rahmenbedingungen in der Sowjetischen Besatzungszone bzw. in der DDR keine große Wirkung mehr entfalten. An der Universität Leipzig war Walter Schlesinger, obschon nie NS-Aktivist, aufgrund seines 1929 erfolgten Beitritts zur NSDAP, den er schon wenige Jahre später bedauert, aber nicht rückgängig gemacht hatte, im November 1945 entlassen worden. Schlesinger zog sich als Privatgelehrter in seine Heimatstadt Glauchau zurück und hat in den folgenden Jahren noch mehrere grundlegende Arbeiten zur mittelalterlichen Stadt- und Kirchengeschichte Sachsens veröffentlicht, sich 1951 aber – da sich keine berufliche Perspektive in Sachsen abzeichnete – zur Übersiedlung nach Marburg an der Lahn entschlossen.[46] Damit war der wissenschaftlich innovativste und produktivste Gelehrte für den Neubeginn der sächsischen Landesgeschichte verloren.[47]

Walter Schlesinger (1908–1984)

Nach Kriegsende wurde der hochbetagte Kötzschke neuerlich mit der Leitung des früheren Seminars für Landesgeschichte und Siedlungskunde, des Instituts für deutsche Landes- und Volksgeschichte betraut, das am 7. Oktober 1946 wiedereröffnet wurde. Kötzschke hat noch bis kurz vor seinem Tod am 3. August 1949 an der Universität Leipzig gelehrt, Dissertationen betreut und sich um den Wiederaufbau der vernichteten Seminarbibliothek bemüht, die bis 1955 wieder auf etwa 15 000 Bände anwuchs. Das Institut für Deutsche Landes- und Volksgeschichte wurde im Herbst 1951 im Zuge der Studienreform an den DDR-Universitäten als Abteilung Landesgeschichte dem Institut für Deutsche Geschichte angegliedert. Die Leitung übernahm der 1950 von Rostock nach Leipzig berufene Heinrich Sproemberg (1889–1966), ein Kenner der früh- und hochmittelalterlichen Geschichte Flanderns, der aber als Landeshistoriker nicht ausgewiesen war.[48] Unter den politisch bestimmten Rahmenbedingungen der DDR war es nicht mehr möglich, dass die Landesgeschichte ihre frühere Bedeutung zurückerlangte, zumal die Professur für sächsische Landesgeschichte nach dem Tod Kötzschkes 1949 nicht wiederbesetzt wurde. Dass es gleichwohl gelang, ein landesgeschichtliches Lehrangebot aufrechtzuerhalten, war vor allem Hellmut Kretzschmar (1893–1965), dem Leiter des Hauptstaatsarchivs in Dresden, zu verdanken; er war 1942 zum Honorarprofessor für sächsische Landesgeschichte ernannt worden, bekleidete dann seit 1953 neben seinem Archivamt in Leipzig eine Professur mit vollem Lehrauftrag und konnte seine Lehrtätigkeit bis 1961 aufrechterhalten.[49] 1962 wurde dann Karl Czok (1926–2013),[50] ein Schüler Sproembergs, der sich mit Arbeiten zur spätmittelalterlichen Stadtgeschichte u.a. der Oberlausitz qualifiziert hatte, als Oberassistent mit der Wahrnehmung einer Dozentur für Landesgeschichte betraut. Czok war seit 1960/61 bestrebt, landesgeschichtliche Forschung unter dem Dach einer als ›marxistisch‹ apostrophierten Regionalgeschichte fortzuführen. Gleichwohl war es nicht möglich, die institutionelle Verankerung der Landesgeschichte an der Karl-Marx-Universität Leipzig zu sichern. Die Abteilung Landesgeschichte des Instituts für Deutsche Geschichte an der Universität Leipzig wurde durch die 3. Hochschulreform 1968 beseitigt. An ihre Stelle trat im folgenden Jahr eine Lehrgruppe »Geschichte der örtlichen Arbeiterbewegung«; entsprechend wurde die regionalgeschichtliche Professur von Karl Czok umbenannt.[51] Als letzter Rest des einstigen Instituts für Deutsche

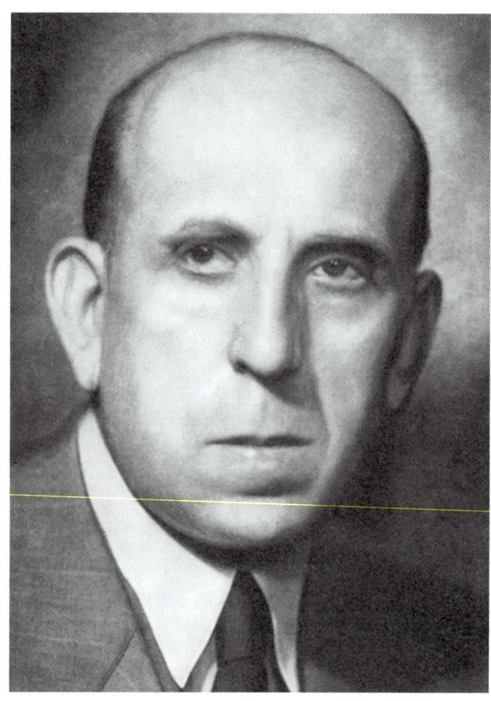

Hellmut Kretzschmar
(1893–1965)

Karl Czok
(1926–2013)

Landes- und Volksforschung war noch die von Kötzschke unter großen Mühen nach 1945 wiederaufgebaute Bibliothek vorhanden, die aber 1972 anlässlich des Umzugs der neugeschaffenen Sektion Geschichte in das Universitätshochhaus aus Platzgründen an das Staatsarchiv Leipzig abgegeben wurde, wo sie heute noch einen Teil der Dienstbibliothek bildet. Damit war die letzte Spur des 1906 begründeten Kötzschke-Seminars beseitigt und »die institutionelle Mitte der landesgeschichtlichen Arbeit in Sachsen war ausgelöscht«.[52]

Die konzeptionelle Formierung der Regionalgeschichte hatte zunächst in programmatischen Schriften zu einer prinzipiellen Abgrenzung von der offiziell als ›bürgerlich‹ abqualifizierten Landesgeschichte geführt. Gleichwohl darf nicht übersehen werden, dass es Karl Czok in Leipzig gelungen ist, die Erforschung der sächsischen Landesgeschichte auch unter zeitweilig schwierigen ideologischen Rahmenbedingungen und stets drohenden Eingriffen der Staatsmacht weiter zu betreiben. Unter dem Dach der DDR-Regionalgeschichte sind von Karl Czok, Helmut Bräuer, Manfred Unger u. a. auch auf dem Gebiet der sächsischen Landesgeschichte durchaus bedeutende wissenschaftliche Leistungen vorgelegt worden.[53] Dass sich die Arbeitsbedingungen zudem seit Anfang der 1980er-Jahre besserten, als im Zuge der sogenannten Erbe-Diskussion der DDR die Territorialgeschichte wieder größere Beachtung fand, ist beispielsweise daran ablesbar, dass Karl Czok damals mit einer Gruppe von Historikern eine »Geschichte Sachsens« konzipiert hat, die noch kurz vor der Wende 1989 erschienen ist; dieses in den Kapiteln zur mittelalterlichen und frühneuzeitlichen Geschichte durchaus seriöse Werk sollte übrigens die einzige landesgeschichtliche Gesamtdarstellung bleiben, die in der DDR entstand.[54]

Auch wenn der vorliegende Beitrag vorrangig die institutionellen Organisationsformen der sächsischen Landesgeschichtsforschung zu würdigen hat, kann an dieser Stelle nicht verschwiegen werden, dass maßgebliche landesgeschichtliche Forschungen in der Zeit der deutsch-deutschen Teilung außerhalb des zuletzt skizzierten Rahmens geleistet wurden. Die Tradition der Kötzschke-Schule lebte auf manchen Feldern fort. Hier sind vor allem die Deutsch-slawischen Forschungen zur Namenkunde und Siedlungsgeschichte zu nennen, die 1954 an der Universität Leipzig verankert wurden und bis heute fortwirken. Im engen Verbund von Onomastik und Siedlungsforschung haben namentlich Ernst Eichler (1930–2012) und Hans Walther (1921–2015) in den letzten Jahrzehnten grundlegende Forschungen zur sächsischen Landesgeschichte des Mittelalters vorgelegt.[55] Vor allem Hans Walther hat durch die fruchtbare Verknüpfung landes-, siedlungs- und namenkundlicher Methoden methodische Grundanliegen seines Lehrers Kötzschke weiter verfolgt.

Als die bedeutendsten Schüler Kötzschkes sind Karlheinz Blaschke, Heinz Quirin,[56] Herbert Helbig[57] und Walter Schlesinger zu nennen. Quirin, Helbig und Schlesinger erhielten in den 1950er-Jahren Rufe an westdeutsche Universitäten. Vor allem Schlesinger hat als Ordinarius in Berlin, Frankfurt und Marburg die westdeutsche Mittelalterforschung der Nachkriegszeit bis in die 1970er-Jahre maßgeblich geprägt und ihr durch die Verbindung von mittelalterlicher Verfassungs- und Landesgeschichte nachhaltige Impulse gegeben. In Marburg an der Lahn hat er den Exilforschern, die sich mit sächsischer Landesgeschichte beschäftigten, durch die Einrichtung der Forschungsstelle für Geschichte Mitteldeutschlands eine wichtige Heimstatt geboten.[58] In Sachsen war seit den

1950er-Jahren Karlheinz Blaschke der wichtigste Träger der Kötzschke-Tradition.[59] Blaschke hat zunächst als Archivar im Hauptstaatsarchiv Dresden, nach seinem Ausscheiden aus dem Staatsdienst 1968 dann als Dozent am außeruniversitären Theologischen Seminar in Leipzig die Ansätze und Vorhaben seines Lehrers Kötzschke fortgeführt. Als »bürgerlicher Historiker am Rande der DDR« hat Blaschke so maßgeblich dazu beigetragen, dass zentrale Felder der mittelalterlichen und frühneuzeitlichen Geschichte Sachsens weiter erforscht wurden.[60]

Rudolf Kötzschke war nach Kriegsende auch bestrebt, die Arbeit der Sächsischen Kommission für Geschichte wieder aufzunehmen, was sich jedoch als ausgesprochen schwierig erwies, weil sich unter den neuen politischen Rahmenbedingungen zunächst der Sowjetischen Militäradministration, seit 1949 dann der DDR die Absicherung der Kommissionsarbeit aus staatlichen Mitteln nicht verwirklichen ließ.[61] So entstand 1947 der Plan, die Kommission in die Sächsische Akademie der Wissenschaften zu Leipzig zu integrieren, was 1950 tatsächlich gelang. Am 17. Juni fand die konstituierende Sitzung statt. Das Statut der Historischen Kommission des Landes Sachsen bei der Sächsischen Akademie der Wissenschaften datiert vom 2. Oktober 1950.[62] Forschungsausrichtung und Zuständigkeitsbereich der Kommission wurden durch Arbeitsordnungen von 1957, 1973 und 1983 weiter präzisiert und geringfügig variiert. Entscheidend war seit 1950 das Unterstellungsverhältnis unter die Sächsische Akademie der Wissenschaften zu Leipzig, von deren Haushalt die Kommission abhängig war; die jahrzehntelang selbstständige Kommission in staatlicher Trägerschaft wurde nun ein Unternehmen der Akademie. Zum neuen Leiter der Kommission wurde 1950 der bereits erwähnte Leipziger Mediävist Heinrich Sproem-

Hans Walther
(1921–2015)

Karlheinz Blaschke

berg bestimmt; nach seinem Rücktritt 1957 ging die Leitung an Hellmut Kretzschmar über, der anders als Schlesinger trotz NSDAP-Mitgliedschaft den Umbruch 1945 unbeschadet überstanden hatte. Es ist bezeichnend für die Stellung der Landesgeschichte in der DDR, dass die Leitung der Kommission nach dem altersbedingten Rücktritt Kretzschmars den Rechtshistorikern Gertrud Schubart-Fikentscher (1962–1966) und Gerhard Buchda (1966–1977) zufiel und schließlich in der Hand des Archäologen Werner Coblenz (1978–1991) lag.[63]

Langfristige Forschungsvorhaben konnten freilich von der traditionsreichen Kommission fortan nur noch in sehr begrenztem Maße durchgeführt werden.[64] Die Schriften der Sächsischen Kommission für Geschichte wurden erst 1957 mit dem von Karlheinz Blaschke bearbeiteten »Historischen Ortsverzeichnis von Sachsen« fortgesetzt, mit dessen Veröffentlichung ein seit langem gefördertes Vorhaben der Kommission verwirklicht wurde.[65] Von den weiteren Bänden der Reihe, die nur noch in großen Abständen erschienen, sind hier vor allem die Bibliografien zur Geschichte der Städte Leipzig und Dresden hervorzuheben. Das alte Kommissionsprojekt der Politischen Korrespondenz des Herzogs und Kurfürsten Moritz, das schon seit 1900 stagnierte, wurde zwar 1978 endlich mit einem dritten Band fortgeführt, doch musste dieser in den Abhandlungen der Sächsischen Akademie der Wissenschaften veröffentlicht werden. Die Fertigstellung dieser Edition war ganz maßgeblich das Verdienst des Leipziger Kirchenhistorikers Günther Wartenberg (1943–2007).[66] Für Quelleneditionen und Darstellungen wurde 1963 die neue Reihe »Quellen und Forschungen zur sächsischen Geschichte« begründet, die bis 1977 auf acht Bände anwuchs; trotz der bescheidenen äußeren Form – die Bände wurden im Rotaprintdruck hergestellt – enthält die Reihe einige bedeutende Quellenausgaben wie Elisabeth Boers Edition des ältesten Dresdner Stadtbuchs und Ernst Müllers Zusammenstellungen der Leipziger Neubürger 1471–1501. Das »Neue Archiv für sächsische Geschichte«, das nie Kommissionsaufgabe gewesen war, konnte nach 1945 allerdings nicht wieder erscheinen. Stattdessen gelang es Karl Czok 1967, ein »Jahrbuch für Regionalgeschichte« zu begründen, das bis 1968 von der Abteilung Landesgeschichte des Instituts für Deutsche Geschichte an der Karl-Marx-Universität herausgegeben wurde. Nach einer mehrjährigen Zwangspause konnte das Jahrbuch dann von 1972 bis 1990 als Organ der Historischen Kommission erscheinen und hat als landesgeschichtliches Periodikum in der DDR, wenn auch nicht auf Sachsen beschränkt, zweifellos eine bedeutende Funktion erfüllt.

Die Sächsische Kommission für Geschichte von 1896 und das Seminar für Landesgeschichte und Siedlungskunde von 1906 markieren im Rückblick wichtige Etappen auf dem Weg der Verwissenschaftlichung der Landesgeschichte. Trotz mancher organisatorischer Umbrüche steht die nach der Wende 1989/90 neu konstituierte Historische Kommission bei der Sächsischen Akademie der Wissenschaften zu Leipzig zwar in der Tradition der Sächsischen Kommission für Geschichte von 1896, kann deren weitgespannte Aufgaben aber schon mangels Ausstattung und aufgrund ihrer unselbstständigen Stellung innerhalb der Sächsischen Akademie der Wissenschaften nicht mehr im früheren Umfang erfüllen. Auch die Rahmenbedingungen landesgeschichtlicher Lehre und Forschung an den sächsischen Universitäten unterscheiden sich von denen in der ersten Hälfte des 20. Jahrhunderts, als die Landesgeschichte mit dem Kötzschke-Institut in Leipzig über eine selbstständige Einrichtung neben dem Historischen

Seminar, aber innerhalb der Universität verfügte. Die sächsischen Archive, namentlich das Sächsische Staatsarchiv mit seinen Standorten Dresden, Chemnitz, Leipzig und Bautzen sowie die großen Kommunalarchive sind selbstverständlich weiterhin wichtige Träger der landesgeschichtlichen Forschung, aber sie können nicht mehr in dem Maße wie das frühere Sächsische Hauptstaatsarchiv in Dresden selbstständige Editionsvorhaben im großen Stil durchführen. Die gesellschaftlichen Veränderungen der letzten Jahrzehnte haben schließlich dazu geführt, dass sich die landesgeschichtlichen Vereine, die ältesten Einrichtungen historischer Traditionspflege, sofern sie nach der deutschen Wiedervereinigung 1990 überhaupt wiederbegründet wurden, nur noch bedingt auf jene Kräfte stützen können, die früher wichtige Träger der orts- und heimatkundlichen Forschung gewesen sind. Aber diese gewandelten Rahmenbedingungen an den Universitäten, in den Archiven und in den Geschichtsvereinen sind keine Besonderheiten Sachsens, sondern wirken sich mittlerweile – wenn auch unterschiedlich intensiv – in allen Bundesländern aus.

Trotz mancher Kontinuitäten kann nicht übersehen werden, dass in der sächsischen Landesgeschichte nach der deutschen Wiedervereinigung auf weiten Strecken ein grundlegender Neuanfang erforderlich war.[67] Die Voraussetzungen dafür waren gegeben, weil auch in den Jahrzehnten der deutsch-deutschen Teilung und der Beseitigung des Landes Sachsen das Bewusstsein für die Bedeutung der sächsischen Geschichte lebendig geblieben war und entsprechend die Bemühungen um die Erforschung der Landesgeschichte trotz vielfältiger Friktionen und Einschränkungen nie ganz abgebrochen sind. Auf dem langen Weg zur Institutionalisierung der sächsischen Landesgeschichts-

»100 Jahre Landesgeschichte (1906–2006)« war das Thema des 33. Tags der deutschen Landesgeschichte, der 2006 in Leipzig vom ISGV in Zusammenarbeit mit dem dortigen Lehrstuhl für Sächsische Landesgeschichte und dem Gesamtverein der deutschen Geschichts- und Altertumsvereine ausgerichtet wurde. Der Tagungsband ist 2012 in den Schriften zur sächsischen Geschichte und Volkskunde erschienen

forschung auf verschiedenen Ebenen markiert die Gründung des Instituts für Sächsische Geschichte und Volkskunde in Dresden 1997 eine wichtige Etappe und stellt eine neue Qualität dar. Das ISGV ist nicht nur eine Forschungseinrichtung, die Langzeitvorhaben und Grundlagenforschung betreibt, sondern wirkt durch Tagungen und Vortragsveranstaltungen auch in die Öffentlichkeit, was heute gerne als »public history« apostrophiert wird. Darüber hinaus pflegt das ISGV aber auch vielfältige Kooperationen mit zahlreichen anderen Institutionen im Lande, aber auch außerhalb Sachsens. Organisatorisch ist das Institut durch sein Direktorium mit den landesgeschichtlichen Lehrstühlen in Leipzig und Dresden sinnvoll verbunden, denn universitäre Ausbildungs- und Nachwuchsrekrutierung sind für eine außeruniversitäre Forschungseinrichtung unabdingbar. An beiden

Lehrstühlen wird die Landesgeschichte in ihrer ganzen Breite angeboten, doch hat sich eine gewisse strategische Aufgabenteilung zwischen Leipzig (Mittelalter und Reformationszeit) und Dresden (Neuere Geschichte) eingespielt und als Modell bewährt. Am Leipziger Lehrstuhl wird schwerpunktmäßig die Kirchen- und Frömmigkeitsgeschichte als unverzichtbarer Teil der Landesgeschichte erforscht, aber auch Stadt-, Bildungs- und Adelsgeschichte spielen eine Rolle, zum Teil verbunden mit editorischer Grundlagenforschung. Am Dresdner Lehrstuhl hingegen bilden die Aufklärung, Umbrüche der Sattelzeit 1770–1830, historische Jubiläumskultur und lutherische Erinnerungskultur nachhaltige Forschungsschwerpunkte. Eine lange Reihe von Dissertationen, Habilitationen und anderen Qualifikationsarbeiten zeugt in Dresden wie Leipzig von der Produktivität der universitären Landesgeschichte, die auch auf das ISGV zurückwirkt.

So hat das ISGV in den zwanzig Jahren seit der Gründung seine Bewährungsprobe bestanden und sich als sichere Stütze landesgeschichtlicher und landeskundlicher Forschung in Sachsen und Mitteldeutschland bewährt. Angesichts der reichen historischen und kulturellen Traditionen Sachsens eröffnen sich dem Institut auch für die Zukunft vielfältige und lohnende Arbeitsfelder von den Anfängen der sächsischen Geschichte bis zur Gegenwart.

Anmerkungen

1 Zur Geschichte des ISGV siehe den Beitrag von Winfried Müller in diesem Band. Über die Tätigkeit des ISGV berichtet der geschäftsführende Direktor jährlich im »Neuen Archiv für sächsische Geschichte«.

2 Für die Universität Leipzig siehe nun Fritz König, Demokratischer Neubeginn und Weichenstellung für die Zukunft. Die Universität Leipzig von der Friedlichen Revolution bis zur Gegenwart 1989–2009, in: Ulrich von Hehl/Günther Heydemann/Klaus Fitschen/Fritz König (Hgg.), Geschichte der Universität Leipzig 1409–2009, Band 3: Das zwanzigste Jahrhundert 1909–2009, Leipzig 2010, S. 783–908; für die Technische Universität Dresden Reiner Pommerin, Geschichte der TU Dresden 1828–2003 (175 Jahre TU Dresden 1), Köln/Weimar/Wien 2003, S. 321–349.

3 Allerdings ist die Stelle seit seiner Berufung zum Direktor des Deutschen Historischen Instituts in Warschau 2014 vakant.

4 Enno Bünz, Wieland Held (1939–2003). Nachruf und Schriftenverzeichnis, in: Blätter für deutsche Landesgeschichte 138 (2002), S. VII–XV.

5 Franz Irsigler, Landesgeschichte als regional bestimmte multidisziplinäre Wissenschaft, in: Lieselott Enders/Klaus Neitmann (Hgg.), Brandenburgische Landesgeschichte heute (Brandenburgische Historische Studien 4), Potsdam 1999, S. 9–22; Dietrich Ebeling/Volker Henn/Rudolf Holbach/Winfried Reichert/Wolfgang Schmid (Hgg.), Landesgeschichte als multidisziplinäre Wissenschaft. Festgabe für Franz Irsigler zum 60. Geburtstag, Trier 2001; Dieter R. Bauer/Dieter Mertens/Wilfried Setzler (Hgg.), Netzwerk Landesgeschichte. Gedenkschrift für Sönke Lorenz (Tübinger Bausteine zur Landesgeschichte 21), Ostfildern 2013; Sigrid Hirbodian/Christian Jörg/Sabine Klapp (Hgg.), Methoden und Wege der Landesgeschichte (Landesgeschichte 1), Ostfildern 2015; Enno Bünz, Aufgaben und Perspektiven der Landesgeschichtsforschung im 21. Jahrhundert, in: Zeitschrift für Siebenbürgische Landeskunde 36 (2013), S. 5–17.

6 Zum NASG siehe den Beitrag von Frank Metasch in diesem Band, zum CDS die Hinweise unten in Anm. 17.

7 Gabriele B. Clemens, Sanctus amor patriae. Eine vergleichende Studie zu deutschen und italienischen Geschichtsvereinen im 19. Jahrhundert (Bibliothek des Deutschen Historischen Instituts in Rom 106), Tübingen 2004.

8 Zahlreiche regionale Periodika, die in der ersten Hälfte des 20. Jahrhunderts noch erschienen sind, konnten allerdings nach 1989/90 nicht wiederbegründet werden. Siehe Winfried Müller, Landesgeschichtliche Zeitschriften in Sachsen – vor und nach der Wende, in: Thomas Küster (Hg.), Medien des begrenzten Raumes. Landes- und regionalgeschichtliche Zeitschriften im 19. und 20. Jahrhundert (Forschungen zur Regionalgeschichte 73), Paderborn 2013, S. 251–264.

9 Zur Geschichte des Faches: Alois Gerlich, Geschichtliche Landeskunde des Mittelalters. Genese und Probleme, Darmstadt 1986; Matthias Werner, Zwischen politischer Begrenzung und methodischer Offenheit. Wege und Stationen deutscher Landesgeschichtsforschung im 20. Jahrhundert, in: Peter Moraw/Rudolf Schieffer (Hgg.), Die deutschsprachige Mediävistik im 20. Jahrhundert (Konstanzer Arbeitskreis für Mittelalterliche Geschichte. Vorträge und Forschungen 62), Ostfildern 2005, S. 251–364; Ders., Die deutsche Landesgeschichtsforschung im 20. Jahrhundert. Aufbrüche, Umbrüche, Perspektiven, in: Manfred Groten/Andreas Rutz (Hgg.) Rheinische Landesgeschichte an der Universität Bonn. Traditionen – Entwicklungen – Perspektiven, Göttingen 2007, S. 157–178; Enno Bünz, Deutsche Landesgeschichtsforschung im 19. und 20. Jahrhundert, in: Anke John (Hg.), Köpfe, Institutionen, Bereiche. Mecklenburgische Landes- und Regionalgeschichte seit dem 19. Jahrhundert (Veröffentlichungen der Historischen Kommission für Mecklenburg. Reihe B, N. F.: Schriften zur mecklenburgischen Geschichte 5), Lübeck 2016, S. 17–39.

10 Luise Schorn-Schütte, Karl Lamprecht, Kulturgeschichtsschreibung zwischen Wissenschaft und Politik (Schriftenreihe der Historischen Kommission bei der Bayerischen Akademie der Wissenschaften 22), Göttingen 1984; Matthias Middell, Weltgeschichtsschreibung im Zeitalter der Verfachlichung und Professionalisierung. Das Leipziger Institut für Kultur- und Universalgeschichte 1890–1990 (Geschichtswissenschaft und Geschichtskultur im 20. Jahrhundert 6), Band 1: Das Institut unter der Leitung Karl Lamprechts, Leipzig 2005.

11 Zum Historischen Seminar in der Zeit Lamprechts siehe Ulrich von Hehl, Geschichtswissenschaft an der Alma mater Lipsiensis im frühen 20. Jahrhundert, in: Enno Bünz (Hg.), 100 Jahre Landesgeschichte (1906–2006). Leipziger Leistungen, Verwicklungen und Wirkungen, Leipzig 2012, S. 19–42, hier S. 24–30; Ders./Markus Huttner (†), Geschichte, in: Ulrich von Hehl/Uwe John/Manfred Rudersdorf (Hgg.), Geschichte der Universität Leipzig 1409–2009, Band 4: Fakultäten, Institute, Zentrale Einrichtungen, Halbband 1, Leipzig 2009, S. 157–196, bes. S. 164–168.

12 Wilhelm Janssen, Karl Lamprecht und die Institutionalisierung der rheinischen Landesgeschichtsforschung, in: Wieland Held/Uwe Schirmer (Hgg.), Rudolf Kötzschke und das Seminar für Landesgeschichte und Siedlungskunde an der Universität Leipzig. Heimstatt sächsischer Landeskunde (Schriften der Rudolf-Kötzschke-Gesellschaft 1), Beucha 1999, S. 189–198.

13 Gerald Wiemers, Die Anfänge der Sächsischen Kommission für Geschichte, in: Reiner Groß u. a. (Red.), Geschichtsforschung in Sachsen. Von der Sächsischen Kommission für Geschichte zur Historischen Kommission bei der Sächsischen Akademie der Wissenschaften zu Leipzig 1896–1996 (Quellen und Forschungen zur sächsischen Geschichte 14), Stuttgart 1996, S. 13–43.

14 Abdruck des Statuts in ebd., S. 167–170, Zitat S. 167.

15 Siehe Reiner Groß, Die Sächsische Kommission für Geschichte von der Jahrhundertwende bis zum Ende des »Dritten Reiches« 1900–1945, in: ebd., S. 53–73; und Helmar Junghans/Christian Winter, Bibliographie der Sächsischen Kommission für Geschichte/Historischen Kommission bei der Sächsischen Akademie der Wissenschaften zu Leipzig, in: ebd., S. 123–143, hier S. 127–134.

16 Die Bearbeitung der meisten Editionen konnte erst in den letzten Jahren abgeschlossen werden. Von der Politischen Korrespondenz des Herzogs und Kurfürsten Moritz von Sachsen erschien der abschließende 6. Band 2006, von den Akten und Briefen zur Kirchenpolitik Herzog Georgs von Sachsen sind 2010–2012 die Bände 3 und 4 herausgekommen, und der Briefwechsel Thomas Müntzers wurde als Band 2 der Thomas-Müntzer-Ausgabe 2010 vorgelegt.

17 Matthias Werner, »Zur Ehre Sachsens«. Geschichte, Stand und Perspektiven des Codex diplomaticus Saxoniae, in: Tom Graber (Hg.), Diplomatische Forschungen in Mitteldeutschland, Leipzig 2005, S. 261–301; Enno Bünz, 150 Jahre Codex diplomaticus Saxoniae. Bericht über die feierliche Präsentation der neuen Codex-Bände in der Sächsischen Staatskanzlei zu Dresden am 7. Februar 2011, in: NASG 82 (2011), S. 281–287. Siehe auch den Beitrag von Christian Schuffels in diesem Band.

18 Esther Ludwig, Rudolf Kötzschke – Das schwere Bemühen um die Bewahrung der »unantastbaren Reinheit des geschichtlichen Sinnes«, in: Held/Schirmer (Hgg.), Rudolf Kötzschke und das Seminar für Landesgeschichte und Siedlungskunde (wie Anm. 12), S. 21–70; Hans Walther, Rudolf Kötzschke (1867–1949), in: Gerald Wiemers (Hg.), Sächsische Lebensbilder, Band 5 (Quellen und Forschungen zur sächsischen Geschichte 22), Leipzig 2003, S. 327–333; Enno Bünz, Ein Landeshistoriker im 20. Jahrhundert.

Rudolf Kötzschke (1867–1949) zwischen methodischer Innovation und Volksgeschichte, in: Ders. (Hg.), 100 Jahre Landesgeschichte (wie Anm. 11), S. 43–78.

19 Julia Sobotta, »Ein Versuch mit neuer Fragestellung«. Rudolf Kötzschke als Wirtschaftshistoriker, in: ebd., S. 79–97.

20 Siehe die Nachweise von Junghans/Winter, Bibliographie (wie Anm. 15), S. 128 f.; und zur Einführung: Die historisch-geographischen Arbeiten im Königreich Sachsen, im Auftrag der Königlich Sächsischen Kommission für Geschichte zusammengestellt von R. Kötzschke, H. Beschorner, A. Meiche und R. Becker, Leipzig 1907.

21 Gerhard Seeliger, Probleme der historischen Kartographie und Topographie, in: Historische Vierteljahrschrift 6 (1903), S. 285–298. Kötzschke hat seinem Leipziger Kollegen später einen ausführlichen Nachruf gewidmet: Rudolf Kötzschke, Gerhard Seeliger, in: Historische Vierteljahrsschrift 20 (1922), S. 482–496.

22 Gerald Wiemers/Eberhard Fischer, Die Mitglieder von 1846 bis 2006. Sächsische Akademie der Wissenschaften zu Leipzig, Berlin [2]2006, S. 112.

23 Held/Schirmer (Hgg.), Rudolf Kötzschke und das Seminar für Landesgeschichte und Siedlungskunde (wie Anm. 12); Enno Bünz, Seminar für Landesgeschichte und Siedlungskunde an der Universität Leipzig. Zum 100. Jahrestag der Gründung am 1. Oktober 2006, in: Jubiläen 2006. Personen – Ereignisse, hrsg. vom Rektor der Universität Leipzig, Leipzig 2006, S. 137–142.

24 Helga Schmidt, Geographie, in: von Hehl/John/Rudersdorf (Hgg.), Geschichte der Universität Leipzig 4 (wie Anm. 11), Halbband 2, S. 1309–1332, hier S. 1313–1315 über Ratzel, dessen Bedeutung für Kötzschke aber nicht erwähnt wird. Unverkrampfter als dieser Beitrag greift Karl Schlögel, Im Raume lesen wir die Zeit. Über Zivilisationsgeschichte und Geopolitik, München u. a. 2003, nicht nur mit der Titelgebung Ansätze Ratzels auf.

25 Groß, Die Sächsische Kommission für Geschichte (wie Anm. 15), S. 61.

26 Siehe die Bibliografie seiner Schriften bei Bünz, Landeshistoriker (wie Anm. 18), S. 67–78.

27 Posthum erschienen ist aber die auswertende Gesamtdarstellung von Rudolf Kötzschke, Ländliche Siedlung und Agrarwesen in Sachsen. Aus dem Nachlaß hrsg. von Herbert Helbig (Forschungen zur deutschen Landeskunde 77), Remagen 1953.

28 Die wissenschaftliche Gesamtleitung oblag dem Kötzschke-Schüler Karlheinz Blaschke, auf dessen Einführung (als gesondertes Beiheft zum Historischen Atlas, erschienen Dresden/Leipzig 1998) hier verwiesen sei. Zur Konzeption und zu den Ergebnissen siehe Enno Bünz, Der Atlas zur Geschichte und Landeskunde von Sachsen. Ein landesgeschichtliches Grundlagenprojekt, in: NASG 76 (2005), S. 319–334; und den Abschlussbericht der Arbeitsstellenleiterin Jana Moser von 2010 unter https://www.saw-leipzig.de/de/projekte/historischer-atlas-von-sachsen-atlas-zur-geschichte-und-landeskunde-von-sachsen/abschlussbericht-moser.pdf.

29 Uwe Schirmer, Graduierungsschriften am Leipziger Seminar für Landesgeschichte und Siedlungskunde (1906–1950). Ein Forschungsbericht, in: Held/Schirmer (Hgg.), Rudolf Kötzschke und das Seminar für Landesgeschichte und Siedlungskunde (wie Anm. 12), S. 91–144; Enno Bünz, Die Sächsische Landesgeschichtsforschung an der Universität Leipzig und die Leipziger Stadtgeschichte – von Rudolf Kötzschke bis heute, in: Beate Berger (Hg.), Archive – Netzwerke der Gegenwart, Brücken zwischen Vergangenheit und Zukunft. Kolloquium zum Jubiläum 125 Jahre Stadtarchiv Leipzig (Leipziger Kalender. Sonderband), Leipzig 2007, S. 83–95.

30 Rudolf Kötzschke, Nationalgeschichte und Landesgeschichte, in: Thüringisch-Sächsische Zeitschrift für Geschichte und Kunst 13 (1923/24), S. 1–22, Zitat S. 14, wiederabgedruckt in: Pankraz Fried (Hg.), Probleme und Methoden der Landesgeschichte (Wege der Forschung 492), Darmstadt 1978, S. 13–37.

31 Eduard Mühle, »Ostforschung«. Beobachtungen zu Aufstieg und Niedergang eines geschichtswissenschaftlichen Paradigmas, in: Zeitschrift für Ostmitteleuropaforschung 46 (1997), S. 317–350; Ders., Ostforschung und Nationalsozialismus. Kritische Bemerkungen zur aktuellen Forschungsdiskussion, in: Zeitschrift für Ostmitteleuropaforschung 50 (2001), S. 256–275; Ders., »... einfach dem Instinkte nach vertraut.« Zum Wissenschaftsverständnis Hermann Aubins und seiner historischen Kulturraumforschung, in: Blätter für deutsche Landesgeschichte 139/140 (2003/2004), S. 233–266; Karl Ditt, Zwischen Raum und Rasse. Die »moderne Landesgeschichte« während der ersten Hälfte des 20. Jahrhunderts, in: Bünz (Hg.), 100 Jahre Landesgeschichte (wie Anm. 11), S. 161–195; Christian Lübke, Ostkolonisation, Ostsiedlung, Landesausbau im Mittelalter. Der ethni-

sche und strukturelle Wandel östlich von Elbe und Saale im Blick der Neuzeit, in: Enno Bünz (Hg.), Ostsiedlung und Landesausbau in Sachsen. Die Kührener Urkunde von 1154 und ihr historisches Umfeld, Leipzig 2008, S. 467–484.

32 Rudolf Kötzschke, Landesgeschichte und Heimatgedanke, in: NASG 48 (1927), S. 1–30, Zitate S. 6 und 10.

33 Eduard Mühle, Für Volk und deutschen Osten. Der Historiker Hermann Aubin und die deutsche Ostforschung (Schriften des Bundesarchivs 65), Düsseldorf 2005; ergänzend: Ders. (Hg.), Briefe des Ostforschers Hermann Aubin aus den Jahren 1910–1968 (Quellen zur Geschichte und Landeskunde Ostmitteleuropas 7), Marburg 2008; siehe dazu Matthias Werner, Der Historiker und Ostforscher Hermann Aubin. Anmerkungen zu einigen neueren Publikationen, in: Rheinische Vierteljahrsblätter 74 (2010), S. 235–253.

34 Enno Bünz, Sachsen [Räume und Grenzen. Traditionen und Konzepte der Landesgeschichte. Epochenübergreifende Sektion auf dem 45. Deutschen Historikertag »Kommunikation und Raum«, Kiel, 14.–17. September 2004], in: Blätter für deutsche Landesgeschichte 139/140 (2003/2004), S. 155–178, hier S. 164–173 zum Kulturraumwerk.

35 Siehe die Nachweise bei Ders., Landeshistoriker (wie Anm. 18), S. 56–62.

36 Johannes Moser, Helbok, Adolf, in: Sächsische Biografie, hrsg. vom Institut für Sächsische Geschichte und Volkskunde e.V., bearb. von Martina Schattkowsky, Online-Ausgabe: http://www.isgv.de/saebi/; Esther Ludwig, »Ein sonniges Neuland« oder der Historiker als »Diagnostiker am Leibe des Volkes«. Zum Verhältnis von politischem Legitimationsbedarf und wissenschaftlichem Erkenntnisinteresse anhand der Kontroverse der »Kötzschke-Schule« mit Adolf Helboks Volkstumsgeschichte, in: Westfälische Forschungen 46 (1996), S. 49–72; Dies., Das »Seminar für Landesgeschichte und Siedlungskunde« an der Universität Leipzig in den Jahren 1933–1941, in: Jahrbuch für Regionalgeschichte und Landeskunde 20 (1995/1996), S. 153–164; Klaus Fehn, Volksgeschichte im Dritten Reich als fächerübergreifende Wissenschaftskonzeption am Beispiel von Adolf Helbok. Ein Beitrag zur interdisziplinären Wissenschaftsgeschichte vor allem der Fächer Volkskunde, Landesgeschichte und Historische Geographie, in: Gunther Hirschfelder/Dorothea Schell/Adelheid Schrutka-Rechtenstamm (Hgg.), Kulturen – Sprachen – Übergänge. Festschrift für Heinrich L. Cox zum 65. Geburtstag, Köln/Weimar/Wien 2000, S. 567–580.

37 Wieland Held, Die Bemühungen um die Weiterführung der wissenschaftlichen Traditionen des Leipziger Seminars für Landesgeschichte und Siedlungskunde nach 1935, in: Held/Schirmer (Hgg.), Rudolf Kötzschke und das Seminar für Landesgeschichte und Siedlungskunde (wie Anm. 12), S. 71–90.

38 Josef Fleckenstein, Walter Schlesinger, 28. April 1908–10. Juni 1984, in: Jahrbuch der Akademie der Wissenschaften in Göttingen 1984, S. 72–81; Hans K. Schulze, Zum Gedenken an Walter Schlesinger (28. 4. 1908–10. 6. 1984), in: Zeitschrift für Ostforschung 33 (1984), S. 227–243, wiederabgedruckt in: NASG 65 (1994), S. 9–26; Michael Gockel, Schlesinger, Friedrich Walter, Historiker, in: Neue Deutsche Biographie, Band 23, Berlin 2007, S. 65 f.; Enno Bünz, Schlesinger, Friedrich Walter, in: Sächsische Biografie (wie Anm. 36); Ders., Landesgeschichte als Grundlage der allgemeinen Geschichte. Walter Schlesinger und die sächsische Landesgeschichtsforschung, in: Hessisches Jahrbuch für Landesgeschichte 60 (2010), S. 237–263.

39 Ulrich von Hehl, In den Umbrüchen der ersten Hälfte des 20. Jahrhunderts. Die Universität Leipzig vom Vorabend des Ersten bis zum Ende des Zweiten Weltkrieges 1909 bis 1945, in: Ders./Heydemann/Fitschen/König (Hgg.), Geschichte der Universität Leipzig 3 (wie Anm. 2), S. 13–329, hier S. 317–319.

40 Groß, Die Sächsische Kommission für Geschichte (wie Anm. 15), S. 61 f.

41 Zum Folgenden ebd., S. 62–70.

42 Satzung vom 2. Januar 1939, abgedruckt in: Groß u. a. (Red.), Geschichtsforschung in Sachsen (wie Anm. 13), S. 176–178, Zitat S. 176.

43 Walter Schlesinger, Die Entstehung der Landesherrschaft. Untersuchungen vorwiegend nach mitteldeutschen Quellen, Teil 1 (Sächsische Forschungen zur Geschichte 1), Dresden 1941. Der zweite Teil ist nie erschienen. Die Arbeit wurde nach dem Zweiten Weltkrieg zu einem Klassiker der mittelalterlichen Verfassungsgeschichtsforschung und ist mit einer Vorbemerkung des Verfassers zum Neudruck mehrfach wiederaufgelegt worden (Darmstadt 1964, zuletzt 1983).

44 Siehe oben Anm. 39.

45 Dazu nun umfassend Winfried Müller, Landes- und Regionalgeschichte in Sachsen 1945–1989. Ein Beitrag zur Geschichte der Geschichtswissenschaften in der DDR, in: Bünz (Hg.), 100 Jahre Landesgeschichte (wie Anm. 11), S. 345–447.

46 Michael Gockel, Die Übersiedlung Walter Schlesingers nach Marburg im Jahre 1951, in: NASG 72 (2002), S. 215–253.

47 Die überragende Wirkung Walter Schlesingers wurde anlässlich seines hundertsten Geburtstags an seinem langjährigen Wirkungsort Marburg an der Lahn vom Hessischen Landesamt für geschichtliche Landeskunde durch ein Kolloquium gewürdigt, das seine Bedeutung für die Stadtgeschichte (Winfried Schich), die Landesgeschichte (Enno Bünz), die deutsche Ostsiedlung (Klaus Neitmann), Hessen (Ursula Braasch-Schwersmann) und die Verfassungsgeschichte (Thomas Zotz) aufzeigte. Siehe den Abdruck der Beiträge in Hessisches Jahrbuch für Landesgeschichte 60 (2010), S. 213–308.

48 Heinrich Sproemberg/Hellmut Kretzschmar, Zum 50. Jahrestag der Gründung der Abteilung Landesgeschichte, Leipzig 1956; Veit Didczuneit/Manfred Unger/Matthias Middell, Geschichtswissenschaft in Leipzig: Heinrich Sproemberg (Leipziger Beiträge zur Wissenschaftsgeschichte und Wissenschaftspolitik), Leipzig 1994; Müller, Landes- und Regionalgeschichte (wie Anm. 45), S. 369–374.

49 Hellmut Kretzschmar, Vom Anteil Sachsens an der neueren deutschen Geschichte. Ausgewählte Aufsätze (Quellen und Forschungen zur sächsischen Geschichte 16), hrsg. von Reiner Groß und Manfred Kobuch, Leipzig 1999; Müller, Landes- und Regionalgeschichte (wie Anm. 45), S. 368 f.

50 Karl Czok, DDR-Regionalgeschichte im Zwiespalt zwischen Wissenschaft und Politik, in: NASG 64 (1993), S. 185–199; Müller, Landes- und Regionalgeschichte (wie Anm. 45), S. 374–390; Uwe Schirmer, In memoriam Karl Czok (1926–2013), in: NASG 85 (2014), S. 317–320.

51 Zu diesen Vorgängen Müller, Landes- und Regionalgeschichte (wie Anm. 45), S. 391–398.

52 Karlheinz Blaschke, Die sächsische Landesgeschichte zwischen Tradition und neuem Anfang, in: NASG 64 (1993) S. 7–28, Zitat S. 16.

53 Hierzu Müller, Landes- und Regionalgeschichte (wie Anm. 45), S. 374–431, der auch darauf hinweist, dass wichtige regionalgeschichtliche Forschungsleistungen keineswegs nur von genuinen Vertretern der Regionalgeschichte vorgelegt wurden.

54 Karl Czok (Hg.), Geschichte Sachsens, Weimar 1989; und dazu Müller, Landes- und Regionalgeschichte (wie Anm. 45), S. 405–407.

55 Hans Walther, Namenkunde und geschichtliche Landeskunde. Ein einführender Überblick, Erläuterungen namenkundlicher Fachbegriffe, Auswahlbibliographie zur Namenkunde und Landeskunde Ostmitteldeutschlands. Mit einem kurzen Wegweiser durch das Studium und Beiträgen aus Ostthüringen und Westsachsen (1996 ff.), hrsg. von Ernst Eichler, Karlheinz Hengst und Jürgen Udolph, Leipzig 2003; Markus Cottin, Ein Leben für die Historische Landeskunde. Prof. Dr. habil. Hans Walther zum Gedenken (1921–2015), in: NASG 87 (2016), S. 289–292; Karlheinz Hengst, Hans Walther – Landes-, Siedlungs- und Sprachhistoriker von Rang, in: Blätter für deutsche Landesgeschichte 151 (2015), S. 667–673; Ders., In memoriam Ernst Eichler (15. Mai 1930–29. Juni 2012), in: Namenkundliche Informationen 101/102 (2013), S. 492–501.

56 Winfried Schich, Heinz Quirin (1913–2000). Von der sächsischen Heimatforschung zur Mittelalterlichen Geschichte und Historischen Landeskunde, in: Bünz (Hg.), 100 Jahre Landesgeschichte (wie Anm. 11), S. 317–341.

57 Knut Schulz, Herbert Helbig. Werk und Werdegang, in: ebd., S. 285–316.

58 Michael Gockel, Die Anfänge des »Mitteldeutschen Arbeitskreises« und der »Forschungsstelle für geschichtliche Landeskunde Mitteldeutschlands«. Zugleich ein Bericht über 40 Jahre sächsischer Landesgeschichte in Marburg an der Lahn, in: NASG 64 (1993), S. 223–232.

59 Karlheinz Blaschke, Die landesgeschichtliche Arbeit in Sachsen, in: Annali dell'Istituto storico italo-germanico in Trento 7 (1981), S. 155–197; Ders., Die Landesgeschichte in der DDR – ein Rückblick, in: Blätter für deutsche Landesgeschichte 126 (1990), S. 243–261.

60 Ders., Als bürgerlicher Landeshistoriker am Rande der DDR. Erlebnisse, Beobachtungen und Überlegungen eines Nonkonformisten (Reden und Aufsätze zur sächsischen Geschichte 2), Dresden 1997.

61 Manfred Unger, Die Historische Kommission des Landes Sachsen 1945–1956, in: Groß u. a. (Red.), Geschichtsforschung in Sachsen (wie Anm. 13), S. 74–102.

62 Abgedruckt in ebd., S. 179–181.

63 Reiner Groß, Die Historische Kommission bei der Sächsischen Akademie der Wissenschaften zu Leipzig: Möglichkeiten und Grenzen landesgeschichtlicher Arbeit in der DDR, in: ebd., S. 103–115.

64 Siehe Junghans/Winter, Bibliographie (wie Anm. 15), S. 134–138.

65 Mittlerweile liegt eine Neubearbeitung vor: Karlheinz Blaschke (Hg.), Historisches Ortsverzeichnis von Sachsen. Neuausgabe, bearbeitet von Susanne Baudisch und Karlheinz Blaschke, Halbband 1: A–M,

Halbband 2: N–Z, Leipzig 2006, die vom ISGV als Digitales Historisches Ortsverzeichnis von Sachsen (http://hov.isgv.de/) fortgeführt wird.

66 Enno Bünz/Winfried Müller, Nachruf Günther Wartenberg (1943–2007), in: NASG 79 (2008), S. 275–277.

67 Es bleibt das Verdienst von Karlheinz Blaschke, den notwendigen Neuanfang mit zahlreichen kritischen Veröffentlichungen begleitet zu haben, siehe z. B.: Die sächsische Landesgeschichte zwischen Tradition und neuem Anfang, in: NASG 64 (1993), S. 7–28; Neubeginn in der Geschichtswissenschaft. Erfahrungen eines bürgerlichen Historikers, in: Alexander Fischer (Hg.), Studien zur Geschichte der SBZ/DDR (Schriftenreihe der Gesellschaft für Deutschlandforschung 38), Berlin 1993, S. 221–243; SED-Historiker nach langem Schweigen kräftig in der Wende, in: Rainer Eckert/Wolfgang Küttler/Gustav Seeber (Hgg.), Krise – Umbruch – Neubeginn. Eine kritische und selbstkritische Dokumentation der DDR-Geschichtswissenschaft 1989/90, Stuttgart 1992, S. 201–210; Sachsens geschichtlicher Auftrag. Zum 100. Jahrestag der Gründung der Sächsischen Kommission für Geschichte, in: NASG 68 (1997), S. 277–312, wieder abgedruckt in: Jahrbuch für Regionalgeschichte und Landeskunde 21 (1997/1998), S. 21–47; Sächsische Landesgeschichte zwischen landschaftlicher Grundlegung und nationalgeschichtlichem Horizont, in: Werner Buchholz (Hg.), Landesgeschichte in Deutschland. Bestandsaufnahmen – Analyse – Perspektiven, Paderborn/München/Wien/Zürich 1998, S. 145–159. – Zur Würdigung der Leistung Blaschkes siehe nun Müller, Landes- und Regionalgeschichte (wie Anm. 45), S. 437–446.

Volkskunde in Sachsen

Zur Entwicklung einer kulturwissenschaftlichen Disziplin im regionalen Kontext[1]

Volkskunde in Sachsen – damit verbindet sich eine gut 150-jährige Entwicklungsgeschichte mit vielfältigen inhaltlichen Akzenten, starker Konkurrenz zwischen Forschungsorientierung und praktischer Anwendung sowie deutlichen staatlich-politischen Einwirkungen. Als Konsequenz dieses Entwicklungsgangs existieren heute im Freistaat Sachsen einige Institutionen volkskundlichen Zuschnitts, die angesichts eines breiten heimatpflegerisch-volkskulturellen Interesses im Land (Vereine, Museen etc.) in ihrer Arbeit je eigene Gewichtungen zwischen Theorie und Praxis aufweisen. Volkskunde in Sachsen ist zudem keine Erfolgsgeschichte, wenn man die jahrzehntelangen Einflussnahmen und Repressionen in der NS-Zeit und der DDR bedenkt und wenn man ihr Fehlen als akademische Disziplin in der aktuellen sächsischen Hochschullandschaft konstatiert. Dabei lassen sich diese strukturellen Schwächen kaum aus dem Werdegang des Fachs ableiten, der sich in Sachsen abgesehen von der Zeitphase der DDR nur marginal vom Verlauf im übrigen deutschsprachigen Raum unterscheidet.

Der lange Anfang

Die Volkskunde zählt zu den spät institutionalisierten sowie paradigmatisierten Wissenschaften im deutschsprachigen Raum. Dies meint, dass sich das Fach zum einen erst gegen Ende des 19. Jahrhunderts außeruniversitär organisieren und schließlich universitär etablieren konnte (Institutionalisierung), zum anderen, dass eine theoretische und methodologische Konsolidierung erst in den 1930er-Jahren erreicht werden konnte (Paradigmatisierung). Vor den ersten Vereinsgründungen und Fachvertretungen an Hochschulen im Zeitraum von 1890 bis ca. 1920 hatte sich allerdings bereits während des 19. Jahrhunderts auch in Sachsen eine rege, dabei jedoch uneinheitliche und vor allem diffus verlaufende Entwicklung vollzogen. Dieser Strang reicht mindestens bis ins 18. Jahrhundert zurück, ins Zeitalter des Absolutismus und der Aufklärung, zu topografischen Statistiken und aufklärerischen Reiseberichten. Fachwissenschaftliche Grundlagen wurden erst an der Wende vom 18. zum 19. Jahrhundert im Zeitalter der Romantik geschaffen. So gingen wesentliche Impulse für eine wissenschaftliche Beschäftigung mit ›Volkskultur‹ von Johann Gottfried Herder (1744–1803) und den Brüdern Grimm (Jacob 1785–1863, Wilhelm 1786–1859)

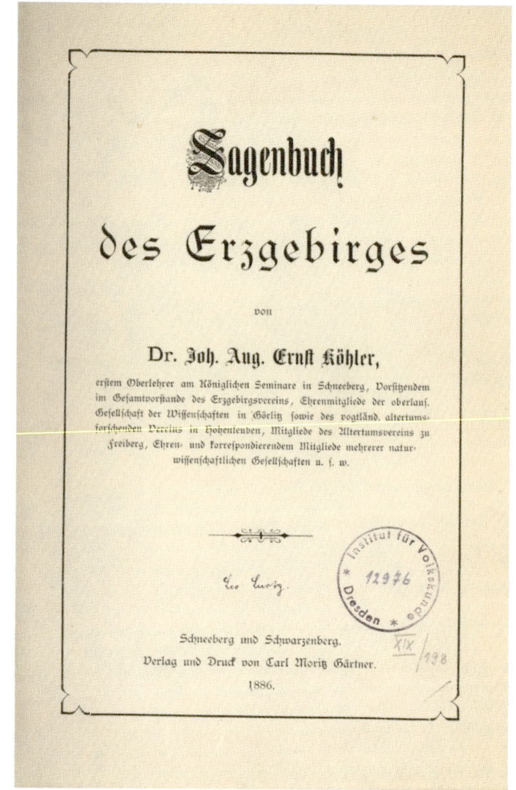

Sagenbuch

des Erzgebirges

von

Dr. Joh. Aug. Ernst Köhler,

erstem Oberlehrer am Königlichen Seminare in Schneeberg, Vorsitzendem im Gesamtvorstande des Erzgebirgsvereins, Ehrenmitgliede der oberlaus. Gesellschaft der Wissenschaften in Görlitz sowie des vogtländ. altertumsforschenden Vereins in Hohenleuben, Mitgliede des Altertumsvereins zu Freiberg, Ehren- und korrespondierendem Mitgliede mehrerer naturwissenschaftlichen Gesellschaften u. s. w.

Schneeberg und Schwarzenberg.
Verlag und Druck von Carl Moritz Gärtner.
1886.

Johann August Ernst Köhler (1829–1903)

Johann August Ernst Köhler, Sagenbuch des Erzgebirges (1886)

aus. Sie formulierten erstmals elaborierte Erklärungsansätze zur Entstehung und Verbreitung von Kulturphänomenen, die heute von wissenschaftsgeschichtlichem Interesse sind.

Studien zur mündlichen Volksüberlieferung bilden auch einen klaren Schwerpunkt bei sächsischen Forschern während des 19. Jahrhunderts bis zum Ersten Weltkrieg. Durchgängig handelt es sich hierbei um Lehrer, deren Interesse an ›Volkskultur‹ sie zu entsprechenden Studien neben ihrem Beruf motivierte. Die Reihe dieser Laienforscher eröffnet Johann August Ernst Köhler (1829–1903), der ab 1855 zu den Themen Brauch, Aberglaube und traditionelle Medizin, vor allem aber zu Volkssprache, Flur- und Ortsnamen, Liedern, Sagen und Weihnachtsspielen publizierte. Regional widmete er sich dabei dem Erzgebirge und dem Vogtland, dem Orlagau und dem Pleißnerland. Um 1847 war zudem die sorbische Gelehrtengesellschaft Maćica Serbska im Zuge der sogenannten nationalen Wiedergeburt der sorbischen Ethnie gegründet worden. Im Laufe ihrer Entwicklung trat dort zu den Abteilungen Sprachwissenschaft, Geschichte, Kunst- und Kulturwissenschaft auch die Volkskunde.

Auf Köhler folgten weitere sächsische Vertreter, die ihre Wirkungskreise noch vor 1914 entfalteten. Es sind dies Hermann Dunger (1843–1912; Veröffentlichungen ab 1870), Louis Curt Müller (1870–1931; Veröffentlichungen ab 1895), Ernst Ludwig Steglich (1870–

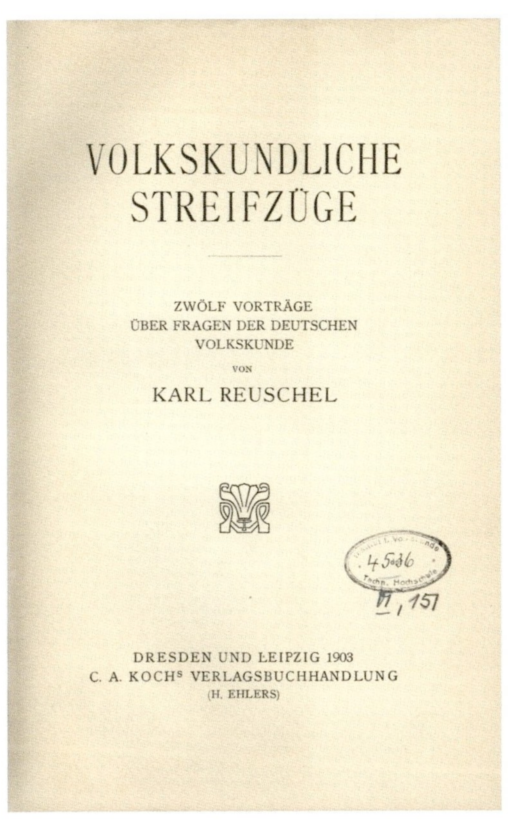

VOLKSKUNDLICHE STREIFZÜGE

ZWÖLF VORTRÄGE
ÜBER FRAGEN DER DEUTSCHEN
VOLKSKUNDE
VON
KARL REUSCHEL

DRESDEN UND LEIPZIG 1903
C. A. KOCH's VERLAGSBUCHHANDLUNG
(H. EHLERS)

Karl Reuschel, Volkskundliche Streifzüge (1903)

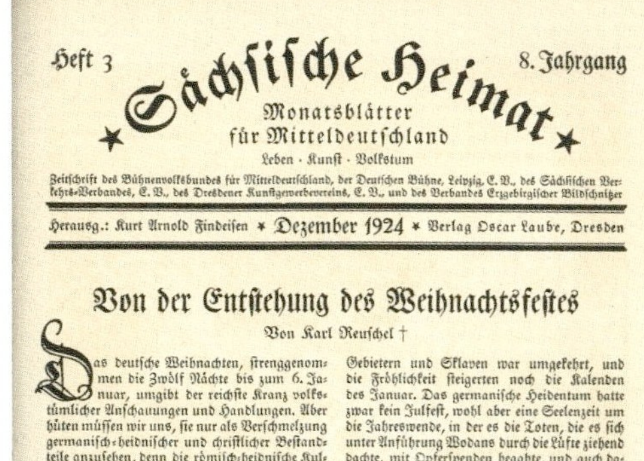

Heft 3 — Sächsische Heimat — 8. Jahrgang
Monatsblätter für Mitteldeutschland
Leben · Kunst · Volkstum

Zeitschrift des Bühnenvolksbundes für Mitteldeutschland, der Deutschen Bühne, Leipzig, E. V., des Sächsischen Verkehrs-Verbandes, E. V., des Dresdener Kunstgewerbevereins, E. V., und des Verbandes Erzgebirgischer Bildschnitzer

Herausg.: Kurt Arnold Findeisen ✶ Dezember 1924 ✶ Verlag Oscar Laube, Dresden

Von der Entstehung des Weihnachtsfestes

Von Karl Reuschel †

Das deutsche Weihnachten, strenggenommen die Zwölf Nächte bis zum 6. Januar, umgibt der reichste Kranz volkstümlicher Anschauungen und Handlungen. Aber hüten müssen wir uns, sie nur als Verschmelzung germanisch-heidnischer und christlicher Bestandteile anzusehen, denn die römisch-heidnische Kultur hat in ihnen ebenfalls wichtige Spuren hinterlassen. Weihnachts- und Neujahrsbräuche zeigen sich fast untrennbar verknüpft. Seit dem 2. vorchristlichen Jahrhundert wurde der Jahresbeginn auf den 1. Januar festgesetzt; das Beispiel fand nur langsam Nachfolge, und andere Termine, der Martinstag, besonders aber der 25. Dezember, machten dem 1. Januar den Rang streitig, bis die Annahme des Gregorianischen Kalenders ihm zum Siege verhalf. Die abendländischen Christen feierten den 25. Dezember als Tag der Empfängnis Jesu, und der römische novus sol (Sonnenwende) förderte das. Es war eine kluge und sinnige Maßregel, daß Papst Liberius im Jahre 354 zum ersten Male gerade den Tag der neuen Sonne als Weihnachten begehen ließ. Der christliche Osten jedoch hatte den 6. Januar, weil die Erwähnung der Taufe des Gottessohnes ursprünglich lautete: „Du bist mein lieber Sohn, heute habe ich dich geboren", schon längst als den Geburtstag des Herrn betrachtet, und da kam denn eine doppelte Feier zustande, aus der sich wegen der römischen Kalenden eine ganze Festzeit von insgesamt 13 Tagen entwickelte. Mit dem 17. Dezember eröffneten die heidnischen Römer ihre Saturnalien: Vermummte lärmten dabei durch die Straßen, Männer verkleideten sich als Frauen und Frauen als Männer, Tiermasken wurden verwendet, das Verhältnis von Gebietern und Sklaven war umgekehrt, und die Fröhlichkeit steigerten noch die Kalenden des Januar. Das germanische Heidentum hatte zwar kein Julfest, wohl aber eine Seelenzeit um die Jahreswende, in der es die Toten, die es sich unter Anführung Wodans durch die Lüfte ziehend dachte, mit Opferspenden begabte, und auch davon sind noch Überreste in deutschen Landen massenhaft vorhanden. Endlich gesellten die Missionare zu den bekannten Bräuchen noch das rein Christliche, das unmittelbar auf den Heiland Bezug hatte und seinerseits wieder nicht selten in älteren Meinungen wurzelte, wie die Lehre von der übernatürlichen Geburt. Der Empfindung, die Goethes auf die Erde herniedersteigender Messias hegt, „wie das reinste Glück der Welt schon eine Ahndung von Weh enthält" hat A. Anders Ausdruck verliehen: „Die Zahl der Kerzen auf dem Christbaum darf keine ungerade sein, sonst stirbt jemand im folgenden Jahr; der Baum soll nicht umfallen oder gar brechen, sonst stirbt jemand im folgenden Jahr; die erste Nuß, die am Christabend geöffnet wird, darf nicht schwarz sein, sonst stirbt jemand im folgenden Jahr; ... ja, es ist merkwürdig, wie sich um das Fest der Freude der Tod schleicht." Warum das sich so verhält, lehrt uns diese Skizze über die Entstehung des deutschen Festes. Alexander Tille in seiner Geschichte der deutschen Weihnacht sucht ihre Quellen aufzudecken. In der Geburtsstunde des Heilands meint man selbst die Tiere im Stalle gleich Menschen reden zu hören, und die Anteilnahme kommt dem Vieh wie der Pflanzenwelt zugute. Bei größeren Abschnitten im Leben, vor einschneidenden Ereignissen gibt es, wie Schiller sagt, „Augenblicke, wo man der

67

Karl Reuschel, Von der Entstehung des Weihnachtsfestes (1924)

1957; Veröffentlichungen ab 1908) und Karl (Theodor) Reuschel (1872–1924; Veröffentlichungen ab 1895). Alle waren sie Lehrer, nur Reuschel entwickelte sich zum akademisch orientierten Volkskundler weiter. Und alle widmeten sich vor allem der mündlichen Volksüberlieferung. Dunger und Steglich hatten sich auf Volksliedstudien konzentriert und dabei das Vogtland bzw. die Gegend um Großenhain im Blick. Müller wandte sich dem Erzgebirge und der Lausitz zu und konstatierte in diesem regionalen Zuschnitt einen bemerkenswert breiten Themenkreis von klassisch immateriellen Themen wie Volkswissen, Volksglaube, Volksmedizin und Brauch bis hin zu materiellen Aspekten wie Architektur und Siedlung, Kleidung, Nahrung sowie ländliche Gartenanlagen. Bemerkenswert sind ebenfalls seine Bemühungen um eine Einbindung der regionalen Befunde in größere geografische Kontexte des Deutschen Reichs sowie sein Interesse an interethnischen Bezügen bei der sorbischen Volkskultur, wobei er abweichend vom Zeitgeist seiner Disziplin den kulturellen Wandel als wesentlichen volkskulturellen Prozess diagnostizierte. Auch Reuschel befasste sich, seiner akademischen Orientierung zur älteren deutschen Literaturgeschichte und Volkskunde entsprechend, mit Volkslied, Sage und Volksschauspiel, aber auch mit Kriegsprosa und allgemeinen Fragen der Volkskunde. Regional arbeitete er zu Sachsen bzw. speziell zum Vogtland.[2]

Robert Wuttke, Sächsische Volkskunde (1900)

Von fachgeschichtlicher Relevanz ist ebenfalls die Phase der außeruniversitären Institutionalisierung der Volkskunde in Sachsen. Inwieweit volkskundliche Themen bereits im Rahmen von Geschichtsvereinen aufgegriffen wurden, bleibt offen. Das Beispiel der sorbischen Gelehrtengesellschaft Maćica Serbska (gegründet 1847) wurde bereits erwähnt. Auch bei der universitären Theologie wurde im sächsischen Raum in den ersten beiden Dezennien nach 1900 eine ›religiöse Volkskunde‹ aufgegriffen. Paul Gotthelf Drews (1858–1912), der in Jena, Gießen und Halle/Saale als Theologieprofessor wirkte, reklamierte in seinem Hauptwerk »Das Problem der praktischen Theologie« (1910) das Studium des »bäuerlichen Charakters«. Er selbst hatte als Kirchenvorstand in Burkau Einblicke in die Struktur ländlicher Gesellschaften gewonnen und postulierte nun dessen tiefere Kenntnis als Voraussetzung für die erfolgreiche Tätigkeit von Landgeistlichen.

Allerdings unterschied sich Drews' Auffassung von religiöser Volkskunde deutlich von ihrer Konzeption innerhalb der sich formierenden akademischen Volkskunde.

Heimatpflege und angewandte Volkskunde um 1900

Neben der sich zunehmend als Forschungsdisziplin formierenden Volkskunde entstanden ab dem letzten Viertel des 19. Jahrhunderts in Sachsen auch vorwiegend praktisch orientierte und von (bildungs)bürgerlichem Engagement getragene Aktivitäten und Vereinigungen, die als Wurzeln der Heimatbewegung in Sachsen zu begreifen sind. Da ist zunächst auf den 1878 gegründeten Erzgebirgsverein hinzuweisen, der sich auch volkskundlichen Fragestellungen zuwenden wollte. Johann August Ernst Köhler zählte zu seinen Gründungsmitgliedern. Dann erfolgten wesentliche Impulse über die im Jahr 1896 in Dresden veranstaltete »Ausstellung für sächsisches Handwerk und Gewerbe«. Neben dem hierzu errichteten Ausstellungspark hatte man zwei ethnografische Architekturensembles positioniert: eine sogenannte »Alte Stadt« sowie ein »Lausitzer« oder auch »Wendisches Dorf«. Ganz offensichtlich standen diese Installationen in der Tradition der ethnografischen Dörfer, die seit der Pariser Weltausstellung von 1867 regelmäßig auf Welt-, Landes- und Regionalausstellungen zu finden waren. Was die Dresdner Ausstellung nun für die Hinwendung zur Volkskultur(pflege) in Sachsen so bedeutsam werden ließ, sind die Inszenierungen und das umfangreiche Begleitprogramm: »Einwohnerinnen« und »Einwohner« bevölkerten die Szenerie, Handwerkstechniken wurden vorgeführt, Kahnfahrten angeboten. Ein Höhepunkt

»Ältere Festtrachten aus dem Vogtlande« (1896)

war das ebenfalls in dieser Ausstellungsarchitektur arrangierte Sächsische Volkstrachtenfest mit mehr als 2000 Trachtenträgern, das großen öffentlichen Anklang fand. Zudem ergänzten volkskulturelle Exponate die Ausstellung. So wurden eine Stube, Haus- und Wirtschaftsgeräte, eine Gruppe lebensgroßer Trachtenfiguren und diverse »Volkslebensbilder« (Hochzeitszug, Heimkehr der Mutter vom ersten Kirchgang, Spinnstube) gezeigt.

Bereits ein Jahr später erfolgte die Gründung des Vereins für Sächsische Volkskunde, dem innerhalb eines Jahres mehr als 1400 Mitglieder zuströmten. Da eine 1898 vom jungen Verein in Dresden veranstaltete Vortragsreihe großen Zulauf fand, verlegte man die Vorträge in einem Buch,[3] dessen Erstauflage von 3000 Exemplaren bereits bei Erscheinen durch Vorbestellungen vergriffen war, weshalb 1901 eine zweite Auflage folgte. Wirksamkeit und Reichweite des frisch formierten Vereins sind bemerkenswert. Sie unterstreichen den Stellenwert dieser Jahre zwischen 1896 und 1900 für die Institutionalisierung eines volkskundlichen Interesses, das über die bescheidenen Zirkel selbsternannter bzw. akademisch vorgebildeter Volkskultur-Interessierter hinaus in breiten Kreisen namentlich der stadtbürgerlichen Bevölkerung Resonanz fand. Wie die Mitgliederstruktur der Anfangsjahre zeigt, besaß der Ver-

Oskar Seyffert
(1862–1940)

ein seinen sozialen Rückhalt im mittleren und vorwiegend städtischen Bürgertum. Einen aufschlussreichen Hinweis für die publikumswirksame Lebendigkeit der Vereinsaktivitäten dieser Jahre liefert die Satzung, die als Programm formuliert, »alles Volkstümliche aus alter und neuer Zeit im Königreich Sachsen und in den angrenzenden Gebieten zu erhalten, zu sammeln, wissenschaftlich zu bearbeiten, das Interesse und Verständnis dafür zu wecken und Gewinn für das praktische Leben daraus zu ziehen« (§ 2). Neben der sehr unscharfen Benennung des Bezugsfelds (»alles Volkstümliche«) ist es vor allem die Kombination von dokumentarisch-wissenschaftlicher Auseinandersetzung einerseits und einem anwendungsbezogenen Fachverständnis andererseits, die das Spannungsverhältnis markiert, welches 1923 schließlich das Ende des Vereins herbeiführte.

Seine Rückbindung hat diese konfliktbehaftete Beziehung auf personaler Ebene, womit die Protagonisten der Vereinsgründung und darüber hinaus der volkskundlichen Aktivitäten im weitesten Sinne für die ersten Jahrzehnte des 20. Jahrhunderts angesprochen sind. Es sind Eugen Mogk (1854–1939) und Oskar Seyffert (1862–1940). Während Mogk als Professor für nordische Philologie an der Universität Leipzig ein der Mythenforschung zugewandtes akademisches Interesse an der sächsischen Volkskultur vertrat, verband Seyffert als Maler und ab 1885 an der Dresdner Kunstgewerbeschule tätiger Zeichenlehrer (dort schließlich im Professorenrang) kunsterzieherische Ziele mit aktiver Traditionspflege in restaurativer Zurichtung.[4] Beide scharten einen Freundeskreis um sich, durch den sich die Vereinsarbeit in ein Leipziger und ein Dresdner Zentrum gliederte. Mogk führte eine universitätsnahe Gruppe und hatte gleich nach der Vereinsgründung einen »Fragebogen zur Sammlung der volkstümlichen Überlieferungen im Königreich Sachsen und in den angrenzenden Gebieten« verfasst, der 1897 an alle Vereinsmitglieder verschickt wurde. Er begründete eine volkskundliche Vereinsbibliothek und brachte ab 1897 mit den »Mitteilungen des Vereins für Sächsische Volkskunde« die erste volkskundliche Zeitschrift Sachsens heraus.

Die Leipziger Gruppe bildete in ihrer stringent wissenschaftlich-philologischen Ausrichtung einen Widerpart zur Dresdner Gruppe um Seyffert, die sich auf eine nach eigener Aussage »praktische Volkskunde« konzentrierte. Seyffert verstand darunter ein Tätigkeitsfeld, wie es durch die Dresdner Ausstellung von 1896 und ihr Volkstrachtenfest konturiert wurde: Schon vor 1900 gestaltete er in Anlehnung daran

Mitteilungen

des

Vereins für sächsische Volkskunde.

Im Auftrage des Vereins

herausgegeben

von

E. Mogk.

Erster Band
1897—1899.

Druck der Hansa, Dresden-A., Scheffelstrasse 19.

Eugen Mogk
(1854–1939)

Mitteilungen
des Vereins für sächsische
Volkskunde (1897–1899)

»Volkskundliche Abende«, er initiierte Vortragsreihen, Wettbewerbe und Ausstellungen zur Stärkung der Volkskunst. Die kunstgewerbliche Produktion im Erzgebirge fand in ihm ebenso einen Förderer wie das volkstümliche Puppenspiel. Und er widmete sich der landesweiten Sammlung materieller Kulturgüter für sein Projekt eines »Museums für Sächsische Volkskunst«, das er 1913 im Dresdner Jägerhof eröffnen konnte. Als »Autodidakt in der Volkskunde und ausgebildeter Künstler«[5] mit großem Sinn für inszenatorische Arrangements entdeckte er auch als erster deutschsprachiger »Volkskundler« den Film als neues Medium, dem er sich ab Mitte der 1920er-Jahre als Filmautor in sehr produktiver Weise zuwandte. Mit seinen 25 Filmeditionen, darunter seinem 1924 gedrehten Erstlingswerk »Schaffendes Volk – fröhliches Volk«, gilt er als »Nestor des volkskundlichen Films« in Deutschland.[6] Seyffert fühlte sich der akademischen Volkskunde nie richtig zugehörig, und auch aus heutiger Perspektive ist er nicht als Volkskundler im engeren Sinne zu bezeichnen. Vielmehr sind seine Einstellung wie sein Wirken der Heimatschutzbewegung zuzurechnen, die sich gegen Ende des 19. Jahrhunderts deutschlandweit entwickelte als Gegenbewegung zur Industrialisierung und gesellschaftlichen Modernisierung. Landschaftsgebundenes Bauen und Naturschutz genossen dabei hohen Stellenwert.

Dieser Aufgabenstellung nahm sich Karl Schmidt (1853–1922) als zweite Führungspersönlichkeit der Dresdner Gruppe im Verein an.

Schmidt stand als Baufachmann im Staatsdienst und gründete 1903 einen Ausschuss für heimatliche Kunst und Bauweise, der 1906 um den Aufgabenbereich Naturschutz erweitert wurde und aus dem dann 1908 der Landesverein Sächsischer Heimatschutz hervorging. Da auch der Landesverein die angewandte Volkskunde zu seinen Aufgaben zählte, bestanden somit nun auf volkskundlichem Terrain zwei Vereine in Sachsen. Dass diese organisatorische Überschneidung nicht in eine scharfe Konkurrenz führte, lag an der personellen Konstellation in den Vereinsführungen. Denn ab 1909 übernahm Seyffert den Vorsitz im Verein für Sächsische Volkskunde, während der mit ihm freundschaftlich verbundene Schmidt dem Landesverein Sächsischer Heimatschutz vorstand. Die Leipziger Gruppe um Mogk zog sich aus der Vereinstätigkeit mehr und mehr zurück. Nach dem Tod von Schmidt 1922 übernahm Seyffert den Vorsitz in beiden Vereinen. Die finanziellen Probleme beider Vereine infolge der Inflation von 1923 führten dann zum Zusammenschluss. Der 4 000 Mitglieder umfassende Verein wurde in den Landesverein überführt, der mittlerweile auf 30 000 Mitglieder angewachsen war und damit längst die Meinungsführerschaft in der sächsischen Öffentlichkeit übernommen hatte. Seyffert war für das erste Drittel des 20. Jahrhunderts die dominante Persönlichkeit für das Themenfeld Volkskunde und Volkskunst und entfaltete mit seiner publikumswirksamen Art deutlichen Einfluss auch auf die Wahrnehmung der Volkskunde insgesamt bei interessierten Laien wie staatlichen Institutionen in Sachsen.

Die Leipziger Gruppe wechselte nicht in den Landesverein über und gründete stattdessen den Leipziger Verein für Volks- und Heimatkunde; die »Mitteilungen des Vereins für sächsische Volkskunde« wurden 1923 nach acht Bänden eingestellt. Die Verbindung zwischen der sich als akademisches Fach konstituierenden wissenschaftlichen Volkskunde und einer heimatpflegerisch geprägten angewandten »Volkskunde« war damit auf institutioneller Ebene nach knapp 30-jähriger Existenz beendet. Für die populäre Einstellung zu volkskulturellen Phänomenen und das öffentliche Verständnis der Volkskunde als Fachdisziplin in Sachsen war diese historische Phase allerdings weit darüber hinaus bedeutsam.

Volkskunde als akademisches Fach

Eugen Mogk hatte sich als Professor für nordische Philologie auch volkskundlichen Fragestellungen zugewandt. Karl (Theodor) Reuschel betrieb volkskundliche Studien aus der fachlichen Stellung des Altgermanisten. Das Angebot einer dieser Disziplin gewidmeten Professur an der Königlich Sächsischen Technischen Hochschule in Dresden zum Wintersemester 1924 konnte er krankheitsbedingt nicht mehr annehmen. Jedoch hatte er sich für die Einrichtung einer Professur für Volkskunde in Dresden stark gemacht. Tatsächlich wurde 1926 an der Technischen Hochschule Dresden eine planmäßige außerordentliche Professur für deutsche Philologie und Volkskunde am Germanistischen Institut geschaffen, die die wissenschaftliche Ausbildung der Lehramtsstudierenden für Volksschulen in den Fächern Volkskunde und Deutsch gewährleisten sollte. Auf diese Stelle wurde Adolf Spamer (1883 – 1953) berufen, der sich als promovierter Altgermanist 1921 in Frankfurt/Main für Deutsche Philologie und Volkskunde habilitiert hatte.

Mit Spamer beginnt 1926 nun 30 Jahre nach der ebenso wirkmächtigen wie fachgeschichtlich problematischen Institutionalisierung volkskundlicher und volkskulturpflegerischer Orientierungen auf Vereinsebene die Institutionalisierung des akademischen Fachs Volkskun-

Grundriß der
Sächsischen Volkskunde

herausgegeben
im Auftrage des Sächsischen Verbandes für Volkskunde
unter Mitwirkung vieler Sachgenossen in Verbindung
mit
Paul Zinck und Albert Zirkler
von
Walter Frenzel, Fritz Karg, Adolf Spamer

1932

Verlag Karl Richter · Leipzig

Adolf Spamer (1883–1953)

Walter Frenzel/Fritz Karg/Adolf Spamer, Grundriß der Sächsischen Volkskunde (1932)

de an einer sächsischen Hochschule. Zugleich wird in der Person Spamers die eigentümliche Gemengelage von akademischer und kulturpraktischer Orientierung überwunden zugunsten eines strikt wissenschaftlichen Fachverständnisses. Mehr noch: Mit Spamer wirkt – mit Unterbrechung – über fast drei Jahrzehnte ein Hochschullehrer in Sachsen, der zu den bedeutendsten Fachvertretern der Volkskunde zwischen den beiden Weltkriegen gerechnet wird. Damit rückte Sachsen in die erste Reihe der damaligen volkskundlichen Forschung und Lehre und hat somit Anteil an der grundlegenden Paradigmatisierung des Fachs im deutschsprachigen Raum. Denn Spamer befasste sich nicht nur aus philologisch angeleiteter Perspektive mit Themenfeldern wie Erzählformen, Volkslied, Volkskunst, Sitte und Brauch sowie Magie, er beteiligte sich in seinen Publikationen auch wesentlich an der Diskussion zu Methodenfragen und zur Theoriebildung.

In Sachsen musste er sich dabei mit der dominanten Stellung Oskar Seyfferts auseinandersetzen, mit dem er zwar keine Zusammenarbeit einging, dessen Position als »Altmeister der sächsischen Volkskunde« (Albert Zirkler 1931)[7] er jedoch akzeptiert zu haben scheint. Auch zu der 1926 gegründeten Zeitschrift »Mitteldeutsche Blätter für Volkskunde«, unter deren Herausgebern eine Gruppe Leipziger Wissenschaftler war, verhielt er sich distanziert. 1929 gründete sich im Gegenzug eine Freie Vereinigung für Volkskunde in Dresden, deren Vorsitz Spamer übernahm. Über die monatlichen Veranstaltungen dieser Vereinigung konnte er nun den abgeschlossenen Diskussions-

11. Jahrgang Juni 1936 Heft 3

Mitteldeutsche Blätter für Volkskunde

Sonderdruck

Curt Kabitzsch·Verlag·Leipzig

Mitteldeutsche Blätter für Volkskunde (1936)

raum wissenschaftlicher Seminare um breitere Kontakte ergänzen. Im Frühjahr 1929 wurde zudem an der Universität Leipzig eine planmäßige außerordentliche Professur für deutsche Sprache, Literatur und Volkskunde eingerichtet, die mit dem Germanisten Fritz Karg (1892–1970) besetzt wurde. Damit befanden sich nun zwei Lehrstühle für Volkskunde in Sachsen – angesichts der Tatsache, dass vor 1933 in Deutschland nur drei volkskundliche Lehrstühle eingerichtet worden waren, eine hervorhebenswerte Entwicklung. Im selben Jahr wurde unter Kargs Leitung eine Landesstelle Sachsen für den Atlas der Deutschen Volkskunde eingerichtet. Offensichtlich auf sein Betreiben kam es im Mai 1931 zur Gründung des Sächsischen Verbands für Volkskunde in Leipzig, auf dessen Tagungen Spamer und Karg ihre Sammel- und Forschungstätigkeiten gleichberechtigt präsentierten. Wie beide Forscher persönlich zueinander standen, bleibt allerdings unklar. Jedenfalls gelang es beiden, unter anderem über diese neu geschaffenen Strukturen außeruniversitäre Plattformen für ihre Forschungstätigkeit und die Repräsentanz ihrer Fachauffassungen in Sachsen zu etablieren.

Diese Situation war jedoch nur von kurzer Dauer, denn ab 1933 wurden diese Einrichtungen gleichgeschaltet bzw. in Organisationseinheiten nationalsozialistisch geführter Verbände und Institutionen überführt. Während Karg diesen Wandel offensichtlich mit vollzog, jedoch bereits 1934 infolge einer rechtskräftigen Verurteilung wegen Betrugs aus dem universitären Dienst entlassen wurde (ihm folgte Bruno Schier [1902–1984], nun als Professor für »deutsche Volkskunde«), bleibt Spamers Verhalten etwas undurchsichtig. Denn einerseits übernahm er die Leitung der Landesfachstelle für Volkskunde im Reichsbund Volkstum und Heimat, in die der Sächsische Verband für Volkskunde 1934 überführt worden war. Doch schon 1935 kam es auf der Plauener Tagung dieser Landesfachstelle zu Differenzen zwischen ihm und den Vertretern der NS-Kulturgemeinde, in deren Folge er seine leitende Funktion niederlegte. Wenig später verließ Spamer Sachsen in einer mittlerweile für ihn persönlich wie beruflich schwieriger gewordenen Situation, indem er 1936 dem Ruf auf das Ordinariat für Volkskunde an der Friedrich-Wilhelms-Universität Berlin folgte. In der Folgezeit besetzten die NS-Formationen die wissenschaftliche wie pflegerische Zuwendung zur Volkskultur mit eigenen Organisationen. Die Erwähnung der 1933 gegründeten Landesstelle für Volksforschung und Volkstumspflege im Nationalsozialistischen Lehrerbund, Gau Sachsen, die Übernahme der Redaktion der »Mitteldeutschen Blätter für Volkskunde« durch den Nationalsozialistischen Lehrerbund und das 1937 gegründete

Heimatwerk Sachsen. Verein zur Förderung des sächsischen Volkstums e.V. sollen in diesem Zusammenhang genügen. Insofern bildete bereits das Jahr 1934 eine klare Zäsur in der Entwicklung der akademischen Disziplin Volkskunde in Sachsen, bevor der Zweite Weltkrieg sämtliche Aktivitäten unterbrach. Eine Ausnahme bildet lediglich die 1937 von drei Theologen in Leipzig gegründete Arbeitsgemeinschaft für religiöse Volkskunde, die bis 1989 bestand. Mit ihrem Bemühen um eine theologische Vertiefung der religiösen Volkskunde und ihrer konservativ-kulturkritischen Auffassung pflegte sie bis in die 1950er-Jahre eine reservierte Haltung gegenüber der akademischen Volkskunde. Ihre Arbeit blieb damit ohne nennenswerte Impulse für das Fach.

Mitarbeiter des Instituts für deutsche Volkskunde an der Deutschen Akademie der Wissenschaften zu Berlin auf einer Exkursion (Gisela Burde-Schneidewind, dahinter Wolfgang Steinitz, dahinter Christel Heinrich, Wolfgang Jacobeit), um 1960

Die Zeit nach 1945

Adolf Spamer war 1943 aus gesundheitlichen Gründen nach Dresden zurückgekehrt. Er wurde bereits im Sommer 1945 bei den vorbereitenden Gesprächen zur Wiedereröffnung der Technischen Hochschule Dresden einbezogen. In diesem Kontext war schon 1945 die Einrichtung eines Ordinariats für Volkskunde geplant, für das Spamer ausersehen war. Doch dazu kam es nach langwierigen Verhandlungen nicht. Auch Angebote aus anderen Universitäten erfolgten erst spät: Die Universität Berlin etwa kontaktierte Spamer 1947 wegen einer Neuanstellung. Daher engagierte er sich nachhaltig, als er im April 1946 den amtlichen Auftrag zum Aufbau eines Instituts für Volkskunst und Volksbrauch erhielt, in das das Heimatwerk Sachsen überführt werden sollte. Eine Etatisierung dieses Instituts erfolgte jedoch erst Monate nach seiner Angliederung als Institut für Volkskunde an die Technische Hochschule im Mai 1947. Ebenfalls zum Mai 1947 berief die Technische Hochschule Spamer zum ordentlichen Professor für germanische Philologie (Volkskunde). Der gleichzeitigen Eingliederung seiner Professur und des Instituts in ein neu konzipiertes Kulturwissenschaftliches Institut verweigerte er sich allerdings beharrlich.

Neben dem Aufbau des Instituts für Volkskunde und seiner Lehrtätigkeit widmete er sich der Etablierung volkskundlicher Forschung bei der Deutschen Akademie der Wissenschaften zu Berlin. Seine Pläne einer wirkungsvollen Implementierung der Volkskunde in die regionalen wie überregionalen Nachkriegsstrukturen wurden jedoch stark beeinträchtigt durch einen Schlaganfall, den er 1950 erlitt und von dem er sich bis zu seinem Tod 1953 nicht mehr erholte. Eine Berufung auf das Ordinariat für Volkskunde an der Universität Leipzig zum Wintersemester 1950/51 konnte er deshalb nicht mehr annehmen. Auf sein Betreiben hin wurde das Institut organisatorisch aus der Technischen Hochschule gelöst und noch 1951 der Sächsischen Akademie der Wissenschaften zu Leipzig zuge-

Friedrich Sieber
(1893–1973)

Rudolf Weinhold
(1925–2003)

ordnet; Standort blieb jedoch Dresden. Im darauffolgenden Jahr ging die Einrichtung in die Zuständigkeit des Ministeriums für Volksbildung über, wo es Paul Nedo (1908–1984) unterstand. Spamer hatte anfangs noch die Institutsleitung übernommen. Ihm folgte im Jahr 1952 der seit den 1930er-Jahren volkskundlich forschende Pädagoge Friedrich Sieber (1893–1973) bis 1962. Wolfgang Steinitz (1905–1967), der sich als Professor für Finnougristik an der Humboldt-Universität zu Berlin nach 1945 maßgeblich für die Neukonzipierung der Volkskunde in der DDR engagierte, fand in Sieber einen tatkräftigen Mitstreiter. 1954 wurde das Dresdner Institut zur Arbeitsstelle für Volkskunde in Dresden des Instituts für Deutsche Volkskunde an der Deutschen Akademie der Wissenschaften in Berlin. Unter Siebers Nachfolger Rudolf Weinhold (1925–2003), der sich 1971 an der

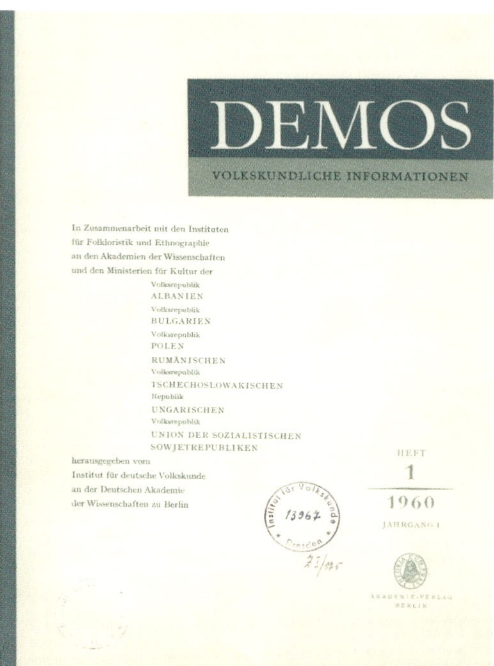

DEMOS

VOLKSKUNDLICHE INFORMATIONEN

In Zusammenarbeit mit den Instituten
für Folkloristik und Ethnographie
an den Akademien der Wissenschaften
und den Ministerien für Kultur der
Volksrepublik
ALBANIEN
Volksrepublik
BULGARIEN
Volksrepublik
POLEN
RUMÄNISCHEN
Volksrepublik
TSCHECHOSLOWAKISCHEN
Republik
UNGARISCHEN
Volksrepublik
UNION DER SOZIALISTISCHEN
SOWJETREPUBLIKEN

herausgegeben vom
Institut für deutsche Volkskunde
an der Deutschen Akademie
der Wissenschaften zu Berlin

HEFT
1
1960
JAHRGANG 1

AKADEMIE-VERLAG
BERLIN

Demos. Volkskundliche
Informationen (1960)

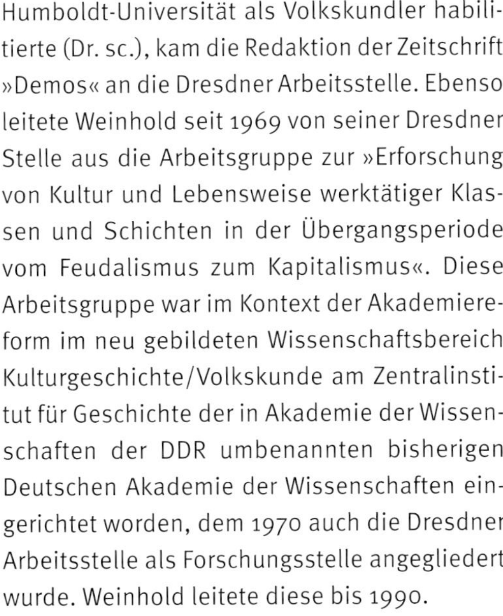

Humboldt-Universität als Volkskundler habilitierte (Dr. sc.), kam die Redaktion der Zeitschrift »Demos« an die Dresdner Arbeitsstelle. Ebenso leitete Weinhold seit 1969 von seiner Dresdner Stelle aus die Arbeitsgruppe zur »Erforschung von Kultur und Lebensweise werktätiger Klassen und Schichten in der Übergangsperiode vom Feudalismus zum Kapitalismus«. Diese Arbeitsgruppe war im Kontext der Akademiereform im neu gebildeten Wissenschaftsbereich Kulturgeschichte/Volkskunde am Zentralinstitut für Geschichte der in Akademie der Wissenschaften der DDR umbenannten bisherigen Deutschen Akademie der Wissenschaften eingerichtet worden, dem 1970 auch die Dresdner Arbeitsstelle als Forschungsstelle angegliedert wurde. Weinhold leitete diese bis 1990.

In der Nachkriegszeit wurde in Sachsen neben dem Dresdner Institut in Bautzen das Institut für sorbische Volksforschung gegründet (1951), das 1952 der Deutschen Akademie der Wissenschaften zugeordnet wurde und eine volkskundliche Abteilung erhielt. Das Bautzner Institut sieht sich in der Traditionslinie der in der NS-Zeit verbotenen sorbischen Gelehrtengesellschaft Maćica Serbska. Für die volkskundliche Forschung erarbeiteten Paul Nedo und Paul Nowotny (1912–2010) eine Konzeption, die – dem sowjetischen Vorbild entsprechend – ihre Hauptaufgabe in einer praxisrelevanten Analyse von Gegenwartsprozessen sah.

Während der 1950er-Jahre blieben solche gegenwartsorientierten Untersuchungen zugunsten der Inventarisierung und Bearbeitung des klassischen Themenkanons (Architektur, Trachten, traditionelle landwirtschaftliche Geräte) nachgeordnet. Anfang der 1960er-Jahre allerdings startete ein soziologisch ausgerichtetes Projekt zur Veränderung durch Industrialisierung und Vergenossenschaftlichung, in dessen Rahmen mehrere Dorfstudien erstellt wurden. Die Ergebnisse konnten jedoch nur zum Teil publiziert werden, da die Befunde nicht das politisch erwünschte Bild stützten.

Paul Nedo spricht auf dem II. Bundeskongress der Domowina in Bautzen, 1952

Der Pädagoge Nedo wirkte 1948 bis 1952 als Leiter für Kunstangelegenheiten bei der sächsischen Landesregierung und übernahm anschließend die Forschungsabteilung des Zentralhauses für Laienkunst in Leipzig, wo er begann, sich beruflich mit der akademischen Volkskunde zu beschäftigen. Nach seiner Promotion über Märchenforschung 1955 nahm er seine Lehrtätigkeit auf, habilitierte sich 1963 an der Universität Leipzig und wurde 1964 auf Betreiben von Steinitz zum Professor für Deutsche Volkskunde an die Humboldt-Universität zu Berlin berufen. Nedo initiierte 1966 das Fernstudium der Volkskunde an seiner Universität, um der zunehmenden Randexistenz des Fachs in der DDR entgegenzusteuern. Dieses Fernstu-

Das Gebäude des ehemaligen Folklorezentrums Erzgebirge/Vogtland in Schneeberg

dium bestand bis 1992/93 mit der Zielsetzung, »in allen Bezirken Fachvolkskundler auszubilden, die in ihren Wirkungsbereichen für Anleitung, Organisation und Durchführung von Forschungen verantwortlich sein sollen« (Wolfgang Jacobeit 1967).[8] Es richtete sich namentlich an Museologen und ab den 1970er-Jahren auch an Mitarbeiter der neu gegründeten staatlichen Folklorezentren. Mit diesen ist ein Typus von Institutionen angesprochen, die ab 1978 in der DDR als Forschungs- und Beratungszentren landschaftsgebundener vorindustrieller Volkskultur eingerichtet wurden. Für Sachsen ist auf das Folklorezentrum Erzgebirge/Vogtland (gegründet 1978) und das Oberlausitzer Folklorezentrum (gegründet 1988) zu verweisen.

Die Zeit ab 1989/1990

Der nach dem Ende der DDR einsetzende Transformationsprozess in Wirtschaft und Gesellschaft brachte für alle in Sachsen bis zur Friedlichen Revolution bestehenden Institutionen mit volkskundlicher Ausrichtung zum Teil schwierige, langwierige und tiefgreifende Umstrukturierungsmaßnahmen mit sich. Es dauerte weit in die 1990er-Jahre, bis eine endgültige Abwicklung abgewendet werden konnte. Dass die gefundenen Lösungen im Einzelfall nur eine unzureichende Basis für eine stabile und effektive Weiterentwicklung bieten, wurde gerade im Frühjahr 2007 im Falle des ehemaligen Folkorezentrums Erzgebirge/Vogtland wieder deutlich. Dieses wurde 1991 und schließlich 1997 strukturell und inhaltlich verändert zur Sächsischen Landesstelle für Volkskultur, um dann nach

Das Gebäude
des Sorbischen Instituts
in Bautzen

Streichung der Leitungsstelle 2005 als Fachbereich Volkskultur in die Sächsische Landesstelle für Museumswesen eingegliedert zu werden. Im Fall des kleinen Oberlausitzer Folklorezentrums unter der Leitung von Peter Poprawa übernahm nach 1990 der Landkreis Löbau die Trägerschaft. Damit einher gingen ein Ortswechsel nach Zittau sowie die Umbenennung in Zentrum für Oberlausitzer Heimatpflege, worin sich die Verlagerung auf kulturpflegerische Aufgaben unter weitgehendem Verzicht auf die ehedem gleichberechtigte Forschungs- und Dokumentationsarbeit spiegelt.

Das Sorbische Institut wurde bereits im Januar 1992 vom Freistaat Sachsen gemeinsam mit dem Land Brandenburg in der privatrechtlichen Organisationsform eines eingetragenen Vereins neu gegründet. Die Leiterin der Abteilung Empirische Kulturforschung/Volkskunde, Elka Tschernokoshewa, prägte das Profil dieses Bereichs zwischen 1992 und 2013 insbesondere durch ihre Arbeitsschwerpunkte Hybridität, Kulturelle Diversität und interkultureller Dialog sowie vergleichende Minderheitenforschung.[9] Die zunächst vier Arbeitsbereiche (darunter die Abteilungen Empirische Kulturforschung/Volkskunde sowie Kultur- und Sozialgeschichte) wurden 2014 zu den beiden Schwerpunkten Sprachwissenschaft und Kulturwissenschaften zusammengefasst. Die sozial- und kulturanthropologische Forschung nimmt seither in transdisziplinärem Zuschnitt kulturelle und soziale Wandlungsprozesse von sorbischen Identitäten in den Blick. Untersuchungen zu Bikulturalität schließen an die vergleichende Minderheitenforschung im europäischen Kontext an. Thematisiert werden transkulturelle bzw. interkulturelle Phänomene im Umgang mit Diversität sowohl in historischer wie in aktueller Perspektive.

Die Dresdner Forschungsstelle schließlich fand sich erst 1997 nach langen Jahren des Übergangs mit mehreren Zwischenetappen wieder in klaren Strukturen. Nach 1990 startete ein umfangreiches Evaluierungsprogramm für die Akademie der Wissenschaften. In einer Übergangslösung für 1991/92 wurden einige Mitarbeiterinnen und Mitarbeiter der Forschungsstelle über eine Koordinierungs- und Abwicklungsinitiative weiter beschäftigt, die 1992/93 in die Koordinierungs- und Aufbau-Initiative (KAI e.V.) überging. Ab 1994 war diese Projektgruppe an das Institut für Geschichte der Technischen Universität Dresden angegliedert. In dem im Oktober 1997 eingerichteten Institut für Sächsische Geschichte und Volkskunde (ISGV) – ebenfalls in der privatrechtlichen Organisationsform eines eingetragenen Vereins – bildet die Volkskunde – neben der Landesgeschichte – seither einen der beiden Forschungsbereiche des Instituts. In ihrem seit der Neugründung mittlerweile 20-jährigen Bestehen hat sich das Fach einem breiten Aufgabenfeld zugewandt. Zahlreiche Veranstaltungen und Veröffentlichungen bilden die thematischen Schwerpunkte der Arbeit ab, und das Periodikum »Volkskunde in Sachsen« (ViS) zeugt von der Beteiligung an aktuellen wissenschaftlichen Diskussionen. Seine ersten drei Ausgaben (1996/97) wurden noch vor der Gründung des ISGV von Mitarbeiterinnen und Mitarbeitern der Arbeitsgruppe Volkskunde herausgegeben, die 1997 an das neu gegründete ISGV wechselten.

Unter dem ersten Bereichsleiter (1997–2000) Michael Simon standen zum einen die Erkundung der Fachgeschichte für Sachsen und die weitere Erschließung der Sammlungsbestände der ehemaligen Dresdner Forschungsstelle im Mittelpunkt, womit bereits in der Übergangsphase vor 1997 von den verbliebenen Mitarbeiterinnen und Mitarbeitern der ehemaligen Arbeitsstelle begonnen wurde. Finanzmittel der VolkswagenStiftung für ein erstes großes Drittmittelprojekt des Bereichs ermöglichten den Aufbau einer Bilddatenbank, die mittlerweile weit über die ursprüngliche Konzeption hinausgreifend zu einem Langzeitvorhaben des Bereichs Volkskunde avanciert ist. Angestoßen durch von der Arbeitsstelle übernommene Bestände entwickelte sich auch das Lebensgeschichtliche Archiv: eine Sammlung von biografischen Materialien (wie Tagebücher und Briefe, aber auch Interviewstudien) zum historischen und gegenwärtigen Alltagsleben. Zum anderen widmete sich Simon der ›Volksmedizin‹, d.h. Aspekten populärer Medikalkultur, was sich unter anderem an einer interdisziplinären Tagung und seiner Publikationstätigkeit ablesen lässt.[10] Michael Simon nahm 2000 einen Ruf an die Johannes Gutenberg-Universität zu Mainz an und vertritt dort das Fach Kulturanthropologie/Volkskunde.

Mit Johannes Moser (Bereichsleiter 2002–2006) rückten die Gegenwartsforschung sowie eine Orientierung nach Mittelosteuropa in den Vordergrund. Der Bezug zu den östlichen Nachbarn Sachsens wurde insbesondere motiviert durch das Ende der seit 1962 von der Dresdner Arbeitsstelle aus redaktionell betreuten Zeitschrift »Demos«. In der Folge entstanden mehrere grenzüberschreitende internationale Forschungsprojekte unter Einbezug Tschechiens und Polens.[11] Studien zur Stadtanthropologie und zur Arbeitswelt im gesellschaftlichen Transformationsprozess am Beispiel der Zwickauer Automobilindustrie setzten weitere Akzente.[12] Mit der Ausrichtung des 35. Kongresses der Deutschen Gesellschaft für Volkskunde zum Thema »Grenzen und Differenzen« machte sich

Thomas Hengartner/Johannes Moser (Hgg.), Grenzen & Differenzen (2006); Tagungsband zum 35. Kongress der Deutschen Gesellschaft für Volkskunde

das ISGV als wissenschaftliche Forschungseinrichtung und Veranstalter überregional einen Namen.[13] Und schließlich konnte mit der Wahl eines Forschungskonzepts zur Untersuchung sächsischer Agrargesellschaften zwischen 1763 und 1914 ein erstes großes Drittmittelprojekt der Deutschen Forschungsgemeinschaft (DFG) ans Institut gebracht werden, das zugleich die Kooperation der Bereiche Volkskunde und Geschichte auf eine neue Qualitätsstufe hob.[14] Johannes Moser hat seit 2006 den Lehrstuhl für Volkskunde/Europäische Ethnologie an der Ludwig-Maximilians-Universität München inne.

Manfred Seifert als Bereichsleiter (2006–2013) baute die Kooperation beider Bereiche über ein weiteres Drittmittelprojekt aus, das die Einwanderung im Grenzraum Sachsen, Böhmen und Schlesien während des 18. und 19. Jahrhunderts fokussierte.[15] Damit konnte zugleich

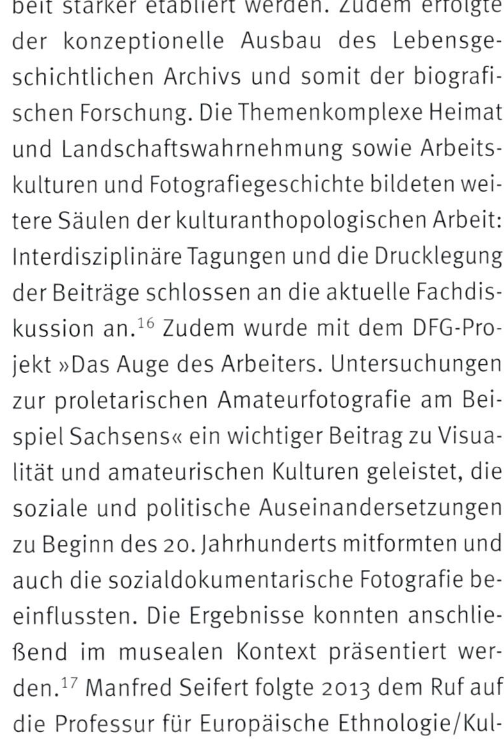

das Thema Migration innerhalb der Bereichsarbeit stärker etabliert werden. Zudem erfolgte der konzeptionelle Ausbau des Lebensgeschichtlichen Archivs und somit der biografischen Forschung. Die Themenkomplexe Heimat und Landschaftswahrnehmung sowie Arbeitskulturen und Fotografiegeschichte bildeten weitere Säulen der kulturanthopologischen Arbeit: Interdisziplinäre Tagungen und die Drucklegung der Beiträge schlossen an die aktuelle Fachdiskussion an.[16] Zudem wurde mit dem DFG-Projekt »Das Auge des Arbeiters. Untersuchungen zur proletarischen Amateurfotografie am Beispiel Sachsens« ein wichtiger Beitrag zu Visualität und amateurischen Kulturen geleistet, die soziale und politische Auseinandersetzungen zu Beginn des 20. Jahrhunderts mitformten und auch die sozialdokumentarische Fotografie beeinflussten. Die Ergebnisse konnten anschließend im musealen Kontext präsentiert werden.[17] Manfred Seifert folgte 2013 dem Ruf auf die Professur für Europäische Ethnologie/Kulturwissenschaft an der Philipps-Universität Marburg.

Im Jahr 2014 übernahm Ira Spieker die Bereichsleitung. Migrations- und Transformationsprozesse stehen neben Kulturkontakten zwischen Deutschland, Polen und Tschechien weiterhin im Fokus des kulturanthropologischen Forschungsprofils. Dieser Schwerpunkt erfuhr durch das Forschungsvorhaben »Fremde – Heimat – Sachsen. Vertriebene als Neubauern« eine Vertiefung und anschließende Erweiterung. Dabei wurden insbesondere die »verordneten Nachbarschaften« in der Grenzregion perspektiviert, die daraus resultierenden Aushandlungsprozesse zwischen historischer Prägung und regionaler Identität.[18] Diese Problemkomplexe stehen auch im Mittelpunkt des drittmittelgeförderten Projekts »Kontaktzonen. Kulturelle Praktiken im deutsch-tschechisch-polnischen Grenzraum«. Schwerpunkte der Bereichsarbeit bilden zudem Landschaftswahrnehmung und Transformationsprozesse im ländlichen Raum sowie industrie- und arbeitskulturelle Entwicklungen und deren unterschiedliche Wahrnehmungsebenen. Damit positioniert sich das ISGV zum einen im aktuellen regionalen Diskurs, zum anderen regt es mit eigenen thematischen Setzungen zu produktiven Auseinandersetzungen und Kooperationen an. Fotografiegeschichte und Visuelle Anthropologie bilden nicht nur wegen der institutseigenen umfangreichen Bilddatenbank einen dauerhaften Schwerpunkt, sondern auch wegen der langfristigeren Beschäftigung mit DDR-Fotoclubs – Institutionen, die sich im Spannungsfeld zwischen eingeübtem Bildsehen, kulturpolitischen Vorgaben und sozialer Interaktion bewegten. Auch die Bestände und Sammlungen des ISGV bieten einen reichhaltigen Fundus, aus dem sich zukünftige Forschungsvorhaben formulieren lassen, wie es seit 2017 mit dem Nachlass von Adolf Spamer realisiert wird.

Ein Überblick zur Entwicklung der Volkskunde in Sachsen muss sich auf wenige Aspekte konzentrieren. Diese Aufgabe wurde durch die möglichst konsequente Beschränkung auf den wissenschaftlichen Bereich gelöst. Dennoch soll in diesem Zusammenhang zumindest abschließend auf die vielen Museen und Vereine in Sachsen verwiesen werden. Mit dem Museum für Sächsische Volkskunst realisierte das ISGV bislang zwei Ausstellungsprojekte: Die Präsentation »Spurensuche« (2005) gab Einblicke in die reichhaltigen Sammlungsbestände des Instituts und machte diese zumeist verborgenen Schätze der Öffentlichkeit zugänglich.[19] Auf der »Baustelle Heimat« (2008) schließlich wurde die Auseinandersetzung mit dem Heimatbegriff und seinen Bedeutungszuschreibungen im historischen Wandel forciert. Anlass für diese Ausstellung bot das 100. Gründungsjubiläum des Landesvereins Sächsischer Heimatschutz.

Jenseits dieser Kooperationen muss jedoch das schmerzliche Defizit einer universitär etablierten Fachvertretung betont werden – in einem Bundesland, das äußerst interessante historische Entwicklungslinien und entsprechend vielfältige kulturelle Phänomene aufweist. Sachsen bietet demzufolge angesichts der vielschichtigen Innovations- und Transformationsprozesse in Vergangenheit und Gegenwart ein äußerst lohnendes Untersuchungsfeld. Zugleich stellen aktuelle Entwicklungen wie der Bevölkerungsrückgang in (strukturschwachen) ländlichen Regionen, die Neuformierung der politischen Protestkultur sowie die sogenannte Flüchtlingskrise das Fach vor eine Herausforderung, die bereits mit der »Falkensteiner Formel« von 1970 postuliert wurde, nämlich an der Lösung sozio-kultureller Probleme mitzuwirken.

Anmerkungen

1 Dieser Beitrag ist die überarbeitete und erweiterte Fassung des Textes von Manfred Seifert für die Publikation: Institut für Sächsische Geschichte und Volkskunde 1997 – 2007, hrsg. vom Institut für Sächsische Geschichte und Volkskunde, bearbeitet von Winfried Müller und Andreas Martin, Dresden 2007.

2 Brigitte Emmrich, Zu Unrecht vergessen: Karl (Theodor) Reuschel. Ein Repräsentant der deutschen und sächsischen Volkskunde aus dem ersten Viertel des 20. Jahrhunderts, in: Dies., Heimatforschung, Spinnstuben-Performance und Hochschulseminar. Beiträge zur Wissenschaftsgeschichte der Volkskunde in Sachsen, Dresden 2001, S. 9 – 52.

3 Robert Wuttke (Hg.), Sächsische Volkskunde, Dresden 1900.

4 Manfred Seifert, Oskar Seyffert und die akademische Volkskunde, in: Volkskunde in Sachsen 27 (2015), S. 131 – 165.

5 Monika Kania-Schütz, Volkskunde oder Volkskunst? Oskar Seyffert und sein Engagement für die Volkskunde in Sachsen, in: Michael Simon/Monika Kania-Schütz/Sönke Löden (Hgg.), Zur Geschichte der Volkskunde: Personen – Programme – Positionen, Dresden 2002, S. 145–167, hier S. 146.

6 Walter Dehnert, »Schaffendes Volk – fröhliches Volk«. Der Anfang des volkskundlichen Films in Deutschland, in: ebd., S. 169–177, hier S. 173.

7 Andreas Martin, Adolf Spamer in Dresden (1926–1936). Zur Geschichte der volkskundlichen Arbeit in Sachsen, in: ebd., S. 223–238, hier S. 227.

8 Zitiert nach Ute Mohrmann, Sächsische Museologen und Berliner Fernstudium – ein Mosaikstein der DDR-Volkskunde, in: ebd., S. 347–361, hier S. 352.

9 Vgl. exemplarisch: Elka Tschernokoshewa/Dieter Kramer (Hgg.), Der alltägliche Umgang mit Differenz. Bildung, Medien, Politik (Hybride Welten 2), Münster u. a. 2001; Elka Tschernokoshewa/Ines Keller (Hgg.), Dialogische Begegnungen. Minderheiten – Mehrheiten aus hybridologischer Sicht (Hybride Welten 5), Münster u. a. 2011.

10 Michael Simon (Hg.) unter Mitarbeit von Monika Kania-Schütz, Auf der Suche nach Heil und Heilung. Religiöse Aspekte der medikalen Alltagskultur, Dresden 2001.

11 Petr Lozoviuk, Interethnik im Wissenschaftsprozess. Deutschsprachige Volkskunde in Böhmen und ihre gesellschaftlichen Auswirkungen, Leipzig 2008; Ders. (Hg.), Ethnizität und Interethnik in der tschechischen Ethnologie, Dresden 2012.

12 Rolf Lindner/Johannes Moser (Hgg.), Dresden. Ethnografische Erkundungen einer Residenzstadt, Leipzig 2006; Sönke Friedreich, Autos bauen im Sozialismus. Arbeit und Organisationskultur in der Zwickauer Automobilindustrie nach 1945, Leipzig 2008.

13 Thomas Hengartner/Johannes Moser (Hgg.), Grenzen & Differenzen. Zur Macht sozialer und kultureller Grenzziehungen. Tagungsband zum 35. Kongress der Deutschen Gesellschaft für Volkskunde vom 25. bis 28. September 2005 in Dresden, Dresden 2006.

14 Ira Spieker, Kapital – Konflikte – Kalkül. Ländlicher Alltag im 19. Jahrhundert, Dresden 2012.

15 Katrin Lehnert/Lutz Vogel (Hgg.), Transregionale Perspektiven. Kleinräumige Mobilität und Grenzwahrnehmung im 19. Jahrhundert, Dresden 2011.

16 Stefanie Krebs/Manfred Seifert (Hgg.), Landschaft quer Denken. Theorien – Bilder – Formation, Leipzig 2012; Manfred Seifert (Hg.), Die mentale Seite der Ökonomie. Gefühl und Empathie im Arbeitsleben, Dresden 2014.

17 Wolfgang Hesse, Das Auge des Arbeiters. Arbeiterfotografie und Kunst um 1930, Leipzig 2014.

18 Uta Bretschneider/Sönke Friedreich/Ira Spieker (Hgg.), Verordnete Nachbarschaften. Transformationsprozesse im deutsch-polnisch-tschechischen Grenzraum seit dem Zweiten Weltkrieg, Dresden 2016.

19 Johannes Moser (Hg.), Spurensuche. Einblicke in die Sammlungen des Instituts für Sächsische Geschichte und Volkskunde. Katalog zur Sonderausstellung im Museum für Sächsische Volkskunst 1. September bis 6. November 2005, Dresden 2005.

MARTINA SCHATTKOWSKY, FRANK METASCH UND HENRIK SCHWANITZ

Vernetzungsstrategien der Sächsischen Biografie

Praxis und Ausblick

Als eines der Hauptprojekte des Instituts für Sächsische Geschichte und Volkskunde hat sich die Sächsische Biografie (saebi.isgv.de) in den zurückliegenden Jahren sowohl in der deutschen als auch in der europäischen Biografik einen anerkannten Platz erarbeitet. Konzeptionell ganz »auf der Höhe der wissenschaftlich-methodischen Nationalbiographien«, gilt sie »geradezu als Idealtyp einer Vollbiographie im Internet«.[1]

Ein Regionalportal gleichberechtigt neben den großen Nationalbiografien? Wenn die Sächsische Biografie als ein regionales Lexikon diesen direkten Vergleich nicht scheuen muss, so geschieht dies nicht ohne Grund. Anders als die meisten biografischen Lexika ist sie bereits in der Planungsphase nicht mehr als traditionelles Printmedium, sondern als Online-Lexikon konzipiert worden, und anders als viele Biografieportale kann sie bereits auf langjährige Interneterfahrungen zurückblicken. Jährlich über 30 000 Nutzer sowie bereits weit über 1,5 Millionen aufgerufene Biografien bestätigen den Erfolg des frühzeitig eingeschlagenen Wegs im Internet.

Seit 2005 ist dieses biografische Nachschlagewerk zur Geschichte Sachsens online verfügbar. Seither ist es nicht nur vom Umfang her beträchtlich angewachsen, sondern hat auch optisch und funktional so manche Wandlung vollzogen. Dazu gehören insbesondere die Verlinkungen und Vernetzungen, die in den kommenden Jahren eine besondere Herausforderung darstellen werden.

Mit dem Langzeitprojekt Sächsische Biografie kommt das ISGV seiner vorrangigen Aufgabe nach, Grundlagenforschung zur sächsischen Landesgeschichte zu betreiben. Das Lexikon erfasst historisch bedeutsame Personen, die in oder für Sachsen seit dem Mittelalter bis heute gewirkt haben und bereits verstorben sind. Dem Nutzer bieten sich aktuell die biografischen Kerndaten zu fast 12 000 Frauen und Männern aus allen Bereichen des öffentlichen Lebens. Hinzu kommen etwa 1 600 Vollbiografien einschließlich ihrer Druckversion, die frei und kostenlos im Internet zugänglich sind.

Bereits die Auswahl der aufgenommenen Personen ist das Ergebnis einer ambitionierten Netzwerkarbeit. Weit über Sachsen hinaus hat das Projektteam hierfür einen Expertenpool aufgebaut, der heute mehr als 100 Fachleute verschiedenster Institutionen umfasst, ohne deren Mitwirkung ein Projekt dieser Größenordnung nicht realisierbar wäre. Die so geknüpften Kontakte zu Universitäten, Museen, Archiven, Bibliotheken etc. ermöglichen bei der Personenauswahl den Rückgriff auf aktuelle Forschungsergebnisse. Zugleich werden aus diesem Netzwerk auch die Verfasser der Kurzbiografien re-

Sächsische Biografie

Projekt | Biografie | Hilfe | Kontakt | Impressum

Heute ist der 12.06.2017

Friedrich Eduard Bilz, Naturheilkundler, Schriftsteller, Lebensreformer, würde heute 175 Jahre alt.
Fritz (Johann Friedrich) Höger, Architekt, würde heute 140 Jahre alt.
Hans Steger, Bildhauer, würde heute 110 Jahre alt.

Christoph Gabriel Fabricius, Pfarrer, Publizist, Theologe, ist heute vor 260 Jahren gestorben.
Wilhelm August Roth, Generalarzt, Hygieniker, ist heute vor 125 Jahren gestorben.
Fritz Hoffmann, Tischler, Gegner des NS-Regimes, ist heute vor 75 Jahren gestorben.

Startseite mit Jubiläen

Sächsische Biografie

Projekt | Biografie | Hilfe | Kontakt | Impressum

Name	Vorname	Lebensdaten	Ort	Beruf
Altenbourg	Gerhard	* 22.11.1926 † 30.12.1989	Rödichen-Schnepfenthal Meißen	Maler, Grafiker, Bildhauer
Amalia von Sachsen		* 04.04.1436 † 19.11.1501	Meißen Rochlitz	Herzogin von Bayern-Landshut, Tochter des Kurfürsten Friedrich II. (der Sanftmütige) von Sachsen
Andresen	Emmerich	* 20.02.1843 † 07.10.1902	Uetersen/ Schleswig-Holstein Meißen	Bildhauer, Hofrat
Anker	Willy	* 17.01.1885 † 04.06.1960	Kleinbauchlitz bei Döbeln Meißen	Drechsler, SPD-Politiker, Gegner des NS-Regimes, Bürgermeister von Meißen
Arnhold (Arnold, Arnholdt)	Johann Samuel	* 22.12.1766 † 01.01.1828	Löthain bei Meißen k.A.	Maler
Arnold von Westfalen		* um 1425 † [1481]	k.A. Meißen	Baumeister
Ay	Max	* 08.07.1862 † 15.03.1941	Meißen Hohburg	MdL, Bürgermeister und Oberbürgermeister von Meißen
Badehorn	Leonhard	* 06.11.1510 † 01.07.1587	Meißen Leipzig	Kurfürstlicher Rat, Rektor der Universität Leipzig, Bürgermeister von Leipzig
Baltzer	Heinrich Richard	* 27.01.1818 † 07.11.1887	Meißen Gießen	Mathematiker
Bang (Pseud. Wilhelm Meister u.a.)	Paul	* 18.01.1879 † 31.12.1945	Meißen Hohenfichte bei Chemnitz	MdR, DNVP-Politiker, Jurist
Barthel	Balthasar d.Ä.	* k.A. † 14.03.1621	Freiberg Meißen	Bildhauer
Barthel	Balthasar d.J.	* um 1605 † nach 1627		Bildhauer
Bauch	Georg Curt	* 11.07.1887		Bildhauer, Maler

Alle | Artikel | Volltext | Seite | Zeige 1 - 200 von 235

Geburtsort
Sterbeort
Wirkungsorte
Ort alle

Name | Vorname | Datum | Ort: Meißen | Beruf | Anfrage senden

Suchmaske mit geöffneter Ortssuche

krutiert. Knapp 700 Artikelautoren von Greifswald bis München und von Görlitz bis Köln vereint mittlerweile die Sächsische Biografie. Hinzu kommen Autoren aus Tschechien, der Schweiz und Österreich. Aber auch der studentische Nachwuchs wird über entsprechende Lehrangebote an den sächsischen Universitäten zur Erarbeitung eigener Lexikonartikel herangezogen.

Im Ergebnis entwickelte sich eine ansehnliche Datenbank mit Personen aus den unterschiedlichsten Bereichen des öffentlichen Lebens, wie bereits anhand der Startseite der Sächsischen Biografie mit den tagesaktuellen Jubiläen sichtbar wird: der Naturheilkundler und Tischler ist ebenso dabei wie Architekten, Bildhauer oder Ärzte. Im Unterschied zu den großen, nationalen Lexika geht es der Sächsischen Biografie gerade auch um das Erinnern an weniger prominente oder gar vergessene Personen, die dennoch bleibende Spuren in der sächsischen Geschichte hinterlassen haben. Sicherlich, was wäre Sachsen ohne die Thesen Martin Luthers (1483–1546), ohne die Kompositionen Johann Sebastian Bachs (1685–1750) oder ohne die Bauten Gottfried Sempers (1803–1879)? Wer aber kennt heute noch Robert Sputh, den Erfinder des Bierdeckels, Hans Meyer, den Erstbesteiger des Kilimandscharo, oder den Dresdner Zoodirektor Gustav Brandes, dem erstmals die Aufzucht eines in menschlicher Obhut geborenen Orang-Utans gelang? Gerade solche Lebenswege sind bislang nur bruchstückhaft erforscht.

Als Nutzer der Sächsischen Biografie gelangt man von der Startseite zur Suchmaske, die dem Besucher verschiedene und zudem vielfältig kombinierbare Abfragen ermöglicht, so zum Beispiel nach Namen, Geburts- oder Sterbedaten, Berufen oder auch Wirkungsorten. Ergänzend sind sämtliche Biografien über

Themenband der Sächsischen Biografie: Dresdner Bibliothekarinnen und Bibliothekare

eine Volltextsuche erschlossen. Beispielhaft für eine berufsspezifische Suchabfrage seien die 126 Biografien von Dresdner Bibliothekarinnen und Bibliothekaren genannt, die 2014 zudem in einem Sonderband ausgekoppelt worden sind.[2] Mit diesem aus heutiger Sicht eher ungewöhnlich anmutenden Schritt vom Online-Artikel zum althergebrachten Buch wird nicht nur ein ganzer Personenkreis vorgestellt, der seit beinahe 500 Jahren das geistig-kulturelle Leben der sächsischen Hauptstadt mitgestaltet, es bieten sich auch ungeahnte Möglichkeiten für die Analyse und Gesamtschau solcher Kollektivbiografien. So beinhaltet der Band neben einer Chronologie sowie einer Einführung in die Geschichte des Dresdner Bibliothekswesens auch eine prosopografische Studie, die die Lebenswege dieses Berufsstands in einen breiteren Zusammenhang stellt.

Sächsische Biografie

Albrecht (der Beherzte)

Herzog von Sachsen, Generalstatthalter in den Niederlanden, Gubernator von Friesland

* 31.7.1443 Grimma
† 12.9.1500 Emden
⚭ Fürstenkapelle im Dom zu Meißen (Körper) und Emden (Herz)

V Friedrich II. (der Sanftmütige) (1412-1464) Kurfürst von Sachsen
M Margaretha von Habsburg (1416-1486), Schwester Kaiser Friedrichs III.
G Amalia (1436-1501); Anna (1437-1512); Friedrich (1439-1451); Ernst (1441-1486), Kurfürst von Sachsen; Margaretha (1444-nach 30.9.1491), Äbtissin Kloster Seußlitz; Hedwig (1445-1511), Äbtissin Stift Quedlinburg; Alexander (* † 1447)
⚭ Sidonia (Zedena) (1449-1510), Tochter Georgs von Podiebrad (1420-1471), König von Böhmen
S Georg (der Bärtige) (1471-1539), Herzog von Sachsen; Heinrich (der Fromme) (1473-1541), Herzog von Sachsen; Friedrich (1474-1510), Hochmeister des Deutschen Ordens; Ludwig (* 1481); Johann I. (* † 1484); Johann II. (* 1498)

An der Schwelle des Mittelalters zur Neuzeit zählen die Jahrzehnte von A.s „brüderlicher" und alleiniger Herrschaft mit den erneuten gewaltigen Silberfunden, mit der Leipziger Teilung des Landes und der Begründung der albertinischen Linie der Wettiner sowie den Fortschritten beim Ausbau frühneuzeitlicher Staatlichkeit zu den folgenreichsten Epochen der sächsischen Geschichte. – Schon im Kindesalter erfuhr A. die Schrecken einer von Gewalt geprägten Zeit am eigenen Leib. 1455 entführte **Konrad (Kunz) von Kaufungen** in einer Fehde den 12-jährigen A. und dessen älteren Bruder Ernst aus dem Altenburger Schloss, doch konnten beide Kinder schon bald befreit werden. Kaufungen wurde auf dem Freiberger Marktplatz durch das Schwert gerichtet. Als sog. „Altenburger Prinzenraub" fand diese Episode Eingang in eine breite volkstümliche Überlieferung. – Anlässlich des sächsisch-böhmischen Ausgleichs zwischen Kurfürst Friedrich II. und König Georg von Podiebrad im April 1459 kam es zur Eheabredung A.s mit der damals 10-jährigen böhmischen Königstochter Sidonia (Zedena). Der bereits im November 1459 in Eger ausgerichteten Hochzeit folgte 1464 der Ehevollzug mit dem Beilager. Im Zuge der Gebietsbereinigungen nach den Egerer Abmachungen erhielt folgerichtig A. die unter böhmischer Lehnshoheit stehenden schönburgischen, schwarzburgischen und vogtländischen Herrschaften in Sachsen und Thüringen für die Wettiner zu Lehen. A.s Ehe mit der eigenständigen, streng gläubigen Sidonia blieb nicht ohne Konflikte. Die Tochter des exkommunizierten böhmischen „Ketzerkönigs" sah für ihren erstgeborenen Sohn Georg bewusst eine geistliche Laufbahn vor. Diese Vorstellung zerschlug sich, weil A. den Jungen nach der Leipziger Teilung als Nachfolger im Herzogtum bestimmte und auf eine weltliche Fürstenkarriere vorbereitete, was ebenso wie die häufigen Abwesenheiten A.s seit 1487 eine gewisse Entfremdung zwischen den Ehepartnern hervorgebracht haben mag. Den wiederholten Bitten des Herzogs, ihm nach Flandern zu folgen, kam Sidonia jedenfalls nicht nach. Gleichwohl sind Mätressen oder uneheliche Kinder A.s nicht bekannt. – Nach dem plötzlichen Tode Friedrichs II. am 7.9.1464 einigten sich Ernst und A.

Druckansicht 

Biografie Albrecht (der Beherzte)

Die überaus positive Resonanz, die dieser erste Sonderband in Fachkreisen hervorgerufen hat, bestärkt das Vorhaben, diesem Pilotprojekt weitere Themenbände folgen zu lassen. Aktuell werden zweisprachige Biografien zur nationalen Minderheit der Sorben zusammengestellt, die in Kooperation mit dem Sorbischen Institut in Bautzen und Cottbus veröffentlicht werden sollen. Darüber hinaus gibt es erste konzeptionelle Überlegungen für eine Publikation zu jüdischen Biografien in Sachsen zwischen den Napoleonischen Kriegen und der Reichseinigung von 1871.

Ein wichtiges Zukunftspotenzial bieten die derzeitigen Vernetzungsstrategien der Sächsischen Biografie, und zwar sowohl aufgrund institutsinterner als auch externer Verlinkungen mit anderen Internetportalen. Was sich hierbei seit einigen Jahren bewährt hat, ist die interne Verknüpfung aller in den Lexikonartikeln genannten Personen. Dies stellt eine grundlegende Voraussetzung dafür dar, dass nicht nur verwandtschaftliche, sondern auch berufliche Netzwerke sichtbar gemacht werden können.

Besonders einprägsam veranschaulicht die vielfältigen Vernetzungsmöglichkeiten der Lexikonartikel des auch über Sachsen hinaus bekannten Herzogs Albrecht (der Beherzte) (1443–1500), der unter anderem namengebend für die seit 1547 als Kurfürsten herrschende wettinische Linie der Albertiner war. Damit die Personen in der Sächsischen Biografie aber überhaupt verlinkt werden können, mussten projektintern für die notwendigen Normdaten erst einmal eigene Standards definiert werden, denn externe Angebote standen dafür nicht bereit. Für alle Personen wurde daher eine eineindeutige Satznummer generiert, die in den Inter-

Biografie Albrecht (der Beherzte) mit verknüpften Personen und einer geöffneten Karteikarte (Kunz von Kaufungen)

netartikeln zunächst händisch eingepflegt wird. Beim Aufruf eines Artikels erscheinen die grafisch hervorgehobenen Verknüpfungen zu anderen Personen dann automatisch, ergänzt durch eine Vorschau in Form einer kleinen Karteikarte mit den wichtigsten biografischen Informationen. Sofern auch zur verlinkten Person bereits ein Artikel vorliegt, kann dieser direkt per Mausklick aufgerufen werden. Zusätzlich besitzt jeder Artikel eine zusammenfassende Liste aller im Text verknüpften Personen.

Wie für alle biografischen Lexika ist auch für die Sächsische Biografie der wichtigste Verknüpfungspunkt die jeweilige Person mit ihren Lebensdaten und Berufen. Damit ist sogleich die Gemeinsame Normdatei[3] (GND) angesprochen. Ausgehend von einer internationalen ISGV-Tagung der Sächsischen Biografie im Mai 2008 in Dresden,[4] an der Verantwortliche der führenden deutschen und europäischen Personenlexika teilgenommen haben, hat sich mittlerweile die GND als ein weithin genutzter Standard für den Datenaustausch etabliert. Auch die Sächsische Biografie hat die GND – wie hier im Fall Herzog Albrechts – durchgängig eingeführt, wobei sie als Lexikon mit regionalem Bezug für etwa die Hälfte ihrer fast 12 000 Personen zunächst einmal selbst die entsprechenden GND-Normdatensätze erstellen musste. Zur Arbeitserleichterung haben die ISGV-Informatiker einen eigenen Editor programmiert, der eine automatische Erstellung von GND-Datensätzen auf der Grundlage der projektbezogenen Access-Datenbank ermöglicht.

Mit der GND war die wichtigste Voraussetzung für eine Verlinkung mit anderen Internet-

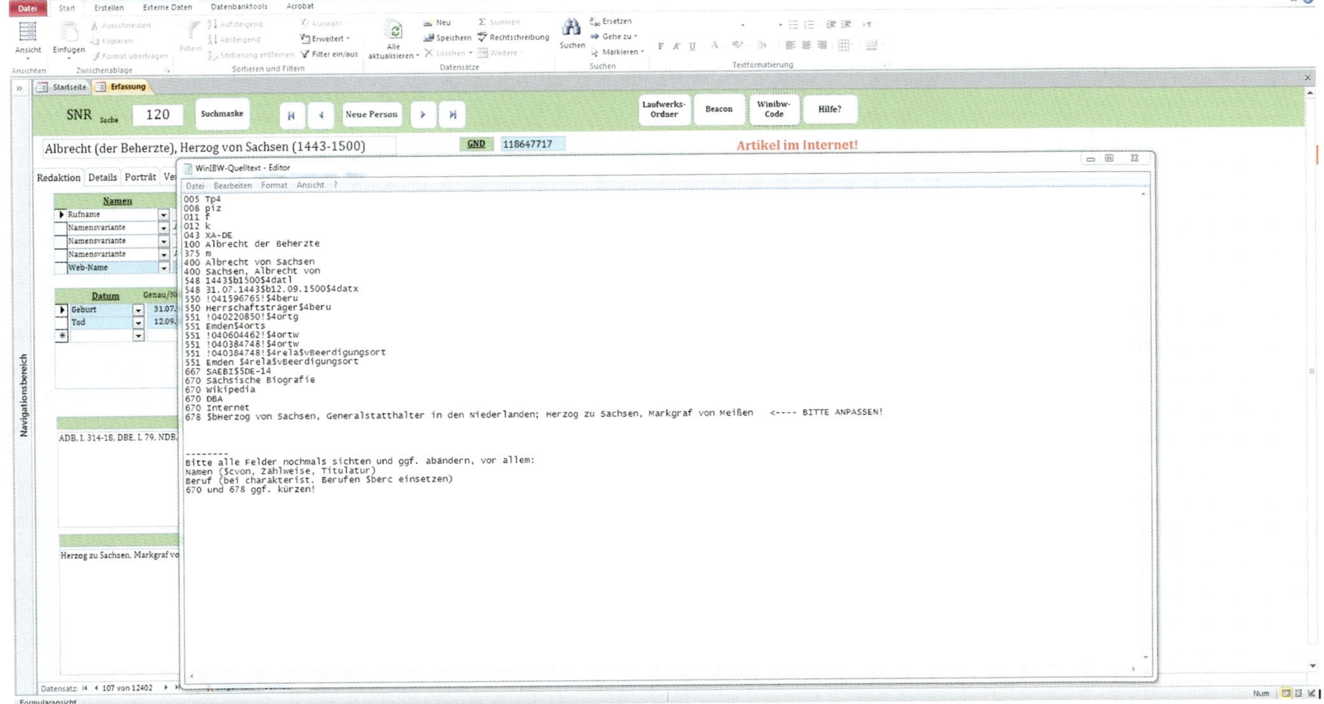

GND-Erstellung: Albrecht (der Beherzte)

portalen geschaffen. Um den Datenaustausch tatsächlich zu realisieren, nutzt die Sächsische Biografie zwei Formate: zum einen XML-Dateien und zum anderen das BEACON-Format – ein Normdatenformat, das sich zunehmend als übernationaler Vernetzungsstandard etabliert hat. Diese beiden Schlüssel sorgen dafür, dass nicht nur die Personenartikel in der Sächsischen Biografie untereinander verlinkt werden, sondern auch mit Lexikonartikeln anderer Portale, wobei insbesondere das europäische Biographie-Portal (www.biographie-portal.eu) hervorzuheben ist. Alle Volltextbiografien der Sächsischen Biografie sind darüber hinaus über die Suchmaske dieser Internetseite abrufbar. Im Fall von Herzog Albrecht gibt es im europäischen Biographie-Portal folglich zwei Biografien – eine des sächsischen Lexikons und eine der Neuen Deutschen Biographie bzw. Deutschen Biographie. Damit hatte die Sächsische Biografie als erstes regionales Projekt die hohen technischen und inhaltlichen Anforderungen für die Aufnahme in das Biographie-Portal erfüllt. Sie ist damit seit 2012 ein integraler Bestandteil der europäischen Vernetzungsstrategien der biografischen Online-Lexika.[5]

In der Sächsischen Biografie werden sämtliche externe Links direkt in den Personenartikeln angezeigt. Im Fall des genannten Artikels zu Herzog Albrecht finden sich besonders viele Links, etwa zur Deutschen Biographie oder zur Bayerischen Staatsbibliothek, München, aber auch zu Porträtdatenbanken oder zu den Marburger Leichenpredigten. Inzwischen sind über das BEACON-Format über 300 Einrichtungen miteinander verbunden, darunter Großunter-

de | en | fr | it | sl

Biographie-Portal

Startseite | Wir über uns | Hilfe | Impressum

Treffer: 3

Name	Lebensdaten	Beruf / Funktion	Normdaten	Lexika
Albrecht • **Albrecht von Bayern**	1440 - 1506	Bischof von Straßburg	DDB: 138777608 GND: 138777608 VIAF: 95405139	NDB/ADB
Albrecht der Beherzte • **Albrecht** • **Albrecht der Beherzte von Sachsen** • **Albrecht von Sachsen**	1443 - 1500	Herzog von Sachsen; Markgraf von Meißen	DDB: 118647717 GND: 118647717 VIAF: 37709857	NDB/ADB
Albrecht der Beherzte • **Sachsen, Albrecht von** • **Albrecht von Sachsen**	1443 - 1500	Herzog von Sachsen, Generalstatthalter in den Niederlanden		SäBi

info@biographie-portal.eu

© MDZ 2009-2015

Europäisches Biographie-Portal: Artikel Albrecht (der Beherzte)

nehmen wie Oxford Dictionary, aber auch hochspezialisierte Seiten wie die Schwäbische Orgelromantik oder Frauen in Bewegung.

Ein bislang kaum genutztes Verlinkungspotenzial von Biografieportalen ergibt sich aus den ortsbezogenen Daten – mit Blick auf Personenlexika keine vordringliche Aufgabe, möchte man meinen. Auch erscheint das Ganze recht unkompliziert: So werden einfach jedem Ort eine GND und Geokoordinaten zugewiesen, die sich nicht mehr verändern können. Bedenkt man jedoch, welchem Wandel Orte im Laufe der Jahrhunderte unterliegen und wie häufig sich mitunter administrative Zugehörigkeiten verschieben können, erweist sich dieses Vorhaben als ungemein schwierig und komplex. Befriedigende Lösungen sind jedenfalls noch nicht gefunden worden.

Immerhin verfügt das ISGV auf regionaler Ebene bereits über Link-Erfahrungen auf der Grundlage von Ortsdatenbanken. Institutsintern werden solche Verknüpfungen kontinuierlich zwischen den insgesamt sieben Online-Projekten eingepflegt. Die Basis dafür liefert das Digitale Historische Ortsverzeichnis für Sachsen (DHOV), das nahezu 6 000 sächsische Orte und Wüstungen, einschließlich ihrer geodätischen und Gauß-Krüger-Koordinaten erfasst. Jeder dieser Orte verfügt über einen Ortscode, der am ISGV sozusagen den Schlüssel für die Verlinkung seiner digitalen Projekte bildet. So ist zum Beispiel das Repertorium Saxonicum – eine Quellensammlung zu frühneuzeitlichen Amtserbbüchern – über den hauseigenen Ortscode mit anderen Datenbanken des ISGV verknüpft. Dies gilt ebenso für die Sächsischen Gerichtsbücher sowie für die Volkskunde-Projekte Visuelle Quellen zur Volkskultur in Sachsen. Das Bildarchiv des ISGV (bild.isgv.de) und das Lebensgeschichtliche Archiv des ISGV (lga.isgv.de).

Bei allen Fortschritten bedarf es indes noch weiterer Anstrengungen, um die Vorzüge der Internetportale in vollem Umfang nutzen zu können. Künftig wird es – neben quantitativen Aufwüchsen an Biografien und Datenbestän-

PROJEKT ORTE HILFE

ISGV DIGITALES HISTORISCHES ORTSVERZEICHNIS VON SACHSEN

Nordsachsen | Noschkowitz | Nösselwitz | **Nossen** | Nössige | Noßlitz | Noßwitz (1)

Stadt Nossen

sw Meißen, Lkr. Meißen

Verfassung

Stadt
1935: Augustusberg und Altzella mit Kummersheim eingemeindet
1950: Ortsteil Kummersheim umgegliedert nach Marbach (2)*
1973: Eula (2) eingemeindet
1996: Deutschenbora eingemeindet
01.01.2003: Heynitz eingemeindet*

ältere Verfassungsverhältnisse
1268 : castrum
1376 : oppidum
1403 : slos
1430 : Städtlein
1552 : Städtlein
1791 : accisbare Stadt
Ortsadel, Herrengüter
1185 : Herrensitz
1435 :
Vorwerk (Wirtschaftshof des Klosters Altzelle), später Kammergut u. Stadtgut

Siedlungsform und Gemarkung

straßenmarktartige Stadtanlage, Block- u. Streifenflur, 298 ha

Bevölkerung

1552: 34 besessene(r) Bürger, 23 Häusler, 52 Inwohner
1748: 133 besessene(r) Bürger, 13½ Hufen
1834: 1778
1871: 2818
1890: 4046
1910: 5132
1925: 5430
1939: 6961
1946: 8505
1950: 8621
1964: 7784
1990: 6159
2000: 6544

1834: Kath. 8
1834: Ref. 1
1925: Ev.-luth. 5147
1925: Ref. 5
1925: Kath. 82
1925: andere 196

Verlinkungen

HOV Code: 10219
Sächsischen Biografie (16)
ISGV Bildarchiv (85)
Lebensgeschichtlichen Archiv (2)
Sächsische Gerichtsbücher (57)

Verwaltungszugehörigkeit

1590: Amt Nossen
1764: Amt Nossen
1816: Amt Nossen
1843: Amt Nossen
1856: Gerichtsamt Nossen
1875: Amtshauptmannschaft Meißen
1952: Landkreis Meißen
1994: Landkreis Meißen
2008: Landkreis Meißen

Grundherrschaft

1552: Kloster Altzelle
1723: Amtsstädtlein

Kirchliche Organisation:

bis 1439: FilK Siebenlehn /
um 1500:
Pfarrkirche(n) (Archidiakonat Dompropstei, sedes Roßwein/Mn) /

Pfarrkirche(n) 1539 u. 1940 - 2001 Kirchgemeinde Nossen mit den SK Deutschenbora-Rothschönberg, Hirschfeld u. Siebenlehn-Obergruna; eingepfarrt Augustusberg, Niedereula u. Niedergruna 1539 u. 1930, Breitenbach 1539 u. 1840, bis 1870, Anteil Obereula 1840 u. 1930, Rhäsa seit 1873, ebenso 1930, Zella seit 1871, ebenso 1930. -- mit Roßwein römisch-katholisch Lokalkaplanei von Meißen seit 1946 - 2002 römisch-katholisch Pfarrkirche(n)

Ortsnamenformen

1185: Petrus de Nozin (CDS I/2/510)
1197: Noscin (CDS I/3/§§§)
1218: Nozzin
1228: Nuzin
1373: Nussin
1403: Nussen (CDS II 2, 769)
1432: Nossin
1529: Nossaw (HOV)
1552: Nossen
1553: Nossa (HOV)

Literatur

HONB, II 123
BKD Sa. 41, 360-384
Dehio Sa. I, 645-652
DStB, II 166-168
LexStWapp, 320-321
Grünberg, I 467-468

Karte

10219

ÜBER DAS PROJEKT
ORTE
IMPRESSUM
KONTAKT
INSTITUT FÜR SÄCHSISCHE GESCHICHTE UND VOLKSKUNDE E.V.

Bild eines Projekts mit Verlinkung auf die Sächsische Biografie

den – darum gehen, sämtliche digitalen ISGV-Projekte vollständig miteinander zu verknüpfen. Dies betrifft auch Portale, die bislang noch nicht verlinkt sind, wie etwa die Urkunden des Codex diplomaticus Saxoniae. Auf diese Weise würden die Nutzer für die bereits genannte Biografie Herzog Albrechts von Sachsen direkt zu den entsprechenden mittelalterlichen Quellen gelangen. Darüber hinaus wird aktuell an einer Berufsdatenbank gearbeitet, um die Sächsische Biografie auch über diese Suchmöglichkeit zu erschließen und komplexere Suchanfragen zu ermöglichen.

Bedeutende Reserven liegen in der weiteren Verlinkung der Sächsischen Biografie selbst. Ist es beispielweise schon jetzt möglich, sich für einen beliebigen Ortseintrag im DHOV per Mausklick alle Personen in der Sächsischen Biografie anzeigen zu lassen, die dort geboren oder gestorben sind, so stößt man bei der Ortsverlinkung über Sachsen hinaus mit dem DHOV im wahrsten Sinne des Wortes an Grenzen. Selbst Städte wie das ehemals kulturell und politisch so bedeutende sächsische Wittenberg können nicht verlinkt werden, wenn sie heute nicht mehr auf dem Territorium des Freistaats Sachsen liegen. Das ISGV verfolgt mehrere Ansätze zur Lösung des Problems. Mangels befriedigender externer Angebote wurde mit der Konzipierung einer eigenen maßgeschneiderten Ortsdatenbank begonnen. Dabei stammen die Daten für Sachsen aus dem DHOV; bei den Geodaten von Orten außerhalb des Freistaates hingegen wird auf das OpenSource-Portal GeoNames zurückgegriffen. Dieser Ansatz hat sich zumindest für die institutsinternen Vernetzungsarbeiten als fruchtbar erwiesen.

Dennoch geht es dem ISGV nicht um Einzellösungen in und für Sachsen, sondern um eine standardisierte Lösung dieses Problems. Wichtige Ansätze dafür könnte die Georeferenzierung innerhalb der GND-Datenbank bieten, die seit geraumer Zeit mit GeoNames zusammenarbeitet. Es wäre überaus sinnvoll, wenn sich die GND auch für die Orte als ein nutzbarer Standard etablieren würde, schließlich versteht sie sich doch ausdrücklich nicht nur als »Gemeinsame Normdatei« für Personen, sondern auch für Körperschaften, Sachschlagwörter, Buchtitel oder Geografika.

Ein weiterer möglicher Anknüpfungspunkt für eine Ortsverlinkung auf europäischer Basis stellt die Umsetzung der INSPIRE-Richtlinie der Europäischen Union zur standardisierten Bereitstellung von Geodiensten dar.[6] Dabei handelt es sich um eine Initiative zur grenzübergreifenden Nutzung von Geodaten in Europa. Das ISGV arbeitet mit der sächsischen Koordinierungsstelle zusammen und hat die Daten aus der DHOV-Datenbank für diese Homepage zur Verfügung gestellt.

Perspektivisch wäre die Vernetzung mit einer Vielzahl von Geodiensten unterschiedlichster Beiträger in Europa denkbar, was besonders in Hinblick auf Geovisualisierung recht lohnend erscheint. Noch hat die INSPIRE-Initiative vor allem aktuelle administrative Aufgaben etwa im Umweltbereich im Blick. Eine spezielle Nutzung der Geodaten für die historische Forschung ist zunächst wohl nicht vorgesehen. Trotzdem sollten die Potenziale dieser Geodienste schon allein wegen ihrer europäischen Perspektive nicht ganz aus dem Auge verloren werden. Erst auf dieser Grundlage werden auch regionale Datenbanken in vollem Umfang nutzbar gemacht werden können. Erst dann wird es gelingen, über die Region und das Land hinaus auch europäische Netzwerke und Kommunikationskreise systematisch zu erfassen und darzustellen.

Anmerkungen

1 Zitiert nach Marcus Weidner, Die Region in der Welt. Biographische Nachschlagewerke im Zeitalter des Internet, in: Marcus Stumpf (Hg.), Die Biographie in der Stadt- und Regionalgeschichte (Westfälische Quellen und Archivpublikationen 26/Beiträge zur Geschichte Iserlohns 23), Münster 2011, S. 45–63, hier S. 55.

2 Martina Schattkowsky/Konstantin Hermann/Roman Rabe (Hgg.) unter Mitarbeit von Daniel Geißler, Frank Metasch, Lutz Vogel und Hendrik Keller, Dresdner Bibliothekarinnen und Bibliothekare, Leipzig 2014.

3 Vgl. http://www.dnb.de/DE/Standardisierung/GND/gnd_node.html.

4 Martina Schattkowsky/Frank Metasch (Hgg.), Biografische Lexika im Internet. Internationale Tagung der »Sächsischen Biografie« in Dresden (30. und 31. Mai 2008), Dresden 2009.

5 Zu den Vernetzungsstrategien des Biographie-Portals vgl. Bernhard Ebneth, Auf dem Weg zu einem historisch-biografischen Informationssystem. Datenintegration und Einsatz von Normdaten am Beispiel der Deutschen Biographie und des Biographie-Portals, in: Jahrbuch für Universitätsgeschichte 16 (2013), S. 261–290.

6 Richtlinie 2007/2/EG des Europäischen Parlaments und des Rats vom 14. März 2007 zur Schaffung einer Geodateninfrastruktur in der Europäischen Gemeinschaft (INSPIRE), in: Amtsblatt der Europäischen Union, L 108 vom 25. April 2007, S. 1–14.

Lebensgeschichtliches Archiv für Sachsen

Das Profil des als Langzeitprojekt des Bereichs Volkskunde angelegten Lebensgeschichtlichen Archivs für Sachsen gründet auf einer ethnografisch-kulturwissenschaftlichen Perspektive, die die Lebensumstände und Alltagserfahrungen verschiedener Bevölkerungskreise vorrangig jenseits der Bildungseliten bzw. gesellschaftlich hoch stehender Sozialgruppen untersuchen möchte. Entsprechend diesem subjektorientierten Ansatz interessieren speziell die mentalen Prägungen und Handlungslogiken historischer wie gegenwärtiger Akteurinnen und Akteure. Besonders geeignet hierfür ist der biografische Zugriff, der das Alltagsleben in Sachsen in Vergangenheit und Gegenwart anhand unterschiedlichster personaler Dokumente aus dem Blick von Zeitzeuginnen und Zeitzeugen zu erschließen versucht. Hierzu zählen alle möglichen autobiografischen Unterlagen und Ego-Dokumente wie selbst verfasste Lebenserinnerungen und Interviews, Tagebücher und Briefe, Zeugnisse und private Urkunden bis hin zu Geschäftsunterlagen, Fotos und Filmen. Damit stehen hauptsächlich solche Quellen im Vordergrund, die üblicherweise weder literarisch-publizistisch dokumentiert noch in der staatlichen Archivüberlieferung vertreten sind. Deshalb werden diese Materialien gezielt angeworben und angeschafft bzw. im Rahmen laufender wissenschaftlicher Projekte durch Mitarbeiterinnen und Mitarbeiter des Instituts erhoben.

Das gesammelte Material bringt ganz unterschiedliche Voraussetzungen für die wissenschaftliche Aufarbeitung mit. Die Bandbreite der Quellentypen reicht von persönlichem Schriftverkehr, privaten Notizensammlungen und Dokumenten bestimmter Lebenssituationen oder Themenbereiche bis hin zu Autografen von Tagebüchern und lebensgeschichtlichen Berichten. Während Briefe oder Notizbücher in aller Regel ohne die Absicht einer Dokumentation des persönlichen Lebens bzw. der Zeitumstände angefertigt werden, sind autobiografische Unterlagen bewusst für die Nachwelt geschaffen. Werden also im letzteren Fall lebensgeschichtliche Informationen von den Personen selbst selektiert und ausgedeutet, so fehlen im anderen Falle solche konstruierenden Eingriffe und Interpretationen weitgehend. Dies ermöglicht bzw. verlangt verschiedene Ansätze der wissenschaftlichen Erschließung, wobei jeweils die Entstehungskontexte und die Intentionen der Autorinnen und Autoren zu identifizieren sind.

Empirische Erhebungen unterscheiden sich hier von historisch-archivalischen Zugriffen, da bei ihnen die Produktionsbedingungen der biografischen Aussagen kontrollierbarer sind und direkt registriert werden können. Deshalb bil-

Mit Glück für die Zukunft.

LEHRBRIEF

über die bestandene Gesellen-Prüfung.

Der Lehrling Franz Hennig gebürtig aus Radeberg hat 3 1/4 Jahre nämlich von 12. April 1896 bis 4. Juli 1899 das Schuhmacherhandwerk bei dem Meister Herrn Robert Rock hierselbst gehörig erlernt und sich darin die erforderliche Geschicklichkeit erworben, auch sich während seiner Lehrzeit Gut betragen. Wir ertheilen ihm daher diesen Lehrbrief unter dem Gewerksiegel und ersuchen einen Jeden, dem er vorgelegt wird, besonders die Genossen des Gewerks demselben völligen Glauben beizumessen und dem gedachten Gesellen überall zu seinem Fortkommen behülflich zu sein, welches wir in ähnlichen Fällen zu erwidern bereit und willig sind.

So geschehen Radeberg den 4. Juli 1899.

Die Prüfungs-Commission. Der Vorstand der Schuhmacher-Innung.

Rich. Janke

Robert Rock, v. [illegible]

Gesellenbrief für das Schuhmacherhandwerk für Franz Hennig (1899)

Wanderbücher des Tischlergesellen und Orgelbauers August Friedrich Heerklotz für die Jahre 1829 bis 1832 sowie des Posamentiergesellen Gustav Ferdinand Werner für die Zeit 1853 bis 1859

Festschrift »40 Jahre Riege Körner«

den neben der Sammlung von Schriftzeugnissen biografische Interviews als eine Variante des narrativen Interviews, mit denen biografische Stegreiferzählungen erhoben werden, eine wesentliche Methode lebensgeschichtlicher Forschung. Die Interviewpartnerinnen und -partner werden durch einen Erzählimpuls aufgefordert, ihr Leben zu erzählen, wie sie es erfahren haben und erinnern. Dabei wird ihnen weitgehend Offenheit zugesichert, was die Strukturierung und Verbalisierung der Erzählinhalte angeht. In der Volkskunde und ihren Nachbardisziplinen wird dieses Verfahren zur Quellenerhebung gleich in dreifacher Hinsicht gebraucht: zur Erhebung von Daten zur Sozial- und Alltagsgeschichte, insbesondere der unteren und mittleren Sozialschichten seit dem frühen 20. Jahrhundert, zur Untersuchung von Strukturen und Darstellungsweisen des »alltäglichen Erzählens« sowie drittens zur Erforschung von Bewusstseinsprozessen und des Verhältnisses von individuellem zu kollektivem Gedächtnis. Das Lebensgeschichtliche Archiv hat sich zum Ziel gesetzt, die erhobenen Interviews in diesem Sinne einer multiplen Auswertung zugänglich zu machen und damit wichtige Quellen für die gegenwärtige und zukünftige volkskundliche Forschung zu generieren. Die in den einzelnen volkskundlichen Forschungsprojekten erhobenen Interviews können in den Interview-Fundus eingebracht werden. Damit wird eine Brücke zwischen Forschung und Sammlung geschlagen. Ein Beispiel für diese Gruppe lebensgeschichtlicher Quellen sind die mehr als 60 lebensgeschichtlichen Interviews mit Angehörigen von Neubauernfamilien in Sachsen, die im Rahmen des Projekts »Fremde – Heimat – Sachsen. Vertriebene als Neubauern« (2010

Interview zur Spankorbherstellung in Lauter im Erzgebirge für das Lebensgeschichtliche Archiv, um 1995

bis 2013) erhoben wurden. Forschungsvorhaben, aus denen Interviewbestände in das Lebensgeschichtliche Archiv übernommen werden, stellen die Vorhaben zum »Erinnern an die Arbeit im Kollektiv« sowie zu »Kontaktzonen. Kulturelle Praktiken im deutsch-tschechisch-polnischen Grenzraum« dar. Die Transkription und Verschlagwortung ermöglichen einen über das jeweilige Forschungsvorhaben hinausweisenden Zugriff auf das Material und sichern damit die langfristige Benutzbarkeit des Archivs.

Beim Lebensgeschichtlichen Archiv steht neben der Sammlung, Erfassung und Bewahrung von schriftlichen Zeugnissen die Publikation im Vordergrund. Hierzu werden Archivmaterialien in den Kontext ihrer Entstehungsbedingungen gestellt, unter Hinzuziehung anderer Quellen analysiert und schließlich ediert. Diese Auswertungsmethode ermöglicht es, authentisches Quellenmaterial einer breiteren Öffentlichkeit zugänglich zu machen und seine Analyse unter wissenschaftlichen Gesichtspunkten abzusichern. Konnten zunächst aus den Beständen der Vorgängerinstitution des ISGV, der volkskundlichen Arbeitsstelle Dresden an der Akademie der Wissenschaften der DDR, einige Dokumente übernommen werden, so wurden begleitend hierzu von Anbeginn autobiografische Dokumentationen und schriftliche Nachlässe vorzugsweise aus dem 19. und 20. Jahrhundert gesammelt. Als erste Publikation aus diesem jungen Bestand erschienen 1999 die Aufzeichnungen des Karl Heinrich Helbig, der seine Militärdienstzeit beim 1. Garderegiment in Dresden von 1875 bis 1877 aus der Perspektive eines einfachen Soldaten schildert.[1] 2003 folgte die Edition des Briefwechsels von August Diezel aus den Jahren 1848 bis 1854, die einen

»Brigade-Buch – Kollektiv der Wache vom Armeemuseum der DDR« (Dresden) für die Jahre 1982 bis 1989

25 I M. Dresden, den 25. Januar 1914.

Das Justizministerium hat folgendes Schreiben an das Ministerium des Innern gerichtet:

„Wie hier wahrgenommen worden ist, wächst in Sachsen, ganz besonders aber im Landgerichtsbezirke Leipzig, die Zahl der Strafprozesse wegen Verbrechen gegen das keimende Leben in Bedenken erregender Weise. Dabei ist noch zu berücksichtigen, daß der größte Teil dieser Verbrechen unentdeckt bleibt und daß es nur zu einem kleinen Teile gelingt, die Schuldigen der verdienten Strafe zuzuführen. Das Überhandnehmen dieser Verbrechen und die immer zunehmende Anwendung von Mitteln zur Verhütung der Empfängnis sind wesentliche Ursachen für den mehr und mehr zu Tage tretenden Geburtenrückgang. Diese schwere, nicht ernst genug zu nehmende Gefahr für die Volkswohlfahrt wird dadurch ganz besonders erhöht, daß neuerdings der Markt mit Gegenständen, welche die Empfängnis verhindern oder eine eingetretene Schwangerschaft wieder beseitigen sollen, geradezu überschwemmt wird. Gegenstände dieser Art werden dem Publikum in der leichtesten Weise zugänglich gemacht. Sie werden aus gewinnsüchtigen Beweggründen in der verlockendsten Weise angepriesen, können für einen nicht allzuhohen Preis in Geschäften käuflich erworben werden, ja sie werden gegenwärtig sogar im Wege des Hausierhandels angeboten und vertrieben. Es ist kein Wunder, daß diese verhältnismäßig wohlfeilen Mittel, unter denen namentlich das sogenannte Sterilett eine große Rolle spielt, einen reißenden Absatz finden.

In einem dem Justizministerium übersandten Memoria der Niederrheinisch-Westfälischen Gesellschaft für Gynäkologie und Geburtshilfe wird auf die schweren Gefahren hingewiesen, die aus den innerhalb der Gebärmutter angewandten Mitteln, insbesondere dem Sterilett und der Mutterspritze für die Frauen, die sich ihrer bedienen, entstehen. Es wird dabei festgestellt, daß die Anwendung gerade dieser Gegenstände eine ungeheure Verbreitung genommen habe, und daß in

Schreiben des Königlich sächsischen Innenministeriums vom 25. Januar 1914

aufschlussreichen Einblick in das studentische Leben und die Alltagskultur Dresdens zur Mitte des 19. Jahrhunderts gewährt.[2] Aus den ebenfalls seit 1998 vorgenommenen empirischen Erhebungen lebensgeschichtlicher Berichte führten im Jahr 2004 die Schilderungen der persönlichen Schicksale von Sachsen und Polen, die im Gefolge des Zweiten Weltkriegs aus Schlesien vertrieben wurden bzw. zwangsmigrierten, zur Publikation einer Doppel-CD.[3] Im Jahr 2006 schloss sich ein Band mit autobiografischen und biografischen Zeugnissen sächsischer Marionettenspieler an; 2008 konnten die Erinnerungen des sächsischen Infanteristen Christian Friedrich Frenzel an die napoleonischen Kriege ediert werden.[4]

Johannes Moser/ Karsten Jahnke (Hgg.), Dieser Schmerz bleibt. Lebenserinnerungen vertriebener Polen und Schlesier (CD, 2004)

Neben diesen unmittelbar aus den Sammlungsbeständen erarbeiteten Publikationen wurden in den letzten Jahren zudem methodische Fragen des biografischen Sammelns und Forschens in den Mittelpunkt gestellt. So konnte in einem interdisziplinären Workshop 2008 über Ziele und Aufgaben der Biografie-Forschung diskutiert werden; die Ergebnisse hieraus wurden publiziert. In den Jahren 2008 bis 2009 wurde erstmals ein Schreibaufruf veröffentlicht, um neue Wege der Quellengenerierung zu erproben.[5] Als Thema wurde »Urlaub in der DDR« gewählt. Auch eine Beschäftigung mit den zu DDR-Zeiten erfolgten biografischen Studien, wie sie von Seiten des Kulturbundes erarbeitet wurden, konnte am Beispiel des Tischlergesellen Anton Peschel in eine Publikation überführt werden.[6]

Der Bestand des Lebensgeschichtlichen Archivs vereint unterschiedlichste Quellen, die seit 2003 in einer Datenbank zugänglich sind. In Verbindung mit einer konzeptionellen Systematisierung zum weiteren Ausbau des Archivs seit dem Jahr 2006 wurde mit der umfassenden Digitalisierung und Verschlagwortung der Quellen begonnen und damit die Grundlage für die Online-Präsentation der Bestände gelegt. Seit dem November 2012 ist das Lebensgeschichtliche Archiv über die Webseite des ISGV online abrufbar (http://lga.isgv.de), sodass eine feingliedrige Suche in den Beständen möglich ist. Zwar kann derzeit ein Abruf von Originaldokumenten aus rechtlichen Gründen noch nicht durchgeführt werden, doch steht das Archiv durch seine Internetpräsentation auch einer breiteren Öffentlichkeit offen. Damit verbunden ist eine kontinuierliche Bearbeitung von Anfragen zu den Sammlungsbeständen durch die Mitarbeiterinnen und Mitarbeiter des Bereichs Volkskunde. Ebenso erfolgt eine Vernetzung des Lebensgeschichtlichen Archivs mit den anderen Online-Datenbanken des ISGV, um die Potenziale der Digitalisierung optimal nutzen zu können.

Biografische Dokumente gleich welchen Quellentyps erfordern eine intensive wissenschaftliche Aufbereitung, die in der Spezifik der Materie begründet liegt – stellen doch die subjektbezogenen bzw. subjektiven Erfahrungsberichte, Meinungsäußerungen und Weltsichten von unterschiedlichsten Personenkreisen aus

Johannes Moser/Lars Rebehn/Sybille Scholz (Hgg.), »Mit großer Freude greif ich zur Feder«. Autobiographische und biographische Zeugnisse sächsischer Marionettenspieler (2006)

Andreas Martin/ Lars Rebehn (Hgg.), Kurt Dombrowsky. Von einem, der auszog, Marionettentheater zu spielen oder: Der schöne, aber mühevolle Versuch, eine alte Tradition am Leben zu erhalten (2007)

Sönke Friedreich, Urlaub und Reisen während der DDR-Zeit. Zwischen staatlicher Begrenzung und individueller Selbstverwirklichung (2011)

Manfred Seifert (Hg.), Die Lebenserinnerungen des Tischlergesellen Anton Peschel (1861–1935). Eine Arbeiter-Autobiografie im Zugriff regionalgeschichtlicher Aktivitäten des Kulturbunds der DDR (2014)

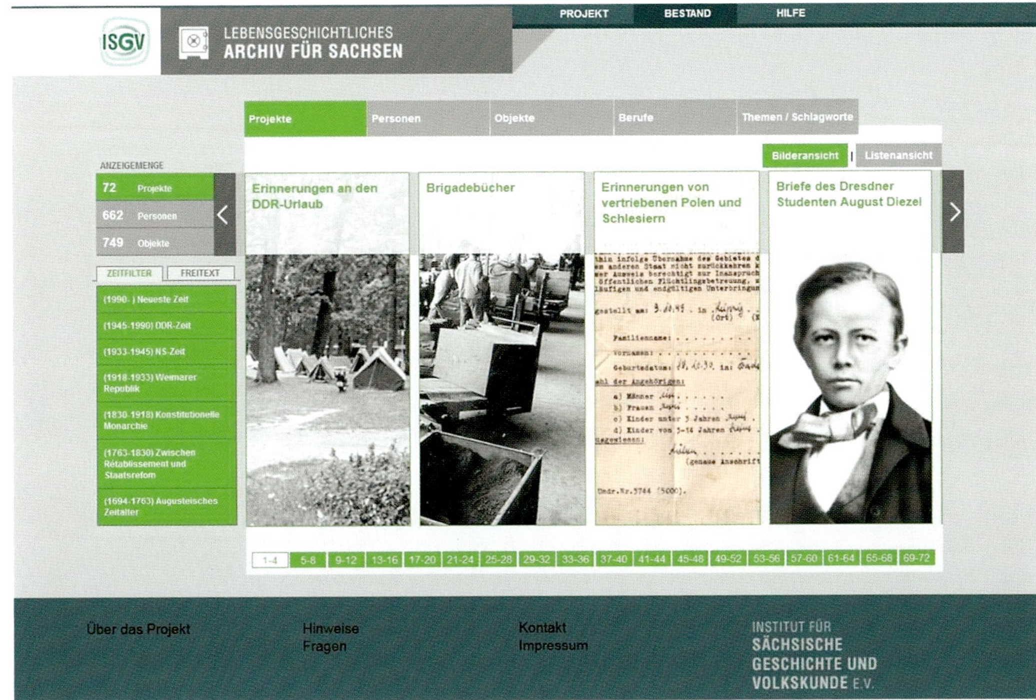

Website Lebensgeschichtliches Archiv, http://lga.isgv.de

Sachsen und seinen angrenzenden Regionen eine Quellengruppe dar, die ihr Potenzial als Zeitzeugnisse erst nach solider wissenschaftlicher Kontextualisierung entfaltet. Dadurch weisen die Dokumente über den konkreten Einzelfall hinaus und machen damit unsere seit den Modernisierungstendenzen im 19. Jahrhundert zunehmend komplexer strukturierte Gesellschaft aus verschiedenen Perspektiven erfahrbar.

Anmerkungen

1 Michael Simon (Hg.), Als Gardereiter in Dresden. Aus den Lebenserinnerungen Karl Heinrich Helbigs 1875 bis 1877, Dresden 1999.

2 Klaus Mauersberger/Johannes Moser (Hgg.), Studium, Alltag und Kultur in Dresden um 1850. Der Briefwechsel des Studenten der polytechnischen Bildungsanstalt Dresden August Diezel mit seinem Vater Carl August in Elsterberg 1848–1854, Dresden 2003.

3 Johannes Moser/Karsten Jahnke (Hgg.), Dieser Schmerz bleibt. Lebenserinnerungen vertriebener Polen und Schlesier, Dresden 2004 (CD).

4 Johannes Moser/Lars Rebehn/Sybille Scholz (Hgg.), »Mit großer Freude greif ich zur Feder«. Autobiographische und biographische Zeugnisse sächsischer Marionettenspieler, Dresden 2006; Sebastian Schaar, Christian Friedrich Frenzel (1780–1864). Erinnerungen eines sächsischen Infanteristen an die napoleonischen Kriege. Edition und Kommentar, Dresden 2008.

5 Manfred Seifert/Sönke Friedreich (Hgg.), Alltagsleben biografisch erfassen. Zur Konzeption lebensgeschichtlich orientierter Forschung, Dresden 2009; Sönke Friedreich, Urlaub und Reisen während der DDR-Zeit. Zwischen staatlicher Begrenzung und individueller Selbstverwirklichung, Dresden 2011.

6 Manfred Seifert (Hg.), Die Lebenserinnerungen des Tischlergesellen Anton Peschel (1861–1935). Eine Arbeiter-Autobiografie im Zugriff regionalgeschichtlicher Aktivitäten des Kulturbundes der DDR, Dresden 2014.

Codex diplomaticus Saxoniae – das Urkundenwerk zur Geschichte Sachsens

Seit seiner Gründung vor 20 Jahren stellt sich das ISGV satzungsgemäß der Aufgabe, einschlägige Quellen zur sächsischen Landesgeschichte zu erschließen. Folgerichtig ist es an der Fortführung des Urkundenbuchs zur Geschichte Sachsens im Mittelalter beteiligt. Der Codex diplomaticus Saxoniae (CDS) – so der Name dieses renommierten Projekts – zählt zu den ehrgeizigsten Editionsvorhaben der landesgeschichtlichen Forschung in Deutschland. In verlässlichen Ausgaben sollen die überlieferten Urkunden der regierenden Fürsten, Städte, geistlichen Gemeinschaften und landsässigen Herren des mittelalterlichen Sachsen bereitgestellt werden. Denn Urkunden sind formgebundene normative Schriftquellen und daher Rechtsdokumente ersten Ranges, und sie dienten darüber hinaus während des gesamten Mittelalters als Mittel der praktischen Politik. Insofern gehört ihre Kenntnis zu den unabdingbaren Voraussetzungen landesgeschichtlicher Forschung.

Als treibende Kraft des Unternehmens, dessen inzwischen fast 160-jährige Geschichte vor wenigen Jahren Matthias Werner umfassend aufgearbeitet hat,[1] darf der Historiker und Leipziger Bibliothekar Ernst Gotthelf Gersdorf (1804–1874) gelten. Er legte 1864 als Auftakt zum Codex diplomaticus Saxoniae regiae, wie er damals noch hieß, den ersten Teilband des »Urkundenbuch[s] des Hochstifts Meißen« ausweislich des Titelblatts »im Auftrage der Königlich Sächsischen Staatsregierung« vor. Zu den Mitarbeitern in der Frühzeit des Vorhabens gehörten ferner der für seine siegelkundlichen Forschungen berühmt gewordene Otto Posse (1847–1921) und der mit ihm aus Göttinger Studienzeiten bekannte und dort ebenfalls von Georg Waitz promovierte Hubert Ermisch (1850–1932), der in Dresden als Archivar und Bibliothekar wirkte und auch das »Neue Archiv für Sächsische Geschichte« (NASG) als verantwortlicher Redakteur betreute.[2] Bis 1909 erschienen insgesamt 24 Bände des mit großer Verve begonnenen Quellenwerks; dann stagnierten die Arbeiten, ohne jedoch jemals ganz abgebrochen zu werden. In der Zwischenkriegszeit blieb der CDS ein Vorhaben der Sächsischen Staatsregierung. Trotz Kriegsbeginn konnte 1941 noch ein Band im Druck erscheinen; er verzichtete erstmals auf das »regiae« im Titel.[3] Zu DDR-Zeiten kam der CDS über die Historische Kommission für Sachsen schließlich unter das Dach der Sächsischen Akademie der Wissenschaften zu Leipzig. Der Umbruch in Europa von 1989/1990 und die Vollendung der deutschen Einheit in Freiheit schufen dann die Voraussetzungen, um das traditionsreiche Editionsvorhaben auf eine neue institutionelle Grundlage zu stellen – zum einen im 1997 gegründeten ISGV

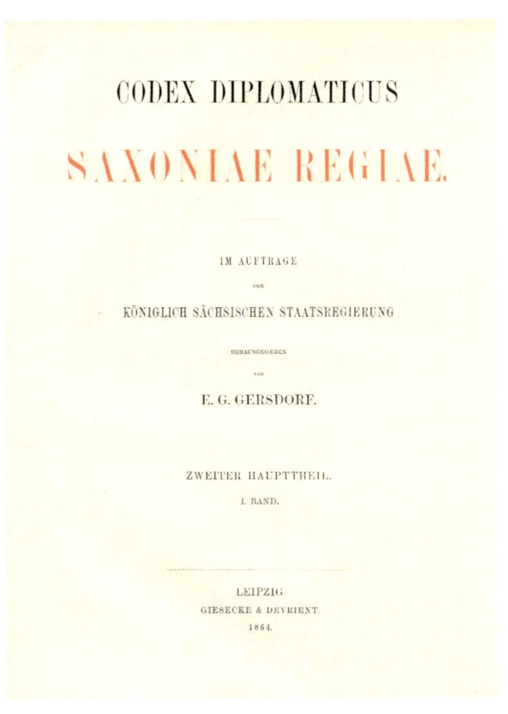

CODEX DIPLOMATICUS

SAXONIAE REGIAE.

IM AUFTRAGE
DER
KÖNIGLICH SÄCHSISCHEN STAATSREGIERUNG
HERAUSGEGEBEN
VON
E. G. GERSDORF.

ZWEITER HAUPTTHEIL.
I. BAND.

LEIPZIG
GIESECKE & DEVRIENT.
1864.

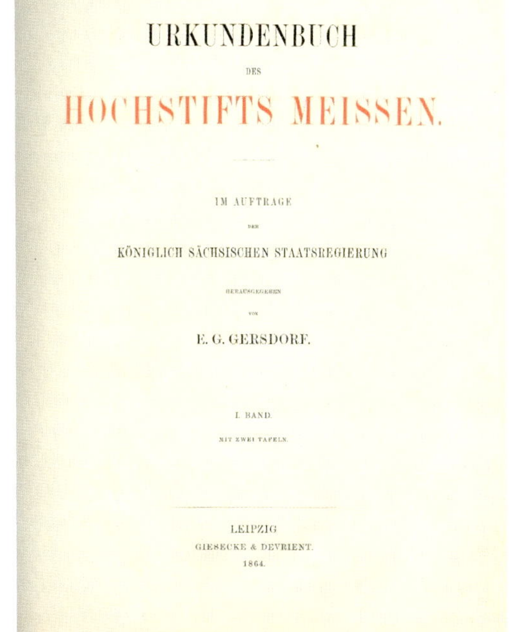

URKUNDENBUCH
DES
HOCHSTIFTS MEISSEN.

IM AUFTRAGE
DER
KÖNIGLICH SÄCHSISCHEN STAATSREGIERUNG
HERAUSGEGEBEN
VON
E. G. GERSDORF.

I. BAND.
MIT ZWEI TAFELN.

LEIPZIG
GIESECKE & DEVRIENT.
1864.

Titelblatt des ersten Bandes des Codex diplomaticus Saxoniae (regiae) von 1864

und zum anderen weiterhin bei der Sächsischen Akademie, die den Codex seit 2008 als eigenständiges Projekt betreut.

Ende der 1990er-Jahre wurde das Codex-Unternehmen neu ausgerichtet. Das damals beschlossene Konzept schreibt die im 19. Jahrhundert vorgenommene Aufteilung in drei Hauptteile fort und trägt inzwischen beachtliche Früchte: Immerhin sechs Bände konnten seit 2006 vorgelegt werden; zwei weitere sind im Druck. Erfreulicherweise wurde und wird an allen drei Hauptteilen gearbeitet. Für den ersten Hauptteil liegt die Federführung bei der Sächsischen Akademie der Wissenschaften, die eine Arbeitsstelle in Dresden unterhält,[4] während das ISGV sich dem zweiten und dritten Hauptteil widmet.[5]

Im Hauptteil I erscheinen die Urkunden der Markgrafen von Meißen, Herzöge und Kurfürsten von Sachsen sowie der Landgrafen von Thüringen. In den 1880er-Jahren wurde dieser Hauptteil in zwei Abteilungen aufgespalten: Der Abteilung A sind die Stücke vom Einsetzen der urkundlichen Überlieferung um die Mitte des 10. Jahrhunderts bis an das Ende der Regierungszeit des Thüringer Land- und Meißner Markgrafen Friedrichs III. (des Strengen, † 1381) vorbehalten, während die zeitlich sich unmittelbar anschließende Abteilung B von 1381 bis zur Leipziger Teilung von 1485 reichen soll; die Editionen dieser Abteilung wurden maßgeblich von Hubert Ermisch vorangetrieben. Zuvor hatte Otto Posse in der Abteilung A den schon beim Erscheinen als wenig sorgfältig geltenden und lediglich von einem knappen Vorwort begleiteten Band für die epochale Zeitenwende von 1200 und den deutschen Thronstreit veröffentlicht, der freilich eines Registers entbehrte. So haben Susanne Baudisch und Markus Cottin eine empfindliche Lücke geschlossen, als sie

2009 auf der Grundlage der 20-jährigen Vorarbeiten der Stengel-Schülerin und ehemaligen Dresdner Stadtarchivarin Elisabeth Boer (1896–1991) das Register samt eines umfangreichen Anhangs mit Nachträgen, Ergänzungen und Berichtigungen zu Posses Edition vorlegten. Die Reihe wurde 2014 fortgesetzt durch die Publikation des vierten Bandes; er enthält die von Tom Graber und Mathias Kälble edierten Urkunden der Landgrafen von Thüringen und Markgrafen von Meißen aus den Jahren von 1235 bis 1247 und wird – in diesem Umfang eine Neuerung im CDS – von 19 ganzseitigen Urkundenabbildungen auf Hochglanztafeln begleitet. Die Edition berücksichtigt nach dem Aussteller- und Empfängerprinzip die originale wie kopiale Überlieferung sowohl der von den regierenden Fürsten ausgestellten und mitbesiegelten wie der nachweislich von ihnen empfangenen Privilegien, Mandate und Briefe. Das mächtige Fürstengeschlecht der Ludowinger, das zeitweilig sogar den deutschen (Gegen-)König stellte und mit dessen Aussterben der Band endet, beherrschte am Ausgang des hohen Mittelalters einen territorialen Komplex, der die Mitte Deutschlands wie ein Riegel durchtrennte. Außerdem beleuchtet der Band die Anfänge der knapp 60 Jahre währenden selbstständigen Regierungszeit Markgraf Heinrichs III. (des Erlauchten) von Meißen († 1288). Wie der ob seiner Bildung und ritterlichen Lebensführung viel gelobte Wettiner sich im Streit um das ludowingische Erbe durchsetzte, wird man im anschließenden fünften Band verfolgen können, dessen erster Teil noch 2017 erscheinen wird.

Dem Hauptteil II ist die urkundliche Überlieferung der Städte und geistlichen Institutionen Sachsens vorbehalten. Nach einer Unterbrechung von über 60 Jahren markierte die 2006 von Tom Graber vorgelegte Edition der Altzeller Urkunden den Wiederbeginn der Publikationstätigkeit im Rahmen des Codex.[6] Das durch Markgraf Otto (den Reichen) von Meißen (reg. 1156–1190) im mittelalterlichen Bistum Meißen gegründete und 1175 vom Gründungskonvent aus dem Mutterkloster Pforte bezogene Zisterzienserkloster Altzelle bei Nossen ist im Mittelalter ebenso vermögend wie durchsetzungsfähig gewesen. Graber ging vom reichen Altzeller Klosterarchiv aus, dessen Urkunden heute im Sächsischen Staatsarchiv, Hauptstaatsarchiv Dresden in den chronologisch geordneten Bestand 10001 (»Ältere Urkunden«) eingegliedert sind, und ermittelte darüber hinaus in mehr als 40 Archiven und Handschriftenbibliotheken des In- und Auslands zum Teil bisher unbekanntes Material zur Klostergeschichte. Der umfangreiche erste Band des Urkundenbuchs, dem weitere folgen sollen, umfasst die Zeit von 1162, als der staufische Kaiser Friedrich I. Barbarossa (reg. 1152–1190) die Gründung mit 800 Hufen ausstattete, bis zum Ende des Hochmittelalters. Hinsichtlich der spirituellen Bedeutung des Klosters ist aus dieser Zeit etwa der Abt Ludeger von Altzelle zu erwähnen, dem die Forschung unter anderem die theologische Konzeption des Figurenprogramms für das erlesene Stufenportal der »Goldenen Pforte« an der als Dom bezeichneten Marienkirche in Freiberg zugeschrieben hat; wie alle Pfarrkirchen der Stadt ist auch der Freiberger Dom dem Kloster 1225 übertragen worden. Von großer historischer Bedeutung ist ferner die Altzeller Klosterbibliothek gewesen, die heute zu großen Teilen in der Universitätsbibliothek »Bibliotheca Albertina« zu Leipzig verwahrt wird.

Das Augenmerk des zweiten Hauptteils galt vielfach den kommunalen Urkunden des an Städten reichen Sachsen. Den im letzten Drittel des 19. Jahrhunderts bearbeiteten Editionen zur Geschichte von immerhin neun sächsischen Städten – darunter die herausragenden, von

Otto Posse (1847–1921), Porträt von Robert Sterl, 1917, Öl auf Leinwand

Hubert Ermisch besorgten Urkundenbücher von Chemnitz und Freiberg – stehen nun die ersten beiden des auf drei Bände projektierten Urkundenbuchs der Stadt Zwickau zur Seite, das drei Jahre lang als Drittmittelprojekt von der Deutschen Forschungsgemeinschaft gefördert wurde.[7] Im Jahr 2014 legte Henning Steinführer im Volltext die Urkunden, aber auch Briefe und wichtige Aktenstücke zur Zwickauer Geschichte bis zum Ende des 14. Jahrhunderts vor. Seine Edition zählt 225 Nummern, von denen etwa ein Viertel bislang ungedruckte Neufunde sind, und setzt mit der Urkunde des zuständigen Naumburger Bischofs ein, der 1118 »in territorio [...] Zcwickaw« eine Pfarrkirche geweiht sowie deren Sprengel umschrieben und den Zehnten geordnet hat. Den Alltag des spätmittelalterlichen Zwickau spiegelt das 1375 angelegte Stadtbuch, das Jens Kunze 2012 herausgegeben hat. Sorgsam wurden in dieses Amtsbuch die Immobilien- und Kreditgeschäfte der Stadt und ihrer Bürger, aber zum Beispiel auch Erbeinsetzungen, Testamente und Seelgerätstiftungen eingetragen; sogar eine städtische Schulordnung und Absprachen mit einem Tafelmaler sind enthalten.

Schon seit langem wurde die grundlegende Neubearbeitung des von 1865 bis 1875 durch Carl Friedrich von Posern-Klett bearbeiteten, aber nach dessen Tod ohne jede Einleitung publizierten Dresdner Urkundenbuchs als vordringlich bezeichnet. Diesem Vorhaben hat sich seit 2010 am ISGV Ulrike Siewert gewidmet und die Urkunden zu den Dresdner und Altendresdner Pfarrkirchen bis zur Einführung und Durchsetzung der Reformation in Dresden (1539/1541) neu erfasst.[8] Zu den Urkunden zählen etwa die ältesten Zeugenerwähnungen eines Pfarrers aus Dresden (1240). Während sich die Frauenkirche, deren Patronatsrecht im Mittelalter mehrfach wechselte, urkundlich nicht vor der ersten Hälfte des 13. Jahrhunderts fassen lässt, tritt der hohe Rang der Nikolai- bzw. Kreuzkirche als Stadtkirche und des ihr angeschlossenen Brückenamts in den Urkunden vor allem seit dem 14. Jahrhundert hervor; hinzu kommt die Dreikönigskirche in Altendresden, deren urkundliche Ersterwähnung in das Jahr 1421 fällt.

Seit der Neuausrichtung der Codex-Arbeit Ende der 1990er-Jahre ist der Hauptteil III am ISGV angesiedelt und widmet sich den päpstlichen Urkunden zur Geschichte Sachsens. Ediert werden sollen zunächst die im Original, später auch die abschriftlich in sächsischen und nichtsächsischen Archiven und Bibliotheken überlieferten Papsturkunden. Hinzu kommen die Urkunden der (General-)Konzilien, der Kardinäle, der kurialen »Behörden« sowie der päpstlichen Legaten und delegierten Richter. Den Quellen zur Geschichte Sachsens im Vatikanischen Archiv wird ein eigener Band vorbehalten bleiben.

In Papsturkunden spiegeln sich die Streitfragen des kirchlichen Alltags im Mittelalter von dem Recht, den Gemeinden ihre Pfarrer zu bestimmen, über die Vergabe kirchlicher Pfründen und die Gewährung von Ablässen bis hin zur Erteilung von Dispensen in Ehesachen. Zu den in Dresden verwahrten Originalurkunden gehören aber auch die Bewilligung Papst Alexanders V. zur Gründung der Leipziger Universität (1409), ein Exemplar der Bannandrohungsbulle Papst Leos X. gegen Martin Luther (1520) und die Urkunde, durch die Papst Hadrian VI. Bischof Benno von Meißen zum Heiligen erhob (1523) – um nur drei Beispiele zu nennen, die Geschichte geschrieben haben. Meist gehen Papsturkunden auf eingereichte Bittschriften der Empfänger und auf deren Wunsch nach päpstlicher Jurisdiktion zurück. So wurde, um Andreas Meyer zu zitieren, die päpstliche Kanzlei »das produktivste Schreibbüro des ganzen Abendlandes«, und im späten Mittelalter waren die Päpste »in diesem Spiel nicht die Jäger, sondern die Gejagten«.[9] Freilich gehören die von ihnen oder in ihrem Namen ausgestellten Urkunden zu den grundlegenden Quellen der landes- und kirchengeschichtlichen Forschung und erhellen das eng geknüpfte Netz zwischen Sachsen und der seit dem Investiturstreit im 11. Jahrhundert immer stärker hierarchisierten Papstkirche.

Bereits erschienen ist der erste, von Tom Graber bearbeitete Band mit den ältesten päpstlichen Originalurkunden des Hauptstaatsarchivs Dresden samt ihrer kurialen Vermerke. In der 2009 erschienenen Edition sind unter anderem zahlreiche ungedruckte Stücke vornehmlich für die Klarissinnen im Kloster Seußlitz enthalten. Unter den Empfängern begegnen im Übrigen besonders häufig die Bischöfe und das Domkapitel zu Meißen sowie das bereits erwähnte Zisterzienserkloster Altzelle. Aus der unter Papst Innozenz III. (reg. 1198–1216) einsetzenden kontinuierlichen päpstlichen Registerführung ist kaum ein Zehntel der nun edierten Urkunden bekannt gewesen; allein diese Tatsache verdeutlicht die Bedeutung des Bandes für die künftige Forschung. Dieser setzt mit einem auf das Jahr 1104 zu datierenden Spurium Papst Paschalis' II. (reg. 1099–1118) für das Benediktinerkloster Pegau wohl aus der zweiten Hälfte des 12. Jahrhunderts ein und reicht bis zu Papst Bonifaz VIII. (reg. 1294–1303), unter dem das Papsttum die Übersteigerung seiner Machtansprüche – man denke nur an die Ehrenstatuen des Papstes und die pompöse Umgestaltung der Tiara –, aber auch seinen jähen Sturz am 7. September 1303, dem Tag von Anagni, erlebte.

Die historische Bedeutung der Papsturkunden lässt es geraten erscheinen, die Edition über den Beginn der Reformation hinaus bis in die zweite Hälfte des 16. Jahrhunderts hinein fortzusetzen. Freilich werden die Papsturkunden vor allem im 15. Jahrhundert immer weitschweifiger. Seit 2017 wird wieder an den Originalen des Hauptstaatsarchivs Dresden gearbeitet, derzeit an den in großer Zahl überlieferten Urkunden der Päpste Martin V. (reg. 1417–1431) und Eugen IV. (reg. 1431–1447). Ihre Pontifikate fallen in die kirchengeschichtlich brisante Zeit des Konziliarismus. In der Absicht, das Große Abendländische Schisma von 1378 zu überwinden, war die Aufgabe, die Kirche, wie man damals sagte, »an Haupt und Gliedern« zu reformieren, den allgemeinen Konzilien übertragen worden, die die Gesamtkirche repräsentieren sollten. Die Auffassung, dass das Generalkonzil der abendländischen Kirche in Glaubens- und Disziplinarfragen höher stehe als der Papst, barg eine enorme Sprengkraft. Manches davon ist in der Dresdner Überlieferung ebenso zu spüren wie der erbittert geführte Kampf gegen die Hussiten, für den Martin V. die Wettiner zu gewinnen suchte. Auf der Suche nach einschlägigen Urkunden mussten allerdings zunächst die handschriftlichen und streng chronologisch geordneten Zettelregesten, die der eigenwillige Archivar Eduard Vehse im 19. Jahrhundert angelegt hatte, Stück für Stück durchforstet werden.

Bleibulle Papst Martins V. (Namensstempel: »Martinus papa V.«) an einer Littera cum filo canapis, 10. September 1427

Wie sieht die Zukunft des CDS aus? Legt man den Arbeitsplan der »Vorläufigen Kommission zur Bearbeitung des Codex diplomaticus Saxoniae« von 1999 zugrunde, so sind allein im Hauptteil II zwar drei der sieben vordringlich geplanten Editionen in Angriff genommen worden, doch stehen noch weitere 25 Projekte aus. Weitere Fragen kommen hinzu: Wie wird man der überbordenden Fülle an Urkunden Herr, die aus dem späten Mittelalter überliefert sind? Kann das Codex-Projekt mit vertretbarem Aufwand seine langjährige und erfolgreiche Online-Präsenz ausbauen? Lässt sich der Reiz der Urkunden, die auf das mittelalterliche Publikum

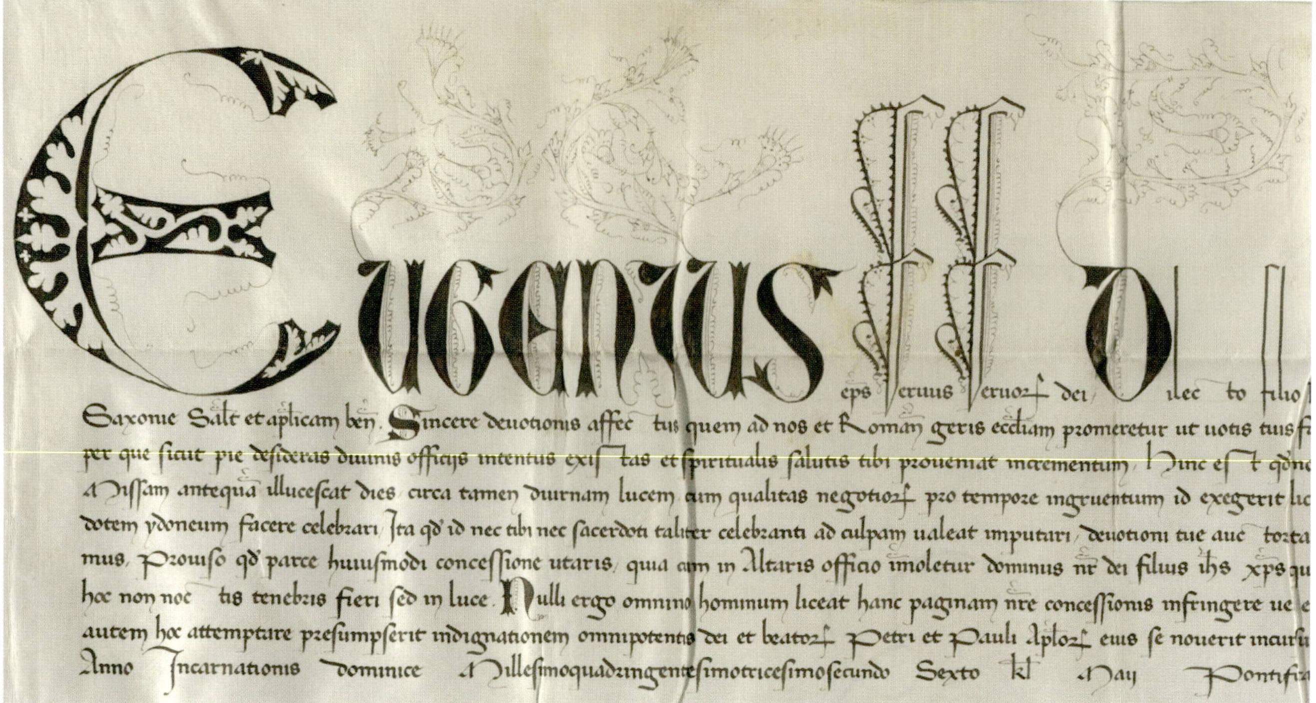
Eugenius eps seruus seruoꝝ dei Dilec to filio
Saxonie Salt et aplicam ben. Sincere deuotionis affec tus quem ad nos et Romanam geris ecclīam promeretur ut uotis tuis f
per que sicut pie desideras diuinis officijs intentus exis tas et spiritualis salutis tibi proueniat incrementum Hinc est q̄ nos
Missam antequa illucescat dies circa tamen diurnam lucem cum qualitas negotioꝝ pro tempore ingruentium id exegerit lic
dotem ydoneum facere celebrari Ita qđ id nec tibi nec sacerdoti taliter celebranti ad culpam ualeat imputari deuotioni tue auc torita
mus Prouiso qđ parce huiusmodi concessione utaris quia cum in Altaris officio imoletur dominus nr dei filius ihs xps qu
hoc non noc tis tenebris fieri sed in luce. Nulli ergo omnino hominum liceat hanc paginam nre concessionis infringere uel e
autem hoc attemptare presumpserit indignationem omnipotentis dei et beatoꝝ Petri et Pauli Aploꝝ eius se nouerit incursu
Anno Incarnationis dominice Millesimoquadringentesimotricesimosecundo Sexto kl Maij Pontifica

Name und Titel Papst Eugens IV. in geschwärzten Majuskeln mit verzierter Initiale in einer Littera cum serico für Herzog Sigismund von Sachsen, 26. April 1432

nicht zuletzt auch durch ihre äußeren Merkmale wirken wollten, ebenfalls für die heutige Zeit veranschaulichen? Bleibt den Bearbeiterinnen und Bearbeitern, einmal für den CDS gewonnen, weiterhin wie bisher die Zeit für ihre anspruchsvollen Editionsvorhaben?[10]

Die zahlreichen seit 2006 im Rahmen des CDS vorgelegten und die derzeit bearbeiteten Editionen möchten die Reputation des altehrwürdigen Vorhabens fortschreiben; sie täuschen sicherlich nicht darüber hinweg, dass dessen erfolgreiche Bilanz künftig durch Entwicklungen getrübt werden könnte, die sich seinem Einfluss entziehen. So mahnte Enno Bünz vor wenigen Jahren aus Anlass der feierlichen Präsentation neu edierter Bände in der Sächsischen Staatskanzlei: »Wenn es nicht mehr möglich ist, an den Universitäten die Grundlagen zu erlernen, um die Quellen der älteren Vergangenheit lesen und verstehen zu können, ist ein kollektiver Gedächtnisverlust vorprogrammiert.«[11] Daher ist die im Jahr 2007 von Tom Graber anlässlich des zehnjährigen Bestehens des ISGV ausgesprochene Mahnung heute immer noch aktuell: »Eine solche Entwicklung aber gereicht vor allem den Landeshistorikern zum Schaden, die stets die Nähe der Quellen bevorzugen, denn eine Stadt, von der es kein Urkundenbuch gibt, oder ein Kloster, für das kein Regestenwerk vorliegt – sie haben nie wirklich existiert, jedenfalls nicht für einen Historiker, der aus erster Hand informiert sein will.«[12]

Anmerkungen

1 Matthias Werner, »Zur Ehre Sachsens«. Geschichte, Stand und Perspektiven des Codex diplomaticus Saxoniae, in: Tom Graber (Hg.), Diplomatische Forschungen in Mitteldeutschland, Leipzig 2005, S. 261–301.

2 Tom Graber, Posse, Otto Adalbert, in: Sächsische Biografie, hrsg. vom Institut für Sächsische Geschichte und Volkskunde e.V., bearb. von Martina Schattkowsky, http://saebi.isgv.de/biografie/Otto_Posse_(1847–1921), mit weiteren Nachweisen. – Jana Lehmann, Hubert Ermisch 1850–1932. Ein Beitrag zur Geschichte der sächsischen Landesgeschichtsforschung (Geschichte und Politik in Sachsen 14), Köln/Weimar/Wien 2001.

3 Beatrix Reißig, Der gegenwärtige Stand der Arbeiten am Codex diplomaticus Saxoniae, in: NASG 60 (1939), S. 132–139.

4 Mathias Kälble, 150 Jahre Codex diplomaticus Saxoniae. Rückblick und Neubeginn, in: Zeitschrift für Thüringische Geschichte 64 (2010), S. 389–402, bes. S. 396–400; Tom Graber/Mathias Kälble, Der Codex diplomaticus Saxoniae. Mediävistische Grundlagenforschung an der Sächsischen Akademie der Wissenschaften zu Leipzig, in: Denkströme. Journal der Sächsischen Akademie der Wissenschaften 5 (2010), S. 169–176.

5 Enno Bünz, Ostmitteldeutsche Urkundenüberlieferung. Zum Editionsstand der mittelalterlichen Urkunden in Sachsen, in: Luise Czajkowski/Corinna Hoffmann/Hans Ulrich Schmid (Hgg.), Ostmitteldeutsche Schreibsprachen im Spätmittelalter (Studia Linguistica Germanica 89), Berlin 2007, S. 125–153, bes. S. 128–132.

6 Tom Graber, Zur Edition der Urkunden des Zisterzienserklosters Altzelle, in: Martina Schattkowsky/André Thieme (Hgg.), Altzelle. Zisterzienserabtei in Mitteldeutschland und Hauskloster der Wettiner, Leipzig 2002, S. 183–191, ND als »Codex diplomaticus Saxoniae«. Zur Edition der Urkunden des Zisterzienserklosters Altzelle, in: Annali dell'Istituto storico italo-germanico in Trento. Jahrbuch des italienisch-deutschen historischen Instituts in Trient 28 (2002), S. 353–363.

7 Henning Steinführer, Zur Geschichte und zur Wiederaufnahme der Arbeiten an der Edition des Zwickauer Urkundenbuches im Rahmen des Codex diplomaticus Saxoniae, in: NASG 76 (2005), S. 313–318.

8 Ulrike Siewert, Das Dresdner Urkundenbuch. Ein aktuelles Vorhaben im Rahmen des Codex diplomaticus Saxoniae, in: NASG 81 (2010), S. 263–267.

9 Andreas Meyer, Die päpstliche Kanzlei im Mittelalter – ein Versuch, in: Archiv für Diplomatik 61 (2015), S. 291–342, hier S. 291, 295 und 340.

10 Enno Bünz, Digitalisierungsprojekte und die Probleme der Bearbeitung spätmittelalterlicher Urkundenbestände, in: Blätter für deutsche Landesgeschichte 149 (2013), S. 137–146, bes. S. 139–143.

11 Ders., 150 Jahre Codex diplomaticus Saxoniae, in: NASG 82 (2011), S. 281–287, hier S. 286.

12 Tom Graber, Codex diplomaticus Saxoniae, in: Institut für Sächsische Geschichte und Volkskunde 1997–2007, hrsg. vom Institut für Sächsische Geschichte und Volkskunde, bearbeitet von Winfried Müller und Andreas Martin, Dresden 2007, S. 78–83, hier S. 83.

Fürstinnenkorrespondenzen der Reformationszeit

Die Korrespondenz der Herzogin Elisabeth von Sachsen (1502–1557)

Das am ISGV angesiedelte Editionsvorhaben der Briefe Herzogin Elisabeths von Sachsen genießt nicht nur durch das 500-jährige Reformationsjubiläum 2017 in der Forschung und der Öffentlichkeit besondere Aufmerksamkeit. Das Projekt ist eines der wichtigsten Arbeitsfelder des Instituts. Es rückt die Geschichte der Frauen in der Reformationszeit in den Mittelpunkt und bietet so einen Kontrapunkt zu den bisher erschlossenen Quellen der männlichen Protagonisten des 16. Jahrhunderts. Mit diesem Vorhaben betreibt das ISGV Grundlagenforschung, indem historische Zeugnisse wissenschaftlich erfasst und aufbereitet werden. Die ersten beiden Teile der Elisabeth-Edition sind bereits 2010 und 2016 erschienen und umfassen die Jahre 1505 bis 1532 bzw. 1533/34.[1]

Die geborene Landgräfin von Hessen, vor allem bekannt geworden unter dem Namen ihres Wittums Rochlitz, gehört zu den wichtigsten Protagonistinnen des Reformationszeitalters. Nach dem Tod ihres Gemahls Herzog Johann (des Jüngeren) von Sachsen (1498–1537) bezog sie am 24. März 1537 das Rochlitzer Schloss und führte noch im selben Jahr gegen den Willen Herzog Georgs (des Bärtigen) von Sachsen (1471–1539) die Reformation in ihrer Herrschaft ein. Als Zäsur für diesen Vorgang wird das Mandat an den Rat der Stadt Mittweida vom 2. Dezember 1537 angesehen, in welchem sie Priestern erlaubte, die Austeilung des Sakraments nach ihrem Gewissen auch in evangelischer Form vorzunehmen und zu heiraten. Das Schriftstück dokumentiert in eindrucksvoller Weise die religiöse Haltung dieser selbstbewussten Fürstin und zeigt ihre Handlungsspielräume in einer besonderen politischen und dynastischen Konstellation.[2] Gleichzeitig zählt das genannte Mandat zu den wichtigsten Dokumenten der umfangreichen, mehr als 2 000 Briefe umfassenden Korrespondenz der Herzogin. Der außergewöhnliche Quellenwert ihres Briefwechsels ist unbestritten, denn er stellt eines der farbigsten und detailliertesten Zeugnisse jener Zeit dar. Neben den politik- und kirchengeschichtlichen Aspekten bieten ihre Briefe ein einzigartiges Material u. a. für die Hof- und Residenzforschung, die Alltags-, Mentalitäts- und Geschlechtergeschichte, die historische Anthropologie sowie die historische Kommunikationsforschung.

Herzogin Elisabeth
von Sachsen, Reisebild,
um 1577

Einband des zweiten Bandes der Edition mit Porträtmedaillon von ca. 1519

Das Wirken Herzogin Elisabeths wurde seitens der Landesgeschichte zunächst wenig beachtet und erfuhr nur durch die heimatgeschichtliche Forschung in Rochlitz und Schmalkalden Aufmerksamkeit. Erst in den biografischen Darstellungen zu ihrem Bruder, Landgraf Philipp (der Großmütige) von Hessen (1504–1567), ihrem Cousin, Kurfürst Johann Friedrich (der Großmütige) von Sachsen (1503–1554), sowie Kurfürst Moritz von Sachsen (1521–1553) rückte sie im 19. Jahrhundert in das Blickfeld der Historiker, ohne dass jedoch ihre reformationsgeschichtliche Bedeutung beachtet wurde.[3] Thematisch auf Elisabeth zugeschnittene Einzelstudien erarbeitete erstmals Gerhard Planitz 1904 mit seinen Untersuchungen zu ihrer Verheiratung sowie zur Einführung der Reformation im Rochlitzer Wittum.[4] Mehr als 20 Jahre später begann Elisabeth Werl im Rahmen ihres Promotionsvorhabens mit der Erstellung einer Biografie. Von dieser Arbeit veröffentlichte sie aber nur den ersten Teil, der die Jugendjahre Elisabeths in Hessen und ihre Ehezeit am Dresdner Hof bis 1537 umfasst.[5] Insgesamt transkribierte Werl ca. 2 000 Briefe, die als Abschrift in über 20 Bänden im Sächsischen Staatsarchiv, Hauptstaatsarchiv Dresden handschriftlich vorliegen. Werl ist es letztlich zu verdanken, die Korrespondenz Elisabeths mit einigen wichtigen ergänzenden Quellen erstmals aus den verschiedenen Archiven zusammengetragen und verzeichnet zu haben. Dennoch ist dieser schwer lesbare und teilweise fehlerhafte Bestand nur eingeschränkt nutzbar, auch fehlt eine inhaltliche Erschließung, die über die bloße Datierung, eine erste Satzzeichensetzung und einige wenige Hinweise hinausgeht.

Ausgehend davon wurde 2005 am ISGV die Edition der Briefe Herzogin Elisabeths als Forschungsvorhaben etabliert. Die Konzeption des Projekts sieht vor, den Fokus zunächst auf Elisabeths Zeit am Dresdner Hof von 1517 bis 1537 und damit auf einen Quellenbestand von etwa 450 Briefen und Dokumenten zu richten, der in drei Bänden publiziert werden soll. Die bereits von André Thieme und Jens Klingner bearbeitete Korrespondenz (1505–1534) umfasst insgesamt 190 überkommene Briefe. Diese Überlieferung setzt sich aus 147 von Elisabeth verfassten sowie 43 an sie gerichtete Schreiben zusammen. Als Empfänger der Briefe Elisabeths erscheinen insbesondere Kurfürst Johann Friedrich von Sachsen (81 Briefe) und Landgraf Philipp von Hessen (46 Briefe), von denen auch die meisten an Elisabeth gerichtete Briefe stammen (von Johann Friedrich 13 und von Philipp 16 Briefe). An dem hier auffälligen Missverhältnis zwischen empfangenen und verschickten Schreiben wird deutlich, dass die Korrespondenz trotz einer zeitweise hohen Überlieferungsdichte erhebliche Verluste aufweist. Während die Briefe der Herzogin durch die professionelle Archivierung in den fürstlichen Kanzleien eine erhöhte Überlieferungschance hatten, sind viele Gegenschriften der Briefpartner/innen nicht erhalten. Erschließen lassen sich solche sogenannten Deperdita aus den vorhandenen Stücken, in denen sich Hinweise auf den verlorenen Teil der Gesamtkorrespondenz finden. Insgesamt sind so immerhin 97 verlorene Schreiben bis 1534 festzustellen, die in den Bänden festgehalten sind.

In die Edition wurden auch zahlreiche ergänzende Quellen und Materialien aufgenommen, um z. B. trotz der für die Frühzeit Elisabeths am Dresdner Hof spärlichen Korrespondenz das Leben und die Lebensumstände der Herzogin abzubilden. Dazu zählen nichtbriefliche Stücke wie die Eheberedung aus dem Jahr 1505, die Futterzettel über die zu versorgenden Pferde der zur feierlichen Heimführung Elisabeths in Leipzig versammelten Adligen oder verschiedene Instruktionen sowie Briefe zwischen Landgräfin Anna von Hessen (1485–1525), Kurfürst Johann Friedrich, Landgraf Philipp, Herzog Georg und Landgräfin Christine von Hessen (1505–1549). In den zweiten Band der Edition hat ein Teil der Materialen über die Krise um die Ehebruchsvorwürfe gegenüber Elisabeth Eingang gefunden. Es handelt sich u. a. um Verhandlungsprotokolle, die z. B. die Gespräche zwischen Landgraf Philipp und Herzog Georg in Dresden näher dokumentieren. Diese Quellen sind allesamt bisher nicht veröffentlicht worden.

Die Korrespondenz Elisabeths setzt mit der Ankunft der Herzogin im Herbst 1517 am albertinischen Hof und einem Brief Herzog Georgs an Elisabeth ein, dem ein nicht überliefertes Schreiben der Herzogin an ihren Schwiegervater vorausgegangen sein muss. Im August 1518 findet sich mit einer Nachricht an ihren Bruder auch die erste eigenhändige Ausfertigung. Von einem wirklichen Schriftwechsel kann aber noch nicht gesprochen werden. Zunächst sind es vereinzelte Briefe, ehe sich zwischen 1520 und 1528 eine 14 Briefe umfassende, sehr private Korrespondenz mit Herzog Albrecht VII. (dem Schönen) von Mecklenburg (1486–1547) entfaltete.

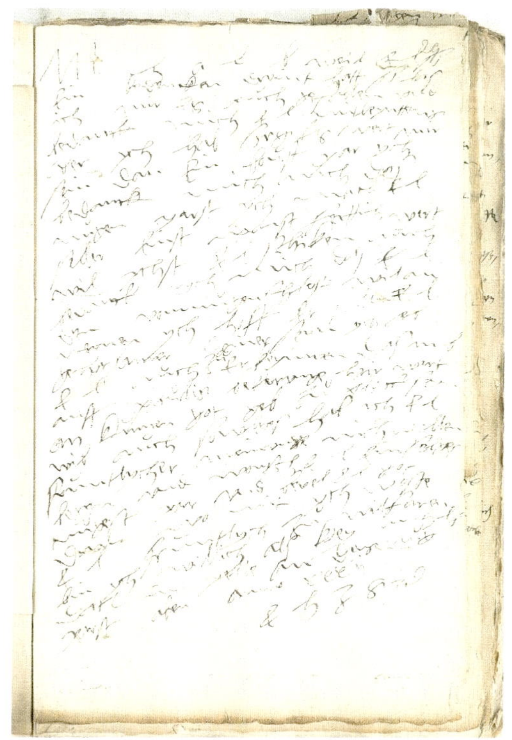

Handschrift Herzogin Elisabeths in einem Brief an Kurfürst Johann Friedrich (den Großmütigen), 31. Dezember 1532

Spätestens 1526 wandte sich Elisabeth der lutherischen Lehre zu. In der sich immer schärfer entwickelnden Auseinandersetzung mit Herzog Georg richtete sich der Briefwechsel Elisabeths nun deutlich an ihren wichtigsten Korrespondenzpartnern aus, ihrem Bruder Landgraf Philipp und ihrem Cousin Herzog/Kurfürst Johann Friedrich. Mit diesen beiden in der Glaubensfrage Vertrauten und Verbündeten konnte sie aufgrund der räumlichen Distanz zwischen

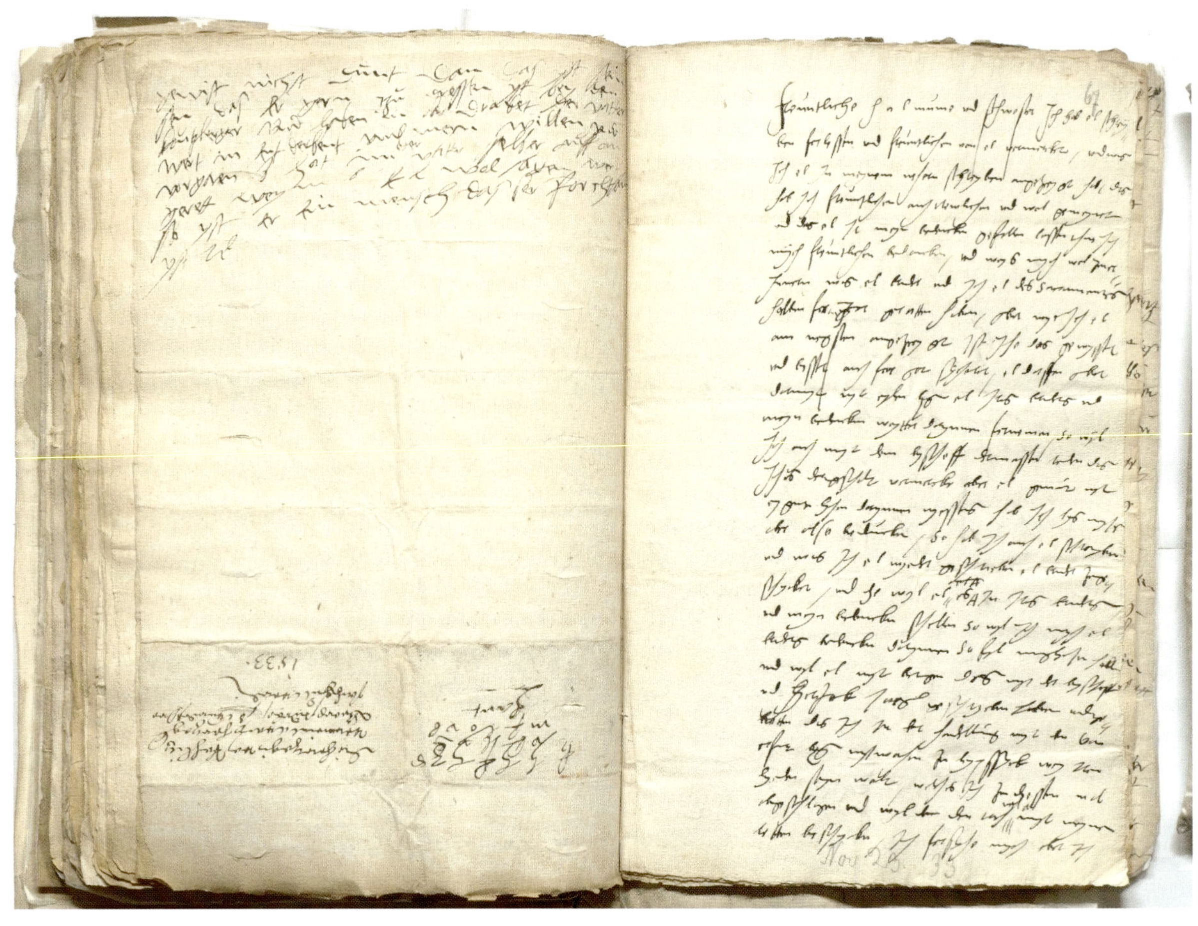

Konzept oder eigenhändige Abschrift eines Briefs Kurfürst Johann Friedrichs (des Großmütigen) an Herzogin Elisabeth, 23. November 1533

Dresden und Marburg bzw. Weimar nur selten zu persönlichen Gesprächen zusammenkommen und war somit zu einem schriftlichen Austausch gezwungen. Erstmals lässt sich eine Verdichtung der Korrespondenz 1528/29 im Zusammenhang mit der politischen Affäre um Otto von Pack (um 1480–1537) feststellen, der als enger Vertrauter Herzog Georgs gegenüber den protestantischen Fürsten von einer katholischen Verschwörung berichtete. Diese Vorwürfe brachten das Reich kurzzeitig an den Rand eines Glaubenskriegs.

Für 1533/34 setzt nicht zuletzt aufgrund der Ehebruchsvorwürfe albertinischer Räte gegenüber Elisabeth eine dichte Quellenüberlieferung ein, die eine scharfe diplomatische Auseinandersetzung zwischen Landgraf Philipp und Kurfürst Johann Friedrich auf der einen sowie Herzog Georg und Herzog Johann auf der anderen Seite dokumentiert. Daraus geht hervor, dass Elisabeths Schwiegervater offensichtlich einen lutherischen Einfluss Elisabeths auf seinen Sohn Johann fürchtete und damit nach seinem Ableben die altgläubige Kontinuität im albertinischen Sachsen in Gefahr sah. Die

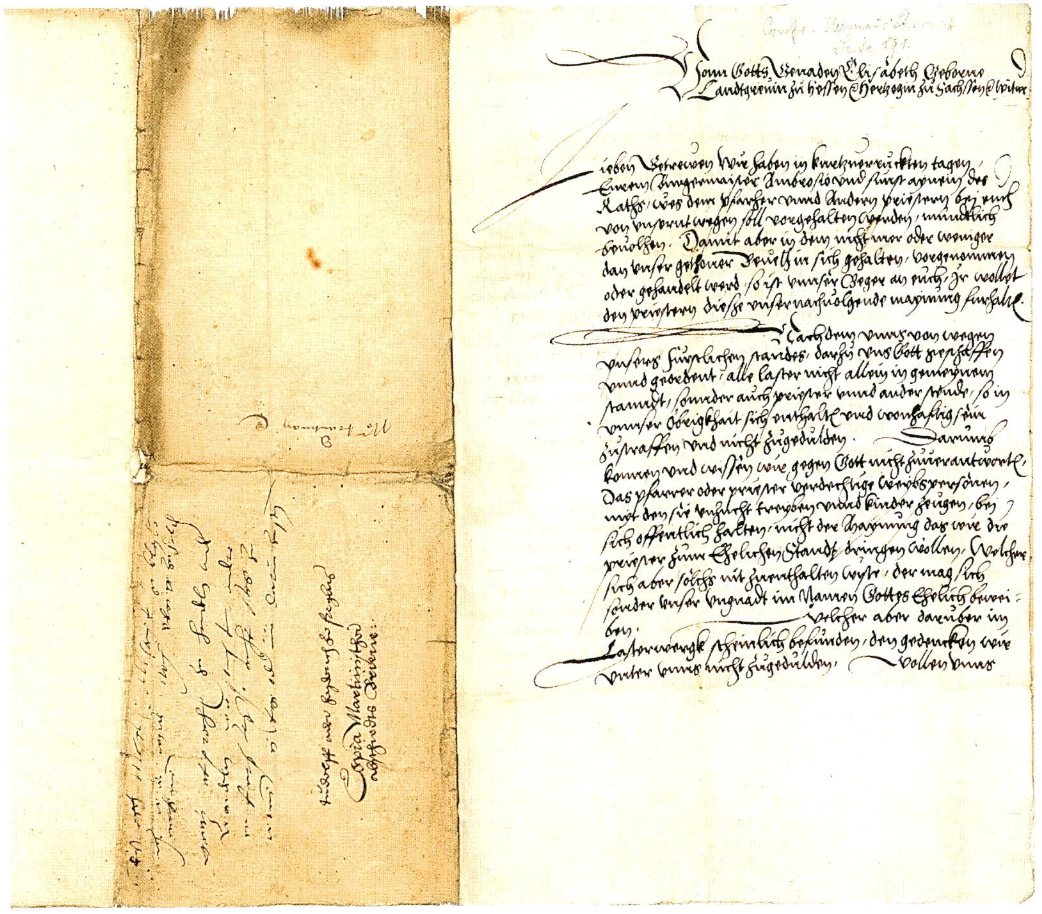

Mandat der Herzogin Elisabeth von Sachsen über die Priesterehe und den Abendmahlsempfang an den Rat der Stadt Mittweida, 1537

Briefe geben Einblicke in die langwierigen Verhandlungen, in denen die Vertrauten Elisabeths ihre Ehre verteidigten. Eine Normalisierung des angespannten Verhältnisses zwischen Schwiegervater und Schwiegertochter lässt sich in der Korrespondenz erst nach dem Tod Herzogin Barbaras (1478–1534), Georgs Gemahlin, im Februar 1534 feststellen. Anhand der Briefe ist nachzuvollziehen, wie Elisabeth nach der Aussöhnung die neu gewonnenen Freiräume selbstbewusst für ihr eigenes politisches Engagement nutzte. In der Kommunikation mit den beiden wichtigsten Reformationsfürsten, ihrem Bruder und Kurfürst Johann Friedrich, übernahm sie dabei die Funktion einer Informantin und schilderte Stimmungen, Gerüchte und Pläne am Dresdner Hof. Gleichzeitig wird ihre Rolle als Ratgeberin und Vermittlerin zwischen den zerstrittenen Parteien deutlich. Der dritte Band der Reihe wird sich thematisch auf die letzte Phase Elisabeths am Dresdner Hof konzentrieren, welche mit dem Tod ihres Gemahls Herzog Johann am 11. Januar 1537 und dem eingangs erwähnten Umzug in ihr Wittum endete.

Grundlage der Edition sind Archivalien vor allem aus dem Hauptstaatsarchiv Dresden, dem Hessischen Staatsarchiv Marburg sowie dem Thüringischen Hauptstaatsarchiv Weimar. Unter Editionsaspekten gehören die Briefe der Herzogin wie auch die des Kurfürsten Johann Friedrich zu den am schwierigsten zu bearbeitenden Quellen des Reformationszeitalters. In den Konzepten des Ernestiners beeinträchtigen neben seinem individuellen Schreibstil umfassende Korrekturen und Ergänzungen die Auflösung seiner Handschrift. Elisabeth verwendete eine eigenwillige Orthografie und Sprache, die von ihrem individuellen hessisch-sächsischen Dialektgemisch geprägt ist; anschauliche Beispiele sind doffel = Teufel, koukut = Kuckuck oder klantnetten = Kleinodien. Das Verständnis ihrer Briefe wird darüber hinaus durch die eigenwillige Getrennt- und Zusammenschreibung erheblich beeinträchtigt. Oftmals trennt sie nach heutigem Maßstab zusammengehörige Wortbestandteile: forscht sam = furchtsam, geleygen heyt = Gelegenheit oder dantz schou = Tanzschuhe. Hinzu kommt bei den Briefen der Herzogin, dass Satzzeichen und Absätze fehlen. Diesen Schwierigkeiten ist in der Edition Rechnung getragen worden. Sie enthält deshalb ausführliche Inhaltsregesten, die sprachlich bewusst an Stil und Diktion der Vorlagen angelehnt sind. Ein umfangreicher Anmerkungsapparat unterstützt die buchstabengetreue Abschrift im Volltext, um den in seiner Breite vielschichtigen Stoff leichter zugänglich zu machen. Im textkritischen Apparat werden Korrekturen, Streichungen, Auslassungen und offensichtliche Fehler festgehalten. Daneben sind die Schreiben mit ausführlichen sprachlichen Anmerkungen und Erläuterungen versehen. Hier werden schwer verständliche Wörter erklärt, Abkürzungen aufgelöst oder handelnde Personen bzw. historische Ereignisse näher erläutert.

Korrespondenz und ergänzende Quellen: Nr. 34 (1533) 83

Schrift: eigenhändig.

Adresse: [d h g] f h h f h z / [s d h r] r e u k l y / [d m zu] m m f h l / [o u b y s] l e hant.[395]

Nr. bei Werl: 39.

Kanzleivermerke: Die hertzogin clagt abermalß ire noth, und zeiget und(er) and(er)m an, d(as) sie d(en) jungen marggraf angesprochen, d(as) sie inen mit irem brud(er), dem landtgraf(en), vertrag(en) wolle.

Bemerkung: Siegeleinschnitte sind vorhanden; das Siegel und der Siegelstreifen selbst sind verloren; die Adresse ist entsprechend beschädigt überkommen. – Dem Schreiben lag eine Abschrift der Zeugenaussage Johannes Hülses bei (Nr. 33). – Der Brieftext erging in der originalen Ausfertigung fortlaufend und ohne Satzzeichen. Für die Wiedergabe wurde der Text zur besseren Lesbarkeit in Absätze gegliedert.

M(ein) f(reuntlicher) h(ertz) a(ller) l(iebster) o(hme) u(nd) b(ruder); ich geb e(uer) l(ieben) tzu der keynen[396], das h(erzogk) H(einrich) v(on) B(raunschweigk) und der yunck margraff[397] sein heir gewest und tzein heutt nach Halle[398] heir wegk. Kant auch nichst suntterlychst erfarn, dan[a] h(erzogk) H(einrich) v(on) B(raunschweigk) eigen sachen halben. Sprechen dey rette, ein breff het es wol auß gerecht.[399] Aber als mich donck, so yst das dey nobygeste sach, das den margraffen an mich hetz, das ych in solt mit m(einem) b(ruder) vor tragen. Dan er wolt mir dey sach mechtych geben und wolt es mit leyp und gut und war gros er beytten und batt mich selber auch. Aber so vel merck ich wol, meyn alter[400] seg es nich gern, das sey vor dragen wern. Aber ich west nich, ab ich es meyn bruder ratten wolt aber[401] nich. M(ein) bruder[b] sagett mir wol heir dar von, da saget ich, er solt sych ya nicht auff in vor[c] lassen nach im vortrawen, gar nichst hemlichst, wo mit im vor tragen wolt sein. Da meyn er: „Ya, der junck[d] margraff wil dreint hanttellen."

Ich lass e(uer) l(ieben) auch wissen, das ich e(uer) l(ieben) bey e(uer) l(ieben) botten ein [breff][e] geschriben[402] hab und ein breff[403] an meyn b(ruder) mit[f] gescheickett hab. Auch hab ich e(uer) l(ieben) for iii wochgen[404] auch geschriben.[405] Nu yst der bot nich wider kumen, dan Yorg[g] Creysse[406] scheickett mir in wegk, scheickett e(uer) l(ieben) und meyn bruder vor tzeygen, was Lefein von Entte[407] angetzeygett hette. Nu west ich nich, ab der bot

395 *Steht für: **Dem hochgeborenen Fürsten Herrn Hans Friedrich, Herzog zu Sachsen, des Heiligen Römischen Reichs Erzmarschall und Kurfürst, Landgraf in Thüringen, Markgrafen zu Meißen, meinem freundlichen herzlieben Oheim und Bruder in seiner Lieben eigen Hand.***

396 *= erkennen.*

397 *Markgraf Joachim II. (der Jüngere) von Brandenburg (1505–1571); vgl. zu ihm ADB 14 (1881), S. 78–86; NDB 10 (1974), S. 436–438; BBKL 3 (1992), Sp. 110-115.*

398 *Halle (Saale), Stadt nw Leipzig, Residenz des Erzbischofs von Magdeburg.*

399 *Herzog Heinrich II. (der Jüngere) von Braunschweig-Lüneburg-Wolfenbüttel war am 1533 März 3 gemeinsam mit Markgraf Joachim in Dresden angekommen. In einem Brief teilte er Kardinal Albrecht mit, dass er nach Halle kommen wolle, um vor seinem Tod noch einmal mit dem Kardinal allein zu sprechen. Vgl. ABKG III, Nr. 2207.*

400 *Herzog Georg (der Bärtige) (1471–1539).*

401 *= oder.*

402 *Vgl. oben Nr. 21 (Brief Elisabeths an Johann Friedrich, 1533 Februar 20).*

403 *Das Schreiben Elisabeths an Philipp ist verloren und wird hier unter der Nr. 20 geführt.*

404 *= vor 3 Wochen.*

405 *Vgl. oben Nr. 15 (Brief Elisabeths an Johann Friedrich und Philipp, 1533 Februar 14).*

406 *Georg von Kreutz (†nach 1553), Amtmann zu Gotha.*

407 *Levin von Ende; vgl. Anm. 188.*

Beispielseite des zweiten Bandes der Edition

Parallel zu den Editionsarbeiten fand und findet eine inhaltliche Auswertung einzelner Themenkomplexe statt. Im Blickpunkt stehen dabei Gestaltungsspielräume und Geschlechterrollen von Fürstinnen der Reformationszeit unter dem Aspekt höfischer Kommunikation und Interaktion am Dresdner Hof Herzog Georgs.[6] In den übergreifenden Vorbereitungen des Reformationsjubiläums 2017 konnte das Material über die Bände der Edition hinaus einer fachwissenschaftlichen und historisch interessierten Öffentlichkeit in mehreren Vorträgen und Veröffentlichungen nahegebracht werden.[7] Das große Interesse an der bedeutenden Reformationsfürstin schlug sich auch in Tagungen und Ausstellungen nieder, an denen das ISGV maßgeblich beteiligt war. Anhand der Edition der Korrespondenz Herzogin Elisabeths von Sachsen zeigt sich, dass sich die Arbeit des Instituts an aktuellen Themen der Landesgeschichtsforschung orientiert und über das Reformationsjubiläum hinaus breite öffentliche Rezeption erfährt. So schreibt etwa Katrin Keller: »Man darf also in absehbarer Zeit nicht nur auf Material zur Revision des Bildes von Elisabeth von Sachsen in der bisherigen Forschung hoffen, sondern auch auf allgemein weiterführendes Material zu vielen Fragestellungen, von der politischen Rolle der Fürstin bis zum höfischen Alltag, von der Reformationsgeschichte bis zur Sprachwissenschaft.«[8]

Anmerkungen

1 André Thieme (Hg.), Die Korrespondenz der Herzogin Elisabeth von Sachsen, Bd. 1: Die Jahre 1505 bis 1532, Leipzig 2010; Jens Klingner (Hg.), Die Korrespondenz der Herzogin Elisabeth von Sachsen, Bd. 2: Die Jahre 1533 und 1534, Leipzig 2016.

2 Vgl. Günther Wartenberg, Herzogin Elisabeth von Sachsen als reformatorische Fürstin, in: Martina Schattkowsky (Hg.), Witwenschaft in der Frühen Neuzeit. Fürstliche und adlige Witwen zwischen Fremd- und Selbstbestimmung, Leipzig 2003, S. 191–201, hier S. 193.

3 Vgl. zum Projekt und zur weiterführenden Literatur: Jens Klingner, »dan so vel ich er farre, so vel schrib ich dir« – Die Edition der Korrespondenz Herzogin Elisabeths von Sachsen, in: Martina Schattkowsky (Hg.), Frauen und Reformation. Handlungsfelder – Rollenmuster – Engagement, Leipzig 2016, S. 55–86, hier S. 59 ff.; André Thieme, Fürstinnenkorrespondenzen in der Reformationszeit, in: Institut für Sächsische Geschichte und Volkskunde 1997–2007, hrsg. vom Institut für Sächsische Geschichte und Volkskunde e.V., bearbeitet von Winfried Müller und Andreas Martin, Dresden 2007, S. 70–79.

4 Gerhard Planitz, Zur Einführung der Reformation in den Ämtern Rochlitz und Kriebstein (Beiträge zur sächsischen Kirchengeschichte 17), Leipzig 1904; Ders., Zur Heiratsgeschichte der Herzogin von Rochlitz, in: NASG 24 (1903), S. 79–99.

5 Elisabeth Werl, Elisabeth, Herzogin zu Sachsen, die Schwester Landgraf Philipps von Hessen, Bd. 1: Jugend in Hessen und Ehezeit am sächsischen Hofe zu Dresden, Weida 1938.

6 André Thieme, Religiöse Rhetorik und symbolische Kommunikation. Herzogin Elisabeth von Sachsen am Dresdner Hof (1517–1537), in: Winfried Müller (Hg.), Perspektiven der Reformationsforschung in Sachsen. Ehrenkolloquium zum 80. Geburtstag von Karlheinz Blaschke, Dresden 2008, S. 95–106; Ders., Glaube und Ohnmacht? Herzogin Elisabeth von Rochlitz am Dresdner Hof, in: Enno Bünz/Stefan Rhein/Günther Wartenberg (Hgg.), Glaube und Macht. Theologie, Politik und Kunst im Jahrhundert der Reformation (Schriften der Stiftung Luthergedenkstätten in Sachsen-Anhalt 5), Leipzig 2005, S. 149–174.

7 Vgl. Jens Klingner, Elisabeth von Sachsen (1502–1557), in: Susann Richter/Armin Kohnle (Hgg.), Herrschaft und Glaubenswechsel. Die Fürstenreformation im Reich und in Europa in 28 Biographien (Heidelberger Abhandlungen zur Mittleren und Neueren Geschichte 24), Heidelberg 2016, S. 251–263; Ders., Das evangelische Wittum, in: Arnold Liebers/Matthias Weismann (Hgg.), Zwischen Pleiße und Mulde (Orte der Reformation 33), Leipzig 2016, S. 72 f.; Ders./Franziska Kuschel, Herrschaftliches Handeln zur Zeit der Reformation. Elisabeth von Rochlitz und Elisabeth von Calenberg-Göttingen, in: Simona Schellenberger/André Thieme/Dirk Welich (Hgg.), eine STARKE FRAUENgeschichte. 500 Jahre Reformation. Begleitband zur Sonderausstellung, 1. Mai bis 31. Oktober 2014 Schloss Rochlitz, Beucha/Markkleeberg 2014, S. 91–97.

8 Katrin Keller, Rezension zu Thieme (Hg.), Die Korrespondenz der Herzogin Elisabeth von Sachsen 1 (wie Anm. 1), in: Zeitschrift für Historische Forschung 38 (2011), S. 718 f.

Der Nachlass Adolf Spamers
Erschließung und Digitalisierung

Adolf Spamer (1883–1953) war eine der zentralen Persönlichkeiten der akademischen Volkskunde in der ersten Hälfte des 20. Jahrhunderts. Seine methodischen und theoretischen Überlegungen zu einer Zeit, in der sich die Volkskunde erst als Wissenschaft etablierte, seine Beteiligung an volkskundlichen Großprojekten sowie seine Bemühungen um verschiedene Formen der Institutionalisierung des Fachs in Deutschland machen ihn zu einem der bedeutendsten frühen Fachvertreter. Mit Sachsen ist Spamer nicht nur durch seine Berufung auf den Lehrstuhl für Philologie und Volkskunde an der Technischen Hochschule Dresden 1926 verbunden. Nach dem Ende des Zweiten Weltkriegs initiierte er hier die Gründung des Instituts für Volkskunde, eine Vorläuferinstitution des ISGV. Das ISGV verdankt Adolf Spamer einen seiner wertvollsten Nachlässe. Dieser dokumentiert wissenschaftliche Interessen, fachliche Ambitionen und Arbeitsweisen über einen Zeitraum von rund 50 Jahren: Schwerpunkte, Praktiken und Netzwerke vom Kaiserreich bis in die Frühphase der DDR.

Aktions- und Wissensraum Sammlung

Das Sammeln von Objekten, Informationen und Eindrücken gehört zu den ältesten Formen volkskundlicher Datenerhebung. Praktische Formen des Sammelns sind Suchen, Befragen, Kaufen oder auch das Wandern. Adolf Spamer war ein akribischer Sammler, der seine Forschungsschwerpunkte – populäre Glaubensvorstellungen, medikale Praktiken, Körperlichkeit, Sachkultur, literarische Formen oder ländliche Bauweise – mit seinen Sammlungen untermauerte. Referenzen auf seine Sammelpraktiken finden sich aber nicht allein im Nachlass, der mehr als 100 Archivkartons umfasst, sondern auch in seinen Publikationen.[1]

Wissenschaftlichen Sammlungen und Nachlässen ist in den vergangenen Jahren eine verstärkte Aufmerksamkeit zuteil geworden, lassen sich doch mit ihnen nicht nur die Geschichte von wissenschaftlichen Disziplinen und die damit verbundenen Protagonistinnen und Protagonisten nachzeichnen. Die Praktiken, mit denen Erkenntnisse gewonnen werden und Wissen produziert wird, können auf der Basis von Nachlässen und Sammlungen transparent gemacht werden: Welche Informationen werden wie, wo und durch wen gesammelt, wie gespeichert und organisiert? Wie wird dadurch neues Wissen produziert und als solches definiert? Über welche Kanäle und Medien wird dieses Wissen öffentlich und verfügbar gemacht?

Für den Wissensraum Sammlung spielen die Provenienz von Objekten und Ideen, deren Bearbeitung sowie die biografischen Zusammenhänge der Sammlerinnen und Sammler

Adolf Spamer mit Studenten, um 1935

eine Rolle. Der Rückbezug auf die Akteurinnen und Akteure fragt nach der Bedeutung von deren Handeln, Denken und Wahrnehmung für die Entwicklung von Wissen. Dabei sind auch die gesellschaftlichen Bedingungen, institutionellen Anbindungen und Entwicklungen, politischen Umbrüche und Denkkollektive relevant. Der Einfluss dieser Faktoren auf Sammlung und Wissensproduktion lässt sich am Nachlass Adolf Spamers exemplarisch aufzeigen. Die Verbindung von Glaubensvorstellungen und medikalen Praktiken faszinierte ihn während seiner gesamten wissenschaftlichen Karriere. Die meisten Unterlagen des Nachlasses beschäftigen sich mit religiösen, spirituellen und medikalen Denkkonzepten und Praktiken. Das »Corpus der Segen und Beschwörungen« (CSB), eine Sammlung von sprachlichen Formeln, denen religiöse oder medikale Denkkonzepte zugrunde liegen, ist dafür ein Beispiel. Wurde die Sammlung zunächst durch den Verband deutscher Vereine für Volkskunde unterstützt, arbeitete Spamer nach dem Wegfall der institutionellen Förderung weitgehend allein daran und trug bis zum Ende seines Lebens etwa 22 000 Texte zusammen. Im Nachlass bildet sich das Netzwerk, die »community of practice« (Jean Lave/Étienne Wenger), aus wissenschaftlichen Experten und Laien ab, das Spamer Material lieferte und thematische Diskussionen führte. Zudem kann anhand von Originaldokumenten nachvollzogen werden, wie und welche Texte ihren Weg in das Corpus fanden – und welche nicht. Sowohl für die Wissenschaftsgeschichte

00016

Hsl. Büchlein aus Niedercunnersdorf/Lausitz
ca. 1700
(durch Fr. Sieber)

No.34.

Allhier folget ein Universal Arcanum.
vor alle äußerliche Schäden derer Pferde.

Neßel ich beschwöre dich mit diesen schwarzbraunen Wallachen, Hengst, oder Studte seinen Schaden es sey geschaffen geschnitten, gedruckt, oder geschwollen, ein Schwam, vor alle außgebrochene Schäden, es sey gleich dafür Brandt, faul Fleisch, oder Maden, in Nom: Patris Filii ed. Spir Sancti Amen.
Sancti Amen.

NB. Es muß solches frühmorgens vor der Sonnen Aufgang und stillschweigende geschehen Dienstags, oder Freytags, und 3. mahl hinter ein ander, die Neßel muß 3 mahl mit den Ziegelstein niedergedruckt werden, als wann ich sage in Nahmen des Vaters, des Sohnes, und des heil.Geistes, als dann verdeckt liegen laßen, so lange man will, und so man an einen Dienstage anfängt, so müßen die andern Tage auch Dienstage seyn, oder Freytage, und man muß alle einen andern Ziegelstein nehmen, nicht den ersten oder andern, und den Schaden am Pferde alle Morgen frisch aus striegeln, und mit frischenden fließenden Waßer waschen, prob: est.

Formel CSB, entnommen aus Rezeptbuch »Pferdekrankheiten«

Rezeptbuch »Pferdekrankheiten«, um 1700

wie auch für die Wissensgeschichte des Fachs Volkskunde kann der Nachlass Adolf Spamers neue Quellen bereitstellen und neue Erkenntnisse ermöglichen. Die Erschließung und Digitalisierung bilden die Voraussetzungen dafür.

Adolf Spamers Nachlass

Seine langjährige Haushälterin und Universalerbin Anna Angerstein verkaufte Adolf Spamers Nachlass nach dessen Tod 1953 an die Deutsche Akademie der Wissenschaften zu Berlin. In den ersten Jahren nach der Übernahme bemühte man sich dort um eine Aufarbeitung des Materials. Dies betraf vor allem das CSB, für dessen Bearbeitung 1954 eigens eine Mitarbeiterin eingestellt wurde. Mit deren Ausscheiden aus der Akademie 1976 schwanden Interesse und Zuständigkeit. Die grafischen Objekte des Nachlasses wurden 1984 an das Museum für Volkskunde (Berlin-Ost) abgegeben. Sie befinden sich heute im Museum Europäischer Kulturen in Berlin. 1988 wurden der schriftliche Nachlass und die Sammlungen aus Berlin an die volkskundliche Forschungsstelle der Akademie der Wissenschaften der DDR in Dresden abgegeben und gelangten so an das ISGV als deren Nachfolgeinstitution. Einige wenige Kisten in Berlin wurden bei dieser Verschiebung wohl übersehen und werden heute im Akademiearchiv der Berlin-Brandenburgischen Akademie der Wissenschaften verwahrt.[2]

Neben persönlichen und biografischen Dokumenten besteht Spamers Nachlass im ISGV zum größeren Teil aus Arbeitsmaterialien und mehr oder weniger systematisch gesammelten Objekten zu unterschiedlichsten Themen. Sie sind Abbild des damaligen Wissenschaftsverständnisses und der Aufgaben des Fachs: Neben konzeptionellen Überlegungen zur Ausrichtung der wissenschaftlichen Disziplin Volkskunde finden sich Unterlagen zu volkskundlichen Großprojekten wie dem Atlas der deutschen Volkskunde (1928–1984), dem CSB (1907–1976) und der sogenannten volkskundlichen Landesaufnahme der Landesstelle für Volksforschung und Volkstumspflege, Gau Sachsen (1934–1936). Das Material besteht aus hand- und maschinenschriftlichen Notizen, Exzerpten, Konzepten, Drucken, Originalquellen wie handschriftlichen Rezeptbüchern, sogenannten Himmelsbriefen, die den Besitzer vor Übel schützen sollten, sowie zahlreichen Bildquellen als visueller Ausdruck der Alltagskultur, darunter Propagandapostkarten, jüdische Amulette und gedruckte Andachtsbilder.

Grabstein Adolf Spamers auf dem Waldfriedhof Weißer Hirsch, Dresden

Schwedische Trachten,
20. Jahrhundert,
Postkarte

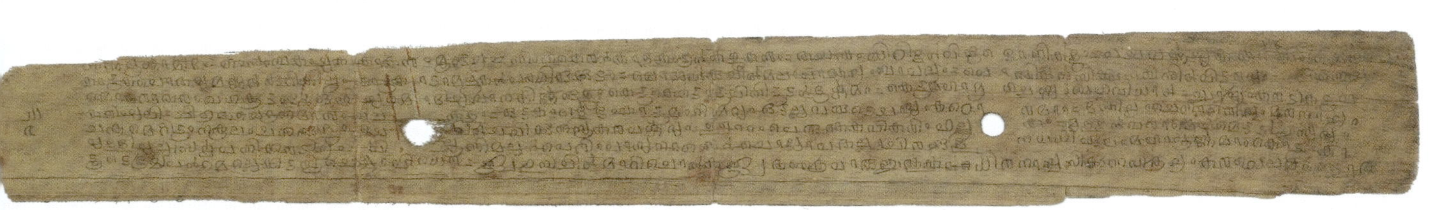

Palmblatthandschrift in Malayalam-Schrift, Südindien, o. J.

Erschließung

Das ISGV trägt der Bedeutung des Bestands Rechnung: Seit Mai 2017 wird das Projekt »Erschließung und Digitalisierung des Nachlasses Adolf Spamer« durchgeführt. Bereits seit seiner Gründung und der damit verbundenen Übernahme des Nachlasses hat sich das ISGV um dessen Erschließung bemüht. 1997 wurden im institutseigenen Jahrbuch »Volkskunde in Sachsen« biografische und wissenschaftsgeschichtliche Beiträge sowie ein erstes Verzeichnis der Bestände veröffentlicht.[3] Dadurch wurden auch externe Wissenschaftlerinnen und Wissenschaftler sowie weitere Interessierte auf den Nachlass aufmerksam. Von Interesse waren insbesondere Spamers Sammlungen zu populären Glaubensformen: die kleinen Andachtsbilder und das CSB. Kleine Andachtsbilder sind bildliche Darstellungen von Heiligen oder biblischen Geschehnissen, die als Ausdruck und Vergewisserung der persönlichen Frömmigkeit oder als Erinnerung mitgetragen bzw. in Gebetbücher eingelegt wurden.[4]

Das CSB ist eine Sammlung von Anleitungen, die Krankheits- und Glaubensvorstellungen sowie volksreligiöse und laienmedizinische Praktiken in einem überregionalen Kontext dokumentieren. Diese Formeln geben Hinweise auf Wissen und Handeln in Bezug auf Krankheiten, Schadensabwehr oder Glücksbringer. Ihnen liegen keine physiologischen Wirkprinzipien zugrunde, sondern Praktiken wie Besprechen, Beten und Beschwören. Als Loseblattsammlung weist das Corpus Texte und ihre Varianten, Primär- und Sekundärquellen, geografische und zeitliche Angaben aus und ist daher eine wertvolle Quelle für interdisziplinäre Forschungen.[5]

Ein Beispiel für die impulsgebende Wirkung des Nachlasses ist Spamers Forschung zu Tätowierungen. Seine Studie über »Die Tätowierung in den deutschen Hafenstädten« (1934) ist bis heute maßgebend für die wissenschaftliche Beschäftigung mit dieser Kunstform. Zudem hat Spamer Bildquellen zusammengetragen und mit bedeutenden Tätowierern wie Christian Warlich (1891–1964) in Kontakt gestanden. Wohl direkt vom Hamburger Tätowierer Karl Finke (1865–1935) erwarb er um 1930 eines von dessen Vorlagealben, das sich bis heute im Nachlass befindet. Es ist eines der wenigen bekannten bzw. erhaltenen Tätowierbücher aus den 1920er- und 1930er-Jahren und stellt eine

Maria mit Kind,
wohl 18. Jahrhundert,
Stich auf Seide,
Kloster Andechs,
Andachtsbild

wertvolle kulturwissenschaftliche wie kunsthistorische Quelle dar. Seit 2017 liegt eine Edition des Albums vor.[6]

Zu den aktuellen Initiativen des ISGV zählen ein 2013 erstelltes Werkverzeichnis Adolf Spamers sowie die ein Jahr später präsentierten Überlegungen zu einer digitalen Bestandssicherung des Nachlasses.[7] Letztere bildeten die Grundlage des Anfang 2017 konzipierten Projekts zur Erschließung und Digitalisierung des Nachlasses. Im Frühjahr 2017 startete das Sächsische Ministerium für Wissenschaft und Kunst die Förderinitiative »Virtuelle Archive für die geisteswissenschaftliche Forschung«, um das reichhaltige kulturelle Erbe der sechs landesfinanzierten geisteswissenschaftlichen Forschungsinstitute Sachsens der wissenschaftlichen und breiteren Öffentlichkeit digital zur Verfügung zu stellen. Quellenbestände sollen virtuell zusammengeführt werden und dadurch auch der Entwicklung neuer Forschungsvorhaben dienen.

Im Projekt »Erschließung und Digitalisierung des Nachlasses Adolf Spamer« wird zunächst das CSB digitalisiert und online gestellt. Zahlreiche Anfragen aus dem In- und Ausland in den vergangenen Jahren haben zu der Entscheidung geführt, das Corpus vorrangig zu bearbeiten. Anschließend wird der in gut 100 Archivkartons verwahrte schriftliche Nachlass neu strukturiert und im Kalliope-Verbundkatalog[8] der Staatsbibliothek zu Berlin – Preußischer Kulturbesitz erfasst, wodurch der Bestand öffentlich recherchierbar ist. Ziel dieser Erschließung wird sein, die Unterlagen zu kontextualisieren, d. h. die biografischen, institutionellen, zeitgeschichtlichen und lokalen Entstehungszusammenhänge an die Nachlassobjekte rückzubinden. Dies soll durch Auswertung der Dokumente des Nachlasses, aber auch durch Material erfolgen, das in anderen Institutionen

Die Kreuztragung, um 1480, Holzschnitt, Andachtsbild

Postkarte aus der Sammlung »Tätowierung«, um 1930

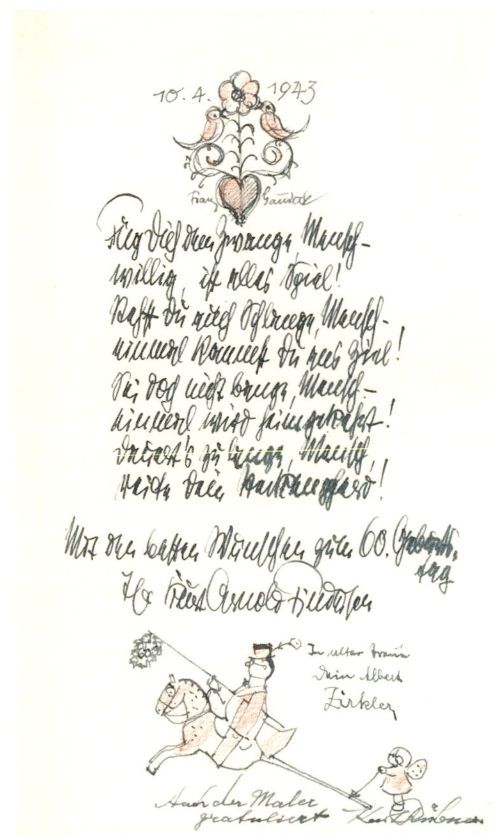

Glückwunschkarte
von Kurt Arnold Findeisen
und Albert Zirkler, 1943

überliefert ist. Eine Digitalisierung und Onlinepräsentation wird bei Nachlassobjekten erfolgen, die für die Forschung von besonderer Relevanz sind. Als abschließender Schritt der Erschließung wird die Einarbeitung der Bildquellen – Andachtsbilder, Postkarten, Exlibris und Kalender – in das Digitale Bildarchiv[9] des ISGV erfolgen.

Anmerkungen

1 Vgl. z. B. Adolf Spamer, Hessische Volkskunst, Jena 1939.

2 Vgl. Andreas Martin, Vorwort, in: Ders. (Hg.), Aus dem Nachlaß Adolf Spamers, Dresden 1997, S. 5–8.

3 Vgl. ebd.

4 Vgl. Daniela Stemmer-Kilian, Adolf Spamer und die kleinen Andachtsbilder, in: Christa Pieske/Konrad Vanja/Detlef Lorenz/Sigrid Nagy (Hgg.), Arbeitskreis Bild Druck Papier. Tagungsband Dresden 2005 (Arbeitskreis Bild Druck Papier 10), Münster u. a. 2006, S. 83–102.

5 Monika Schulz, Magie oder die Wiederherstellung der Ordnung (Beiträge zur europäischen Ethnologie und Folklore A 5), Frankfurt/Main u. a. 2000; Dies., »Gottes blutt ist ausgeflossen/ das behütet mich vor allen bösen geschossen.« Zur Systematik archaischer (magischer) Konzepte im Kontext von Heil und Heilung, in: Michael Simon (Hg.) unter Mitarbeit von Monika Kania-Schütz, Auf der Suche nach Heil und Heilung. Religiöse Aspekte der medikalen Alltagskultur, Dresden 2001, S. 15–36.

6 Vgl. Karl Finke, Buch No. 3. Ein Vorlagealbum des Hamburger Tätowierers, hrsg. von Ole Wittmann, Henstedt-Ulzburg 2017.

7 Vgl. Manfred Seifert/Sophie Ziegler, Adolf Spamer. Neuere Studien zu Werkverzeichnis und Nachlass, in: Volkskunde in Sachsen 25 (2013), S. 167–198; Manfred Seifert/Hendrik Keller, Adolf Spamer online. Vorüberlegungen zu einem Projekt der volkskundlich-kulturwissenschaftlichen Bestandssicherung und Öffentlichkeitsarbeit, in: Holger Meyer/Christopher Schmitt/Stefanie Janssen/Alf-Christian Schering (Hgg.), Corpora ethnographica online. Strategien der Digitalisierung kultureller Archive und ihrer Präsentation im Internet (Rostocker Beiträge zur Volkskunde und Kulturgeschichte 5), Münster/New York 2014, S. 85–101.

8 Vgl. http://kalliope.staatsbibliothek-berlin.de.

9 Vgl. http://bild.isgv.de.

Die digitalen Quellen des ISGV

Das Institut für Sächsische Geschichte und Volkskunde kann auf langjährige Erfahrungen und Kompetenzen auf dem Gebiet der Online-Präsentation von Forschungsergebnissen zurückblicken. Bereits in seinen Anfangsjahren hat das Institut das Entwicklungspotenzial des seinerzeit noch jungen Mediums Internet erkannt und frühzeitig auf einen Mix aus klassischen Printmedien und Online-Publikationen gesetzt.[1] Vor allem die großen Langzeitprojekte wurden direkt für das Internet entworfen, und es ist gerade dieses vielfältige Angebot digitaler Plattformen, das das ISGV national wie international zu einem gefragten Ansprechpartner macht. Durch ihre digitale Aufbereitung sind das Digitale Historische Ortsverzeichnis von Sachsen (DHOV), das Repertorium Saxonicum, der Codex diplomaticus Saxoniae (CDS), die Sächsischen Gerichtsbücher, das Digitale Bildarchiv[2] und das Lebensgeschichtliche Archiv für Sachsen[3] einem breiten Nutzerkreis verfügbar gemacht worden. Für die sächsische Landesgeschichtsforschung und Volkskunde, aber auch für lokale, regionale sowie nationale Fragestellungen sind sie von zentraler Bedeutung. Diese Portale bieten eine Plattform zur Präsentation von Forschungsergebnissen mit allen Vorteilen moderner Medien wie der zeitnahen Publikation neuer Erkenntnisse und der Verlinkung einzelner Projekte untereinander. Im Folgenden werden die digitalen Quellenprojekte der Landesgeschichte am ISGV gebündelt vorgestellt.

Digitales Historisches Ortsverzeichnis von Sachsen

Zu den wichtigen digitalen Publikationen des ISGV gehört das DHOV. Dieses erfasst in nahezu 6 000 Stichwörtern alle Siedlungen, die seit dem Mittelalter für das Gebiet des heutigen Freistaats Sachsen nachweisbar sind. Als ortsbezogenes Standardwerk der Landesgeschichte bietet es auf dem Stand der derzeitigen wissenschaftlichen Forschung jeweils die geografische Lage und die grundlegenden historisch-statistischen Angaben zu Verfassung, Siedlung und Gemarkung, Bevölkerung, den vormaligen grundherrlichen Verhältnissen, zur verwaltungsmäßigen Zugehörigkeit, Kirchenverfassung sowie zu den historischen Ortsnamenformen und frühen schriftlichen Erwähnungen. Als eine Art ›Kurzbiografie‹ des jeweiligen Orts vermittelt ein jeder Artikel die wichtigsten Angaben zu dessen Geschichte.[4]

Die Geschichte des HOV reicht bis in die Zeit der Jahrhundertwende um 1900 zurück. Es war der Historiker und Archivar Hans Beschorner (1872 – 1956), der 1901 die allgemeinen historisch-geografischen Bestrebungen der deutschen Landesgeschichte aufnahm und im Auftrag der Sächsischen Kommission für Geschichte eine »Denkschrift über die Herstellung eines Historischen Ortsverzeichnisses für das Königreich Sachsen« verfasste.[5] Die Kommission hatte bereits im Dezember 1900 die Fertigung eines solchen Verzeichnisses beschlossen, die

Historisches Ortsverzeichnis von Sachsen, Online-Version, Eingangsseite

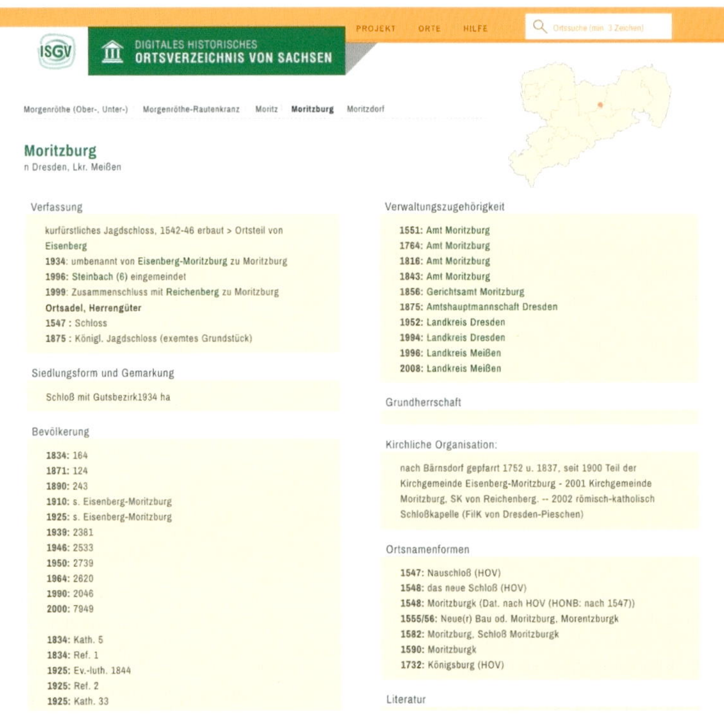

Historisches Ortsverzeichnis von Sachsen, Online-Version, Moritzburg (Lkr. Meißen), Bildschirmoberfläche

ab 1905 unter der Leitung von Alfred Meiche (1870–1947) begann. Bis in die 1930er-Jahre konnte so bereits eine ca. 100 000 Exzerpte umfassende Zettelsammlung zusammengetragen werden.[6] Zur Realisierung brachte dieses zentrale Projekt der sächsischen Landesgeschichte aber erst Karlheinz Blaschke mit seinem 1957 publizierten »Historischen Ortsverzeichnis von Sachsen«.[7] Blaschke baute dabei auf den Vorarbeiten Meiches sowie von dessen Mitarbeitern auf und ergänzte diese Datengrundlage durch eigene archivalische Quellenstudien. In vier Teilbänden – unterteilt nach den sächsischen Großlandschaften Mittelsachsen, Nordwestsachsen, Erzgebirge, Vogtland und Oberlausitz – führte er in knappen Artikeln die Städte, Dörfer, Siedlungen und Wüstungen Sachsens auf. Das Werk fand rasche Verbreitung und etablierte sich als viel genutztes Standardwerk der sächsischen Landes-, Heimat- und Ortsgeschichte.

Das HOV wurde bis 2006 am ISGV von Susanne Baudisch und Karlheinz Blaschke komplett überarbeitet, erweitert und neu aufgelegt. Gegenüber der ersten Ausgabe wurden die Artikel in eine neue alphabetische, nicht mehr an den Großlandschaften orientierte Ordnung gebracht und zusätzlich die Orte der 1990 neu zum Freistaat Sachsen gekommenen Gebiete erfasst. Neben den erheblich erweiterten Einträgen zu jedem Ort enthält die Neubearbeitung auch Verweise auf landesgeschichtlich wichtige Kompendien und Denkmalinventare sowie geodätische und Gauß-Krüger-Koordinaten. Zudem wurden die Artikel um Nachweise auf topografische Karten ergänzt. Im Anschluss an die Publikation der Neuausgabe begannen am ISGV die Arbeiten an einer digitalen Version, die sich an den inhaltlichen Strukturen der Druckausgabe orientiert, zugleich aber die Vorteile einer elektronischen Wiedergabe nutzt.[8]

Das datenbankgestützte DHOV, das im Januar 2008 online ging, bietet seitdem der breiten Öffentlichkeit eine komfortable Nutzung ortsbezogener Informationen. Zur einfachen Handhabung trägt bei, dass – im Vergleich zur Druckausgabe – die Einträge noch übersichtlicher gestaltet und gegliedert sowie Such- und Navigationsinstrumentarien geschaffen wurden. Mit wenigen Klicks kann sich jeder interessierte Nutzer über die geschichtlichen Basisdaten zum Beispiel seines Wohnorts in Sachsen informieren. Zudem ist die Homepage mit einem Google-Maps-Zugriff verbunden, der den gesuchten Ort über eine zoombare Kartendarstellung lokalisiert. Ein weiterer Vorzug des DHOV besteht in der Verlinkung mit anderen Online-Publikationen und -Projekten des ISGV wie der Sächsischen Biografie, dem Repertorium Saxonicum, dem Lebensgeschichtlichen Archiv, dem Digitalen Bildarchiv oder den Sächsischen Gerichtsbüchern. Wie keine andere digitale Plattform des ISGV ist sie somit oft Ausgangspunkt für weitere Recherchen in den anderen digitalen Medien des Instituts.

Die Konzeption des DHOV als digitale Quelle bietet zudem die Option, Einträge und Artikel bei Bedarf zu ergänzen. So erfolgte etwa mit Hilfe einer Projektförderung des Sächsischen Staatsministeriums für Wissenschaft und Kunst (SMWK) die Einarbeitung des von der Kreisreform 2002 abgeleiteten Datenbestands. Aktuell werden seitdem wirksam gewordene Verwaltungsänderungen sowie die kirchlichen Gebietsstrukturen nach dem 16. Jahrhundert erfasst und eingearbeitet.

Mit seinem breit verlinkten Datenspektrum und seinen hohen Nutzerzahlen hat sich das DHOV zu einer wichtigen digitalen Kernpublikation des ISGV entwickelt. Im Zeitraum zwischen der Freischaltung des DHOV bis zum Ende des Jahres 2016 haben so beispielsweise ca. 730 000 Besucher mehr als drei Millionen Seiten aufgerufen. Für den regen Zuspruch sprechen auch zahlreiche Hinweise von Nutzern, die Korrekturen und Ergänzungen einbringen. Besonders zahlreich sind Anfragen zur Orts- und Familiengeschichte sowie zu Ortsjubiläen. Durch diesen intensiven Austausch gelingt es dem ISGV, mit seinen Forschungen in die breite Öffentlichkeit hineinzuwirken.

Repertorium Saxonicum

Ein weiteres umfassendes Datenprojekt des ISGV ist das Repertorium Saxonicum, das ausschließlich online präsentiert wird. Als Quellengrundlage dienen die kursächsischen Amtserbbücher, deren Entstehung in den Kontext des fortschreitenden Verschriftlichungsprozesses und der frühmodernen Staatswerdung des 16. Jahrhunderts gehört. Nach der Niederlage Kurfürst Johann Friedrichs von Sachsen (1503–1554) im Schmalkaldischen Krieg und der mit der Wittenberger Kapitulation einhergehenden Übertragung ernestinischer Besitzungen an das albertinische Sachsen begann 1547 auf Initiative Kurfürst Moritz' von Sachsen (1521–1553) die systematische Erfassung dieser Gebiete. Im Zuge dieser Erhebungen fand – nach vereinzelten Vorläufern in einigen wenigen Ämtern – eine allgemeine Landesaufnahme im ›alten‹ albertinischen Territorium statt. Diese erfolgte durch eine Aufarbeitung der bestehenden Amtsüberlieferung sowie eine Befragung der Bewohner vor Ort, woran sich im Einzelfall tiefergehende Recherchen anschlossen. Innerhalb weniger Jahre kam es somit zu einer von der Zentralverwaltung ausgehenden, fast flächen-

ISGV

DIGITALES HISTORISCHES
ORTSVERZEICHNIS VON SACHSEN

PROJEKT ORTE HILFE

Meisa, Nieder- Meisa, Ober- Meisatal **Meißen** Melaune Melin Melpitz

Stadt **Meißen**
nw Dresden, Lkr. Meißen

Verfassung

Stadt mit Albrechtsburg, Stadtteil Freiheit, den Ortsteilen Ploßen, An der Triebisch (Triebischtal/Mühlenaue), Wasserburg sowie Rauenthal (1875)
1901: Cölln (2) mit Niederfähre und Vorbrücke eingemeindet
1908: Niederspaar eingemeindet
1912: Oberspaar und Zaschendorf (2) eingemeindet
1914: Neudörfchen (3), Bohnitzsch und Zscheila eingemeindet
1923: Korbitz und Questenberg eingemeindet
1928: Lercha und Meisatal mit Fischergasse, Hintermauer, Nieder- und Obermeisa und Niederjahna eingemeindet
1937: Klosterhäuser u. Vorwerk Korbitz zugeordnet
1937: Ortsteil Niederjahna umgegliedert nach Jahna (2)
1950: Dobritz eingemeindet
1994: Winkwitz eingemeindet

ältere Verfassungsverhältnisse
929 : urbs (faciens)
968 : civitas (Burg der Markgrafen u. Bischofe von Meißen)
1068 : Burggraf
1150 : civitas (Jahrmarktsiedlung der Burggraf)
1161 : Burgmannen
1205 : forum (Rechtsstadt der Markgraf)
1205 : castrum
1547 : Stadt
1791 : accisbare Stadt
Ortsadel, Herrengüter
1875 :
Schloss Albrechtsburg u. Klostergut zum Heiligen Kreuz (exemte Grundstücke in der Stadt Meißen)
Ortswüstungen
Wüstungen in der Flur: Gewölbe, Kappelsberg, vorm Lommatzscher Tor, Kirnitz

Siedlungsform und Gemarkung

unregelmäßige Stadtanlage, Großblock-, Block- u. Streifen- u. Parzellenflur, 339 ha

Bevölkerung

1554: 474 besessene(r) Bürger, 450 Inwohner
1748: 416 besessene(r) Bürger, 9 2/3 Hufen
1834: 7738
1871: 11458
1890: 17875
1910: 41366
1925: 41516
1939: 48342
1946: 48348
1950: 49455
1964: 47213
1990: 34747
2000: 29513

1834: Kath. 75
1834: Ref. 3

Verlinkungen

HOV Code: 10193
Sächsischen Biografie (409)
ISGV Bildarchiv (1472)
Lebensgeschichtlichen Archiv (3)
Sächsische Gerichtsbücher (457)

Verwaltungszugehörigkeit

1378: castrum Meißen
1547: Erb-Amt Meißen
1764: Erb-Amt Meißen
1816: Erb-Amt Meißen I. d. E.
1843: Amt Meißen
1856: Gerichtsamt Meißen-Stadt
1875: Amtshauptmannschaft Meißen
1952: Landkreis Meißen
1994: Landkreis Meißen
2008: Landkreis Meißen

Grundherrschaft

seit 15. Jh.: Rat der Stadt

Kirchliche Organisation:

968: episcopatus Misnensis, ecclesia sancti Johanni ewangeliste beatique Donati martiri
968: monasterium in civitate Misna (Bistumsgründung)
984: ecclesia extra urbem (Vorgänger von St. Afra)
1205: Pfarrkirche(n) St. Marien / ecclesia sanctae Mariae forensis (Frauenkirche)
1205: ecclesia sanctae Afrae Misnae ante castrum in monte sita
1266 (nach 1266):
ecclesia fratrum minorum (Franziskanerklosterkirche)
1330: Pfarrkirche(n) St. Nikolai / ecclesia sancti Nicolai
1393: Pfarrkirche(n) St. Nikolai u St. Martin / parrochiales sancti Nicolai et sancti Martini extra muros
1474: in der nawen sant Wolfganges capellen vor Meißen
um 1500:
Pfarrkirche(n) St. Afra mit FilK U. L. Frauen Meißen (Archidiakonat Dompropstei/Mn) sowie Pfarrkirche(n) St. Nikolai (Archidiakonat Dompropstei, sedes Roßwein/Mn) / Pfarrkirche(n) St. Afra 1539 u. 1940; St. Marien (Stadtkirche) seit 1539 Pfarrkirche(n), ebenso 1940; Nikolaikirche seit 1539 Nebenkirche von St. Afra, seit 1892 von der Frauenkirche; Martinskapelle 16. Jahrhundert u. 1840, Nebenkirche von St. Afra 1930; St. Wolfgangskirche 16. Jahrhundert u. 1840, Nebenkirche von St. Afra 1930; (ehemalig, ehemals) Franziskanerklosterkirche St. Peter u. Paul 16. Jahrhundert u. 1659; Lutherkirche seit 1901; - 2001 evangelisch-lutherisch Hochstift (Domkirche) sowie Kirchgemeinde St. Afra, weiterhin Trinitatis-Kirchgemeinde Meißen-Zscheila u. Johannes-Kirchgemeinde Meißen-Cölln mit SK Zadel; - eingepfarrt nach St. Afra: Dobritz, Fischergasse, Garsebach, Gasern, Nieder- u. Oberjahna, Jesseritz, Groß- u. Kleinkagen, Kaisitz, Kaschka, Korbitz, Löthain, Mehren, Nieder- u. Obermeisa, Mohlis, Nimtitz, Polenz, Priesa, Pröda, Robschütz, Schletta, Sieglitz, Stroischen, Tronitz 1539 u. 1930; Canitz u. Pauschütz 1539 u. 1840, bis 1900; Löbschütz 1539 u. 1840, bis 1899; Bockwen mit Siebeneichen seit 1539, ebenso 1930; Hintermauer, Lercha u. Semmelsberg 1752 u. 1930; Klosterhäuser u. Anteil Keilbusch 1930; Questenberg 1840; nach St. Nikolai: Bockwen, Reichenbach u. Spittewitz bis 1539; nach Lutherkirche: Questenberg 1930. -- römisch-katholisch Pfarrkirche(n) seit 1842/87, mit Lokalkaplaneien Mittweida, Nossen-Roßwein, Riesa u. Taubenheim - 2002 Pfarrkirche(n) mit FilK Rothschönberg

Ortsnamenformen

(929) [1012/18]: Misni (Thietm. I. 16.)
967: Misni (CDS I/1/6 (11. Jh.))
968: Misna (CDS I/1/7 (Trs. 1250))
1046: Missenae (CDS I/1/102f.)
1068: Misni (CDS I/1/135)
1160: in Misina (CDS II/1/52)
1296: Mysena (UBA 385a)
1378: Mizsen (RDMM 289)
1408: Meißin (HOV)
1428: Meissen (BgfM S. 140)

Literatur

HONB, II 25-26
HSt Sa, 223-232
BKD Sa, 39 (Stadt, Vorstädte, Afrafreiheit u. Wasserburg) u. 40 (Burgberg)
Dehio Sa, I 553-602
DStB, II 150-153
LexStWapp, 286-288
Grünberg, I 416-420
Helbig, (zahlreiche Nachweise)

Karte

10193

ÜBER DAS PROJEKT
ORTE
IMPRESSUM
KONTAKT
INSTITUT FÜR SÄCHSISCHE GESCHICHTE UND VOLKSKUNDE E.V.

Historisches Ortsverzeichnis von Sachsen, Online-Version, Stadt Meißen (Lkr. Meißen), vollständiger Eintrag

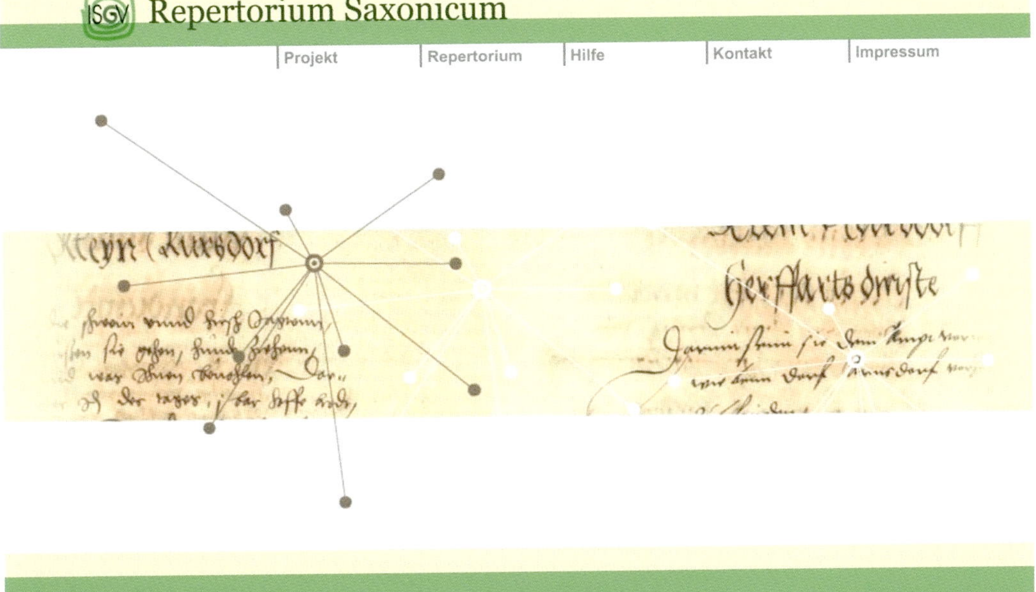

Repertorium Saxonicum, Online-Version, Bildschirmoberfläche

haften Aufstellung der zum gesamten albertinischen Herrschaftsgebiet gehörenden Einkünfte und Rechte. Die daraus entstandenen Amtserbbücher stellen eine der wichtigsten historisch-statistischen Quellen zur Geschichte Sachsens an der Schwelle des Mittelalters zur Frühen Neuzeit dar. Sie verzeichnen im Wesentlichen: 1. die Zahl der Einwohner, die über Grundbesitz im Ort verfügten; 2. die Anzahl der Hufen, eine Flureinheit, die je nach den Bedürfnissen einer bäuerlichen Familie von Ort zu Ort unterschiedlich groß war; 3. die Gebühren, die beim Kauf, Verkauf, Wegzug, Tod oder Erbfall an den Grundherrn zu entrichten waren; 4. wer Inhaber der Gerichtsbarkeit war, zur Heerfahrt aufforderte und die Steuern einnahm; 5. in welcher Art und Weise das Recht gesprochen wurde; 6. was die Einwohner zur Unterhaltung des Richters beisteuern mussten; 7. eine genaue Beschreibung der zu leistenden Dienste; 8. die angrenzenden Orte und Fluren; 9. die kirchlichen Verhältnisse im Ort und das Einkommen der Kirche; 10. die vom Ort zu erbringenden Leistungen, zunächst meist summarisch und dann noch einmal aufgeschlüsselt auf jeden verpflichteten Einwohner.[9]

Am ISGV begannen 1997 unter der Leitung von André Thieme die Arbeiten zur digitalen Aufbereitung der Amtserbbücher, für deren handschriftliche Erfassung Uwe Schirmer weitgehende Vorarbeiten geleistet hatte. Ziel war die Erstellung einer über das Internet frei zugänglichen Datenbank, um so einen schnellen Zugriff auf die wesentlichen Quelleninformationen zu ermöglichen. Unter dieser Prämisse musste auf eine vollständige inhaltliche Wiedergabe des 48 Folianten mit mehr als 26 000 Blättern umfassenden Quellenmaterials verzichtet werden. Stattdessen erfolgte eine möglichst einheitliche und datenbankgerechte Erhebung. Das Projekt konzentrierte sich dabei auf die Erbbücher, welche weitgehend ver-

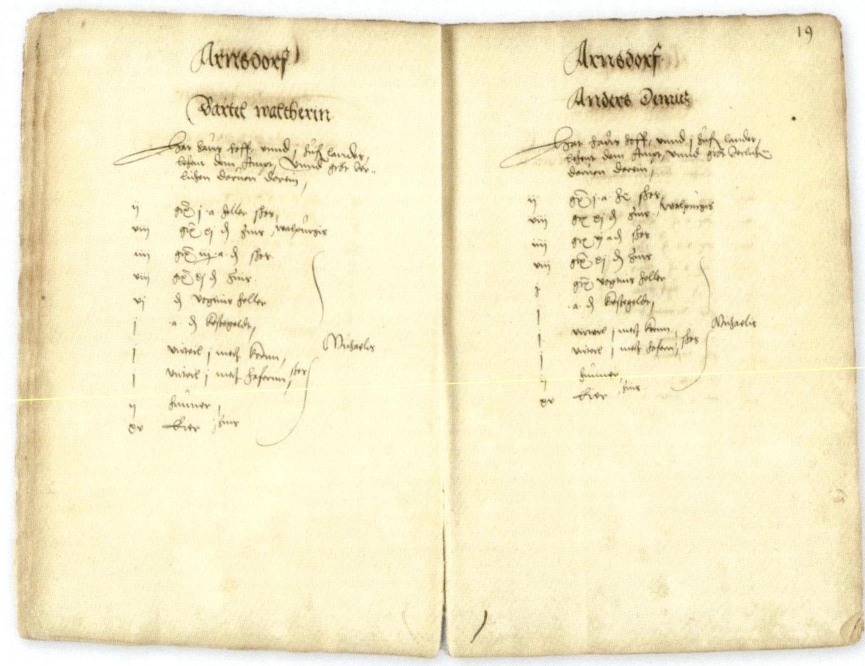

Erbbuch des Amts Radeberg, Auszug aus dem Eintrag über das Dorf Arnsdorf

gleichbares Material bieten, denn aufgrund abweichender Aufzeichnungsprinzipien erfüllen nicht alle Bücher die Kriterien für eine Aufnahme. Das Repertorium erfasste schließlich 38 (Unter-)Ämter: Annaberg, Borna, Chemnitz, Colditz, Döbeln, Dresden, Freiberg, Grimma, Großenhain, Grünhain, Hohnstein, Kloster Buch, Kloster Sornzig, Laußnitz, Leipzig, Leisnig, Lichtenwalde, Lohmen, Meißen, Moritzburg, Mügeln, Naunhof, Oschatz, Pegau, Pirna, Rabenstein, Radeberg, Rochlitz, Schellenberg, Schlettau, Schulamt Grimma, Schulamt Meißen, Schwarzenberg, Stolpen, Tharandt, Wolkenstein, Wurzen und Zwickau.

In Zusammenarbeit mit Studenten der Hochschule für Technik und Wirtschaft Dresden (HTW) entstand 2005 eine Nutzeroberfläche, die einen komfortablen Zugriff auf die Fülle des Datenmaterials bietet. Ein Jahr später konnte die Präsentation des Repertorium Saxonicum im Internet verfügbar gemacht werden. Eine Abfrage der Daten erfolgt nach Ämtern und den zugehörenden Ortschaften bezogen auf sieben Rubriken: die »Allgemeinen Angaben« zum Ort sowie die Informationen zu »Gericht«, »Heerwagen«, »Abgaben«, »Lehenware«, »Kirche« und »Quellen«. Insgesamt enthält das Repertorium 1 837 in den Amtserbbüchern beschriebene Ortschaften und Lokalitäten, in denen etwa 2 200 verschiedene grundherrliche Zuständigkeiten festgestellt werden konnten.

Wiederum zeigen sich die Chancen einer digitalen Präsentation: So bieten sich neben dem schnellen und einfachen Zugang zu den

Repertorium Saxonicum, Online-Version, Döschütz (Amt Großenhain), allgemeine Angaben

Quellen auch Möglichkeiten zur Aktualisierung des Datenbestands. Große Bedeutung hat dabei die Vernetzung mit externen Anbietern wie Google Maps oder die Verlinkung der Online-Angebote des ISGV, die mit neuen Projekten beliebig ausgebaut werden können. Damit sind die Angebote des Instituts insgesamt für fachfremde Anwender, Heimatforscher und interessierte Laien leichter nutzbar. Dies belegen die zahlreichen Anfragen aus wissenschaftlichen Einrichtungen und aus dem Umfeld heimatkundlicher Arbeiten.

Codex diplomaticus Saxoniae

Auf großes Interesse stößt auch der im Internet frei zugängliche Codex diplomaticus Saxoniae. Da die bereits im Druck erschienenen Bände von den größeren Bibliotheken Mitteldeutschlands – soweit überhaupt vollständig vorhanden – im Präsenzbestand gehalten und nur eingeschränkt zur Verfügung gestellt werden können, entschloss sich das ISGV, das in der hauseigenen Bibliothek vollständige Corpus zu digitalisieren. Die Grundlagenarbeit vollzog sich im Wesentlichen in Zusammenarbeit mit einem Scan-Team der HTW unter Leitung von Hartmut Fritzsche. Die EDV-technische Umsetzung erfolgte durch die Administratoren des ISGV. Nach mehreren inhaltlich und funktionell eingeschränkten Vorgängerversionen, die bereits seit 2000 abrufbar waren, konnte 2005 eine endgültige, auch optisch überarbeitete Fassung vorgestellt werden. Der CDS im Internet bietet heute einen komfortablen Zugriff auf alle bis 1941 erschienenen 25 Bände. Darüber hinaus sollen auch die künftig am ISGV und an der Sächsischen Akademie der Wissenschaften zu Leipzig publizierten Bände in die Online-Präsentation einbezogen werden. Ein erster Schritt ist mit dem 2009 veröffentlichten »Urkundenbuch des Zisterzienserklosters Altzelle« im Jahr 2014 vollzogen worden.[10] Das Angebot richtet sich vor allem an das mediävistische Fachpublikum, aber auch an interessierte Heimatforscher und Studenten, die die Online-Präsentation intensiv nutzen. Monatlich verzeichnet das

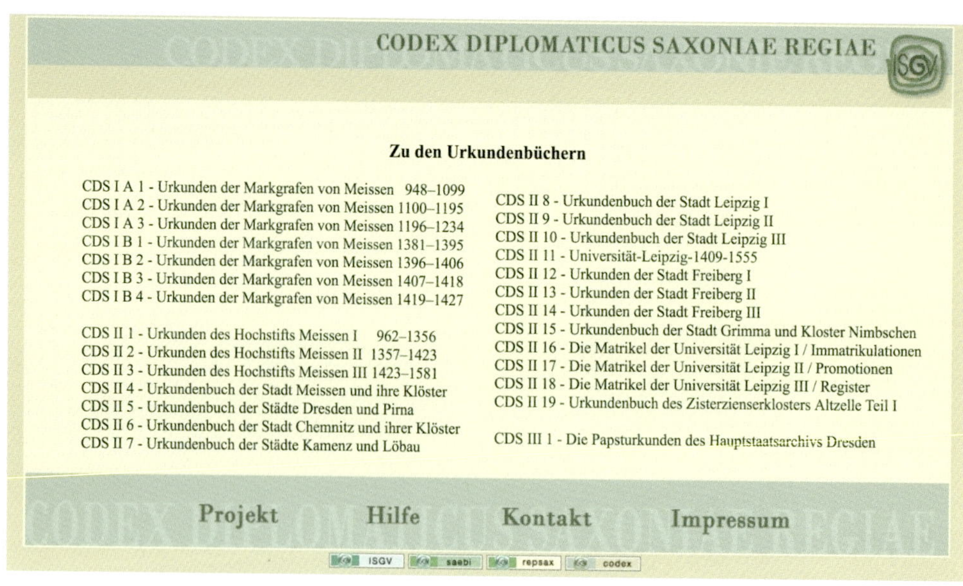

Codex diplomaticus Saxoniae, Online-Version, Bildschirmoberfläche

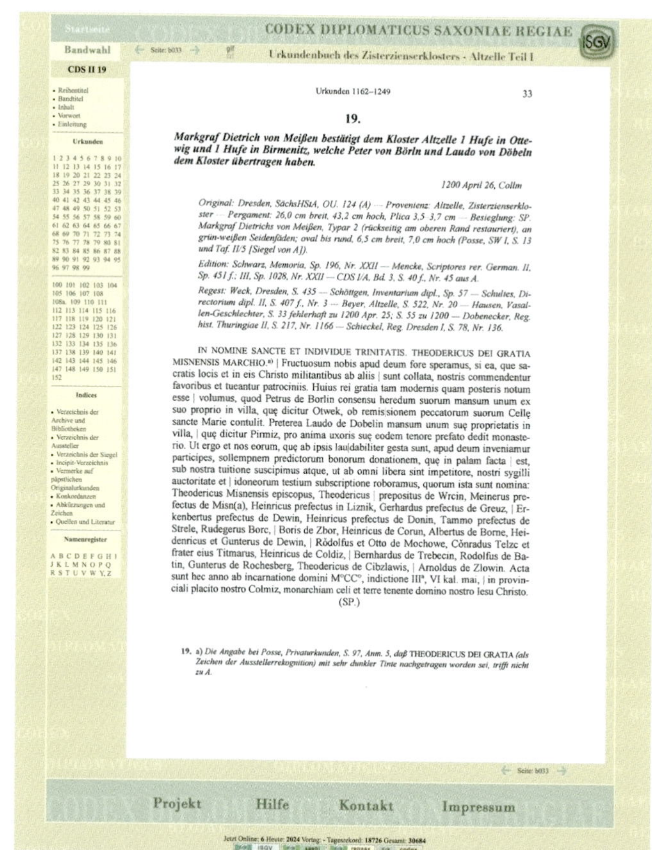

Urkunden 1162–1249 33

19.

Markgraf Dietrich von Meißen bestätigt dem Kloster Altzelle 1 Hufe in Ottewig und 1 Hufe in Birmenitz, welche Peter von Börln und Laudo von Döbeln dem Kloster übertragen haben.

1200 April 26, Collm

Original: Dresden, SächsHStA, OU. 124 (A) — Provenienz: Altzelle, Zisterzienserkloster — Pergament: 26,0 cm breit, 43,2 cm hoch, Plica 3,5–3,7 cm — Besieglung: SP. Markgraf Dietrichs von Meißen, Typar 2 (rückseitig am oberen Rand restauriert), an grün-weißen Seidenfäden; oval bis rund, 6,5 cm breit, 7,0 cm hoch (Posse, SW I, S. 13 und Taf. II/5 [Siegel von A]).

Edition: Schwarz, Memoria, Sp. 196, Nr. XXII — Mencke, Scriptores rer. German. II, Sp. 451 f.; III, Sp. 1028, Nr. XXII — CDS I/A, Bd. 3, S. 40 f., Nr. 45 aus A.

Regest: Weck, Dresden, S. 435 — Schöttgen, Inventarium dipl., Sp. 57 — Schultes, Directorium dipl. II, S. 407 f., Nr. 3 — Beyer, Altzelle, S. 522, Nr. 20 — Hausen, Vasallen-Geschlechter, S. 33 fehlerhaft zu 1200 Apr. 25; S. 55 zu 1200 — Dobenecker, Reg. hist. Thuringiae II, S. 217, Nr. 1166 — Schieckel, Reg. Dresden I, S. 78, Nr. 136.

IN NOMINE SANCTE ET INDIVIDUE TRINITATIS. THEODERICUS DEI GRATIA MISNENSIS MARCHIO.[a)] | Fructuosum nobis apud deum fore speramus, si ea, que sacratis locis et in eis Christo militantibus ab aliis | sunt collata, nostris commendentur favoribus et tueantur patrociniis. Huius rei gratia tam modernis quam posteris notum esse | volumus, quod Petrus de Borlin consensu heredum suorum mansum unum ex suo proprio in villa, quę dicitur Otwek, ob remis|sionem peccatorum suorum Cellę sancte Marie contulit. Preterea Laudo de Dobelin mansum unum suę proprietatis in villa, | quę dicitur Pirmiz, pro anima uxoris suę eodem tenore prefato dedit monasterio. Ut ergo et nos eorum, quę ab ipsis lau|dabiliter gesta sunt, apud deum inveniamur participes, sollempnem predictorum bonorum donationem, quę in palam facta | est, sub nostra tuitione suscipimus atque, ut ab omni libera sint impetitore, nostri sygilli auctoritate et | idoneorum testium subscriptione roboramus, quorum ista sunt nomina: Theodericus Misnensis episcopus, Theodericus | prepositus de Wrcin, Meinerus prefectus de Misn(a), Heinricus prefectus in Liznik, Gerhardus prefectus de Greuz, | Erkenbertus prefectus de Dewin, Heinricus prefectus de Donin, Tammo prefectus de Strele, Rudegerus Borc, | Boris de Zbor, Heinricus de Corun, Albertus de Borne, Heidenricus et Gunterus de Dewin, | Rȯdolfus et Otto de Mochowe, Cȯnradus Telzc et frater eius Titmarus, Heinricus de Coldiz, | Bernhardus de Trebecin, Rodolfus de Batin, Gunterus de Rochesberg, Theodericus de Cibzlawis, | Arnoldus de Zlowin. Acta sunt hec anno ab incarnatione domini M°CC°, indictione III[a], VI kal. mai, | in provinciali placito nostro Colmiz, monarchiam celi et terre tenente domino nostro Iesu Christo.

(SP.)

19. a) *Die Angabe bei Posse, Privaturkunden, S. 97, Anm. 5, daß* THEODERICUS DEI GRATIA *(als Zeichen der Ausstellerrekognition) mit sehr dunkler Tinte nachgetragen worden sei, trifft nicht zu A.*

Codex diplomaticus Saxoniae, Online-Version, Urkundenbuch des Zisterzienserklosters Altzelle, Teil 1, Nr. 19

Portal durchschnittlich ca. 1150 Zugriffe; viele Anfragen stammen aus den Nachbarländern Polen und Tschechien, was sich mit der engen regionalen Verflechtung auf landeshistorischem, wirtschaftlichem, rechts- und sprachgeschichtlichem Gebiet erklären lässt. Zudem lässt sich die internationale Streuung des digitalen Angebots an einer Fülle von Aufrufen aus dem englischsprachigen Raum festmachen. Auf diese Weise haben sich die online zugänglichen Codex-Bände zu einem viel beachteten Informationsmedium entwickelt.

Sächsische Gerichtsbücher

Eine weitere Online-Plattform stellt schließlich das ISGV-Kooperationsprojekt der Sächsischen Gerichtsbücher dar. Dabei handelt es sich um ein von der Deutschen Forschungsgemeinschaft gefördertes Projekt des Sächsischen Staatsarchivs. Dabei wurden hauptsächlich die im Sächsischen Staatsarchiv, Hauptstaatsarchiv Dresden verwahrten rund 22 900 Bände des Bestands 12613 (»Gerichtsbücher«) elektronisch erschlossen. Diese Archivalien beinhalten eine für Sachsen flächendeckende Überlieferung vom Ende des 15. Jahrhunderts bis 1856, die in ihrem Umfang und ihrer Dichte einmalig in Deutschland sein dürfte. Darüber hinaus konnten nennenswerte Bestände von Gerichtsbüchern in weiteren neun sächsischen Stadtarchiven in das Projekt einbezogen werden, die in Kooperation mit dem ISGV seit September 2016 online und mit dem DHOV verlinkt zur Verfügung stehen. Bei der so erschlossenen Quelle handelt es sich um bis ins 19. Jahrhundert von lokalen Gerichten geführte Bücher, in denen vor allem Grundstücksverkäufe und -verpfändungen, aber auch Nachlass- und Vormundschaftsangelegenheiten festgehalten wurden. Diese Eintragungen besaßen Charakter und Beweiskraft von Urkunden. Der hohe Quellenwert dieser Unterlagen liegt in der komprimierten Darstellung der Rechtsgeschäfte, die Informationen zu mehr als 4700 Ortschaften und zahlreichen Familien in Sachsen bereithalten. Sie sind unverzichtbar für orts-, siedlungs- und sozialgeschichtliche sowie genealogische Forschungen und werden von den Nutzern der Archive stark nachgefragt – ein Umstand, der auch für das digitale Projekt bereits für den kurzen Zeitraum seines Bestehens bilanziert werden kann. Nachdem das Repertorium Saxonicum mit den Amtserbbüchern eine der wichtigsten historisch-statistischen Quellen Sachsens online aufbereitet hat, wird mit den Gerichtsbüchern eine weitere für die Forschung fundamentale Quellengruppe zum komplexen Informationssystem hinzugefügt.

Die Online-Portale werden auch künftig eine wichtige Publikations- und Kommunikationsform des ISGV sein. Über sie findet ein intensiver Wissenstransfer in die Öffentlichkeit statt, der durch die zunehmende Vernetzung mit nationalen und internationalen Online-Plattformen noch weiter ausgebaut werden soll. Schon jetzt zählt das ISGV zu den aktiven Mitgestaltern von Lösungsansätzen für Online-Präsentationen. In Zukunft wird es darauf ankommen, solche Kooperationen gewinnbringend für die Fortführung der eigenen Internetprojekte zu nutzen.[11] Bereits realisiert wurde diese enge Verknüpfung mit SACHSEN.digital,[12] einer interdisziplinären Wissensplattform zur Geschichte, Kultur und Landeskunde Sachsens, die als kooperatives Vorhaben mehrerer Forschungs-, Kultur- und Bildungseinrichtungen Sachsens konzipiert und durch die Sächsische Landesbibliothek – Staats- und Universitätsbibliothek Dresden und das ISGV im Jahr 2007 begründet worden ist. SACHSEN.digital befördert dabei die externe Vernetzung der digitalen Publika-

Sächsische Gerichtsbücher, Online-Version, Bildschirmoberfläche

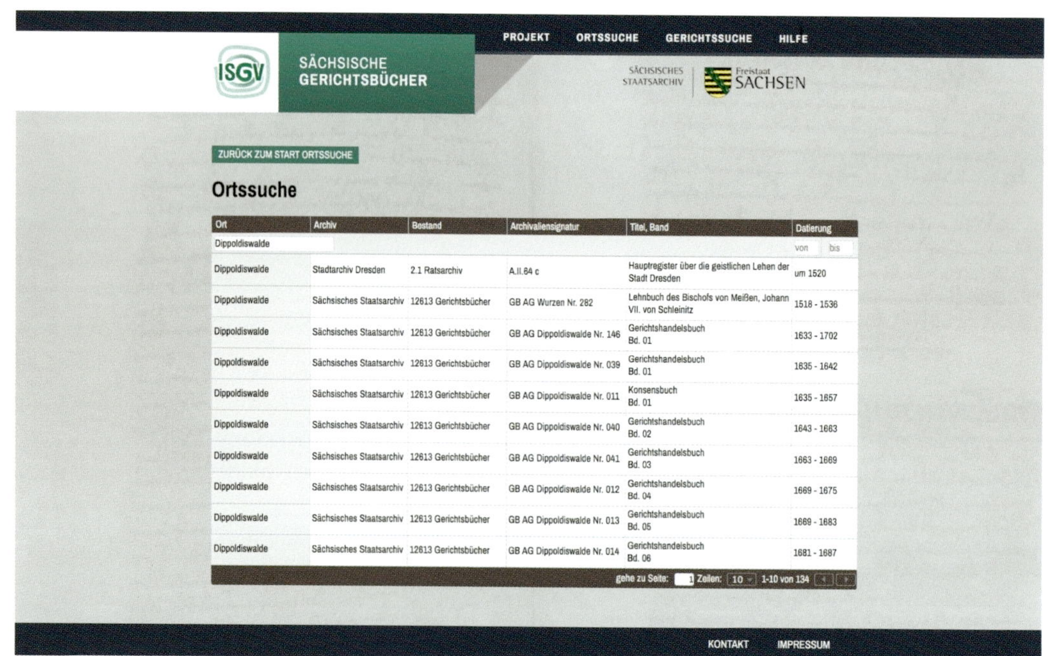

Ort	Archiv	Bestand	Archivaliensignatur	Titel, Band	Datierung
Dippoldiswalde					von bis
Dippoldiswalde	Stadtarchiv Dresden	2.1 Ratsarchiv	A.II.64 c	Hauptregister über die geistlichen Lehen der Stadt Dresden	um 1520
Dippoldiswalde	Sächsisches Staatsarchiv	12613 Gerichtsbücher	GB AG Wurzen Nr. 282	Lehnbuch des Bischofs von Meißen, Johann VII. von Schleinitz	1518 - 1536
Dippoldiswalde	Sächsisches Staatsarchiv	12613 Gerichtsbücher	GB AG Dippoldiswalde Nr. 146	Gerichtshandelsbuch Bd. 01	1633 - 1702
Dippoldiswalde	Sächsisches Staatsarchiv	12613 Gerichtsbücher	GB AG Dippoldiswalde Nr. 039	Gerichtshandelsbuch Bd. 01	1635 - 1642
Dippoldiswalde	Sächsisches Staatsarchiv	12613 Gerichtsbücher	GB AG Dippoldiswalde Nr. 011	Konsensbuch Bd. 01	1635 - 1657
Dippoldiswalde	Sächsisches Staatsarchiv	12613 Gerichtsbücher	GB AG Dippoldiswalde Nr. 040	Gerichtshandelsbuch Bd. 02	1643 - 1663
Dippoldiswalde	Sächsisches Staatsarchiv	12613 Gerichtsbücher	GB AG Dippoldiswalde Nr. 041	Gerichtshandelsbuch Bd. 03	1663 - 1669
Dippoldiswalde	Sächsisches Staatsarchiv	12613 Gerichtsbücher	GB AG Dippoldiswalde Nr. 012	Gerichtshandelsbuch Bd. 04	1669 - 1675
Dippoldiswalde	Sächsisches Staatsarchiv	12613 Gerichtsbücher	GB AG Dippoldiswalde Nr. 013	Gerichtshandelsbuch Bd. 05	1669 - 1683
Dippoldiswalde	Sächsisches Staatsarchiv	12613 Gerichtsbücher	GB AG Dippoldiswalde Nr. 014	Gerichtshandelsbuch Bd. 06	1681 - 1687

Sächsische Gerichtsbücher, Online-Version, Verzeichnis der Gerichtsbücher von Dippoldiswalde

tionen des ISGV. Eine weitere Möglichkeit bietet die AG Regionalportale,[13] eine Arbeitsgemeinschaft deutschsprachiger Portale zur Regionalgeschichte und Landeskunde, in die das ISGV seit 2009 aktiv eingebunden ist. Das ISGV ist zudem Teil des vom SMWK geförderten Projekts »Virtuelle Archive für die geisteswissenschaftliche Forschung«. Dieses Vorhaben will zukünftig die digitalen Kompetenzen der beteiligten Institutionen[14] bündeln und die Zusammenarbeit auf dem Gebiet der Digital Humanities ausbauen. Über diese Projekte hinaus leistet das ISGV mit seiner internen wie externen Vernetzungsstrategie einen grundlegenden Beitrag zum Ausbau eines digitalen europäischen Netzwerks.

Anmerkungen

1 Vgl. Winfried Müller, Landesgeschichtliche Zeitschriften in Sachsen – vor und nach der Wende, in: Thomas Küster (Hg.), Medien des begrenzten Raumes. Landes- und regionalgeschichtliche Zeitschriften im 19. und 20. Jahrhundert (Forschungen zur Regionalgeschichte 73), Paderborn u. a. 2013, S. 251–264, hier S. 263.

2 Zum Digitalen Bildarchiv vgl. den Beitrag von Andreas Martin in diesem Band.

3 Zum Lebensgeschichtlichen Archiv für Sachsen vgl. den Beitrag von Sönke Friedreich in diesem Band.

4 Vgl. Karlheinz Blaschke (Hg.), Historisches Ortsverzeichnis von Sachsen. Neuausgabe, bearbeitet von Susanne Baudisch und Karlheinz Blaschke, Halbband 1: A–M, Leipzig 2006, S. 18.

5 Hans Beschorner, Denkschrift über die Herstellung eines Historischen Ortsverzeichnisses für das Königreich Sachsen, Dresden 1903.

6 Vgl. Rudolf Kötzschke u. a., Die historisch-geographischen Arbeiten im Königreich Sachsen, Leipzig 1907, S. 68 f.

7 Karlheinz Blaschke (Bearb.), Historisches Ortsverzeichnis von Sachsen, Leipzig 1957.

8 Vgl. André Thieme, Das Historische Ortsverzeichnis von Sachsen, in: http://hov.isgv.de/info/projekt.

9 Vgl. zum Projekt: Ders., Die kursächsischen Amtserbbücher aus der Mitte des 16. Jahrhunderts und ihre digitale Erfassung, in: Neues Archiv für sächsische Geschichte 74/75 (2003/2004), S. 413–422; Ders., Repertorium Saxonicum, in: Das Institut für Sächsische Geschichte und Volkskunde 1997–2007, hrsg. vom Institut für Sächsische Geschichte und Volkskunde, bearbeitet von Winfried Müller und Andreas Martin, Dresden 2007, S. 84–91; Ders., Das Repertorium Saxonicum – eine historisch-statistische Datenbank über die kursächsischen Amtserbbücher aus der Mitte des 16. Jahrhunderts, in: Editionswissenschaftliche Kolloquien 2005/2007: Methodik – Amtsbücher – Digitale Edition – Projekte (Publikationen des Deutsch-Polnischen Gesprächskreises für Quelleneditionen 4), Toruń 2008, S. 99–127, hier S. 112–119.

10 Codex diplomaticus Saxoniae, II. Hauptteil: Die Urkunden der Städte und geistlichen Institutionen in Sachsen, Band 19: Urkundenbuch des Zisterzienserklosters Altzelle, 1. Teil: 1162–1249, bearbeitet von Tom Graber, Hannover 2006.

11 Vgl. zu den Vernetzungsstrategien des ISGV den Beitrag von Martina Schattkowsky, Frank Metasch und Henrik Schwanitz in diesem Band.

12 Vgl. http://www.sachsendigital.de.

13 Vgl. http://www.ag-regionalportale.de.

14 Neben dem ISGV sind mitwirkende Institutionen: das Hannah-Arendt-Institut für Totalitarismusforschung an der Technischen Universität Dresden, das Sorbische Institut e. V., Bautzen/Cottbus, das Simon-Dubnow-Institut für jüdische Geschichte und Kultur e. V. an der Universität Leipzig und die Sächsische Akademie der Wissenschaften zu Leipzig.

Visuelle Quellen zur Volkskultur in Sachsen
Das Bildarchiv des ISGV

Das Bildarchiv »Visuelle Quellen zur Volkskultur in Sachsen« ist eine Datenbank, die alle grafischen Objekte aus den Sammlungen des ISGV erfasst. Ihr Aufbau begann zwar bereits vor der Gründung des Instituts durch die Mitarbeiter der Arbeitsgruppe Volkskunde am Institut für Geschichte der Technischen Universität Dresden, entscheidend vorangetrieben wurde dieser dann 1999/2000, als die VolkswagenStiftung Hannover Fördermittel im Rahmen eines Drittmittelprojekts zur Verfügung stellte. Im Zuge dieser Förderung konnten mehr als 80 000 Bildquellen digitalisiert und beschrieben werden. Heute sind rund 150 000 Objekte in das elektronische Archiv eingearbeitet, circa 60 000 sind über das Internet recherchierbar (http://bild.isgv.de).[1]

Bei den Beständen des Bildarchivs handelt es sich um Objekte, die bei der Gründung des Instituts im Jahr 1997 von Vorgängereinrichtungen übernommen wurden, sowie um solche, die im Rahmen von Forschungsvorhaben des ISGV angefertigt wurden. Neben den Materialien des ISGV sind auch Bestände anderer Einrichtungen, die mit dem Institut für Sächsische Geschichte und Volkskunde projektgebunden kooperierten, eingearbeitet und auf diese Weise für die Partner und für eine breite Öffentlichkeit wissenschaftlich erschlossen. In den vergangenen zehn Jahren bereicherten auch Ankäufe aus Privathand das Bildarchiv.

Unter den historischen Teilen des Bildarchivs sind die Sammlungen des Heimatwerks Sachsen und die Materialien der ehemaligen Landesbildstelle im Umfang von etwa 15 000 Originalen hervorzuheben. Diese Bestände konnte Adolf Spamer 1945 in das von ihm gegründete Institut für Volkskunst und Volksbrauch übernehmen.

Zum Altbestand gehört ferner eine Museumsdokumentation mit rund 20 000 fotografischen Aufnahmen, die zugleich auch den ältesten Teil der fotografischen Sammlungen des ISGV darstellt. Hinzu kommen etwa 3 000 Grafiken und Fotografien aus den Nachlässen verschiedener Volkskundler, die in Sachsen arbeiteten. So wurden aus dem Nachlass von Adolf Spamer neben den persönlichen lebensgeschichtlichen Dokumenten die grafische Sammlung zum Thema »Krieg« mit rund 1 000 Belegen – Flugblätter, Feldpostbriefe, Postkarten und andere Druckerzeugnisse aus der Zeit des Ersten Weltkriegs – ebenso erschlossen wie seine Postkartensammlung zu den Feiertagen im Jahreszyklus. Siegfried Kube war zwischen 1940 und 1987 Mitarbeiter an verschiedenen volkskundlichen Forschungseinrichtungen in Leipzig und Dresden. Aus seinem Nachlass stammen viele Bilddokumente, die er zwar als Privatperson aufgenommen hat, die aber oft den Zusammenhang mit seiner volkskundlichen Tätigkeit dokumentieren; u. a. sind dies Fotografien von wissenschaftlichen Exkursionen. Erschlossen wurde auch Bildmaterial, das er für seine Forschungsthemen – Osterbrauchtum, Tracht, Volksschauspiel, Dresdner Vorstadt »Friedrichstadt« – sammelte.

Vergleichsweise wenig Bildmaterial findet sich unter den Altbeständen aus den Jahren zwischen 1970 und 1990. Hier setzte deshalb die Sammlungserweiterung durch den Erwerb von privaten Fotobeständen an. Gezielte Neuerwerbungen sind beispielsweise die 2009 in Meißen, Pirna und Freiberg entstandenen Ortsdokumentationen, die Diasammlung Arndt zum Sportboothafen Loschwitz mit etwa 3 000 Bildern und der etwa 1 000 Dias umfassende Bestand an Reisebildern der Familie Peterhoff. 2009 wurde das Themenfeld »Reformation« neu aufgenommen und die ersten 100 Bilddokumente, meist Postkarten, zur populären Reformationsgrafik des 20. Jahrhunderts für das Bildarchiv zusammengetragen.

Aber auch der Ausbau der Bildsammlung im Rahmen von Kooperationen mit anderen Institutionen hat reiche Früchte getragen. Durch die Erschließung der Bildsammlungen des Museums Riesa, in denen sowohl die städtische als auch die industrielle Entwicklung des Stahlarbeiterorts dokumentiert ist, konnte ein Bestand von mehr als 10 000 Dokumenten für die wissenschaftliche Arbeit eingeworben werden. Dabei verblieben die Originale und die Verwertungsrechte beim Kooperationspartner. Die schnelle Nutzung jedoch wurde durch deren Digitalisierung und Erschließung in der Datenbank des ISGV nun möglich.

Ein neuer Ansatz in der volkskundlich-fotografischen Dokumentation wurde in den 1990er-Jahren verfolgt. Aus diesen Jahren gibt es heute in der Datenbank einen großen Bestand: Zwischen 1994 und 1996 wurden die Veränderungen dieser Zeit fotografisch begleitet und mit rund 22 000 Fotografien wichtige Zeugnisse des wirtschaftlichen und kulturellen Umbruchs in Sachsen geschaffen. Dokumentiert wurden in dieser Zeit auch verschiedene traditionelle Handwerke (Pulsnitzer Pfefferküchler, 750 Bilder; Korbmacher, 200 Bilder). Eine etwa 900 Fotografien umfassende Dokumentation der Herstellung von Mauerziegeln in einer Fabrikationsstätte, deren Ursprünge in das 19. Jahrhundert reichten, entstand 1997/98. Die Bildserie beschreibt die historische Produktionsweise in einem Familienbetrieb in Bischofswerda.

Etwa 15 000 Bildpostkarten unterschiedlichster Provenienz aus der Zeit ab ca. 1890 sind ebenfalls in der Datenbank erfasst. Diese Sammlung »Ansichtskarten« konnte im Rahmen des am ISGV angesiedelten Projekts zur Landschaftsforschung zu einem eigenen Sammlungsschwerpunkt ausgebaut werden.

Neben diesen quantitativ dominierenden Sammlungsteilen existieren historische und neu entstandene Bildquellen zum gesamten Themenspektrum der landesgeschichtlichen und volkskundlichen Arbeit in Sachsen. Hier sind Aufnahmen zum Projekt »Rittergüter in Sachsen« und die Dokumentation verschiedener regelmäßig stattfindender »Volksfeste« wie beispielsweise dem Tag der Sachsen oder sächsischer Weihnachtsmärkte zu erwähnen.

Wurden die Bildquellen mit den entsprechenden Informationen zu Beginn des Projekts am Ende der 1990er-Jahre zunächst in einer Oracle-Datenbank erfasst, erfolgte 2011 die Umstellung auf eine neue Datenbanksoftware, die 2010 entsprechend wissenschaftlicher Vorgaben und spezifischer Nutzungsanforderungen programmiert worden war. Seit 2016 ist die nächste »Datenbank-Generation« in Vorbereitung, in der alle Informationen zu den Bildquel-

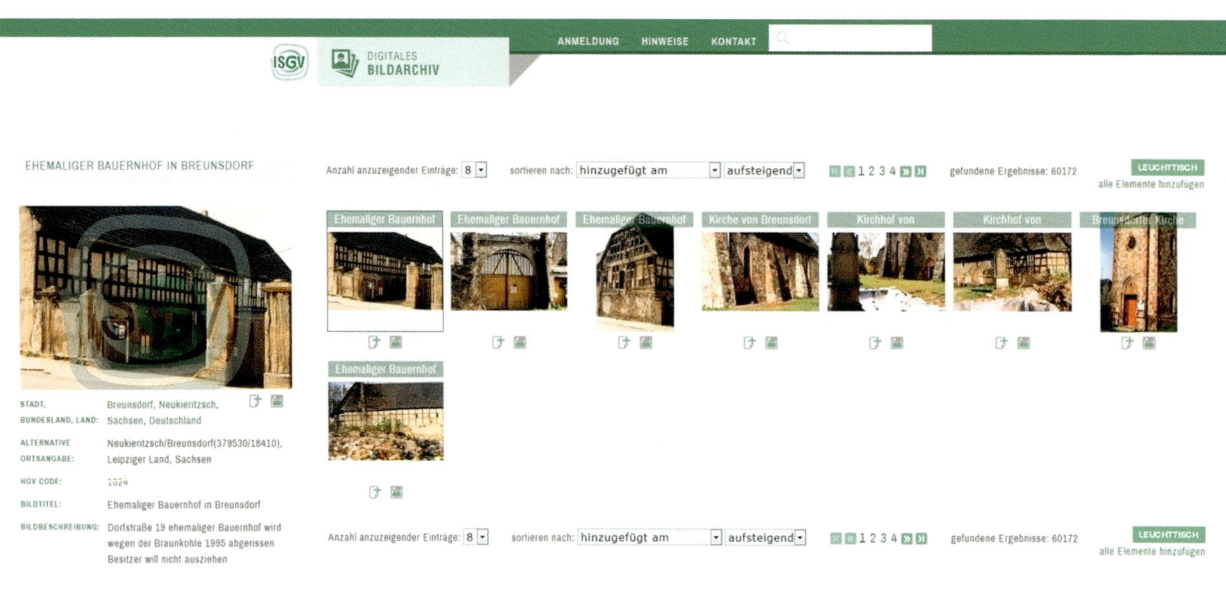

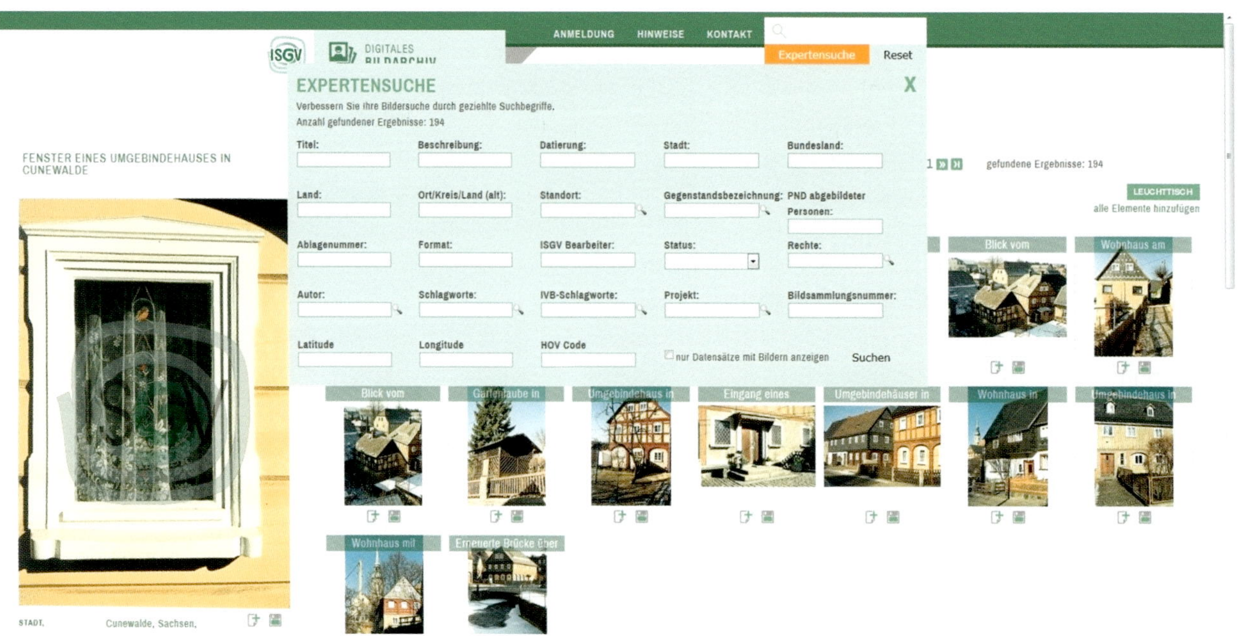

Eingangsseite Internetportal der Bilddatenbank des ISGV

Oberfläche zur Suche der Bilddateien

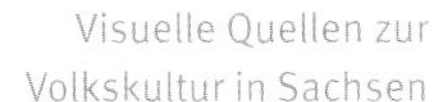

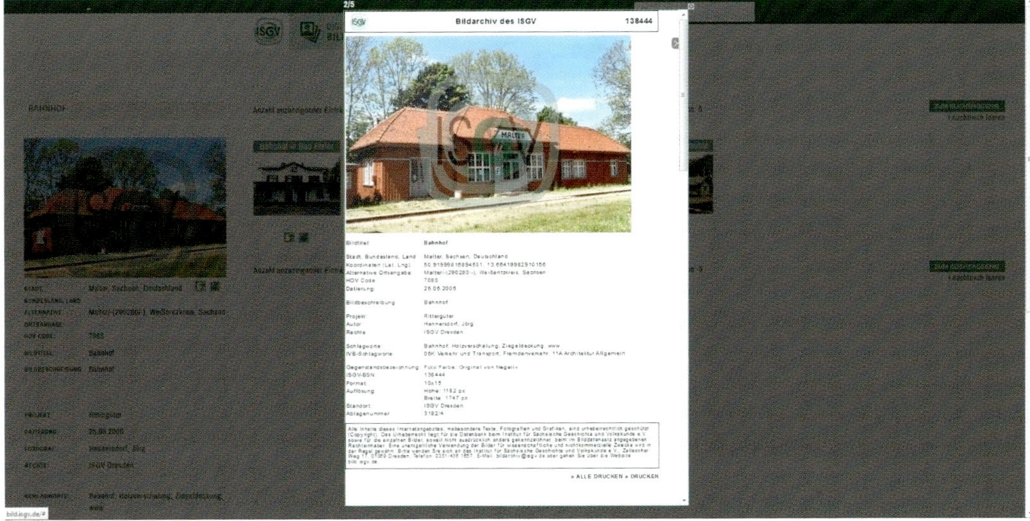

Bildkarte mit einem Ergebnis aus der Suche mit dem Schlagwort »Bahnhof«

len, die zuvor in den Feldern der Datenbank abgelegt waren, unmittelbar mit der Bilddatei verbunden werden (EXIF, IPTC). Dieses Vorgehen unterstützt die intensivierte inhaltliche und technische Vernetzung aller Datenbanken des ISGV durch bereichsübergreifende Systematiken für Orte, Personen und Schlagworte.

Der Ausbau des Bildarchivs wird als eines der Langzeitprojekte des ISGV kontinuierlich verfolgt. Die systematische Erschließung von Beständen in Kooperation mit anderen wissenschaftlichen Einrichtungen und die Erfassung der einzelnen Institutsprojekten zugeordneten Bildquellengruppen erfolgen parallel dazu in Abhängigkeit von den zur Verfügung stehenden personellen Ressourcen. Neben technischen Fragen der Aufarbeitung und Bereitstellung der Bildquellen werden künftig verstärkt auch theoretische Aspekte der volkskundlichen Bildgeschichte und -kultur das Arbeitsfeld ergänzen.

Als Beispiel für die inhaltliche Arbeit und die Entwicklung neuer methodischer Fragestellungen sei auf ein von der Deutschen Forschungsgemeinschaft (DFG) gefördertes Projekt verwiesen: »Das Auge des Arbeiters. Untersuchungen zur proletarischen Amateurfotografie am Beispiel Sachsens« (2011 bis 2015). Im Rahmen des Vorhabens wurden exemplarisch sächsische Ortsgruppen der 1926 gegründeten Vereinigung der Arbeiter-Fotografen Deutschlands (VdAFD) in ihren Bildbeständen und Archivalien sowie ihre Publikationen in der Parteipresse rekonstruiert. Die in diesem Umfeld fassbare Bildproduktion wurde dabei ikonografisch und stilistisch untersucht sowie als Teil der politisch strukturierten Lebenswelt ihrer Akteure analysiert.[2] Aufbauend auf den Forschungsergebnissen dieses dreijährigen DFG-Projekts zur Arbeiterfotografie der Weimarer Republik wurde im Rahmen eines ebenfalls von der DFG geförderten Erkenntnistransferprojekts gemeinsam mit Partnerinstitutionen eine Ausstellung erarbeitet, die 2014 in den Kunstsammlungen Zwickau und im Käthe Kollwitz Museum Köln sowie Frühjahr 2015 im Stadtmuseum Dresden gezeigt werden konnte.[3] Verbunden mit der dritten Station der Ausstellung fand als Abschluss des DFG-Forschungsprojekts im März 2015 die Tagung »Arbeiter | Kultur | Geschichte. Arbeiterfotografie der Weimarer Republik im Museum« in den Räumen des Stadtmuseums Dresden statt.[4]

Anmerkungen

1 Vgl. Andreas Martin (Hg.), Digitale Bilderwelten. Zur elektronischen Erschließung von Bildsammlungen, Dresden 2003.

2 Wolfgang Hesse/Claudia Schindler/Manfred Seifert (Hgg.), Produktion und Reproduktion – Arbeit und Fotografie. Tagung im Westsächsischen Textilmuseum Crimmitschau, 24. und 25. April 2009, Dresden 2010; Wolfgang Hesse, Körper und Zeichen. Arbeiterfotografien aus Dohna, Heidenau und Johanngeorgenstadt 1932/33, Dresden 2013.

3 Das Auge des Arbeiters. Erinnerungsfotografie und Bildpropaganda um 1930 (Leitung: Manfred Seifert, Projektbearbeitung: Wolfgang Hesse): Kunstsammlungen Zwickau (Eröffnung am 23. Mai 2014), Käthe Kollwitz Museum Köln (Eröffnung am 14. August 2014), Stadtmuseum Dresden (Eröffnung am 21. März 2015).

4 Die Tagungsbeiträge sind veröffentlicht in: Wolfgang Hesse/Holger Starke (Hgg.), Arbeiter | Kultur | Geschichte. Arbeiterfotografie im Museum, Leipzig 2017.

Forschungen zur Geschichte des sächsischen Adels – eine Bilanz des ISGV

Die ISGV-Tagung auf Schloss Weesenstein »Die Bünaus. Geschichte einer Adelsfamilie in Sachsen und Böhmen« bot 2006 eine gute Gelegenheit, eine Forschungsbilanz zum sächsischen Niederadel zu ziehen und die wissenschaftliche Debatte über eine gesellschaftliche Gruppe fortzusetzen, die lange Zeit mit Klischees und verzerrten Bildern behaftet war.[1] Es war zugleich eine Leistungsbilanz des ISGV, das schon damals auf dem Feld der modernen Adelsforschung beachtliche Ergebnisse vorzuweisen hatte, was sich seither kontinuierlich fortsetzt, wie die sechs Jahre später im Kloster Drübeck abgehaltene Tagung »Adelslandschaft Mitteldeutschland. Die Rolle des landsässigen Adels in der mitteldeutschen Geschichte«[2] oder das 2013 erschienene Quellenbuch »Adlige Lebenswelten in Sachsen«[3] eindrücklich belegen. Das ISGV hat in seiner 20-jährigen Forschungsarbeit wichtige Bausteine zur modernen Adelsforschung beisteuern können. Dies betrifft nicht allein das Gebiet der Quellenerschließung und Publikationen zu speziellen Einzelthemen sächsischer Niederadelsgeschichte, sondern auch adelsspezifische Forschungsprojekte, Tagungen und Ausstellungen, die zudem stets die Bezüge zu anderen Adelslandschaften im Alten Reich und im europäischen Kontext gesucht haben. Einige kurze Streiflichter sollen dies belegen.

Quelleneditionen und Nachschlagewerke

Was die Hebung neuer Quellenschätze für die Adelsforschung betrifft, waren schon in der Zusammenschau von 2006 einige wichtige Grundlagen gelegt, die seitdem weiter ausgebaut wurden. Unverzichtbar für die Untersuchung frühneuzeitlicher Herrschaftsstrukturen in Sachsen sind etwa die Amtserbbücher aus dem 16. Jahrhundert. Zu verweisen ist auf das von André Thieme für das Internet aufbereitete Repertorium Saxonicum (repsax.isgv.de), das den Inhalt der 38 für das albertinische Sachsen einschlägigen Amtserbbücher aufschlüsselt und einen schnellen Zugriff auf Informationen zur sozialen, wirtschaftlichen und rechtlichen Verfassung auch adliger Grundherrschaften gestattet. Hinzu kommen erste Schritte zur Edition der sächsischen Adelstestamente, die durch Enno Bünz und Jens Kunze unternommen wurden.

Im Hinblick auf die hoch- und spätmittelalterlichen Quellen legte Tom Graber im Rahmen des Codex diplomaticus Saxoniae den ersten Band des Urkundenbuchs des Klosters Altzelle (codex.isgv.de) vor, das ebenso wie der 2009 erschienene erste Band mit den Papsturkunden für sächsische Empfänger auch viel Material zur Adelsgeschichte bereithält.[4]

Genannt sei außerdem die Internetversion des Historischen Ortsverzeichnisses von Sachsen, das 2006 zunächst in Buchform von Karl-

Tagung »Die Familie von Bünau. Adelsherrschaften in Sachsen und Böhmen vom Mittelalter bis zur Neuzeit« auf Schloss Weesenstein

Tagung »Adelslandschaft Mitteldeutschland. Die Rolle des landsässigen Adels in der mitteldeutschen Geschichte« im Kloster Drübeck

heinz Blaschke und Susanne Baudisch neu herausgegeben wurde[5] und unter hov.isgv.de seit 2008 auch online den Zugriff auf historisch-topografische Sachinformationen zu nahezu 6 000 sächsischen Orten erlaubt. Dieses Grundlagenwerk zur sächsischen Landesgeschichte enthält durchgängig Daten zum Ortsadel und zu den Herrengütern.

Noch immer fehlen indes Verzeichnisse oder Nachschlagewerke zu sächsischen Adelsfamilien mit Basisinformationen über Genealogie und Besitzverteilung. Von daher wird der weitere Ausbau des Online-Lexikons Sächsische Biografie an Bedeutung gewinnen. Das biografische Lexikon Sachsens, das am ISGV unter der wissenschaftlichen Leitung von Martina Schattkowsky bearbeitet wird, enthält neben Kurzbiografien zu bedeutenden Adligen auch einzelne Familienartikel zu Adelsgeschlechtern. Die Sächsische Biografie ist seit 2005 frei im Internet zugänglich (saebi.isgv.de) und wird fortlaufend erweitert.

Forschungsthemen zur Adelsgeschichte am ISGV

Erkenntnisfortschritte lassen sich seit der Institutsgründung auch bei Einzelstudien zum meißnisch-sächsischen Adel vom Mittelalter bis zur Moderne erkennen, wobei sich bestimmte inhaltliche und zeitliche Schwerpunkte abzeichnen. Überblickt man die am ISGV entstandenen Arbeiten, zeigt sich somit eine beachtliche Vielfalt sowohl an Themen als auch an methodischen Zugangsweisen, die von der modernen Sozial- und Wirtschaftsgeschichte bis hin zu historisch-anthropologischen Ansätzen reichen.

Genannt seien die grundlegenden Arbeiten zur mittelalterlichen Herrschaftsbildung östlich der Saale von André Thieme über die Burggrafschaft Altenburg[6] oder von Maike Günther über die Herrschaft Schellenberg.[7] Über den lokalen Adel in Nordwestsachsen vom späten 11. bis zum 14. Jahrhundert liegt außerdem die fundierte Dissertation von Susanne Baudisch vor.[8] In diesen Kontext gehören zudem Arbeiten zu Adligen im Umfeld geistlicher Institutionen und Karrieren wie etwa von Dirk Martin Mütze über die Funktion und Bedeutung des Augustiner-Chorherrenstifts St. Afra in Meißen. Die Ergebnisse schlugen sich zunächst 2010 in einer Publikation zu einem Workshop und schließlich 2016 in der Drucklegung der Dissertationsschrift nieder.[9] Darüber hinaus befasste sich die Dissertation von Sabine Zinsmeyer mit den Auswirkungen der Reformation auf die Lebensform von Nonnen in sächsischen Klöstern.[10] Enno Bünz trat in diesem Zusammenhang u. a. mit Ergebnissen über die Heiltumssammlung des kursächsischen Kämmerers Degenhart Pfeffinger (gest. 1519) hervor.[11]

Insgesamt gesehen liegt der zeitliche Fokus der Adelsforschungen aus dem ISGV in der Frühen Neuzeit.[12] Dazu zählt etwa die Habilitationsschrift von Martina Schattkowsky, die sich anhand von Mikroanalysen der adligen Herrschaftspraxis um 1600 zugewandt hat.[13] Auf der Grundlage historisch-anthropologischer Ansätze wurden Handlungsspielräume ebenso wie strukturell vorgegebene Zwänge des landsässigen Adels um 1600 zur Durchsetzung von Macht und Herrschaft vor dem speziellen Hintergrund der kursächsischen Agrarverfassung untersucht. Der Rolle adliger Funktionsträger und ihren Interaktionsmöglichkeiten und Handlungsspielräumen im Kontext des sächsischen Gesandtschaftswesens des 17. und 18. Jahrhunderts geht die Dissertation von Judith Matzke nach.[14] Auch die Kavalierstour als Institution adliger Standesbildung erfuhr eine gründliche Bearbeitung durch Katrin Keller.[15]

Fragen adliger Herrschaftspraxis spielten auch im von der Deutschen Forschungsgemeinschaft (DFG) finanzierten Drittmittelprojekt »Ländlicher Alltag auf dem Weg in die Moderne. Sächsische und oberlausitzische Agrargesellschaften zwischen Rétablissement und Erstem Weltkrieg (1763–1914)« eine wichtige Rolle. Ausgehend von ausgewählten Grund- bzw. Gutsherrschaften in den sächsischen Erblanden und der Oberlausitz widmete sich das interdisziplinär angelegte Projekt von 2006 und 2009 aus der Doppelperspektive einer Historikerin (Elke Schlenkrich) und einer Volkskundlerin (Ira Spieker) dem Zusammenhang von kultureller Semantik und sozialer Ordnung im ländlichen Bereich vor dem Hintergrund der gesellschaftlichen Umbrüche des 19. Jahrhunderts. In diesem Rahmen fand 2007 eine zweitägige Arbeitstagung »UnGleichzeitigkeiten. Transformationsprozesse in der ländlichen Gesellschaft der (Vor-)Moderne« statt, deren Ergebnisse in einem Tagungsband publiziert wurden.[16] Auf der Materialgrundlage des erfolgreich abgeschlossenen DFG-Projekts wurde ein Folgeprojekt konzipiert, das mit Mitteln des Sächsischen Staatsministeriums für Wissenschaft und Kunst den bisherigen Ansatz vor allem durch die Kategorien »Wissen« und »Macht« erweiterte. Dieses 2010 beendete Projekt mündete in die Monografie »Kapital – Konflikte – Kalkül. Ländlicher Alltag in Sachsen im 19. Jahrhundert« von Ira Spieker.[17]

Grenzüberschreitende Adelsbeziehungen verfolgt das Dissertationsprojekt von Martin Arnold »Zwischen Migration und Assimilation. Adel im sächsisch-böhmischen Grenzraum

Martina Schattkowsky (Hg.), Adlige Lebenswelten in Sachsen. Kommentierte Bild- und Schriftquellen (2013)

(16./17. Jahrhundert)«, das durch ein Immanuel-Kant-Promotionsstipendium sowie durch ein anschließendes Promotionsabschlussstipendium der Graduiertenakademie der Technischen Universität Dresden gefördert wurde. Am Beispiel der Familien von Bünau und von Salhausen entsteht eine mikrohistorische Längsschnittstudie, die Fragen adliger Interaktion und Kommunikation im Grenzraum von Sachsen und Böhmen thematisiert.[18]

Die eindrückliche Bilanz der ISGV-Adelsforschungen schlägt sich nicht zuletzt auch in dem bereits genannten Quellenbuch »Adlige Lebenswelten in Sachsen« nieder, an dem neben der Herausgeberin sowohl eine Vielzahl von Mitarbeiterinnen und Mitarbeitern des ISGV als auch vom Institut betreute Studierende und Doktoranden mit eigenen Beiträgen beteiligt waren. Inspiriert von dem 2009 von Gudrun Gersmann und Hans-Werner Langbrandtner herausgegebenen Band »Adlige Lebenswelten im Rheinland« wurde damit 2013 auch für Sachsen eine Publikation vorgelegt, die kommentierte Quellen einer regionalen Adelskultur vereint. Darin werden zu ausgewählten Themen in kurzen Beiträgen Bild-, Schrift- und Sachzeugnisse für die sächsische Adelslandschaft sowie die damit in Beziehung stehenden Personen oder Objekte erläutert und in den Gesamtzusammenhang der Adelsforschung eingeordnet.

Tagungen und Ausstellungen

Mit einer Reihe von Tagungen und Ausstellungsbeteiligungen hat sich das ISGV einem vielfältigen Themenspektrum sächsischer Niederadelsgeschichte zugewandt. Den Reigen eröffnete 2001 die von Martina Schattkowsky und Maike Günther konzipierte Rochlitzer Tagung »Fürstliche und adlige Witwen in der Frühen Neuzeit. Zwischen Fremd- und Selbstbestimmung«, die anhand von Einzelstudien der verschiedenen Wissenschaftsdisziplinen die vielfältigen politischen, ökonomischen und kulturellen Handlungsmöglichkeiten verwitweter Frauen aus dem Hoch- und Niederadel aufgezeigt hat. Die Tagung ging aus dem von Maike Günther verantworteten Projekt »Rochlitz – Residenz und Witwensitz« hervor, das im Fürstenhaus zu Rochlitz als Ausstellung der Staatlichen Schlösser, Burgen und Gärten Sachsen gGmbH praktisch umgesetzt werden sollte. Der in der Frühneuzeitforschung viel beachtete Tagungsband vereint Ergebnisse der deutschen und internationalen Historiografie über die in den Heirats- und Wittumsverträgen abgesteckten rechtlichen Rahmenbedingungen zur Witwenversorgung und deren Umsetzung in der Alltagspraxis.[19]

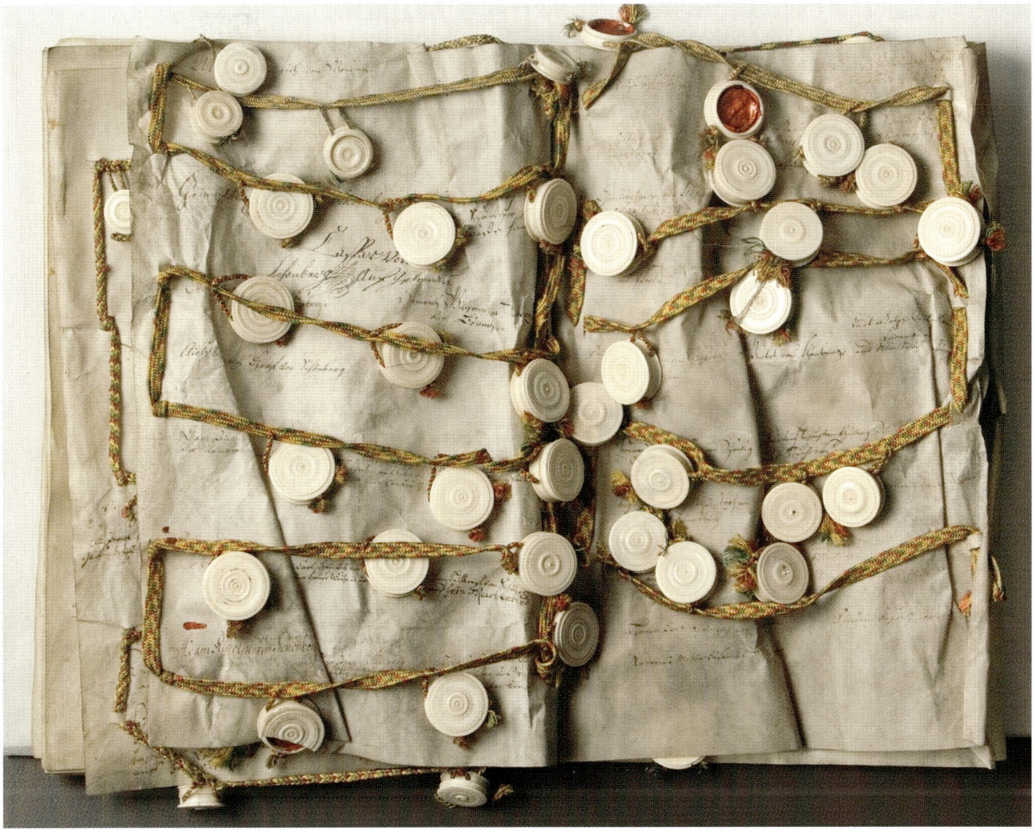

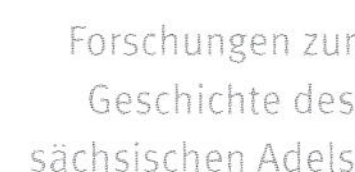

Geschlechtsordnung der Familie von Schönberg

In der Folgezeit war das ISGV mehrfach als Haupt- oder Mitveranstalter von wissenschaftlichen Tagungen zu einzelnen sächsischen Adelsgeschlechtern beteiligt. Dazu zählt die eingangs erwähnte Weesensteiner Tagung von 2006 über die Familie von Bünau. Am Beispiel dieses weit verzweigten Geschlechts wurden unter vergleichendem Aspekt Fragen der modernen Adelsforschung diskutiert. In einem weiten zeitlichen Bogen vom Mittelalter bis ins 19. Jahrhundert ging es dabei um Strategien des sozialen Aufstiegs sowie des Oben-Bleibens der Bünaus im Grenzraum zwischen Sachsen und Böhmen.

Genannt seien außerdem zwei Fachkolloquien, die das Sächsische Staatsarchiv, Staatsarchiv Leipzig in den Jahren 2005 und 2010 in Kooperation mit Enno Bünz veranstaltet hat und die sich jeweils mit den Familien von Einsiedel und von Schönberg beschäftigten.[20] Über die Lebenswege einzelner Vertreter dieser beiden Geschlechter hinaus wurden in diesem Kontext die Forschungspotenziale von Adelsarchiven exemplarisch ausgelotet.

Eine umfassende Forschungsbilanz bot dann – wie bereits genannt – die 2012 vom ISGV und dem Landeshauptarchiv Sachsen-Anhalt (Magdeburg) getragene Drübecker Konferenz über die Rolle des Adels im mitteldeutschen Raum. Sie richtete den Fokus auf die formativen Phasen von Adelsherrschaft und

Workshop »Adel in Sachsen und Böhmen« in Dresden (2013)

Adelskultur im späten Mittelalter und in der Frühen Neuzeit und verknüpfte aktuelle Ansätze der historischen Forschung mit einer problemorientierten Analyse der archivalischen Überlieferung.

Ein von Martin Arnold 2013 in Dresden veranstalteter Workshop »Adel in Sachsen und Böhmen. Aspekte einer Beziehungsgeschichte in Spätmittelalter und Früher Neuzeit« rückte die grenzüberschreitende Kommunikation des niederen Adels in den Mittelpunkt. Mit einem regionalen Schwerpunkt auf Sachsen und Böhmen ging es um Migrationsgeschichte und um Kulturtransfer einzelner, im Grenzraum ansässiger Geschlechter.

Mit Blick auf das Reformationsjubiläum 2017 organisierte das ISGV (Martina Schattkowsky), unter Mitwirkung der Staatlichen Schlösser, Burgen und Gärten Sachsen (André Thieme) und des Evangelischen Zentrums Ländlicher Raum, Heimvolkshochschule Kohren-Sahlis (Dirk Martin Mütze), die Tagung »Adel und Reformation« auf Burg Gnandstein und rückte damit eine für Sachsen bislang wenig untersuchte Thematik in den Mittelpunkt. Aus regional vergleichender Sicht wurden die Auswirkungen von Reformation und Konfessionalisierung auf das Herrschaftsverständnis, die persönliche Frömmigkeit sowie die Norm- und Wertvorstellungen des Adels zur Diskussion gestellt.

Sowohl die Gnandsteiner Tagung als auch das genannte Quellenbuch »Adlige Lebenswelten in Sachsen« sind eng verknüpft mit einer künftigen Dauerausstellung zur Geschichte des sächsischen Adels im Südflügel des Schlosses Nossen, die in Kooperation zwischen den Staatlichen Schlössern, Burgen und Gärten Sachsen sowie dem Verband Der Sächsische Adel e.V. entsteht und deren wissenschaftliche Konzeption seitens des ISGV unter Federführung von Martina Schattkowsky unter Mitarbeit von Nicole Völtz und Martin Arnold erarbeitet wurde. Inhaltliche Grund- und Leitlinie der Ausstellung mit dem Arbeitstitel »Zwischen Tradition und Modernität – Zeugnisse sächsischer Adelskultur« bildet die Frage nach Kontinuität und Wandel des Adels in Sachsen vom Mittelalter bis in die Gegenwart.

In Vorbereitung dieser Ausstellung entstanden am ISGV in den letzten Jahren Forschungsarbeiten, die nicht nur gezielt Deside-

Tagung »Adel und Reformation« auf Burg Gnandstein (2017)

rate der sächsischen Adelsforschung aufarbeiten sollten, sondern die auch zur besseren historischen Einordnung der für die Ausstellung vorgesehenen Exponate gedacht waren. Dazu zählen neben Zeitzeugeninterviews mit Angehörigen des sächsischen Adels sowie mit Dorfbewohnern vor allem Recherchen zum Thema »Flucht und Vertreibung des sächsischen Adels« durch Lutz Vogel.[21] Vorüberlegungen aus diesen Recherchen sowie aus dem volkskundlichen Projekt »Fremde – Heimat – Sachsen. Vertriebene als Neubauern. Staatliche Integrationsmaßnahmen und individuelle Adaptionsstrategien« bildeten den Ausgangspunkt für Diskussionen zu einem interdisziplinären Vorhaben beider Bereiche. Dabei geht es um ein Projekt über Transformationsprozesse im ländlichen Raum Ostdeutschlands von 1945 bis in die Gegenwart, das von Uta Bretschneider und Lutz Vogel und unter Leitung von Ira Spieker und Martina Schattkowsky vorangetrieben wurde und das als Förderantrag bei der DFG eingereicht werden soll.

Der Ausstellungsvorbereitung dienten zudem mehrere Hauptseminare am Institut für Geschichte der Technischen Universität Dresden mit dem Titel »Adel in Sachsen – Geschichte und museale Präsentation«. Im Rahmen von Hausarbeiten und einer Bachelor-Arbeit bearbeiteten die Studierenden Themen der sächsischen Adelsgeschichte, denen einzelne der in Nossen zu präsentierenden Objekte zugrunde lagen.

Einige dieser Ergebnisse flossen auch in die jährlichen Sonderausstellungen auf Schloss Nossen ein, die seit 2012 die Zeitspanne bis zur Eröffnung der Dauerausstellung voraussichtlich um 2021 überbrücken sollen. Dazu zählten u. a. die auch unter Mitwirkung des ISGV konzipierten und in der Presse vielfach gewürdigten Präsentationen »Vom Eigensinn der Damen – starke Frauen in der Geschichte des sächsischen Adels«, »Adel und Reisen« sowie »Adel und Reformation«.

Schließlich wurde das Nossener Projekt vom 2. bis zum 31. Juli 2013 mit einer Sonderausstellung im Foyer des Sächsischen Landtags unter dem Titel »Verlorene GeschichteN – sächsischer Adel zwischen Tradition und Modernität« präsentiert. Die Eröffnung dieser Ausstellung erfolgte in Kooperation der Staatlichen Schlösser, Burgen und Gärten Sachsen mit dem

ISGV, dem Verband Der Sächsische Adel e.V. sowie mit der Kulturstiftung des sächsischen Adels. Auf diese Weise trug gerade die langjährige Einbindung des ISGV in das Projekt der Dauerausstellung mit dazu bei, seiner weit gefächerten Adelsforschung eine breite öffentliche Aufmerksamkeit zu sichern.

Anmerkungen

1 Vgl. Martina Schattkowsky (Hg.), Die Familie von Bünau. Adelsherrschaften in Sachsen und Böhmen vom Mittelalter bis zur Neuzeit, Leipzig 2008, darin die Beiträge von Dies., Grenzüberschreitungen. Fallstudien zu Herrschaftserfahrungen der Familie von Bünau im 17. Jahrhundert, S. 275–294; André Thieme, Die frühen Herren von Bünau. Entwicklungen und Strukturen bis zum 14. Jahrhundert (mit einem Regestenanhang), S. 97–150.

2 Vgl. dazu den Tagungsband von Enno Bünz/Ulrike Höroldt/Christoph Volkmar (Hgg.), Adelslandschaft Mitteldeutschland. Die Rolle des landsässigen Adels in der mitteldeutschen Geschichte (15.–18. Jahrhundert), Leipzig 2016.

3 Vgl. Martina Schattkowsky (Hg.), Adlige Lebenswelten in Sachsen. Kommentierte Bild- und Schriftquellen, Köln/Weimar/Wien 2013.

4 Vgl. Codex diplomaticus Saxoniae, II. Hauptteil, Band 19: Urkundenbuch des Zisterzienserklosters Altzelle, 1. Teil: 1162–1249, bearbeitet von Tom Graber, Hannover 2006; III. Hauptteil, Band 1: Die Papsturkunden des Hauptstaatsarchivs Dresden – Originale Überlieferung, 1. Teil: 1104–1303, bearbeitet von Ders., Hannover 2009.

5 Vgl. Karlheinz Blaschke (Hg.), Historisches Ortsverzeichnis von Sachsen. Neuausgabe, bearbeitet von Susanne Baudisch und Karlheinz Blaschke, Halbband 1: A–M, Halbband 2: N–Z, Leipzig 2006.

6 Vgl. André Thieme, Die Burggrafschaft Altenburg. Studien zu Amt und Herrschaft im Übergang vom hohen zum späten Mittelalter, Leipzig 2001.

7 Vgl. Maike Günther, Die Herrschaft Schellenberg. Beobachtungen zur Herrschaftsbildung im Erzgebirge vom 12. bis zum 14. Jahrhundert und zur Schellenberger Fehde mit dem Kloster Altzelle, Diss. Dresden 2003.

8 Vgl. Susanne Baudisch, Lokaler Adel in Nordwestsachsen. Siedlungs- und Herrschaftsstrukturen vom späten 11. bis zum 14. Jahrhundert (Geschichte und Politik in Sachsen 10), Köln/Weimar/Wien 1999.

9 Vgl. Dirk Martin Mütze (Hg.), Regular- und Säkularkanonikerstifte in Mitteldeutschland, Leipzig 2011; Ders., Das Augustiner-Chorherrenstift St. Afra in Meißen (1205–1539), Leipzig 2016.

10 Vgl. Sabine Zinsmeyer, Frauenklöster in der Reformationszeit. Lebensformen von Nonnen in Sachsen zwischen Reform und landesherrlicher Aufhebung (Quellen und Forschungen zur sächsischen Geschichte 41), Stuttgart 2016.

11 Vgl. Enno Bünz, Die Heiltumssammlung des Degenhard Pfeffinger, in: Andreas Tacke (Hg.), »Ich armer sundiger mensch«. Heiligen- und Reliquienkult am Übergang zum konfessionellen Zeitalter (Schriftenreihe der Stiftung Moritzburg, Kunstmuseum des Landes Sachsen-Anhalt 2), Göttingen 2006, S. 125–169.

12 Vgl. die Bilanz von Ders., Adel in Sachsen im Spätmittelalter und in der Frühen Neuzeit. Stand, Aufgaben und Perspektiven der Forschung, in: Birgit Richter (Red.), Die Familie von Einsiedel. Stand, Aufgaben und Perspektiven der Adelsforschung in Sachsen. Kolloquium des Sächsischen Staatsarchivs, Staatsarchiv Leipzig in Zusammenarbeit mit der Universität Leipzig, 9. November 2005, Leipzig 2007, S. 7–41; sowie Ders./Christoph Volkmar, Adelslandschaft in Mitteldeutschland. Tendenzen und Perspektiven der Forschung, in: Bünz/Höroldt/Volkmar (Hgg.), Adelslandschaft Mitteldeutschland (wie Anm. 2), S. 111–148.

13 Vgl. Martina Schattkowsky, Zwischen Rittergut, Residenz und Reich. Die Lebenswelt des kursächsischen Landadligen Christoph von Loß auf Schleinitz (1574–1620), Leipzig 2007.

14 Vgl. Judith Matzke, Gesandtschaftswesen und diplomatischer Dienst Sachsens 1694–1763, Leipzig 2011.

15 Vgl. Katrin Keller, Der sächsische Adel auf Reisen. Die Kavalierstour als Institution adliger Standesbildung im 17. und 18. Jahrhundert, in: Dies./Josef Matzerath (Hgg.), Geschichte des sächsischen Adels, Köln/Weimar/Wien 1997, S. 257–274.

16 Vgl. Ira Spieker/Elke Schlenkrich/Johannes Moser/Martina Schattkowsky (Hgg.), UnGleichzeitigkeiten. Transformationsprozesse in der ländlichen Gesellschaft der (Vor-)Moderne, Dresden 2008.

17 Vgl. Ira Spieker, Kapital – Konflikte – Kalkül. Ländlicher Alltag in Sachsen im 19. Jahrhundert, Dresden 2013.

18 Vgl. Martin Arnold, Das Luthertum im böhmischen Adel, in: Jahrbuch des Bundesinstituts für Kultur und Geschichte der Deutschen im östlichen Europa 22 (2014) (Themenband Reformation), S. 67–105.

19 Vgl. Martina Schattkowsky (Hg.), Witwenschaft in der Frühen Neuzeit. Fürstliche und adlige Witwen zwischen Fremd- und Selbstbestimmung, Leipzig 2003.

20 Vgl. Richter (Red.), Die Familie von Einsiedel (wie Anm. 12); Dies. (Red.), Die Adelsfamilie von Schönberg in Sachsen. Fachkolloquium des Sächsischen Staatsarchivs, Staatsarchiv Leipzig, 22. Oktober 2010, Dresden 2011.

21 Vgl. Lutz Vogel, Der sächsische Adel und die Bodenreform. Staatliche Restriktionen und individuelle Strategien, in: Mike Schmeitzner/Clemens Vollnhals/Francesca Weil (Hgg.), Von Stalingrad zur SBZ. Sachsen 1943 bis 1949 (Schriften des Hannah-Arendt-Instituts für Totalitarismusforschung 60), Göttingen 2015, S. 465–481.

Landschaftsforschung im ISGV

Das Forschungsthema »Landschaft« bildet einen der Themenschwerpunkte des ISGV, zu dem seit der Institutsgründung kontinuierlich gearbeitet wurde. In diesem thematischen Zusammenhang konnten in den vergangenen zwei Jahrzehnten immer wieder fruchtbare Kooperationen realisiert und die Arbeitsergebnisse auch auf internationaler Bühne präsentiert werden.[1] Als Maß besonderer gesellschaftlicher Wahrnehmung und öffentlicher Strahlkraft dieser Forschungen sind die in den letzten Jahren ausgesprochenen Einladungen von Wirtschafts- und Naturschutzverbänden, aber auch politischen Institutionen anzuführen.[2]

Touristik und Landschaft

In den ersten Jahren der Existenz des ISGV wurde unter dem Projekttitel »Über Berg und Thal« die Herausbildung des touristischen Raums Sächsische Schweiz und damit die Neudefinition einer historischen Landschaft in den Blick genommen: Der Schweizer Kupferstecher Adrian Zingg entdeckte in den 1760er-Jahren das »Meißner Hochland« mit der in dieser Zeit als »Schandauer Heide« bezeichneten Kernregion für seine Arbeit an der Dresdner Kunstakademie. In mehreren Schritten vollzog sich bis zum Ende des 19. Jahrhunderts die Erschließung dieser Landschaft für den Fremdenverkehr, die unter dem Namen Sächsische Schweiz zu einem Anziehungspunkt für die Einwohner und Besucher der Stadt Dresden wurde. Von Bedeutung waren dabei vor allem die Interessen der beteiligten gesellschaftlichen Gruppen, die je ihre eigenen auch immer konkurrierenden Aspirationen beförderten.[3] Territoriale Erweiterung fand die Landschaftsforschung unter dem Titel »Erlebnis Landschaft. Zu den Formen der Wahrnehmung und Beschreibung eines touristischen Erlebnisraumes«. In diesem Projekt wurden die Erkenntnisse aus dem vorhergehenden Projekt auf weitere vom Fremdenverkehr im Rahmen der Gebirgsvereinsbewegung ›bearbeitete‹ touristische Gebiete ausgedehnt. Diese touristischen »Landschaften« entstanden im Rahmen historischer Prozesse. Ihre jeweiligen Erscheinungsformen sind das Ergebnis des gesellschaftlichen Umgangs mit Natur und deren Überformung. Als Kulturlandschaften repräsentieren sie gesellschaftliche Bedingungen. Das touristische Erleben von Landschaft steht damit immer in einem doppelten Kontext: Einerseits ist es die Betrachtung einer durch die Gesellschaft geprägten Erscheinung, die andererseits aus einer kulturell bestimmten Perspektive erfolgt.[4] Die Landschaftsbetrachtung wurde seit dem Ausgang des 18. Jahrhunderts zu einem zentralen Punkt bei der Genese touristischen Reiseverkehrs. Dabei standen die weiten Sichten über das Land in einem starken Kontrast zur

Das Erlebnis weiter Aussichten von den Felsen der Sächsischen Schweiz begründete u. a. deren Ruf als Reiseziel: Ansicht der Bastei in der Sächsischen Schweiz, Carl Gregor Däubert, um 1830, kolorierte Umrissradierung

städtischen Enge. »Aussicht genießen« wurde zum wichtigen Reiseerlebnis, die Möglichkeit des »Rundblicks« zu einem gesellschaftlichen Ereignis. Landschaftsikonen bildeten sich im wirtschaftlichen Kontext heraus.[5]

Die Fluss(land)schaft als Kulturraum

Seit 2003 ist die Erforschung des Wandels der Wahrnehmung von Flusslandschaften zu einem langfristigen Arbeitsthema im ISGV geworden. Unter dem Arbeitstitel »An der Elbe. Das Leben mit dem Fluss« steht dabei das größte durch Sachsen fließende Gewässer im Zentrum der Betrachtung. Insbesondere nach dem Jahrhunderthochwasser im August 2002 hatte die Elbe in der alltäglichen Wahrnehmung eine neue Qualität erreicht. Seit Jahrhunderten bestimmt der Fluss das Leben und die Wirtschaft der Bewohner der an seinem Bett angelegten Siedlungen und Städte. Dabei ändert sich die Bedeutung des Gewässers in seinen Bezügen zur Lebenswelt beständig: Unmittelbare Nahrungs- und Existenzgrundlage war die Elbe für einzelne Siedlungen nur bis in das 19. Jahrhundert. Im

Das Portal »Der stillen Naturfreude« im Grünfelder Park bei Waldenburg. Das 1786 umgesetzte Renaissanceportal symbolisiert den Eingang in die nach englischem Vorbild im 18. Jahrhundert gestaltete Parkanlage

Ein Sonnenaufgang über scheinbar endlosem Horizont war für Naturliebhaber bis in das 20. Jahrhundert ein bemerkenswertes Ereignis, um 1900, Postkarte

Rahmen der Industrialisierung erlangte ihre Bedeutung als Transportweg Dominanz, und in der zweiten Hälfte des 20. Jahrhunderts trat die Nutzung des Tals und der teilweise weiten Wiesenniederungen für die Freizeitgestaltung der Anwohner und Erholungssuchenden in den Vordergrund. In der Folge des Strukturwandels der Industrie am Ende des 20. und zu Beginn des 21. Jahrhunderts prägten die Bemühungen um eine Renaturierung des Flusses die Beziehung zu diesem Gewässer. In weiten zeitlichen Abständen verdeutlichte der Flusslauf den Menschen seine eigentliche Funktion, Transportweg für die Ableitung des Oberflächenwassers zu sein, mit brutaler Gewalt und wies damit eindringlich auf seine Bedeutung im Naturhaushalt des europäischen Kontinents hin.

Im Rahmen des Projekts werden der Veränderung der Position des Flusses für die Lebenswelt der Einwohner der Stadt Dresden und des oberen Elbtals sowie der Frage nachgegangen, in welchen Situationen das Gewässer in welcher Form wahrgenommen wurde. Dabei ist zu fragen, ob sich eine allgemeine Kultur des Umgangs mit der Naturerscheinung »Fluss« entwickelt hat.[6]

Kooperationen

Ab 2007 kam es zu einer Zusammenarbeit mit dem Arbeitskreis Landschaftstheorie (AKL), der 2004 in Hannover gegründet worden war, um den Diskurs der Forschungsperspektive »Landschaft« aus unterschiedlichen Disziplinen zu befördern. Vor diesem organisatorischen Hintergrund diskutierten Landschaftsarchitekten, Geografen, Psychologen, Historiker, Literatur- und Kulturwissenschaftler Forschungsprobleme und führten öffentliche Veranstaltungen durch. Das Interesse am Veranstaltungsort Dresden war insbesondere in der Folge der öffentlichen

Diskussionen um den möglichen Verlust des Status als UNESCO-Weltkulturerbe von Seiten des Arbeitskreises groß; das Bauvorhaben der sogenannten Waldschlösschenbrücke über die Elbe schädigt, so die Auffassung der UNESCO, das einmalige Ensemble von Natur und Architektur im Dresdner Elbtal. Als ein Ergebnis der Zusammenarbeit fand im September 2009 ein mehrtätiges Symposium unter dem Titel »Landschaft quer Denken. Theorien – Bilder – Formationen« statt: 34 Referenten diskutierten Grundfragen und Perspektiven der Landschaftsforschung. Drei Monate zuvor, im Juni 2009, hatte die UNESCO Dresden den Status abschließend aberkannt. Die Veröffentlichung der Beiträge der Veranstaltung erfolgte in der Schriftenreihe des Instituts 2012.[7] In dem Tagungsband wurde auch das »Dresdner Manifest zur Landschaftstheorie« abgedruckt, das wesentliche Ergebnisse der Tagung zur Forschungsperspektive, zum Begriff und zur Kategorie ebenso wie zum Raum und zur Zielstellung bei der wissenschaftlichen Beschäftigung mit Landschaft zusammenfasst.[8]

Im Verlauf der Forschungen am ISGV gewann ein Nebenfluss der Elbe besondere Aufmerksamkeit: Das »Muldenland« wird bis heute kaum als geschlossener Landschaftsraum wahrgenommen. Das Interesse von Mitarbeitern des Naturpark Muldenland e.V. an einer eingehenderen wissenschaftlichen Betrachtung der Einzugsgebiete der sächsischen Mulden (Freiberger, Zwickauer und Vereinigte Mulde) führte zu einer interessanten Zusammenarbeit, in deren Ergebnis 2011 im Rahmen der Tagung »Die Flusslandschaft Mulde – Geschichte und Wahrnehmung heute« multiperspektivisch geografische, ökologische, hydrologische und wasserbautechnische sowie sozial-, kunst- und kulturgeschichtliche Aspekte der Wahrnehmung der Flusslandschaft vorgestellt wurden.

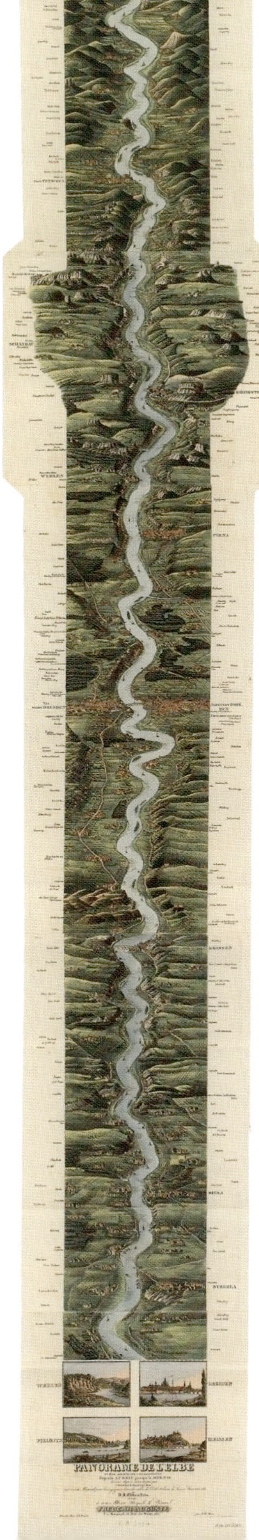

Mit dem »Panorama der Elbe zwischen Aussig und Meissen« schuf Carl Heinrich Beichling bereits vor 1830 eine kartografische Ansicht der Elbe, die rein touristischen Zwecken diente. Sie wurde durch die Veröffentlichung von Johann Gottlieb Wiemann »Der Führer auf der Reise im Elbthale« ergänzt: Panorama der Elbe, Carl Heinrich Beichling, 1831, Radierung

Stadt-, Fluss- und Industrielandschaft Dresden: Der Blick von der Marienbrücke über die Elbe und die Anlagen des »Packhofs« zum Stadtzentrum, um 1900, Postkarte

Offenes Schwimmbad an der Elbe, 1910

»Allen Verehrern der Natur gewidmet« – Inschrift auf der Albernauer Kanzel (Erzgebirge), Teil einer zwischen 1830 und 1860 eingerichteten Waldparkanlage

Die Sanierung des »Biedenkopfblicks« in Bad Schlema. Auf dem Gedenkstein ist formuliert: »Ingrid und Kurt Biedenkopf. Sie glaubten mit uns an die Wiedergeburt des Schlematals und bestärkten uns im Glauben an unsere Kraft.«

Der Fluss Mulde, als Summe von drei meist getrennt beschriebenen Fließgewässern, fand als ein in sich geschlossenes System Aufmerksamkeit, indem er als Akteur, Gestalter und Objekt der Geschichte eine Neubewertung erfuhr, die für gegenwärtige und künftige Überlegungen der Landschaftsgestaltung und der Landschaftsnutzung Bedeutung erlangte. Die Beiträge der Veranstaltung wurden 2013 veröffentlicht.[9]

Auch die Untersuchung der Lebenswelt auf und am Elbstrom schritt weiter voran. In der Folge der Zusammenarbeit mit dem AKL wurden Überlegungen angestellt, Untersuchungen zu diesem internationalen Fluss, der nach der Tschechischen Republik in der Bundesrepublik Deutschland sechs Bundesländer durchfließt bzw. berührt, durch ein internationales Symposium zusammenzuführen. Zur Konkretisierung dieser Überlegungen wurden 2012 bis 2014 insgesamt fünf Workshops durchgeführt, die in Dresden, Stade, Pirna, Coswig/Anhalt und Tangermünde stattfanden und insgesamt mehr als 30 Experten zusammenführten. Aus diesem Kreis – ergänzt durch einen Call for Papers – wurden die Referentinnen und Referenten für das Symposium »Die Elbe – Fluss ohne Grenzen (1815–2015)« gewonnen, das vom 17. bis 19. September 2015 in Hamburg stattfand.

Seit 2011 ist ein weiteres Projekt zur Landschaftsforschung am ISGV verankert: Unter dem Titel »Neue Sichtweisen« soll das Aufleben einer Aussichtsturm-Begeisterung im Zuge des infrastrukturellen Neuaufbaus im Ergebnis der politischen Wende 1989 in den »neuen Ländern« der Bundesrepublik untersucht werden. Im ausgehenden 19. Jahrhundert erlangte – infolge der Gründung von zahlreichen Gebirgsvereinen in Sachsen – die Errichtung von Aussichtstürmen sowohl in den mitteldeutschen Gebirgen als

Die »Lourdesgrotte« im Park von Wechselburg an der Zwickauer Mulde

Paddeln auf der Vereinigten Mulde. Nach der Schließung vieler Industriebetriebe am Fluss wird das Gewässer auch wieder für Freizeitvergnügen genutzt

Die »Lunzenaugen« auf der »Muldenterrasse« in Lunzenau an der Mulde, Installation am Ufer der Mulde in Lunzenau

Am Ende des 19. Jahrhunderts gewann das Erzgebirge als Landschaft für den Wintersport besondere Aufmerksamkeit

auch in städtischen Parkanlagen Bedeutung. Nahezu übergangslos schloss sich an diese »Turmbaubewegung« eine eher national ausgerichtete Variante mit der Errichtung von Bismarcksäulen an, die in der profanen Variante mit Aussichtsplattformen versehen wurden. Mit der Fertigstellung des Völkerschlachtdenkmals in Leipzig und dem Beginn des Ersten Weltkriegs endete diese Phase, in der allein in Sachsen nahezu 200 dieser Landschaftsmarker entstanden. Nach etwa einem Jahrhundert kann eine zahlenmäßige Häufung neu errichteter Aussichtstürme festgestellt werden. Ein erster Überblick verzeichnet den Neubau, die Sanierung bzw. die Umnutzung von mehr als 50 dieser markanten Bauwerke.

Der weite Rundumblick auf die Landschaft, der dem Individuum durch ein aufwändiges technisches Hilfsmittel wie den Aussichtsturm ermöglicht wird, ist in Zeiten nahezu unbegrenzter Möglichkeiten zur geografischen und topografischen Recherche, wie sie Google Earth und Google Streetview bieten, neu zu bewerten. Es soll geklärt werden, welche Bedeutung diese Bauwerke, die in den vergangenen Jahrhunderten durch Stifter, Namensgeber, langwierige gemeinschaftliche Finanzierungsverfahren und Weiheakte symbolisch aufgeladen waren, heute für die Gesellschaft haben.

Tagungsband Andreas Martin (Hg.), Die Flusslandschaft Mulde. Geschichte und Wahrnehmung (2013)

Tagungsband Stefanie Krebs/Manfred Seifert (Hgg.), Landschaft quer Denken. Theorien – Bilder – Formationen (2012)

Anmerkungen

1 Tagung »Landschaft quer Denken. Theorien – Bilder – Formationen in Dresden« (September 2009), Tagung »Die Flusslandschaft Mulde« im Rathaus Grimma (September 2011), Tagung »Die Elbe – Fluss ohne Grenzen (1815–2015)« in den Museen Hamburg (September 2015), Workshop »Wandern« im Germanischen Nationalmuseum Nürnberg (Juli 2016), Workshop »Elbe im historischen Wandel« im Technischen Nationalmuseum Prag und im Stadtmuseum Ústí nad Labem (Juli 2016), Workshop »Kulturaustausch Böhmen – Sachsen« im Staatlichen Museum für Archäologie Chemnitz (November 2015).

2 Wirtschaftsförderungsgesellschaft Anhalt-Bitterfeld-Dessau-Wittenberg (Dessau-Roßlau, 27. August 2015); Wasser- und Schifffahrtsverwaltung des Bundes (Magdeburg, 1. April 2016); BUND (Lenzen, 1. Oktober 2016); Landesamt für Umwelt Brandenburg, UNESCO-Biosphärenreservat Flusslandschaft Elbe (Wittenberge, 8. Juli 2017).

3 Vgl. Andreas Martin, Der Fremdenverkehr in der Sächsischen Schweiz. Zu offenen Fragen der Entdeckung und Entwicklung einer touristischen Landschaft bis 1914, in: Volkskunde in Sachsen 7 (1999), S. 89–115; Ders., Landschaftsbilder. Zum Beitrag der Dresdner Künstler an der »Entdeckung« der Sächsischen Schweiz im ausgehenden 18. Jahrhundert, in: Volkskunde in Sachsen 17 (2005), S. 57–73.

4 Vgl. Andreas Martin, Vom »Sächsischen Sibirien« zum »Silbernen Erzgebirge«. Zum Wandel touristischer Leitbilder, in: Sönke Löden (Hg.), Montanlandschaft Erzgebirge. Kultur – Symbolik – Identität, Dresden 2003, S. 95–112; Ders., Der Wintersportplatz Sachsen. Aus der kartografischen Sammlung des ISGV, in: Johannes Moser (Hg.), Spurensuche. Einblicke in die Sammlungen des Instituts für Sächsische Geschichte und Volkskunde. Katalog zur Sonderausstellung im Museum für Sächsische Volkskunst vom 1. September bis 31. Oktober 2005, Dresden 2005, S. 52–59; Ders., Ein Haus und seine Bilder. Ländliche Architektur in den Sammlungen des ISGV, in: ebd., S. 12–19.

5 Vgl. Andreas Martin, Fokussierte Landschaft. Aussichtstürme in der Sächsischen Schweiz, in: Rolf Wilhelm Brednich/Anette Schneider/Ute Werner (Hgg.), Natur – Kultur. Volkskundliche Perspektiven auf Mensch und Umwelt. 32. Kongress der Deutschen Gesellschaft für Volkskunde in Halle vom 27. 9. bis

1.10.1999, Münster u.a. 2001, S. 177–188.; Ders., Gute Aussichten. Zur Schaffung von Aussichtsbauwerken in städtischen Parkanlagen, in: Sächsische Heimatblätter 49 (2003), H. 1, S. 47–53.

6 Vgl. Andreas Martin, Dresden, Stadt am Fluss. Zur fotografischen (Re)Konstruktion des Topos einer urbanen Flusslandschaft auf Ansichtskarten, in: Irene Ziehe/Ulrich Hägele (Hgg.), Fotos – »schön und nützlich zugleich«. Das Objekt Fotografie (Visuelle Kultur. Studien und Materialien 2), Berlin 2006, S. 77–94; Ders., Der industrialisierte Fluss. Elbschifferalltag auf den Fotografien von Emil Zöllner (1879–1948), in: Wolfgang Hesse/Claudia Schindler/Manfred Seifert (Hgg.), Produktion und Reproduktion – Arbeit und Fotografie. Tagung im Westsächsischen Textilmuseum Crimmitschau, 24. und 25. April 2009, Dresden 2010, S. 77–95; Ders., Elbschifferkultur. Zu Genese und Wandel im 19. Jahrhundert, in: Volkskunde in Sachsen 22 (2010), S. 51–72.

7 Stefanie Krebs/Manfred Seifert (Hgg.), Landschaft quer Denken. Theorien – Bilder – Formationen, Leipzig 2012.

8 Vgl. Guido Fackler/Norbert Fischer/Stefanie Krebs/Manfred Seifert/Miriam Volmert, Dresdner Manifest zur Landschaftstheorie, in: ebd., S. 17–19.

9 Vgl. Andreas Martin (Hg.), Die Flusslandschaft Mulde. Geschichte und Wahrnehmung heute, Dresden 2013; Ders./Anke Fröhlich, Die Flusslandschaft an den Mulden. Frühe Wahrnehmungen in bildender Kunst und Reiseliteratur, Dresden 2012.

Sachsen als Schauplatz historischer und gegenwärtiger Migrationsprozesse

Migration ist ein Globalthema unserer Zeit. Durch die Ankunft von beinahe einer Million Flüchtlingen aus Afrika, dem Nahen und Mittleren Osten in den Jahren 2014 und 2015 in Deutschland hat sich die gesellschaftliche Debatte um Ursachen, Verlaufsformen und Folgen von grenzüberschreitenden Migrationsbewegungen ausgeweitet. Zugleich wurden weitreichende politische Folgen dieser Entwicklung sichtbar. Diskurse um Migration reichen daher heute weit über demografische, humanitäre oder wirtschaftliche Einzelprobleme hinaus.

Das Zeitalter der Migration, dessen Anfänge die fächerübergreifende Forschung in den 1980er-Jahren verortet, beschäftigt als Querschnittsthema so unterschiedliche Disziplinen wie die Politikwissenschaft, Soziologie, Bevölkerungswissenschaft, Wirtschaftswissenschaft, Geschichtswissenschaft und Volkskunde/Europäische Ethnologie/Kulturanthropologie. Demnach gehören massenhafte Wanderungsbewegungen zwar zur Menschheitsgeschichte und stellen kein neuartiges Phänomen dar, doch erweiterten sich in den vergangenen 30 bis 35 Jahren ihre Größenordnungen und Auswirkungen in dramatischer Weise. Während in den Jahren zwischen 1919 und 1980 die weltweiten Migrationszahlen im Vergleich zum 19. Jahrhundert zunächst zurückgingen, nehmen sie seitdem kontinuierlich zu. Die internationale Migration und ihre Folgen sind nicht zuletzt auch medial stärker in den Fokus gerückt.

Als globales Thema steht Migration mit Entwicklungen im Zusammenhang, die vor allem unter dem Begriff der Globalisierung zu subsumieren sind. Dies bedeutet, dass neben kurzfristig wirkenden Einflussfaktoren wie Kriegen und Hungerkatastrophen sowie ökonomischen Strukturbedingungen auch langfristige Entwicklungen wie neue Kommunikationstechnologien, ein erweitertes Angebot an Transport- und Verkehrsmöglichkeiten und die wachsende hochgradige Vernetzung politischer und wirtschaftlicher Entscheidungen Migration erzeugen und sie zugleich erfordern: Mobilität und Migrationen sind im Netz der globalen Akteurinnen und Akteure zum Normalfall geworden. Vor diesem Hintergrund wird Migration heute als Teil einer Transnationalisierung des sozialen Raums begriffen, in der nicht nur Güter- und Geldströme, sondern auch eine immer größer werdende Zahl von Menschen Grenzen überschreiten, sodass soziales Handeln an diversen geografischen Orten Wirkungen entfaltet. Verbunden damit ist eine Diversifizierung der Formen und Typen: Neben Einmalwanderungen mit dem Ziel oder dem Resultat einer Niederlassung in der Ankunftsregion sind Ketten- und Zirkelwanderungen getreten, während Pendelmigrationen über kurze und mittlere Distanzen

Mandat

Herrn Xaverii, Königl. Prinzens in Pohlen und Litthauen rc. als Administratoris der Chur Sachsen rc. Wider die Verleitung derer Unterthanen und Einwohner, zum Wegziehen ausser Landes; d. d. 21. Aug. 1764.

An. 1764. WIR Xaverius, von GOttes Gnaden, Königlicher Printz in Pohlen und Litthauen, Hertzog zu Sachsen, Jülich, Cleve, Berg, Engern und Westphalen, Landgraf in Thüringen, Marggraf zu Meissen, auch Ober- und Nieder-Lausitz, Gefürsteter Graf zu Henneberg, Graf zu der Marck, Ravensberg, Barby und Hanau, Herr zu Ravenstein rc. der Chur Sachsen Administrator rc. in Vormundschaft Unsers freundlich geliebten Herrn Vetters, Friedrich August, Hertzogs zu Sachsen, Jülich, Cleve, Berg, Engern und Westphalen, des heiligen Römischen Reichs Ertz-Marschalls und Chur-Fürstens, Landgrafens in Thüringen, Marggrafens zu Meissen, auch Ober- und Nieder-Lausitz, Burggrafens zu Magdeburg, Gefürsteten Grafens zu Henneberg, Grafens zu der Marck, Ravensberg, Barby und Hanau, Herrns zu Ravenstein rc.

Entbiethen allen und jeden, Prälaten, Grafen, und Herren, denen von der Ritterschaft, Landes-Creyß- und Amts-Hauptleuten, Amtleuten, Schössern und Verwaltern, Bürgermeistern und Räthen in Städten, Richtern und Schultheissen in Flecken und Dörfern, und sonst insgemein allen Unterthanen und Schutz-Verwandten in diesem Chur-Fürstenthum, denen incorporirten und übrigen hiesigen Landen, und sonst jedermänniglich, Unsern Gruß, Gnade und geneigten Willen, und fügen denenselben hiermit zu wissen: Wasmassen Wir bis anhero mißfällig wahrzunehmen gehabt, welchergestalt denen hiesigen Landes-Gesetzen, und nahmentlich Unsers in Gott ruhenden Groß-Herrn Vaters Königl. Majest. Mandate vom 20. Decemb. 1723. entgegen, zeithero, sowohl fremde Emissarien, als auch hiesige pflichtsvergessene Unterthanen, nützliche Einwohner dieser Lande zum Wegziehen an auswärtige Orte zu verleiten gesucht, dadurch aber gedachten Landen den empfindlichsten Nachtheil zugezogen, und alles dasjenige, was sie dem Staat, in welchem sie leben, oder wenigstens auf einige Zeit geduldet werden, schuldig sind, freventlich aus den Augen gesetzet.

Bewegungs-Ursachen.

Wir finden dahero für nöthig, diesem Unwesen fürs künftige auf das nachdrücklich zu steuern, und zu dem Ende Eingangserwehnten Vasallen, Gerichts-Obrigkeiten und Unterthanen Unsere hierunter gefaßte Willens-Meynung durch gegenwärtiges Mandat bekannt zu machen.

Denen Unterthanen wird die freye Gebahrung, mithin ihren Personen und Güthern nicht beschränket.

Je weniger Wir aber hierbey die Absicht hegen, die Freyheiten derer Chur-Fürstlich-Sächsischen Unterthanen, in so weit selbige in denen Landes-Gesetzen und der unstreitigen Verfassung gegründet sind, zu beschränken, oder jemanden, wider deren Disposition, an der Gebahrung mit seiner Person oder Gütern zu hindern, in dem zuversichtlichstem gnädigstem Vertrauen, wie durch Unsere unermüdete gnädigste Sorgfalt für alles dasjenige, so zur Vermehrung ihres Wohlstandes gereichen kan, dieselben sich ohnehin bewogen finden werden, den Aufenthalt in hiesigen Landen und die in solchen geniessende Vortheile auswärtigen ungewissen Aussichten vorzuziehen; Desto strengere Ahndung verdienen diejenigen, welche, durch falsche Vorspiegelungen, wohlgesinnte Unterthanen der Bothmäßigkeit ihres Landes-Herrn und dem Lande zu entziehen sich beygehen lassen.

Wir setzen, ordnen und wollen dahero, daß

Imo.

Strafe der Verleiter

alle, sowohl Einheimische, als Fremde, welche an irgend einem Orte von denen Unterthanen derer Chur-Sächsischen alten, auch incorporirten und anderen Lande, gantze Familien, oder auch eintzelne Personen, besonders die Grund-Besitzer in Städten und auf dem Lande, Fabricanten, Manufacturiers, Künstler, Kauf- und Handels-Leute, zum Wegziehen in auswärtige Lande, es geschehe solches mittelbar oder unmittelbar, wie und auf was Weise es immer wolle, nach Publication dieses Mandats, zu verleiten sich unterfangen, und zwar

a) wenn sie einen hiesigen unangesessenen Unterthanen zum Wegziehen verführet, mit Fünfjähriger, und *a)*

b) wann sie einen angesessenen Einwohner in Städten oder Grund-Besitzer auf dem Lande, Fabricanten, Manufacturier, Künstler, Kauf- und Handelsmann darzu verleitet, mit Zehenjähriger Festungs-Bau-Zuchthaus- oder anderer Gefäng-Strafe beleget, daferne sie aber *b)*

c) den Frevel so weit getrieben, daß sie dergleichen Verleitung einzelner Personen mehrmaln wiederholet, oder mehr als eine Person zugleich, und gantze Familien verführet hätten, mit dem Strange vom Leben zum Tode gebracht werden sollen. *c)*

2do.

Allgemeinheit der Strafe.

Ob auch schon mehrere Personen an dem Delicto Theil genommen; So haben sie doch alle insgesamt obgesetzte Strafe zu gewarten.

3do.

Moderation, wenn das Verbrechen, ohne Effect geblieben.

Wäre aber das Verbrechen ohne Effect geblieben, und das Wegziehen des hiesigen Unterthanen nicht erfolget: So soll in dem, im 1. §. bemerkten erstem Fall der Verbrecher mit Dreyjähriger, im anderm Fall mit Fünfjähriger, und in denen sub c. bemerkten

ten

»Mandat Herrn Xaverii … Wider die Verleitung derer Unterthanen und Einwohner, zum Wegziehen ausser Landes«, 1764

Wir Vorsteher deren Burgerl: Bau-und Steinmetz-Meistern der Kais. König. Haubt-und Residens Stadt Wien Uralten Haupt-Hütten, und Haupt-Laad, bezeugen hiemit, daß gegenwärtiger [illegible] Gesell, Namens [illegible] von [illegible] gebürtig, So 23. Jahr alt und von [illegible] Statur, auch [illegible] Haaren, ist bey uns allhier [illegible] Jahr 17. Wochen in Arbeit gestanden, und sich solcher Zeit [illegible] verhalten hat: Welches wir also [illegible] und deshalben unsere sämmtliche mit Bau-und andere Meister auf dem Land diesen Gesellen nach Handwerks-Gebrauch aller Orten zu fördern, geziemend ersuchen wollen. Geben in Wien den [illegible]

Anno 180[illegible]

als Meister, wo obiger Gesell in Arbeit gestanden.

Gesellenwanderbrief des Maurergesellen Johann Gottlieb Lehmann, 1803

gleichfalls an Bedeutung zugenommen haben. Diese Entwicklungen führen zu einer Komplexität von Migrationen und stellen nicht nur die politischen Akteure, sondern auch eine Vielzahl von wissenschaftlichen Disziplinen vor neue Probleme und Aufgaben. Gerade die Geistes- und Sozialwissenschaften sehen sich mit der Notwendigkeit konfrontiert, neue Fragen nach den vergangenen und aktuellen Verlaufsformen und Konsequenzen von Wanderungsbewegungen zu beantworten.

Die Volkskunde als eine empirische Kulturwissenschaft, die nach kulturellen Praxen und Bedeutungszuschreibungen aus der Akteursperspektive fragt, erschließt spezifische Zugänge zur Migration sowohl in historischer wie in gegenwartsbezogener Hinsicht. Sie tut dies vorwiegend im lokalen und regionalen Rahmen und sucht auf der Ebene von Einzelfallstudien subjektzentrierte Zugangsweisen zu erfassen. Aufgrund der Interdisziplinarität des Forschungsfelds Migration ergeben sich außerdem hervorragende Möglichkeiten der interdisziplinären Kooperation, wie sie am ISGV beispielhaft betrieben wird.

Die historisch orientierte Migrationsforschung hat sowohl im Bereich der Volkskunde als auch in den Geschichtswissenschaften eine Fülle von Studien hervorgebracht. Die volkskundliche Forschung in Deutschland, die sich seit vielen Jahrzehnten mit Fragen der kulturellen Implikationen von Migrationen befasst, rich-

Sächsische Bergleute schiffen nach Amerika, 1825

Briefe eines Sachsen aus America. Nebst einer erläuternden Einleitung über America und die Auswanderung dahin, zur Belehrung und Unterhaltung. Grimma, Druck und Verlag des Verlags-Comptoirs. 1843.

Briefe eines Sachsen aus America (1843)

tete den Fokus insbesondere auf die Gebiete der Sprachinselforschung/Interethnischen Forschung, Flüchtlings- und Vertriebenenforschung, Aussiedlerforschung, die Arbeitsmigrantenforschung und die Auswandererforschung. Ein typisches Kennzeichen war und ist dabei die Konzentration auf die sozialen und kulturellen Probleme – Migration wurde und wird in diesem Sinne meist als ein durch Prekarisierung der Lebensverhältnisse und der sozialen Lage gekennzeichneter Zustand begriffen. Erst in jüngerer Zeit hat sich insbesondere in der Kulturanthropologie ein neues Verständnis von Mobilität als Lebensform durchgesetzt, die nicht auf die Logiken der Deprivation reduziert werden kann. Die vermehrt auftretenden Erscheinungen von Pendel- und Kettenmigrationen lassen erkennen, dass neben dem klassischen Motiv der durch materielle Not oder durch Krieg und Verfolgung erzwungenen Migration oftmals eine Gemengelage weiterer Motivationen und Triebkräfte sozialer und kultureller Art eine Rolle spielt. Das Bild gegenwärtiger Migrationsbewegungen ist daher von einer in der Forschung bislang erst skizzenhaft erfassten Komplexität, die nicht zuletzt Strategien des »empowerment« und der Selbstbestimmung von Wandernden – auch und gerade im Angesicht von Notsituationen – einschließt.

Die volkskundlich-kulturanthropologische Forschung konzentriert sich, bedingt vor allem durch den zuletzt stark steigenden Zuzug von Flüchtlingen nach Deutschland, zunehmend auf aktuelle und gegenwartsbezogene Probleme von Migration. Die Studien verstehen sich in der Regel als Beiträge zu einer Alltagsgeschichte der unteren Sozialschichten. Im Bereich der Geschichtswissenschaften lässt sich die Fülle an Publikationen zum Themenbereich Migration kaum überblicken. Die historische Migrationsforschung hat sich sowohl im Bereich der Auswandererforschung wie auf den Feldern der

Vertriebenen- und Aussiedlerforschung und der Arbeitsmigration hervorgetan. Auch das breite Feld der historischen Mobilität findet Beachtung, wobei sich die untersuchten Zeiträume vom Mittelalter bis zur Gegenwart erstrecken. Eine historisch arbeitende volkskundliche Migrationsforschung in Sachsen kann damit auf einem breiten Fundament auch regional eingegrenzter Studien zu Mobilität und Migration aufbauen.

Im Vergleich zu den bislang vorgelegten volkskundlichen und geschichtswissenschaftlichen Studien sind regionale Forschungen über Sachsen, darüber hinaus aber auch für den gesamten mitteldeutschen Raum, eher selten. Die vorliegenden Arbeiten beziehen sich zumeist auf das 19. und die erste Hälfte des 20. Jahrhunderts, weisen oft aber keine größere historische Tiefe auf. Lediglich für einzelne Felder – das Aufblühen Dresdens als Residenzstadt, Wanderungsbewegungen zwischen Sachsen und Polen oder Migrationen von Unternehmern während der Industrialisierung des 19. Jahrhunderts – wurden Wanderungen von sozialen Gruppen oder auch Einzelpersonen problematisiert. Auch gibt es Einzelstudien zu Migranten aus Kunst und Hochkultur. Eine dezidiert sozialgeschichtliche und volkskundliche Perspektive weisen primär einige Arbeiten zu Auswanderungen aus Sachsen auf. Eine umfassende sozial- und kulturgeschichtliche Analyse fehlt dagegen.

Trotz der noch immer bestehenden Defizite konnten, ausgehend von einem komplexen Verständnis des Forschungsfeldes Migration, in mehreren Projekten des ISGV einzelne Aspekte der bislang noch weitgehend unerschlossenen Migrationsphänomene in Sachsen grundlegend untersucht werden. Dabei wurde ebenso nach den verschiedenen Formen von Migration gefragt wie nach den sozialen und kulturellen Begleit- und Folgeerscheinungen dieser Wanderungsbewegungen sowie nach dem Umgang mit Fremden in Sachsen. Zu den Vorhaben des ISGV, die sich im weiteren Umfeld der Migrationsforschung bewegt haben, zählen die Adelsforschungen von Martina Schattkowsky, die sich unter anderem mit den Grenzüberschreitungen des böhmischen Adels in der Frühen Neuzeit sowie mit der Funktion der Grenze als Kommunikationsraum auseinandergesetzt hat;[1] des Weiteren die Dissertation von Frank Metasch, eine Studie über die während des 17. und 18. Jahrhunderts erfolgte Einwanderung von Glaubensflüchtlingen aus den habsburgischen Territorien nach Dresden,[2] und die Forschungen über die kulturellen Folgen von Migrationen im osteuropäischen Raum, die von Petr Lozoviuk in einer Reihe innovativer Publikationen vorgestellt wurden, deren thematische Bandbreite

Lutz Vogel, Aufnehmen oder abweisen? Kleinräumige Migration und Einbürgerungspraxis in der sächsischen Oberlausitz 1815–1871 (2014)

Umsiedlerplakat der SED

von der Einwanderung in die Bundesrepublik bis hin zu den grenzübergreifenden Beziehungen im sächsisch-böhmischen Grenzraum reicht.[3] Zwischen 2007 und 2011 konnte im Rahmen des interdisziplinären Drittmittelprojekts mit dem Titel »Migration und Toleranz. Historisch-volkskundliche Studien zur Einwanderung im Grenzraum Sachsen, Böhmen und Schlesien während des 18. und 19. Jahrhunderts« erstmals das Phänomen der kleinräumigen Migration in Sachsen historisch vertieft analysiert werden.[4] Im gleichfalls drittmittelfinanzierten volkskundlichen Vorhaben »Fremde – Heimat – Sachsen. Vertriebene als Neubauern« (2010–2013) wurden umfangreiche interview- und archivgestützte Forschungsarbeiten über die Ankunft und Integrationsprozesse von deutschen Flüchtlingen und Vertriebenen nach 1945 in der ländlichen Gesellschaft Sachsens durchgeführt.[5] Das ISGV hat damit in den vergangenen 20 Jahren einen wichtigen Beitrag zur Erforschung des stark von Wanderungsbewegungen geprägten Landes Sachsen geleistet.

Der seit einigen Jahren intensiv geführte tagespolitische Diskurs um Flucht und Migration hat das Institut schließlich auch dazu bewogen, im Jahr 2016 seine Forschungsergebnisse auf diesem Themenfeld zunächst auf seiner Website und sodann in der Broschüre »Sachsen: Weltoffen!« einem breiten Publikum zugänglich zu machen.[6] In Kooperation mit dem Sächsischen Staatsministerium für Soziales und Verbraucherschutz, Geschäftsbereich Gleichstellung und Integration, und dem Sächsischen Ausländerbeauftragten wurde so der Versuch unternommen, ein besseres Verständnis von

Wanderungsbewegungen in Geschichte und Gegenwart und eine differenzierte Sichtweise auf die aktuellen Herausforderungen zu ermöglichen. Auch künftig wird das Potenzial des ISGV als einer interdisziplinär arbeitenden Forschungseinrichtung zur Analyse von kulturellen und sozialen Migrationsfolgen wie auch zur Wissensvermittlung neuer Erkenntnisse der Migrationsforschung genutzt werden.

Anmerkungen

1 Martina Schattkowsky, Grenzüberschreitungen. Fallstudien zu Herrschaftserfahrungen der Familie von Bünau im 17. Jahrhundert, in: Dies. (Hg.), Die Familie von Bünau. Adelsherrschaften in Sachsen und Böhmen vom Mittelalter bis zur Neuzeit, Leipzig 2008, S. 275–294.

2 Frank Metasch, Exulanten in Dresden. Einwanderung und Integration von Glaubensflüchtlingen im 17. und 18. Jahrhundert, Leipzig 2011.

3 Petr Lozoviuk, Grenzland als Lebenswelt. Grenzkonstruktionen, Grenzwahrnehmungen und Grenzdiskurse in sächsisch-tschechischer Perspektive, Leipzig 2012; Ders., »Etnické přistěhovalectví« do Spolkové republiky a jeho historické, kulturní a politické pozadí [»Ethnische Einwanderung« in die Bundesrepublik Deutschland und ihr historischer, kultureller und politischer Hintergrund], in: Střední Evropa 16 (2001), Nr. 104/105, S. 96–118.

4 Katrin Lehnert/Lutz Vogel (Hgg.), Transregionale Perspektiven. Kleinräumige Mobilität und Grenzwahrnehmung im 19. Jahrhundert, Dresden 2011; Lutz Vogel, Aufnehmen oder abweisen? Kleinräumige Migration und Einbürgerungspraxis in der sächsischen Oberlausitz 1815–1871, Leipzig 2014; Katrin Lehnert, Die Un-Ordnung der Grenze. Mobiler Alltag zwischen Sachsen und Böhmen und die Produktion von Migration im 19. Jahrhundert, Leipzig 2017.

5 Ira Spieker/Sönke Friedreich (Hgg.), Fremde – Heimat – Sachsen. Neubauernfamilien in der Nachkriegszeit, Beucha/Markkleeberg 2014; Uta Bretschneider, »Vom Ich zum Wir«? Flüchtlinge und Vertriebene als Neubauern in der LPG, Leipzig 2016.

6 Enno Bünz/Winfried Müller/Martina Schattkowsky/Ira Spieker (Hgg.), Sachsen: Weltoffen! Mobilität – Fremdheit – Toleranz, Dresden 2016.

Kontaktzonen – Kulturelle Praktiken im deutsch-tschechisch-polnischen Grenzraum

Ein Forschungsprojekt des Bereichs Volkskunde

Der Sitz des ISGV in Dresden und seine Aufgabe, das Fach Volkskunde/Kulturanthropologie in Sachsen zu vertreten, legt viele Forschungsthemen nahe, auch im Hinblick auf die gesellschaftliche Relevanz und Verantwortung von Wissenschaft. Eines dieser Themen ist die Beschäftigung mit den östlichen Nachbarstaaten Sachsens und den historischen sowie gegenwärtigen Grenzen und Grenzverläufen, welche Deutschland, Polen und Tschechien trennen und verbinden. Dazu sind am ISGV bereits mehrere Studien sowohl aus historischer als auch gegenwartsbezogener Perspektive entstanden: Das Themenspektrum reicht dabei von interkulturellen Beziehungen und regionalen Identitätskonstruktionen, Mobilität, Integration und Fremdheitszuschreibungen im 19. Jahrhundert bis hin zu Adelsherrschaften in Böhmen und Sachsen in der Frühen Neuzeit.

Grundsätzlich ist seit der sogenannten Flüchtlingskrise 2015 in Europa die Bedeutung der Sicherung nationalstaatlicher Grenzen bzw. das ›Bedrohungspotenzial‹, das Grenzübertritten, Grenzgängerinnen und Grenzgängern zugeschrieben wird, stark angestiegen. Diese Entwicklung wird in Promotionsprogrammen und Forschungsschwerpunkten mehrerer Universitäten sowie dem Zentrum für transnationale Grenzforschung (Berlin) aufgegriffen. Auch für die Forschungen am ISGV spielt sie, teils implizit, teils explizit, eine Rolle.

Das deutsch-tschechisch-polnische Grenzgebiet war im 20. Jahrhundert von massiver Gewalt und damit verbundenen Veränderungen des Grenzverlaufs betroffen. Der Erste Weltkrieg und die nachfolgenden territorialen und staatlichen Transformationen, Expansionspolitik und Terror des Nationalsozialismus, Kriegsführung sowie Besatzung bildeten gravierende Zäsuren, gefolgt von der Vertreibung der deutschsprachigen Bevölkerungsgruppen sowie der Errichtung und schließlich dem Ende der sozialistischen Staatssysteme.

Bisweilen bildet sich diese konfliktreiche Geschichte bis heute in der gegenseitigen Wahrnehmung und in Vorurteilen ab. Zugleich hat sich im Grenzgebiet jedoch, teilweise aus idealistischer Motivation, teilweise aus Pragmatismus, eine vielfältige Kultur des Zusammenkommens etabliert. Sie zu untersuchen ist Anliegen des Forschungsprojekts »Kontaktzonen. Kulturelle Praktiken im deutsch-tsche-

chisch-polnischen Grenzraum« (gefördert aus Mitteln der Beauftragten der Bundesregierung für Kultur und Medien und des Sächsischen Staatsministeriums für Wissenschaft und Kunst).

Das Projekt nimmt aktuelle transnationale Kontaktzonen in den Blick, beschreibt und analysiert dort stattfindende wechselseitige Beeinflussungs-, Austausch- und Abgrenzungsprozesse. Dazu werden kommunalpolitische Zusammenarbeit sowie grenzüberschreitend arbeitende Initiativen und Institutionen in den Bereichen Kultur, Sport, Bildung, Naturschutz und gesellschaftspolitisches Engagement untersucht. Der Fokus liegt dabei insbesondere auf den Strukturen, Motiven, Zielen sowie der Ausgestaltung dieser Kooperationen. Zudem wird über die einzelnen Akteurinnen und Akteure hinaus allgemeiner nach der Rezeption und medialen Verbreitung von grenzüberschreitenden Aktivitäten im Grenzgebiet gefragt. Die historischen Entwicklungen im deutsch-tschechisch-polnischen Grenzgebiet im 20. Jahrhundert dienen hierbei als Folie: Sie finden nicht nur in den gegenseitigen gesellschaftlichen Vorstellungen der jeweils ›Anderen‹ und der Politik Berücksichtigung, sondern haben in der Region auch zur Herausbildung unterschiedlicher, teilweise konkurrierender Geschichtswahrnehmungen und -deutungen geführt.

Das Konzept der Kontaktzonen nimmt zunächst keine regionalspezifische Zuordnung vor, sondern beschreibt multiple soziale Räume, in denen Angehörige vermeintlich oder tatsächlich unterschiedlicher kultureller Horizonte und politischer Systeme aufeinandertreffen, zusammenstoßen und miteinander in Beziehung treten. Dieses Konzept berücksichtigt insbesondere asymmetrische oder hierarchische Beziehungsstrukturen sowie nachhaltige Auswirkungen politischer Gewalt. In den vergangenen Jahren wurde der Begriff in vielen interdis-

Varnsdorf
(Tschechische Republik)

Bärenstein
(Erzgebirge)

Bärenstein
(Erzgebirge)

Bärenstein
(Erzgebirge)

ziplinären Arbeiten zu Migration, Grenzgebieten oder wirtschaftlichen Austauschbeziehungen aufgegriffen und weiterentwickelt, beispielsweise für den musealen Kontext. Im Forschungsprojekt des ISGV werden die theoretischen Anregungen des Konzepts in den Zusammenhang der Analyse gegenwärtiger europäischer Grenzgebiete transferiert.

Im deutsch-tschechisch-polnischen Grenzgebiet existieren und entstehen also Kontaktzonen, welche den Rahmen für wechselseitige Transfers von Wissen sowie unterschiedliche kulturelle und soziale Praktiken darstellen. Zugleich bildet die Grenzregion als geografische Einheit und als kommunikative Größe im Alltagshandeln eine Kontaktzone.

Das Konzept der Kontaktzonen wird im Forschungsprojekt allerdings maßgeblich auf diejenigen Initiativen und Institutionen im deutsch-tschechisch-polnischen Grenzgebiet angewandt, die explizit eine transnationale Ausrichtung aufweisen. Das Spektrum reicht hierbei von Vereinen über informelle Gruppen bis hin zu institutionell getragenen Projekten. Ein wesentlicher Aspekt hierbei ist: Grenzregionen sind oft strukturschwache Räume. Förderprogramme, beispielsweise der Europäischen Union und deren politischer Agenda eines »Europas der Regionen«, können daher impulsgebend für eine grenzübergreifende Zusammenarbeit sein. Dies bedeutet, dass sich Kooperationen auch auf Initiative von ›außen‹ oder ›oben‹ bilden und das Interesse an nachbarschaftlichem Kontakt manchmal nur eine untergeordnete Rolle spielt.

In einem Teil des Forschungsprojekts entsteht ein Überblick über grenzüberschreitende Kooperationen, der insbesondere Strukturen und Themen dokumentiert. Das Spektrum ist vielfältig: Es gibt sowohl grenzüberschreitende Aktivitäten zur Freizeitgestaltung (wie binationale Sportclubs) und zur Bildung (z. B. pädagogische Angebote für Kinder und Jugendliche im Bereich des Naturschutzes) als auch Engagement aus politischen Motiven und historischem Interesse (z. B. die Suche nach den Spuren früherer Bewohnerinnen und Bewohner, die nach 1945 aus Polen und der Tschechoslowakei vertrieben wurden); weiterhin werden Veranstaltungen mit künstlerischem Vermittlungsinteresse (z. B. trinationale Film- und Theaterfestivals) durchgeführt. Dabei stehen die einzelnen Akteurinnen und Akteure im Fokus, welche die Kooperationen ermöglichen, beispielsweise aus den Bereichen Bildende Kunst, Pädagogik oder Festivalorganisation. Von Interesse sind auch spezifische Formen der Kooperation wie die Organisation von Festen und Wanderungen.

Weiterhin werden Kontaktzonen am Beispiel ausgewählter Gemeinden untersucht. Partnerstädte im deutsch-polnisch-tschechischen Dreiländereck und eine »Doppel-Gemeinde« im Erzgebirge sind zum einen aufgrund ihrer historischen Entwicklung und geografischen Lage als Untersuchungseinheiten ausgewählt. Zum anderen liegen zu den Orten bereits Untersuchungen vor, an die sich inhaltlich und methodisch anknüpfen lässt.

Im Forschungsprojekt werden die Konstruktionen von territorial gebundenen sozialen Identitäten anhand von wechselseitigen Kommunikations- und Interaktionsprozessen untersucht – losgelöst von einer allein nationalstaatlich orientierten Perspektive. Migrationen, ökonomische, technische und epistemische Transfers, politische Entwicklungen und Erfordernisse sowie sich verändernde Gesellschaftsstrukturen bedingen Verflechtungen zwischen verschiedenen gesellschaftlichen Gruppen und Staaten über die jeweiligen Grenzen hinweg. Von zentralem Interesse ist, wie innerhalb der Kontaktzonen Geschichtsbilder konstituiert und Gegenwartsphänomene verhandelt werden. Wem kommt welche Deutungsmacht darüber zu? Welche Bedeutung haben materielle oder ideelle Zeugnisse für Erinnerungskulturen? Wir fragen nach den Bezügen zur Vergangenheit dies- und jenseits der Grenzen und damit auch nach dem aktuellen Umgang mit Ereignisgeschichte(n): Welche Prozesse der Aneignung, Auslegung und Nutzung bzw. Instrumentalisierung der Geschichte(n) des Grenzgebiets lassen sich abbilden? Erscheinen die »borderlands« als be- oder entgrenzte Region, als Möglichkeitsraum oder Peripherie? Inwieweit reproduzieren transnationale Initiativen die Grenze als trennendes Konstrukt und schreiben Hierarchien fort?

»Neisse Film Festival«, 2017

Da sich die Kontaktzonen u. a. durch Kommunikation konstituieren, werden im Rahmen einer Medienanalyse städtische und institutionelle Homepages auf grenzraumbezogene Aktivitäten untersucht. Zudem sind (Selbst-)Darstellungen in sozialen Medien einbezogen. Damit wird einerseits der Bedeutung von (digitalen) Medien Rechnung getragen sowie anderer-

Oder-Neiße-Radweg

seits der Entwicklung, dass Erinnerungen an die Zeit des Zweiten Weltkriegs in naher Zukunft ausschließlich medial vermittelt vorliegen werden. Ferner wurden Interviews mit Vertreterinnen und Vertretern von grenzüberschreitenden Aktivitäten geführt. Diese bilden individuelle Motive, Handlungsspielräume und Ansätze des grenzüberschreitenden Engagements ab. Sie weisen zugleich auf Nichtartikuliertes oder Implizites hin und ermöglichen es, Entscheidungsprozesse und Abläufe innerhalb der Initiativen nachzuvollziehen. Die Rezeption ausgewählter Angebote ist anhand einer Fragebogenerhebung erfasst. Damit verbunden wurden Besuche grenzüberschreitender Veranstaltungen durchgeführt wie trinationale Wanderungen sowie Film- und Theaterfestivals. Die begleitende teilnehmende Beobachtung führte zu Erkenntnissen über die konkrete Ausgestaltung, aber auch über artikulierte Bewertungen und Motive seitens der Teilnehmenden. Im Sinne einer »multi-sited ethnography« werden die Erhebungen in unterschiedlichen Kontaktzonen sowie an mehreren Untersuchungsorten in einer weiteren Analysestufe, die von transnationalen und globalen Verflechtungen heutiger Lebenswelten ausgeht, aufeinander bezogen. Von besonderem Interesse sind dabei u.a. der Umgang mit der Mehrsprachigkeit, mögliche Asymmetrien, die sich etwa aus divergierenden Sprachkompetenzen oder unterschiedlich verteilten ökonomischen Ressourcen ableiten, die Verwendung nationaler Symboliken oder die besondere Rolle einzelner »cultural broker«, die als Vermittler und Brückenbauer eine zentrale Funktion in den Interaktionen einnehmen.

Die Ergebnisse des Forschungsvorhabens werden nicht nur in Vorträgen und Aufsätzen publiziert. Um die generierten Daten für zukünftige Forschungen zugänglich zu machen und

Vejprty
(Tschechische Republik)

Grenze bei Zittau

Transparenz bezüglich der geleisteten Forschung zu gewährleisten, werden sie als eigener Quellenkorpus in das Lebensgeschichtliche Archiv des ISGV integriert.

In Kooperation mit dem Muzeum města Ústí nad Labem entstand weiterhin die dreisprachige Website bordernetwork.eu, die eine Übersicht von Initiativen anbietet, die im Grenzgebiet aktiv sind und sich öffentlich im Rahmen des Forschungsprojekts präsentieren möchten. Ferner wurden die im Forschungsprozess gewonnenen Erkenntnisse bei einer interdisziplinären und internationalen Abschlusskonferenz kontextualisiert. Zudem entstand als Ergebnis eines studentischen Forschungslehrprojekts in Kooperation mit der Brücke/Most-Stiftung Dresden – Prag die Ausstellung »Verwoben. Geschichten in der Grenzregion«, die im Juni 2017 im Deutschen Damast- und Frottiermuseum in Großschönau eröffnet wurde. Die Präsentation verbindet kulturanthropologische und künstlerische Perspektiven auf die sächsisch-böhmisch-schlesische textilindustrielle Vergangenheit.

Die Analyse von grenzüberschreitenden Praktiken und Beziehungen in Vergangenheit und Gegenwart zählt auch weiterhin zu den Forschungsschwerpunkten des ISGV.

Literatur

Uta Bretschneider/Sönke Friedreich/Ira Spieker (Hgg.), Verordnete Nachbarschaften. Transformationsprozesse im deutsch-polnisch-tschechischen Grenzraum seit dem Zweiten Weltkrieg, Dresden 2016.

James Clifford, Museums as Contact Zones, in: Ders., Routes. Travel and Translation in the Late Twentieth Century, Cambridge 1997, S. 188–219.

Katrin Lehnert/Lutz Vogel (Hgg.), Transregionale Perspektiven. Kleinräumige Mobilität und Grenzwahrnehmung im 19. Jahrhundert, Dresden 2011.

Petr Lozoviuk, Grenzland als Lebenswelt. Grenzkonstruktionen, Grenzwahrnehmungen und Grenzdiskurse in sächsisch-tschechischer Perspektive, Leipzig 2012.

Ders. (Hg.), Grenzgebiet als Forschungsfeld. Aspekte der ethnografischen und kulturhistorischen Erforschung des Grenzlandes, Leipzig 2009.

Mary Louise Pratt, Arts of the Contact Zone, in: Profession 91 (1991), S. 33–40.

Martina Schattkowsky (Hg.), Die Familie von Bünau. Adelsherrschaften in Sachsen und Böhmen vom Mittelalter bis zur Neuzeit, Leipzig 2008.

Ilona Scherm, Der ungleiche Nachbar. Asymmetrien im böhmisch-sächsischen Grenzland, dargestellt an Bärenstein (Sachsen) und Vejprty (Tschechische Republik), in: Lozoviuk (Hg.), Grenzgebiet als Forschungsfeld, S. 123–134.

Ländliche Gesellschaften im Umbruch

In Sachsen hat sich die Industrialisierung ebenso frühzeitig wie folgenreich vollzogen. Fabriken und Manufakturen, spezialisierte Gewerbezweige und internationaler Handel: Diese Faktoren prägen die (historische) Wahrnehmung der Region bis heute. Industrialisierung wird vor allem als städtisches Phänomen wahrgenommen.[1] Allerdings lebten bis zur Mitte des 19. Jahrhunderts noch zwei Drittel aller Menschen auf dem Land, und ihre ökonomische Grundlage bildete vor allem die Landwirtschaft. Je nach regionalem und zeitgeschichtlichem Kontext stellten guts- und grundherrschaftliche Güter die Basis des agrarischen Sektors sowie der Besitzverhältnisse von Eigenwirtschaften dar. Dennoch ist die Alltags- und Sozialgeschichte der ländlichen Bevölkerung in Sachsen bis heute bemerkenswert unterbelichtet. Das ISGV zählt zu seinen Forschungsschwerpunkten daher auch Transformationsprozesse in agrarisch geprägten Räumen und Gesellschaften. An ausgewählten Forschungszuschnitten werden dabei verwaltungsrechtliche und politische, ökonomische und soziale Entwicklungen in den Blick genommen – vor allem mit der Fragestellung, welche Konsequenzen sich dadurch für das alltägliche Leben breiter Bevölkerungsschichten ergaben. Solche Auswirkungen lassen sich ganz plastisch an Zäsuren durch kriegerische Ereignisse aufzeigen, die Landschaften und Siedlungen verwüsteten, große Verluste und Not mit sich brachten und Jahrzehnte nachwirkten. Aber auch vermeintlich unbedeutende Geschehnisse im dörflichen Alltag machten sich in übergeordneten Zusammenhängen bemerkbar oder spiegelten die große Geschichte im Kleinen. Zudem besaßen administrative und juristische Neuregelungen weitreichende Konsequenzen. Bereits im Spätmittelalter wirkten sich verfassungsbedingte Umstrukturierungen, die den Aufbau des frühneuzeitlichen Territorialstaats begleiteten, auf der Alltagsebene aus: Aus der Überlieferung der Ämter als lokaler Machtinstanzen lassen sich Veränderungen von Arbeits- und Besitzverhältnissen rekonstruieren.[2] Ein Blick auf den Mikrokosmos Rittergut um 1600 offenbart Einsichten in die strukturellen Bedingungen von Politik, Wirtschaft und Gesellschaft. Vor dem spezifischen Hintergrund der kursächsischen Agrarverfassung dient die Lebenswelt eines Landadligen als Beispiel, um die Funktionsweise ländlicher Gesellschaften in der Frühen Neuzeit transparent zu machen.[3]

Auf dem Weg in die Moderne? Ländlicher Alltag zwischen Krisen, Reformen und ökonomischem Aufschwung

Das interdisziplinäre Forschungsprojekt »Ländlicher Alltag auf dem Weg in die Moderne«[4] untersuchte das alltägliche Leben breiter Bevölke-

Bau der Eisenbahnstrecke Schandau – Neustadt 1875. Fels und Erdmassen werden von einem Einschnitt am Lichtenhainer Berg abgetragen

rungsschichten über einen Zeitraum von rund 150 Jahren: Im Mittelpunkt stand die bewegte Phase vom Siebenjährigen Krieg (1756 – 1763) bis zum Vorabend des Ersten Weltkriegs.[5] Das Leben in den Grund- und Gutsherrschaften war gegen Ende des 18. Jahrhunderts noch durch zahlreiche Verpflichtungen gegenüber der Herrschaft geprägt: Die Gutsfamilien besaßen nicht nur ausgedehnte Ländereien und verschiedene Monopole (in Bezug auf Brauereien, Mühlen und Ziegeleien beispielsweise), sie verfügten ebenso über einen weitreichenden Einfluss auf Gerichtsbarkeit und Verwaltung in ›ihren‹ Dörfern. Die Bevölkerung in diesen Bezirken erhielt landwirtschaftliche Flächen zur Bewirtschaftung und war als Gegenleistung dem Gutsherrn gegenüber zu Abgaben und Arbeitsdiensten verpflichtet. Die sogenannte Erbuntertänigkeit schrieb die Stellung des Einzelnen fest und erschwerte räumliche wie auch soziale Mobilität. Diese Bedingungen änderten sich 1832 mit der neuen Agrargesetzgebung und der persönlichen Freiheit der »Untertanen«. Grundlegende Änderungen in Verwaltung und Recht, die Einführung von Versicherungssystemen und Sparkassen lockerten nun das Netz gegenseitiger

Ansicht des Schlosses Hainewalde, 1828

Verbindlichkeiten. Trotzdem sollte es noch Jahrzehnte dauern, bis alte Verpflichtungen abgelöst waren und sich ein neues Selbstverständnis innerhalb der ländlichen Gesellschaft entwickelte. Der vielschichtige historische Wandel wurde in fünf ausgewählten Gutsbezirken in Sachsen und der Oberlausitz aus der Doppelperspektive der Disziplinen Volkskunde und Geschichte nachvollzogen. Dieser mikrohistorische Zugang ermöglichte einen genauen Blick auf den Umgang mit Macht und Herrschaft, Lebensnotwendigem und Besitz, auf soziale Netzwerke und Familienbeziehungen. Die überaus breite archivalische Überlieferung gibt Auskunft über uneheliche Schwangerschaften und gelöste Eheversprechen, Kreditverträge und Zwangsvollstreckungen, Streitigkeiten innerhalb der Familie und Widerstand gegenüber dem Gutsherrn. Testamente und Besitzübertragungen machen deutlich, wie das Zusammenleben zwischen den Generationen funktionierte – oder auch nicht – und dass Emotionen sowie soziale Bindungen eng mit den ökonomischen Rahmenbedingungen zusammenhingen.

Vom ländlichen Raum gingen auch weitreichende wirtschaftliche Impulse aus, wie sich an einem auf den ersten Blick ungewöhnlich anmutendem Beispiel zeigen lässt. Im Sommer 1765 trafen 220 Merinoschafe in Sachsen ein – ein Geschenk des spanischen Königs Karl III., das als ›Entwicklungshilfe‹ für das kriegsgeschädigte Sachsen gedacht war. Dieser Impuls entfaltete eine immense Wirkung: Die Einfuhr der spanischen Schafe gilt heute – neben dem Anbau von Kartoffeln und Futterpflanzen sowie der Einführung der Stallfütterung – als Beispiel für eine erfolgreiche Agrarinnovation. In der Folge lässt sich eine große Professionalisierung und Ausdifferenzierung von landwirtschaftlichen Kenntnissen feststellen. Beeindruckende Zuchterfolge und hohe Renditen auf dem Weltmarkt beförderten diesen Aufschwung. Vor allem Rittergutsbesitzer, Wollkaufleute und Produzenten profitierten von der Erzeugung hochwertiger Wolle, und die Textilindustrie florierte. Für die Landbevölkerung brachte diese gemeinhin als Erfolgsgeschichte wahrgenommene Entwicklung hingegen erhebliche Nachteile: Schafe aus grundherrlichem Besitz wurden über alle Ländereien getrieben und verursachten entsprechende Schäden. Streitigkeiten mit den Guts- und Grundherrschaften waren die Folge. So lassen sich am Beispiel der Merinoschafe exemplarisch die Zusammenhänge zwischen landwirtschaftlicher und gewerblicher Entwicklung, Wissenstransfer und agrarischer Praxis, aber auch zwischen herrschaftlichen Konfliktpotenzialen und Arbeitsbedingungen aufzeigen.[6]

In Bewegung. Kleinräumige Mobilität als Alltagsphänomen

Die Beschäftigung mit ländlichen Gesellschaften in Grenzregionen bietet spezifische Ansatzpunkte und interessante Erkenntnisse. Wie gestaltete sich der Umgang mit unterschiedlichen Grenzen in historischer Perspektive? Welche Rolle spielten sie im eher pragmatischen Umgang der Landbevölkerung im gelebten Alltag? Als aussagekräftiges Beispiel lässt sich die Oberlausitz heranziehen: Über Jahrhunderte bildete das Dreiländereck zwischen Sachsen, Böhmen und Schlesien einen transregionalen Wirtschafts- und Sozialraum. Das interdisziplinäre Projekt »Migration und Toleranz. Historisch-volkskundliche Studien zur Einwanderung im Dreiländereck Sachsen-Böhmen-Schlesien«[7] nahm diese Region zwischen dem Wiener Kongress im Jahr 1815 und der Reichsgründung von 1871 in den Blick, um ländliche Mobilitäten und Zugehörigkeiten zu untersuchen. Die Landesgrenzen stellten zwar keine Sprachgrenzen dar, bildeten aber eine konfessionelle Trennlinie zwischen dem evangelisch-lutherischen Sachsen und dem katholischen Böhmen. Im 19. Jahrhundert wuchs die Bedeutung der sächsisch-böhmischen Grenze als nationale Zoll- und Überwachungslinie. Doch die Etablierung staatlicher Mobilitätskontrollen gestaltete sich schwierig: Wie sollte der Zollverkehr überwacht werden, wenn beispielsweise der Weg durch ein Grenzdorf mehrere Male die Staatsgrenze überquerte? Hier führten mobile Alltagspraktiken im Jahrhundert der Nationalstaatsbildungen zu neuem Zündstoff für Konflikte. Aus der lokalen Mikroperspektive kann gezeigt werden, wie die Bevölkerung, wie ökonomische, kirchliche und staatliche Akteurinnen und Akteure an den Rändern der sich formierenden Nationalstaa-

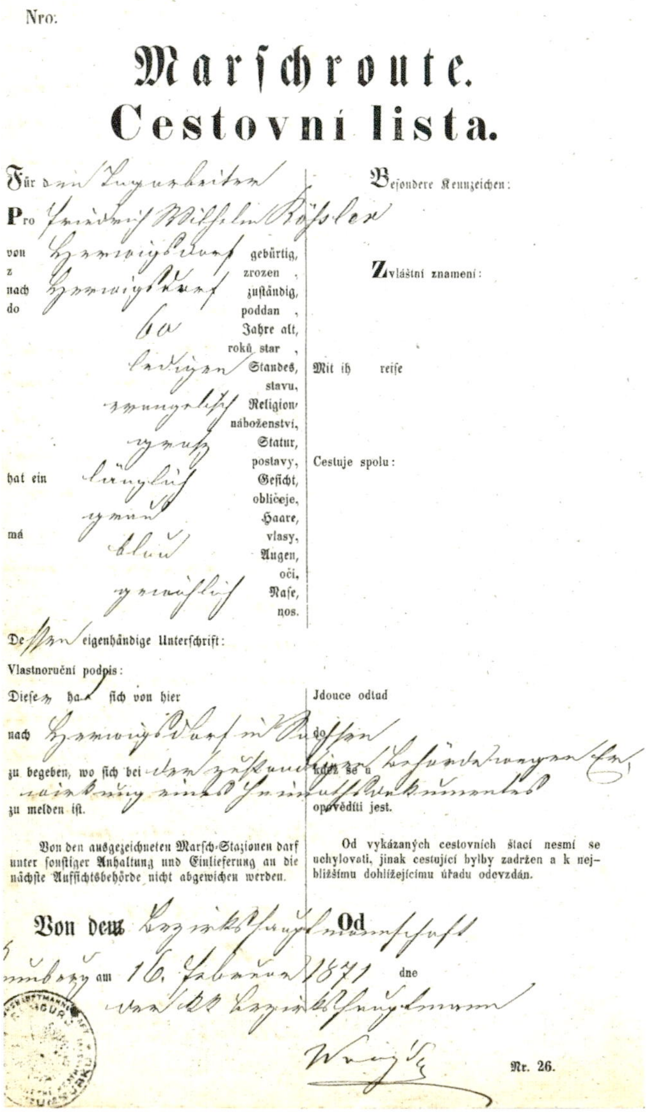
Nro:

Marschroute.
Cestovni lista.

Für den Tagearbeiter | Besondere Kennzeichen:
Pro Friedrich Wilhelm Rößler
von / z ... gebürtig, zrozen,
nach / do ... zuständig, poddan,
60 Jahre alt, roků star,
ledigen Standes, stavu, | Zvláštní znamení:
evangelisch Religion, náboženství, | Mit ihm reise
Statur, postavy, | Cestuje spolu:
hat ein / má ... Gesicht, obličeje,
Haare, vlasy,
blaue Augen, oči,
Nase, nos.

Dessen eigenhändige Unterschrift:
Vlastnoruční podpis:

Dieser hat sich von hier | Jdouce odtud
nach ... do
zu begeben, wo sich bei ... | kde se u
zu melden ist. | opovědíti jest.

Von den ausgezeichneten Marsch-Stazionen darf unter sonstiger Anhaltung und Einlieferung an die nächste Aufsichtsbehörde nicht abgewichen werden. | Od vykázaných cestovních štací nesmí se uchylovati, jinak cestující bylby zadržen a k nejbližšímu dohlížejícímu úřadu odevzdán.

Von dem Bezirkshauptmannschaft Od
Rumburg am 16. Februar 1871 dne

Nr. 26.

Marschroute/Cestovni lista für den 60-jährigen Tagelöhner Friedrich Wilhelm Rößler, ausgestellt von der böhmischen Bezirkshauptmannschaft Rumburg (tschechisch Rumburk) im Jahr 1871

Grenzschutz 1915. Beamte des königlich-sächsischen Zollamts an der sächsisch-böhmischen Grenze bei Seifhennersdorf und Rumburg (tschechisch Rumburk)

ten um Bewegungsfreiheit respektive Mobilitätskontrolle stritten.[8]

Mobilität im 19. Jahrhundert war insbesondere von kleinräumigen und temporären Wanderungen vor allem unterer sozialer Schichten geprägt, und mobile Lebensphasen gehörten – agrarromantischen Stereotypen zum Trotz – im ländlichen Raum zur Normalbiografie. Dabei wurden nahe gelegene Grenzen von Kreisen, Bezirken und Staaten überschritten. An der Einbürgerungspraxis in der Oberlausitz im 19. Jahrhundert lassen sich sowohl die behördliche Rechtspraxis, die zumeist einem ökonomischen Pragmatismus folgte, wie auch der öffentliche Diskurs um die sächsische Staatsangehörigkeit nachzeichnen.[9] Die Übergänge zwischen zeitweiliger Arbeitsmigration und dauerhafter Niederlassung waren hier oftmals fließend.

Fremde – Heimat – Sachsen. Transformationsprozesse und ländlicher Raum

Transformationsprozesse im ländlichen Raum standen auch im Forschungsvorhaben »Fremde – Heimat – Sachsen« im Mittelpunkt: Der Blick richtete sich dabei auf die Folgen der Zwangsmigration für das ländliche Sachsen nach 1945.[10] Vierzehn Millionen Menschen waren infolge der Bevölkerungsverschiebungen durch den Zweiten Weltkrieg von Flucht und Vertreibung betroffen; vier Millionen blieben in der Sowjetischen Besatzungszone (SBZ), eine Million davon allein in Sachsen. Eine neue Heimat fanden die Neuankommenden erst nach und nach. Insgesamt ist ein Viertel aller Einwohnerinnen und Einwohner der DDR nach dem Zweiten Weltkrieg aus ihren Herkunftsgebieten geflohen oder stammt in nachfolgender Genera-

Königreich Sachsen.

Reise-Pass für das Ausland.

Gültig auf

Personbeschreibung.

Alter:
Grösse:
Haare:
Stirn:
Augenbraunen:
Augen:
Nase:
Mund:
Zähne:
Bart:
Kinn:
Gesichtsfarbe:
Besondere Zeichen:

Unterschrift des Inhabers:

Alle Civil- und Militärbehörden werden ersucht, den Vorzeiger dieses

Franz Clemens Gärtner,

Stand

gebürtig
wohnhaft } in Kamenz

welcher nach Radeberg

in Begleitung

reiset und durch

legitimirt ist, ungehindert reisen auch ihm nöthigen Falles Schutz und Beistand angedeihen zu lassen.

Kamenz, den 24 Januar 1850.

Reisepass des Königreichs Sachsen von Franz Clemens Gärtner (1850)

№ 9957

Für das Ausland.

IM NAMEN SEINER KAISERL. KÖNIGL. APOSTOLISCHEN MAJESTÄT

FRANZ JOSEPH I.

KAISERS VON ÖSTERREICH,

KÖNIGS VON UNGARN UND BÖHMEN, DER LOMBARDEI UND VENEDIGS, VON GALIZIEN, LODOMERIEN UND ILLYRIEN, ERZHERZOGS VON ÖSTERREICH, ETC. ETC.

REISE-PASS

für Wenzel Fritsch

Charakter
Beschäftigung

wohnhaft zu

im Bezirke

Kreis (Comitat)

Kronland Böhmen

Geburtsjahr 1819
Religionsbekenntniss katholisch
Statur schlank
Gesicht oval
Haare blond
Augen grau
Mund
Nase
Besondere Kennzeichen:

Eigenhändige Unterschrift: Wenzel Fritsch

Derselbe reiset
von
über
nach Sachsen

Dieser Pass ist gültig drei Jahre.

Prag am 31. August 1859

Für Seine Excellenz den Herrn Statthalter

Österreichischer Reisepass von Wenzel Fritsch, ausgestellt für eine Reise von Böhmen nach Sachsen (1859)

Flüchtlinge am Bahnhof Dresden-Neustadt, 1945

Flüchtlingsfamilie in Dresden-Trachenberge, 1945

tion aus einer Vertriebenenfamilie. Die Folgen von Bevölkerungsbewegungen in derartiger Dimension spiegeln sich in den Verschiebungen von soziokulturellen Wertsystemen: Wenn Menschen in Bewegung sind, bewegen sich auch Sachgüter, Sprachfärbungen, Konfessionszugehörigkeiten und Normengefüge. Die Neuankommenden, ihre Erfahrungswelten und Mentalitäten übten demzufolge einen großen Einfluss auf die bestehenden Milieus in der SBZ wie auch auf die Struktur der sich neu formierenden Gesellschaftsordnung aus.

Zunächst aber bedurften die Geflüchteten ganz praktischer Unterstützung. Die Verwaltungsbehörden hatten die Aufgabe, existenzielle Bedürfnisse wie die Grundversorgung mit Lebensmitteln zu sichern und zugleich den Aufbau des Sozialismus voranzutreiben. Die »Umsiedler« – wie die Ankommenden aus den ehemals deutschen oder deutsch besiedelten Gebieten des östlichen Europa programmatisch genannt wurden – erwiesen sich dabei durchaus als Störfaktor: Zum einen banden die erforderlichen Hilfsmaßnahmen Kapitalien, die auch für sozialpolitische Transformationsleistungen dringend benötigt wurden, zum anderen stellten sie aufgrund ihrer Heimatbezogenheit und ihrer Rückkehrwünsche einen schwer kalkulierbaren ideologischen Risikofaktor dar. Ihre Integration sollte daher möglichst schnell vonstattengehen; in der Folge wurde ihre Vergangenheit quasi zur Fehlstelle. Die Zentralverwaltungsstelle für Umsiedler (ZVU), 1945 gegründet, stellte bereits nach knapp drei Jahren, als die dringendsten organisatorischen Aufgaben gelöst waren, ihre Arbeit wieder ein.

Dass die »Umsiedlerinnen« und »Umsiedler« selbst große Probleme mit der Aneignung ihrer neuen Heimat hatten, belegt auch die Tatsache, dass sie bis 1961 ein Drittel der Republikflüchtlinge ausmachten. Die mediale Aufbereitung von Vertreibung und Neuanfang in der SBZ/DDR, von Identitätssuche und Integration, die vor allem in der Literatur bis in die Gegenwart ihren Niederschlag findet, zeigt überdeutlich, dass zwar die Akten geschlossen wurden, das Thema »Umsiedler« jedoch noch lange nicht beendet war.

Dem ländlichen Raum kam bei der Integration von Flüchtlingen und Vertriebenen eine Schlüsselposition zu: Zum einen war die Versorgungslage in Bezug auf Lebensmittel, Wohn-

Kurz nach der Fertigstellung: Neubauernhaus in der Oberlausitz, 1951

Neubauer mit Zuchtsau, Wurschen, um 1955

raum und auch Arbeitsmöglichkeiten deutlich günstiger als in den kriegszerstörten Städten, zum anderen nahmen hier folgenreiche Umstrukturierungsprozesse ihren Ausgang. Neben dem enormen Bevölkerungsanstieg bildete die sogenannte Bodenreform die zweite große Herausforderung des neu entstehenden sozialistischen Staates und war prägend für die ländliche Gesellschaft. »Bodenreform« bedeutete die entschädigungslose Enteignung von Grundbesitz von mehr als 100 Hektar sowie von tatsächlichen und vermeintlichen Profiteuren des NS-Regimes. Enteignet wurden auch die zugehörigen Gebäude und das Inventar. Das Land wurde in kleine Parzellen von etwa acht Hektar aufgeteilt und an Neubauernfamilien verteilt. Von den 18 000 Neubauernstellen, die in Sachsen entstanden, wurden knapp 40 Prozent an Flüchtlinge und Vertriebene vergeben.

Die Bodenreform und die Schaffung von Neubauernstellen gerieten jedoch nicht zur reinen Erfolgsgeschichte. Die Engpässe an notwendigen Ressourcen machten erfolgreiches Wirtschaften nahezu unmöglich und erhielten zudem das Ungleichgewicht zwischen Alteingesessenen und »Umsiedlern« aufrecht. Der Typus Neubauer hatte nicht nur einen wirtschaftlichen, sondern auch einen politischen Hintergrund. Kleinbäuerinnen und -bauern sowie ehemalige Landarbeiterinnen und Landarbeiter sollten politische Führungspositionen übernehmen und am Aufbau der sozialistischen Gesellschaftsordnung mitwirken. Diese Hoffnung erfüllte sich in ideologischer Hinsicht nicht, auf der praktischen Ebene hingegen schon: Der Beitrag der Flüchtlinge und Vertriebenen zum Wieder- und Neuaufbau war enorm. Ihr bäuerliches Selbstverständnis kollidierte jedoch häufig mit staatlichen Vorgaben, am stärksten mit den Kollektivierungsbestrebungen ab 1952. Die Bildung von Landwirtschaftlichen Produktionsgenossenschaften (LPG) sollte das politische Programm des jungen Staates auch im agrarischen Raum umsetzen.

Bis 1960 wurde diese Maßnahme – zum Schluss unter Zwang und Repressalien – abgeschlossen. Für die einen kam die Kollektivierung nach dem durch Flucht oder Vertreibung erlittenen Verlust einer zweiten Enteignung gleich, anderen dagegen waren die damit verbundenen Arbeitserleichterungen und Unterstützungsleistungen willkommen. Die Kollektivierung beseitigte die sozialen Gegensätze jedoch keineswegs; die gesellschaftliche Distanz blieb zumeist noch lange Jahre bestehen. Der Weg »Vom Ich zum Wir« war lang.[11]

Das Forschungsprojekt »Fremde – Heimat – Sachsen« nahm die Schnittmenge Flüchtlings- und Neubauernfamilien in den Blick und damit eine Gesellschaftsgruppe, in der sich der soziale Wandel manifestierte.[12] So ließen sich die Anpassungsleistungen, Identitätskonstruktionen sowie auch die Interaktionen zwischen Neu- und Altbürgerinnen und -bürgern am konkreten Beispiel und aus der Subjektperspektive untersuchen. Neben einer umfangreichen Archivrecherche, der Analyse von zeitgenössischen Medien und literarischer Verarbeitung wurden in zwei Regionen vergleichende Interviewstudien angelegt und Gespräche mit mehr als 60 Neuangekommenen und Alteingesessenen sowie mit Familienangehörigen nachfolgender Generationen geführt. Denn Flucht und Vertreibung macht sich bis in die dritte Generation bemerkbar und äußert sich bisweilen bis heute in dem Gefühl, nicht richtig »dazuzugehören«. Die große Resonanz auf die aus dem Projekt erwachsene Wanderausstellung »Fremdes Land. Neubauernfamilien in Sachsen«,[13] die an zehn Standorten zu sehen war, zeugt davon. Im Anschluss an die Projektlaufzeit wurde das Modul »Fremdes Land? Vergessene Geschichte(n) der Nachkriegszeit. Ein Praxisprojekt für Schülerinnen und Schüler«[14] entwickelt: An den drei Freilichtmuseen Hennebergisches Museum Kloster Veßra (Thüringen), Deutsches Landwirtschaftsmuseum Schloss Blankenhain (Sachsen) sowie AGRONEUM Alt Schwerin (Mecklenburg-Vorpommern) ist diese Einheit seit 2015 Bestandteil des museumspädagogischen Angebots. Das Praxisprojekt nimmt die Kindheit und Jugend im Neubauernhaus zum

Werbeplakat für den LPG-Beitritt, um 1960

Ausgangspunkt, um den ländlichen Familienalltag nach 1945 zu erkunden, der von Flüchtlingsströmen, Bodenreform, beengtem Wohnen und Wirtschaften unter schwierigen Bedingungen geprägt war. Mit diesen Themen rücken auch die Erinnerungskultur und die eigene Familiengeschichte, das aktuelle Dorfleben und der heutige Umgang mit »Fremden« in den Fokus – lebensweltliche Bezüge, die an die Erfahrungswelten von Schülerinnen und Schülern anknüpfen und die dörfliche Entwicklung in eine übergeordnete Perspektive einbinden.

Ländliche Gesellschaften im Umbruch – dieser Forschungsschwerpunkt bietet auch in Zukunft großes Potenzial in historischer wie in gegenwartsbezogener Perspektive. Politische und gesellschaftliche Zäsuren und Umbrüche, die sich unmittelbar in den Biografien der Bevölkerung widerspiegeln, stellen beispielsweise die Friedliche Revolution und die Öffnung der Grenzen zu den Nachbarländern dar. Eine erhebliche Abwanderungswelle und ökonomische Krisen waren die Folge, die auch das Schlagwort von den »ausblutenden Regionen« prägte.[15] Dagegen zeigen Studien wie beispielsweise das Projekt »Kontaktzonen. Kulturelle Praktiken im deutsch-tschechisch-polnischen Grenzraum«, dass der ländliche (Grenz-)Raum nicht nur Peripherie, sondern auch ein gut vernetzter Möglichkeitsraum ist, der Platz bietet für alternative Lebensentwürfe und Projekte.

Anmerkungen

1 Ein Beispiel für industrielle Entwicklungsprozesse auf dem Land bietet die Studie von Swen Steinberg, Unternehmenskultur im Industriedorf. Die Papierfabriken Kübler & Niethammer in Sachsen (1856–1956), Leipzig 2015.

2 Jens Kunze, Das Amt Leisnig im 15. Jahrhundert. Verfassung, Wirtschaft, Alltag, Leipzig 2007.

3 Martina Schattkowsky, Zwischen Rittergut, Residenz und Reich. Die Lebenswelt des kursächsischen Landadligen Christoph von Loß auf Schleinitz (1574–1620), Leipzig 2007.

4 Gefördert von der Deutschen Forschungsgemeinschaft (2006–2009) und dem Sächsischen Ministerium für Wissenschaft und Kunst (2009–2010).

5 Ira Spieker, Kapital – Konflikte – Kalkül. Ländlicher Alltag in Sachsen im 19. Jahrhundert, Dresden 2012.

6 Jörg Ludwig (Red.), Wissen – Wolle – Wandel. Merinoschafzucht und Agrarinnovation in Sachsen im 18. und 19. Jahrhundert (Veröffentlichungen des Sächsischen Staatsarchivs A 19), Halle/Saale 2016.

7 Gefördert vom Sächsischen Ministerium für Wissenschaft und Kunst (2007–2009).

8 Katrin Lehnert, Die Un-Ordnung der Grenze. Mobiler Alltag zwischen Sachsen und Böhmen und die Produktion von Migration im 19. Jahrhundert, Leipzig 2017.

9 Lutz Vogel, Aufnehmen oder abweisen? Kleinräumige Migration und Einbürgerungspraxis in der sächsischen Oberlausitz 1815–1871, Leipzig 2014.

10 Das Forschungsprojekt wurde vom Bundesbeauftragten für Kultur und Medien gefördert. Weiterhin unterstützten das Sächsische Staatsministerium für Wissenschaft und Kunst, das Sächsische Staatsministerium des Innern sowie die Sächsische Landeszentrale für politische Bildung das Vorhaben (2010–2012).

11 Uta Bretschneider, »Vom Ich zum Wir?« Flüchtlinge und Vertriebene als Neubauern in der LPG, Leipzig 2016.

12 Ira Spieker/Sönke Friedreich (Hgg.), Fremde – Heimat – Sachsen. Neubauernfamilien in der Nachkriegszeit. Beucha/Markkleeberg 2014 (zugleich Sonderausgabe der Sächsischen Landeszentrale für politische Bildung, Dresden 2014).

13 Gefördert vom Sächsischen Ministerium des Innern (2010–2012).

14 Gefördert vom Sächsischen Ministerium für Kultus (2013).

15 Harald Simons/Lukas Weiden, Schwarmverhalten in Sachsen – Umfang, Ursache, Nachhaltigkeit und Folgen der neuen Wanderungsmuster (empirica Studie Berlin-Bonn-Leipzig), Dresden 2016.

Industriekultur in Sachsen

Die Industrie stellt einen Grundpfeiler sächsischer Geschichte und Kultur dar. Als eine Kernregion der Industrialisierung in Deutschland wurde Sachsen seit der Wende zum 19. Jahrhundert rasch und umfassend modernisiert und urbanisiert, wobei dieser Transformationsprozess keinen gesellschaftlichen und kulturellen Bereich unberührt ließ. Sachsen zählte nicht nur zu den früh industrialisierten Regionen im europäischen Vergleich, sondern wies von Beginn an eine hohe Diversifizierung der Industrie auf. Ausgehend von protoindustriellen Strukturen im Bergbau, der Spinnerei und Weberei sowie im metallverarbeitenden Gewerbe entwickelten sich seit der Mitte des 19. Jahrhunderts die Textilherstellung und der Maschinen- und Anlagenbau, gefolgt von der Motoren- und Automobilproduktion seit Anfang des 20. Jahrhunderts, zu den wichtigen Branchen der Region. Auch die Leichtindustrie (z. B. Papierindustrie) sowie die serielle Herstellung von Gütern des gehobenen Bedarfs (z. B. Tabakwaren) wurden – oftmals auf der Nachfrage der höfischen Gesellschaft, des Adels und der Beamtenschaft aufbauend – zu deutschland- und europaweit bedeutenden Industriezweigen. Die Wirtschaftskrise der 1920er- und frühen 1930er-Jahre traf die stark auf den Export orientierte sächsische Industrie hart. Doch auch nach der Weltwirtschaftskrise und den Zerstörungen des Zweiten Weltkriegs blieb die industrielle Struktur maßgeblich für den Wiederaufbau, sodass Sachsen in der DDR eine ökonomische Schwerpunktregion darstellte. Nach 1990 erlebte die sächsische Industrie einen weiteren umfassenden Transformationsprozess, flächendeckend wurden Betriebe umstrukturiert oder gleich ganz geschlossen, sodass große Teile der Belegschaften ihre Arbeit verloren und sich umorientieren mussten. In den folgenden Jahren gelangen jedoch die Errichtung neuer Industriezweige und eine technische Modernisierung. Heute versteht sich Sachsen als Industrieland mit einer technologisch fortschrittlichen und spezialisierten Produktion.

Auf der Grundlage dieser Bedeutung der Industrie für die Geschichte Sachsens hat sich in den vergangenen Jahrzehnten eine breite wirtschafts- und sozialhistorische Forschung mit Voraussetzungen und Verlauf von Industrialisierung und Deindustrialisierung befasst, wobei nicht nur regionale Spezifika, sondern auch der Vergleich mit anderen regionalen Industrialisierungsprozessen in den Fokus gerückt wurden. Die Forschung in der DDR hat aufgrund ihrer ideologischen Voraussetzungen die Wirtschaftsgeschichte schon früh als zentrales Thema für sich reklamiert und hierin nicht zuletzt die Geschichte der sozialen Ungleichheit, des ›Klassenkampfs‹ und der Arbeiter-

Gewerbeausstellung Plauen, Einweihung der Friedrich-August-Brücke, 1905, Postkarte

bewegung eingebettet. Auch die Volkskunde hat bereits vor 1990 den Einfluss von Industrialisierungsprozessen auf die Volkskultur regional in den Blick genommen, was sich insbesondere am Erzgebirge festmachen lässt. Nach 1990 konnten dann die vom ideologischen Ballast befreiten Geschichts- und Kulturwissenschaften neue Perspektiven auf die Transformationsprozesse des 19. und 20. Jahrhunderts und somit auch den Anschluss an den älteren wissenschaftlichen Diskurs um das Verhältnis von Industrie und gesellschaftlichem Wandel gewinnen.

Die von der Forschung in zahlreichen Facetten dargelegte Bedeutung der Industrie hat indes – nicht zuletzt in Folge des schwierigen Transformationsprozesses nach 1990 – zunächst relativ wenig öffentliche Resonanz im Selbstbild des wiedergegründeten Freistaats Sachsen gefunden. So waren es die Institutionen und Akteure der Hochkultur (Oper, bildende Kunst, klassische Musik), die primär den symbolischen Raum Sachsens prägten, während das industrielle Erbe in Gestalt maroder Fabrikbauten in erster Linie als problematisch oder unerwünscht gesehen wurde. In den wachsenden Großstädten erfolgten seit den 2000er-Jahren Umnutzungen – die leerstehenden Gebäude sind heute begehrte Objekte, in denen Künstler und Künstlerinnen Ateliergemeinschaften aufbauen, neuer Wohnraum entsteht und die auch von staatlichen Einrichtungen, z. B. Archiven, genutzt werden. Auf dem Land hingegen etablierten sich nur sehr vereinzelt museale oder private Nachnutzungen, auch weil die nötigen finanziellen Mittel nicht bereitgestellt wurden. Erst in den vergangenen Jahren haben sich Selbstwahrnehmung und Außendarstellung erkennbar gewandelt. Ausgehend von der Tagung »Industriekultur in Sachsen. Neue

Kirchberger Textilwerke, Kirchberg bei Zwickau, 1993

Wege im 21. Jahrhundert« im März 2009 sowie der im Sommer 2009 erfolgten Berufung eines Wissenschaftlichen Beirats für Industriekultur am Zweckverband Sächsisches Industriemuseum, der 2010 Handlungsempfehlungen für Politik und Gesellschaft aussprach, hat eine umfassende Beschäftigung mit der Rolle Sachsens als Industrieland eingesetzt und eine positive Inwertsetzung des industriellen Erbes stattgefunden. Der dabei als Oberthema fungierende Begriff der Industriekultur lässt sich im Sinne dieser Handlungsempfehlungen als die »gesamte Kulturgeschichte des Industriezeitalters in Vergangenheit, Gegenwart und Zukunft« definieren, die »das Leben aller Menschen in der Industriegesellschaft – ihren Alltag, ihre Lebens- und Arbeitsbedingungen« umfasst.[1] Vor diesem Hintergrund hat eine wachsende Sensibilisierung der Öffentlichkeit wie auch der politisch Verantwortlichen stattgefunden, durch die der Stellenwert der Industrie für Geschichte und Kultur Sachsens eine Neubewertung erfahren hat. Die Entscheidung, die 4. Sächsische Landesausstellung 2020 in Zwickau dem Thema Industriekultur zu widmen, belegt dies eindrücklich.

Angesichts des Einflusses der Industrieentwicklung auf die Alltagskultur in Sachsen in Vergangenheit und Gegenwart ist Industriekultur heute ein Kernthema der volkskundlichen Arbeit am ISGV. So lassen sich keineswegs nur die Entstehung des Fabriksystems und der Fabrikarbeit oder die Revolution im Verkehrs- und Kommunikationswesen, sondern auch klassische volkskundliche Themen wie der Wandel der Wohn- und Ernährungsgewohnheiten, die Etablierung einer urbanen Massenkultur oder auch die Neuprägung des Konsumverhaltens und der geschmacklichen Distinktion unter diesem Oberbegriff subsumieren. Ein Großteil der Bestände des Lebensgeschichtlichen Archivs und des Bildarchivs des Instituts wird durch Quellen des Industrialisierungszeitalters gebildet, seien es Fotodokumentationen von Industriestädten und -gebäuden oder auch Selbstzeugnisse von wandernden Gesellen und Handwerkern. Schon die Sammlungsbestände des Instituts legen daher die Beschäftigung mit Industriekultur nahe.

Über die Sammlungen des ISGV hinaus hat eine Reihe mittelfristiger Forschungsvorhaben einzelne Aspekte der sächsischen Industriekultur in den Blick genommen. In den Jahren 2004 bis 2006 wurde von Sönke Friedreich ein volkskundliches Projekt zur Organisationskultur des sozialistischen Betriebs am Beispiel des VEB Sachsenring Zwickau durchgeführt, durch das zahlreiche Besonderheiten der Betriebskultur im Realsozialismus sowie die enge Verzahnung von Arbeitsalltag und außerbetrieblichem Leben der Betriebsangehörigen analysiert werden konnten. Dabei wurde durch die Kombination von narrativen Interviews mit Betriebsangehörigen und Aktenmaterial ein multimethodischer Zugang gewinnbringend angewandt.[2] Eine in diesem Zusammenhang wichtige, bislang kaum berücksichtigte Quelle sind Brigadetagebücher, die aus zahlreichen Betrieben und Institutionen der DDR überliefert sind. Sie vermitteln ein Bild des Alltags ›sozialistischer Kollektive‹ zwischen Anpassung und ›Eigen-Sinn‹. Darauf aufbauend entwickelte Merve Lühr ein Projekt zum Brigadeleben in der DDR, wobei der retrospektive Blick ehemaliger Kollektivmitglieder auf die Veränderung ihrer Lebenswelten durch die Transformationen von 1989/90 besonders berücksichtigt wird.[3]

Die Arbeiterfotografie in Sachsen konnte von Wolfgang Hesse in zwei von der Deutschen

Förderturm der Reichen Zeche, Freiberg, 1994

Dokumentation der Bodenerkundung in einem Brigadebuch des Kollektivs »Steine und Erden«

Plakat Volkswirtschaftsplan 1951

Forschungsgemeinschaft geförderten Projekten detailliert untersucht werden. Dabei wurden aus einer akteurszentrierten Perspektive die Motive, die Praktiken und der gesellschaftliche Kontext der Fotografen erschlossen und neue Zugangsweisen zu historischen Fotografien als Quelle zur Sozialgeschichte der Arbeit und der Arbeiterbewegung aufgezeigt. Nicht zuletzt konnte über drei Sonderausstellungen in Zwickau, Köln und Dresden das Thema einer breiteren Öffentlichkeit vermittelt werden.[4]

Auch die Zeit der Früh- und Hochindustrialisierung wurde in mehreren Vorhaben exemplarisch erforscht. In dem bereichsübergreifenden Drittmittelprojekt »Migration und Toleranz. Historisch-volkskundliche Studien zur Einwanderung im Grenzraum Sachsen, Böhmen und Schlesien während des 19. Jahrhunderts« untersuchten Lutz Vogel und Katrin Lehnert die kleinräumige, grenzüberschreitende Arbeitsmigration. Katrin Lehnert beschäftigte sich dabei insbesondere mit zeitgenössischen Konzepten von Mobilität und Sesshaftigkeit, während Lutz Vogel sich in mikrohistorischer Perspektive den Migrantinnen und Migranten und ihren Lebensrealitäten näherte.[5] Im Vorhaben »An der Elbe. Das Leben mit dem Fluss« werden der Einfluss der Industrialisierung seit etwa 1800 auf die Veränderung der Flusslandschaft Elbe und die damit einhergehenden Wandlungen in den Lebensbedingungen der Menschen untersucht. Der Industriestadt Plauen (Vogtland) war ein Vorhaben gewidmet, in welchem das Wechselverhältnis von Stadtentwicklung und städtischen Selbstbildern im Kaiserreich und in der Weimarer Republik im Zentrum stand. Im Anschluss an ältere Untersuchungen zur bedeutenden Rolle der Protoindustrie in Sachsen porträtierte Andreas Martin das Gewerbe der Spankorbmacher im Erzgebirge.[6]

Im Rahmen der Projekte wurden in der Regel Tagungen beziehungsweise Workshops organisiert, um den wissenschaftlichen Austausch zu suchen und eine Plattform für Diskussionen zu bieten. Hervorzuheben ist in diesem Zusammenhang die Tagung »Die mentale Seite der Ökonomie. Gefühl und Empathie im Arbeitsleben« der Kommission Arbeitskulturen der Deutschen Gesellschaft für Volkskunde im März 2013, welche spezifische Anforderungen an heutige Arbeitnehmer und Arbeitnehmerinnen in den Fokus stellte.

Wie die Vielfalt der seitens des ISGV bearbeiteten Themen zeigt, gehört die wissenschaftliche Erforschung der sächsischen Industriekultur zu den Schwerpunkten insbesondere des Bereichs Volkskunde. Mit den vorgelegten Ergebnissen konnte das Themenspektrum der Industriekultur deutlich aufgefächert werden, da nicht mehr allein bauhistorische oder denkmalpflegerische Aspekte im Vordergrund stehen, sondern auch sozialgeschichtliche und kulturanalytische Forschungen ihren Platz gefunden haben. Diese Akzentsetzung wird auch in Zukunft eine weitere Ausdifferenzierung des Bildes von der sächsischen Industriekultur ermöglichen. So gilt es, industriell bedingte Transformationsprozesse in Sachsen nicht als eine reine Erfolgsgeschichte nachzuzeichnen. Der historischen und volkskundlichen Forschung obliegt es vielmehr auch weiterhin, das industrielle Erbe Sachsens in all seinen Facetten zu erforschen und damit einen reflektierten Zugang zur regionalen Identität zu ermöglichen.

Anmerkungen

1 Industriekultur in Sachsen. Handlungsempfehlungen des Wissenschaftlichen Beirates für Industriekultur in Sachsen, hrsg. vom Wissenschaftlichen Beirat für Industriekultur in Sachsen am Zweckverband Sächsisches Industriemuseum unter Vorsitz von Helmuth Albrecht, Freiberg 2010, S. 4.

2 Sönke Friedreich, Autos bauen im Sozialismus. Arbeit und Organisationskultur in der Zwickauer Automobilindustrie nach 1945, Leipzig 2008.

3 Merve Lühr (Hg.), Arbeiten im Kollektiv. Politische Praktiken der Normierung und Gestaltung von Gemeinschaft, in: Volkskunde in Sachsen 28 (2016), S. 9–174.

4 Wolfgang Hesse (Hg.), Produktion und Reproduktion – Arbeit und Fotografie, Dresden 2010; Ders. (Hg.), Die Eroberung der beobachtenden Maschinen. Zur Arbeiterfotografie der Weimarer Republik, Leipzig 2012; Ders., Körper und Zeichen. Arbeiterfotografien aus Dohna, Heidenau und Johanngeorgenstadt 1932/33, Dresden 2013.

5 Lutz Vogel/Katrin Lehnert (Hgg.), Transregionale Perspektiven. Kleinräumige Mobilität und Grenzwahrnehmung im 19. Jahrhundert, Dresden 2011; Lutz Vogel, Aufnehmen oder abweisen? Kleinräumige Migration und Einbürgerungspraxis in der sächsischen Oberlausitz 1815–1871, Leipzig 2014; Katrin Lehnert, Die Un-Ordnung der Grenze. Mobiler Alltag zwischen Sachsen und Böhmen und die Produktion von Migration im 19. Jahrhundert, Leipzig 2017.

6 Andreas Martin, Spankörbe aus dem Erzgebirge. Vom Nebenerwerb zum Wegbereiter dörflicher Industrialisierung, Dresden 2010.

Bibliothek und Sammlungen des Instituts für Sächsische Geschichte und Volkskunde

Für eine wissenschaftliche Einrichtung, die sowohl langfristige Grundlagenforschung als auch aktuelle Forschungsprojekte durchführt, gehört eine eigene Bibliothek zu den wichtigsten Arbeitsinstrumenten. Die dort verfügbaren Standardwerke, die relevante Fachliteratur sowie historische und aktuelle Zeitschriften, Datenbanken und Lexika sind als Quellen und begleitende Literatur für die Arbeit unverzichtbar. Dass das ISGV auch über einen reichhaltigen Sammlungsbestand verfügt, der nicht nur durch laufende Langzeitprojekte wie das Lebensgeschichtliche Archiv[1] oder das Digitale Bildarchiv[2] generiert wird, sondern vor allem aus der Vorgeschichte des Instituts resultiert, stellt hingegen eine Besonderheit dar und ist nicht allgemein bekannt.

Bibliothek

Einen großen Teil seiner Bibliothek sowie der Sammlungsbestände verdankt das ISGV seinen Vorgängereinrichtungen. Die Bibliothek geht auf das von Adolf Spamer (1883–1953) nach Ende des Zweiten Weltkriegs in Dresden begründete Institut für Volkskunde und Volksbrauch (ab 1947 Institut für Volkskunde) zurück, dessen wissenschaftliche Bibliothek seit Februar 1946 mit Zugangsbüchern dokumentiert ist. Bei den ersten 190 eingearbeiteten Büchern handelte es sich um Übernahmen aus dem ehemaligen Heimatwerk Sachsen, einer nationalsozialistischen Kultur- und Erziehungseinrichtung, die 1945 aufgelöst worden war. In den folgenden Jahrzehnten wurde die Bibliothek des Instituts, das ab 1954 als Forschungsstelle Dresden zur Akademie der Wissenschaften der DDR gehörte, kontinuierlich durch Ankäufe, Geschenke oder Tausch ausgebaut. Die Schenkenden waren wissenschaftliche und politische Institutionen, aber auch bedeutende Kulturwissenschaftlerinnen und Kulturwissenschaftler wie Hermann Bausinger (geb. 1926), Ina-Maria Greverus (1929–2017), John Meier (1864–1953), Will Erich Peuckert (1895–1969), Bruno Schier (1902–1984) oder Adolf Spamer selbst. Die Bibliothek wuchs bis 1992 auf etwa 23 000 Bände an, die mit einem alphabetischen, einem systematischen und einem Standortkatalog in Zettelform erschlossen wurden.

Zu den bedeutendsten Erwerbungen zählt die etwa 5 000 Bände umfassende Bibliothek der Volkskundlerin Ingeborg Weber-Kellermann (1918–1993) im Jahr 1993. Dadurch konnte der Bestand, der bis in die frühen 1990er-Jahre vor allem durch Literatur aus den ehemals sozialistischen Ländern geprägt war, um Bücher westeuropäischer Fachtraditionen erweitert werden.

Seit 1997 wird die Bibliothek des Instituts wieder durch eine hauptamtliche Bibliothekarin betreut. Der Nachweis des Bestands erfolgt

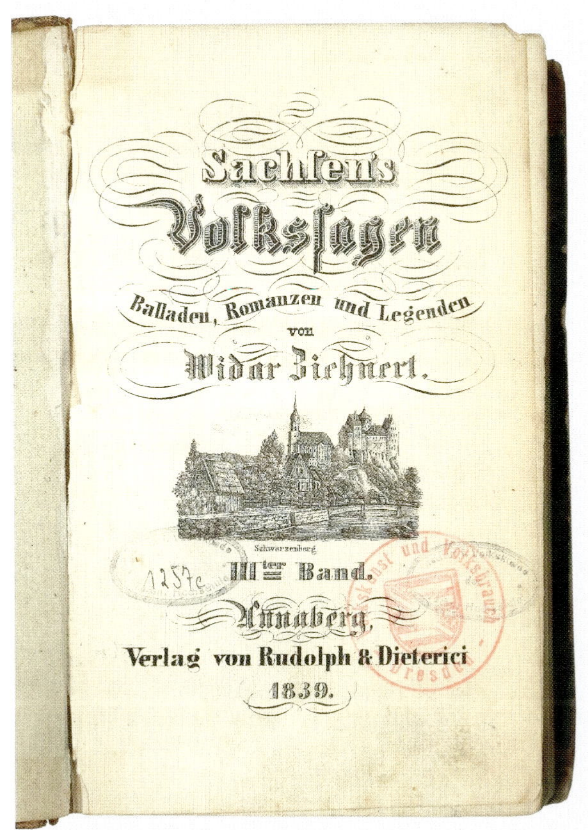

Widar Ziehnert, Sachsens Volkssagen (1839), Titelblatt mit Stempel des Instituts für Volkskunde und Volksbrauch Dresden sowie des Instituts für Volkskunde der Technischen Hochschule Dresden

Gustav Schuberth, Chronik der Stadt Großenhain vom Jahre 1088 bis auf die Gegenwart (1887–1892)

seither nicht mehr mittels Zettelkatalogen, sondern durch eine elektronische Datenbank, die inzwischen als Online-Katalog auch über die Homepage des Instituts aufzurufen ist.[3] Der Bestand umfasst gegenwärtig insgesamt ca. 35 000 Bände, von denen knapp 21 000 im elektronischen Katalog erfasst sind. Das Institut bezieht laufend etwa 180 internationale Zeitschriften aus den Fachgebieten (Landes-)Geschichte, Volkskunde/Europäische Ethnologie, Kulturgeschichte und Anthropologie, davon 125 über den Büchertausch. Etwa 200 volkskundliche und regionale Zeitschriften mit Erscheinungsjahren bis etwa 1950 befinden sich zudem im Altbestand der Bibliothek, darunter Veröffentlichungen verschiedener regionaler volks- und altertumskundlicher Vereine, des Kulturbunds der DDR sowie historische Kalender. Hierunter finden sich z. T. seltene, in Deutschland kaum verfügbare Titel. Als Präsenzbibliothek, deren Bestände nur in den Räumen des Instituts genutzt werden können, unterstützt die Bibliothek zwar in erster Linie die Forschungsvorhaben der im ISGV beschäftigten Wissenschaftlerinnen und Wissenschaftler, steht aber prinzipiell allen Interessierten zur Nutzung während ihrer Öffnungszeiten offen.

Die Bibliothek ist Mitglied des Südwestdeutschen Bibliotheksverbunds (SWB). Ein kleiner Teil des Bestands ist online sowohl über den SWB-Katalog als auch über den Karlsruher Virtuellen Katalog (KVK) recherchierbar. Zudem nimmt sie am Fernleihverfahren der deutschen Bibliotheken teil. Zu den wichtigsten Aufgaben der kommenden Jahre zählt die Retrokonversion des derzeit nur über den Zettelkatalog recherchierbaren Altbestands. Sobald dieser in die elektronische Datenbank eingegeben ist, erfolgt auch der Nachweis im SWB-Verbundkatalog. Auch der Nachweis des Zeitschriftenbestands des Instituts in der Zentralen Zeitschriftendatenbank (ZDB) erfolgt sukzessive.

Volkskundliche Sammlungen

Die Sammlungen des ISGV stammen zum überwiegenden Teil aus den volkskundlichen Vorgängerinstitutionen; daher handelt es sich fast ausschließlich um kulturanthropologische Quellen, die aber ebenso für andere Disziplinen von Interesse sind. Zu den Sammlungen gehören die Überlieferung des Instituts für Volkskunde bzw. der Forschungsstelle Dresden der Akademie der Wissenschaften der DDR, mehrere Nachlässe, Material von verschiedenen Umfrageprojekten, eine Kartensammlung sowie audiovisuelle Medien. In ihrer Vielschichtigkeit dokumentieren diese Objekte die über 100-jährige Geschichte der Volkskunde in Sachsen, was sie zu wertvollen Quellen der Wissenschaftsgeschichte macht. Einige Materialien gehen auf die Aktivitäten des Vereins für Sächsische Volkskunde bzw. auf Personen aus dessen Gründungszeit an der Wende vom 19. zum 20. Jahrhundert zurück. Neben ihrer wissenschaftsgeschichtlichen Bedeutung können diese Bestände aufgrund ihrer thematischen Vielfalt auch als Quellen zur Sachkulturforschung, Frömmigkeitsgeschichte, visuellen Anthropologie und Erzählforschung dienen.

Derartige Sammlungsbestände stellen für das ISGV eine große, aber lohnende Herausforderung dar, denn ihre Bearbeitung ist nur mit hohem zeitlichen und personellen Aufwand zu erreichen. Neben der Erschließung der unterschiedlichen Materialien und ihres Nachweises in überregionalen Verbundsystemen wie dem Kalliope-Katalog der Staatsbibliothek Berlin erfolgt auch eine Digitalisierung und Onlinepräsentation ausgewählter Objekte in Kooperation mit der Sächsischen Landesbibliothek – Staats- und Universitätsbibliothek Dresden (SLUB).

Diese Schritte werden gemeinsam mit der SLUB beispielsweise im Projekt »Erschließung und Digitalisierung des Nachlasses Adolf Spamer« erprobt. Umgesetzt wird die Digitalisierung im Landesdigitalisierungsprogramm des Freistaats Sachsen.

Institutionelle Überlieferung

Das vom Institut für Volkskunde und der Dresdner Forschungsstelle der Akademie der Wissenschaften der DDR übernommene Material dokumentiert rund 40 Jahre regionaler volkskundlicher Arbeit vom Beginn bis zum Ende der DDR. Zwar mussten die Mitarbeiterinnen und Mitarbeiter der Dresdner Arbeitsstelle häufig zentral angeordnete Themen wie die seit 1969 zum Forschungsschwerpunkt erklärte »Erforschung von Kultur und Lebensweise werktätiger Klassen und Schichten in der Übergangsperiode vom Feudalismus zum Kapitalismus« bearbeiten, sie konnten diese aber mit regionalen und thematischen Schwerpunktsetzungen konkretisieren und ausgestalten. So standen im regionalen Fokus von Friedrich Sieber[4] (1893–1973, Leitung der Forschungsstelle 1954–1962), Karl-Ewald Fritzsch (1894–1974), Siegfried Kube (1915–1990), Rudolf Weinhold[5] (1925–2003, Leitung der Forschungsstelle 1962–1990), Brigitte Emmrich[6] (1940–2009) oder Bernd Schöne[7] (1940–2009, Leitung der Forschungsstelle 1990–1993) vor allem das Erzgebirge und die Lausitz. Sie bearbeiteten Themen der Wirtschafts- und Sozialgeschichte sowie der materiellen Volkskultur: Akteurinnen und Akteure, Wirtschaftsweisen und Produkte des Bergbaus, des Weinbaus, des Textilhandwerks oder der Volkskunst. Dokumentiert sind diese Forschungsansätze in Material- und Literatursammlungen, Exzerpten, Notizen und Korrespondenzen.

Zählt man zu diesen Unterlagen das in großer Fülle erhaltene Verwaltungsschriftgut der

Rudolf Weinhold (1925–2003)

Vorgängerinstitutionen, die Korrespondenz sowie die schriftlichen Unterlagen zur Bibliothek, so ergibt sich ein Gesamtbestand von mehr als 300 Kästen und Ordnern, die bisher nur zum Teil aufgearbeitet worden sind.

Nachlässe

Seinen wichtigsten und reichhaltigsten Nachlass verdankt das ISGV dem Volkskundler und Germanisten Adolf Spamer, der in 50 Jahren Forschungstätigkeit eine umfangreiche Sammlung von Arbeitsmaterialien und Originalquellen zusammengetragen hat.[8] Die nach 1945 an der Dresdner Forschungsstelle der Akademie tätigen Wissenschaftler Siegfried Kube, Friedrich Sieber und Rudolf Weinhold trugen im Laufe ihres Arbeitslebens ebenfalls zum heutigen Sammlungsbestand des ISGV bei. Darüber hinaus verfügt das Institut über die Nachlässe von Hugo Wiechel[9] (1847–1916, Baurat, Mitbegründer des Vereins für Sächsische Volkskunde), Josefa Elstner-Oertel[10] (1888–1969, Bibliothekarin, Märchenerzählerin), Ludwig Steglich (1870–1957, Lehrer, Volksliedsammler und -forscher) sowie Hermann Lemme (1903–1989, Lehrer, Heimatforscher). Neben Sammlungen von Sagen und Erzählungen sowie von Josefa Elstner-Oertel verfassten Märchenspielen und Theaterstücken enthalten die Nachlässe auch Manuskripte wissenschaftlicher Aufsätze. Als

Veranstaltungsplakat
Josefa Elstner-Oertel

persönliche Dokumente sind Tagebücher, Fotografien und Fotoalben, Haushaltsbücher und z. T. umfangreiche Briefwechsel erhalten. Der Nachlass Siegfried Kubes überliefert einen größeren Bestand an Feldpost aus dem Zweiten Weltkrieg. Alle Nachlässe wurden Ende der 1990er-Jahre grob erschlossen. Das Material kann über Findbücher recherchiert werden.

Umfragen

Befragungen gehören zu den Standardmethoden der Volkskunde/Kulturanthropologie. Sie beruhen auf der Annahme, dass Gewährspersonen – Informantinnen und Informanten – der Wissenschaft wichtige Auskünfte über Alltags- und Lebenswelten geben können – auch und gerade aus ihrer subjektbezogenen Perspektive. Die Entwicklung des Fachs als wissenschaftliche Disziplin ist eng mit der Ausbildung dieses empirischen Instrumentariums verbunden. Im 19. Jahrhundert nutzte schon Wilhelm Heinrich Riehl (1823–1897) bei seinen regionalen Erkundungen die Gelegenheit zu Gesprächen mit Gewährspersonen, um Phänomene der Alltagskultur zu dokumentieren. Die erste volkskundlich relevante Fragebogenaktion führte Wilhelm Mannhardt (1830–1881) im Jahr 1865 im deutschsprachigen Raum durch, um die Entstehung und Verbreitung von Bräuchen und Gewohnheiten, Sagen und Mythen nachvollziehen zu können. Zu den größten volkskundlichen Unternehmungen zählt der »Atlas der deutschen Volkskunde«. Zwischen 1930 und 1935 wurden mehrere tausend Einzelfragen in fünf Fragebögen zu materiellen und immateriellen Phänomenen an 20 000 Gewährspersonen verschickt – eine wegen ihrer methodischen Anlage und der zeitgenössischen wissenschaftspolitischen Prägung mit entsprechender Quellenkritik zu nutzende Materialsammlung.

Eine ähnliche Aktion führte zwischen 1934 und 1936 die Landesstelle für Volksforschung und Volkstumspflege, Gau Sachsen im Nationalsozialistischen Lehrerbund durch. Dieser Bestand bietet die Möglichkeit, politisch motivierte Prämissen transparent zu machen und die Mechanismen der Volkstumsideologie zu analysieren, war doch der Volkskunde in der NS-Zeit die Aufgabe zugedacht, nationalsozialistische Vorannahmen zu stützen und vermeintliche Kontinuitätslinien (z. B. zu germanischen Ursprüngen) ›nachzuweisen‹. Über ein Netzwerk von etwa 2 500 ehrenamtlichen Mitarbeiterinnen und Mitarbeitern sollten Archive für die Sammlung und Bewahrung von Sitten und Bräuchen, von Erzähltraditionen, der Religiosität, von Liedern und Spielen sowie der Volkskunst angelegt werden.[11] Von dem auf zehn Jahre und zehn Umfragen angelegten Vorhaben wurden letztlich nur zwei Umfragen realisiert. Sie fragten nach Sitten und Bräuchen im Lebens- und Jahreslauf anlässlich von Geburten, Hochzeiten, Beerdigungen und Feiertagen. Im ISGV lagern die hand- und maschinenschriftlichen Rückmeldungen der Gewährspersonen. Sie sind nach den fünf damaligen Kreishauptmannschaften Bautzen, Dresden, Leipzig, Chemnitz und Zwickau geordnet und umfassen 47 Ordner. Vervollständigt wird dieser Bestand durch die in Heftform erschienenen Kreiszusammenfassungen, die die Antworten bündeln.

1962 führte die Akademie der Wissenschaften der DDR gemeinsam mit dem Kulturbund der DDR eine schriftliche Befragung zur Erfassung historischer Siedlungen und Bauten auf dem Land durch, deren Rücklauf aus mehr als 100 sächsischen Dörfern im ISGV verwahrt wird. Die zurückgesandten Antwortbögen und das ergänzende Material enthalten nicht nur umfassende Einschätzungen zur Entwicklung der Siedlungsformen, Verwaltungszugehörigkeiten

Preißlersches Wasserkraft-Drehwerk in Seiffen, Fotografie auf einer Karteikarte zur Baudenkmäler-Umfrage, 1957

oder vorherrschenden Bauformen, sondern auch technische Zeichnungen und Fotografien von Baudenkmälern, die inzwischen im Digitalen Bildarchiv des ISGV erschlossen sind.

Nach der der Gründung des ISGV vorausgegangenen Angliederung der volkskundlichen Forschungsstelle Dresden an das Institut für Geschichte der Technischen Universität Dresden im Jahr 1992 erfolgte 1993 eine Fragebogenaktion zur Festgestaltung in Sachsen, in die alle sächsischen Gemeinden einbezogen waren. Ausgehend von der Annahme, dass Feste einen kulturellen, wirtschaftlichen, touristischen und identitätsstiftenden Wert besitzen, sollten sie als Faktoren regionalen und lokalen Selbstverständnisses analysiert werden. Die frühen 1990er-Jahre eigneten sich in besonderem Maße für eine solche Untersuchung, waren doch nach der politischen Wende zahlreiche Traditionen des regionalen und lokalen kulturellen Erbes in Dorf- und Heimatfesten wiederbelebt worden, die in der DDR nur vereinzelt kulturelle Förderung erfahren hatten. Kopien des Fragebogenrücklaufs aus 695 sächsischen Gemeinden liegen im ISGV und verzeichnen nicht nur Beobachtungen und Angaben aus den frühen 1990er-Jahren, sondern rekurrieren teilweise auch auf historische Traditionen.[12]

Auch heute führen die wissenschaftlichen Mitarbeiterinnen und Mitarbeiter des Bereichs Volkskunde Befragungen durch – dies geschieht jedoch in der Regel nicht mehr in Form standardisierter Fragebögen, sondern in Form von biografischen oder themenzentrierten Interviews. Da diese »Erzählungen über die eigene Person« nicht nur für die jeweiligen For-

Schifferfastnacht
in Königstein, 2004

schungsthemen von Interesse sind, sondern lebensgeschichtliche Dokumente mit vielfachen Auswertungsmöglichkeiten darstellen, werden sie im Lebensgeschichtlichen Archiv des ISGV verwahrt und stehen für weiterführende Forschungsprojekte zur Verfügung.

Kartensammlung

In der Kartensammlung befinden sich neben einer Vielzahl von Stadtplänen aus der zweiten Hälfte des 20. Jahrhunderts Kartenwerke, die als wissenschaftliches Quellenmaterial große Bedeutung haben. Zu erwähnen sind hier vor allem der »Topografische Atlas des Königreichs Sachsen« von Oberreit (1821) in der Umdruckausgabe des Vereins für Sächsische Volkskunde aus dem Jahr 1921, die 1. bis 5. Lieferung des »Atlas der deutschen Volkskunde« (1937–1939) und die »Topografische Karte« von Sachsen (Messtischblatt) in der Ausgabe von 1939/41. Als ein seltenes Kartenwerk ist der Originaldruck der Armeekarte von Petri (Aufnahme 1759–1762) einzuschätzen, auf dem die Umgebung der Residenzstadt Dresden im Umkreis von etwa 40 Kilometern verzeichnet ist. Dieser Teil der Sammlungen des Instituts wurde in den vergangenen Jahren durch den Gesamtbestand der »Topografischen Karte von Sachsen« in der gegenwärtig gültigen Ausgabe sowie durch eine umfangreiche Kollektion von historischen Reiseführern, Wander- und Wintersportkarten ergänzt. Sie dokumentieren die Entwicklung des Tourismus in Sachsen seit dem Ende des 19. Jahrhunderts.

Topografische Karte
Sächsische Schweiz,
um 1920

Audiovisuelle Medien

Die Zahl der archivierten Tonträger aus der Zeit vor der Institutsgründung ist gering: Es handelt sich um etwa 20 Magnetbänder aus den 1970er- und 1980er-Jahren; sie dokumentieren Lebenserinnerungen von Mitarbeiterinnen und Mitarbeitern der ehemaligen Dresdner Forschungsstelle der Akademie der Wissenschaften. Hinzu kommen mehrere Dutzend Schellackplatten des Heimatwerks Sachsen, deren Produktion der zeitspezifischen Sprecherziehung in den 1930er-Jahren geschuldet ist. Eine Bewertung dieses Bemühens um die Förderung der hochdeutschen Sprache im sächsischen Raum wurde 2005 veröffentlicht.[13]

Als Sammlungsbestände der neuesten Zeit sind verschiedene Ton- und Videodokumentationen zu benennen, die seit Gründung des ISGV im Rahmen von Arbeitsvorhaben im Bereich Volkskunde aufgenommen wurden. Zwischen 1998 und 2002 entstanden umfangreiche Video-Interviews mit Rudolf Weinhold zur Entwicklung des Fachs Volkskunde in der DDR-Zeit sowie insbesondere zu handwerksgeschichtlichen Themen. Im Rahmen eines Forschungsprojekts wurden auch Interviews mit ehemals vertriebenen Polen und Schlesiern geführt, die 2004 auf CD veröffentlicht wurden.[14]

Anmerkungen

1 Vgl. den entsprechenden Beitrag von Sönke Friedreich in diesem Band.

2 Vgl. den Beitrag von Andreas Martin über die visuellen Quellen in diesem Band.

3 Vgl. http://isgv.allegronet.de.

4 Vgl. Bernd Schöne/Friedrich Sieber. Zur Neubegründung der sächsischen Volkskunde nach dem Zweiten Weltkrieg, in: Michael Simon/Monika Kania-Schütz/Sönke Löden (Hgg.), Zur Geschichte der Volkskunde. Personen – Programme – Positionen, Dresden 2002, S. 257–275.

5 Vgl. Konrad Köstlin, Nachruf Rudolf Weinhold 1925–2003, In: Zeitschrift für Volkskunde 101 (2005), S. 93 ff.

6 Vgl. Andreas Martin, Nachruf Brigitte Emmrich, in: Volkskunde in Sachsen 22 (2010), S. 283–289.

7 Vgl. Ders., Bernd Schöne: Nachruf, in: Volkskunde in Sachsen 21 (2009), S. 225–228.

8 Vgl. den Beitrag von Nadine Kulbe über den Nachlass Adolf Spamers in diesem Band.

9 Vgl. Andreas Martin, Der Nachlaß Hugo Wiechels im Institut für Sächsische Geschichte und Volkskunde e. V., in: Michael Simon (Hg.), Studien 2, Dresden 1999, S. 171–177.

10 Vgl. Ders., Der Nachlaß von Josepha Elstner-Oertel im Institut für Sächsische Geschichte und Volkskunde e. V., in: ebd., S. 179–181.

11 Vgl. Karl Ewald Fritzsch, Die Landesstelle für Volksforschung und Volkstumspflege im NSLB. Sachsen, in: Mitteldeutsche Blätter für Volkskunde 9 (1934), H. 5, S. 148–154.

12 Vgl. Heidrun Wozel, Gegenwärtige Volksfeste und Brauchpflege in Sachsen als regionale Identifikations- und Wirtschaftsfaktoren, in: Denkströme. Journal der Sächsischen Akademie der Wissenschaften 2011, H. 7, S. 176–191; Volksfeste in Sachsen. Tagungsheft zur Tagung »Kontinuität und Wandel in der Gestaltung Sächsischer Volksfeste der Gegenwart« am 28. 8. 1993 im Stadtmuseum Dresden, hrsg. durch den Landesverein Sächsischer Heimatschutz e. V., Dresden 1993, mit Abdruck des Fragebogens S. 69–80.

13 Vgl. Dieter Herz, »Gegen die Verunglimpfung des sächsischen Volkes« – Die Sprechplatten des Heimatwerks Sachsen, in: Johannes Moser (Hg.), Spurensuche. Einblicke in die Sammlungen des Instituts für Sächsische Geschichte und Volkskunde. Katalog zur Sonderausstellung im Museum für Sächsische Volkskunst 1. September bis 6. November 2005, Dresden 2005, S. 28–35.

14 Johannes Moser/Karsten Jahnke (Hgg.), Dieser Schmerz bleibt. Lebenserinnerungen vertriebener Polen und Schlesier, Dresden 2004 (CD).

Neues Archiv für sächsische Geschichte

Wissenschaftliche Zeitschriften sind noch immer das dominierende Fachmedium in der Geschichtswissenschaft. In ihrer speziellen landes- und regionalgeschichtlichen Ausrichtung besitzen sie zudem eine nicht zu unterschätzende Rolle bei der Herausbildung regionaler Identitäten und Erinnerungskulturen.[1] Überhaupt erfüllen gerade landes- und regionalgeschichtliche Zeitschriften eine Vielzahl unterschiedlichster Funktionen. So werden in ihnen beispielsweise nicht nur aktuelle Forschungsergebnisse vorgestellt und diskutiert, sie sind auch ein schier unerschöpfliches »Themenreservoir für die historische Profilierung einer Region, eines Landes oder Landesteils«.[2] Der Forschung bieten sie somit sowohl einen Ort der Kommunikation als auch der Orientierung. Bereits an der Auswahl der aufgenommenen Beiträge lassen sich aktuelle Forschungstrends und Themenkonjunkturen ablesen, und wie kein anderes Medium verbinden landesgeschichtliche Zeitschriften die universitäre Wissenschaft mit dem allgemeinen öffentlichen Geschichtsinteresse. Diese größere Offenheit gegenüber Nicht-Fachleuten ist Ausdruck eines modernen Wissenschaftsverständnisses, in dem die interessierte Öffentlichkeit mit all ihren Nachfragen und Hinweisen ganz selbstverständlich einen Teil des Fachdiskurses bildet.[3]

Auch hinsichtlich der Themenvielfalt können landesgeschichtliche Zeitschriften punkten, unterliegen sie bei der Auswahl ihrer Beiträge doch kaum thematischen Begrenzungen. Einschränkend mögen vielleicht die jeweiligen territorialen Grenzen wirken. Aber selbst hier sind sie in ihrer Wirkung keinesfalls so regional begrenzt, wie ihre Titel suggerieren: Schon immer hat es zwischen den landesgeschichtlichen Periodika einen intensiven überregionalen Austausch und eine starke gegenseitige Beeinflussung gegeben.

Als maßgebliche Beförderer und Multiplikatoren der landesgeschichtlichen Forschung gab und gibt es im föderalen Deutschland ein großes wissenschaftliches wie öffentliches Bedürfnis an landesgeschichtlicher Literatur. Ausdruck hierfür ist die fast unüberschaubare Zahl an landesgeschichtlichen und heimatkundlichen Periodika. Ohne Anspruch auf Vollständigkeit konnte Rudi Mechthold für die beiden zurückliegenden Jahrhunderte bislang annähernd 5000 verschiedene Titel zusammentragen.[4] Eine der traditionsreichsten landesgeschichtlichen Zeitschriften in Deutschland ist das »Neue Archiv für sächsische Geschichte« (NASG), dessen Anfänge bis weit ins 19. Jahrhundert zurückreichen.[5] Nicht von ungefähr dürfte es ausgerechnet in Sachsen mit dem »Königlich Sächsi-

Karl von Weber, Fotografie von August Kotzsch, um 1870

schen Verein zur Erforschung und Erhaltung vaterländischer Altertümer« 1824 zur Gründung eines der ersten landesgeschichtlichen Vereine Deutschlands gekommen sein.[6] Das Gründungsjahr fällt in die schwierige Zeit nach dem Wiener Kongress, als sich das territorial um fast zwei Drittel verkleinerte und außenpolitisch beinahe in die Bedeutungslosigkeit gesunkene Königreich Sachsen neu definieren und orientieren musste. Unter diesen Umständen sollte der historische Rückblick helfen, »das Heimweh nach einer großen Vergangenheit zu stillen«.[7] Allerdings sollte es nach der Vereinsgründung noch einige Jahre dauern, bis 1835 mit den »Mitteilungen des Königlich Sächsischen Vereins zur Erforschung und Erhaltung vaterländischer Altertümer« auch ein erster Vorläufer des NASG zum Druck gebracht wurde. Von der nur sporadischen Erscheinungsweise und der inhaltlichen Ausrichtung der Zeitschrift enttäuscht, publizierte dann 1843 der sächsische Rechtsanwalt und Heimatforscher Karl Gautsch[8] (1810–1879) auf eigene Kosten ein »Archiv für sächsische Geschichte und Altertumskunde« mit anspruchsvollen wissenschaftlichen Beiträgen aus der Feder namhafter Historiker. Es gelang Gautsch jedoch nicht, den Vorstand des Altertumsvereins davon zu überzeugen, künftig dieses Archiv als Vereinszeitschrift zu nutzen, sodass es trotz des so hoffnungsvollen Auftakts bereits mit dem ersten Band wieder eingestellt wurde. Stattdessen erschienen seit 1846 die vorrangig auf die Vereinsarbeit ausgerichteten »Mitteilungen« regelmäßiger. Über die darin hauptsächlich von Laien veröffentlichten Artikel urteilte später der Archivar Otto Posse[9] (1847–1921), dass sie »nicht frei von Dilettantismus« gewesen seien und »theilweise selbst den bescheidensten Ansprüchen nicht« genügt hätten.[10]

Ohne geeignete wissenschaftliche Publikationsmöglichkeit blieb jedoch auch die sich zunehmend an den Archiven und Universitäten etablierende landesgeschichtliche Forschung[11] in Sachsen zwangsläufig in ihrer Entwicklung gehemmt. Es ist daher wohl kein Zufall, dass Posses Vorgesetzter, der einflussreiche Direktor des Dresdner Hauptstaatsarchivs Karl von Weber[12] (1806–1879), mit seiner Initiative zur Neugründung einer wirklichen landesgeschichtlichen Zeitschrift beim sächsischen Kultusministerium Erfolg hatte. Für eine gemeinsame Herausgabe konnte von Weber den namhaften Leipziger Geschichtsprofessor Wilhelm Wachsmuth[13] (1784–1866) gewinnen. Die Oberleitung der Zeitschrift verblieb aber unmittelbar in den Händen des Kultusministers Johann Paul von Falkenstein[14] (1801–1882), der die eingehenden Beiträge selbst einer Begutachtung unterzog und der großen Einfluss auf Auswahl und Inhalt der Manuskripte nahm.

Hubert Ermisch (1850–1932), Direktor der Königlich öffentlichen Bibliothek in Dresden, Porträt von Robert Sterl, 1922, Öl auf Leinwand

Als »Archiv für die Sächsische Geschichte« (ASG) erschien der erste Band des neuen Periodikums 1863 in deutlicher Abgrenzung von den »Mitteilungen« des Altertumsvereins. Im ASG sollten Abhandlungen und Aufsätze ebenso wie Miszellen und kleinere Mitteilungen Platz finden, die die »Geschichte des Landes im Allgemeinen und in den einzelnen Theilen (der Städte, Klöster, Familien usw.), die Geschichte der Regenten, des Volks, der Sitten und der Cultur« behandelten. Dieser breite, modern anmutende interdisziplinäre Ansatz griff wegweisend über die engere Politik- und Herrschaftsgeschichte hinaus. Ausdrücklich waren Beiträge zur »Kunde der Landessprache und ihrer Eigenthümlichkeiten, zur Geschichte des Handels, des Gewerbes und der Landwirthschaft, des Bergbaues und Münzwesens, zur Kriegs-, Kunst- und Gelehrtengeschichte willkommen [...] ebenso Lebensbeschreibungen hervorragender Sachsen, mögen sie im engern Vaterlande oder auswärts sich ausgezeichnet haben«. Für die Aufnahme der Beiträge machte man darüber hinaus einzig zur Bedingung, dass »die Grundlage wissenschaftlich sei und daß die Bearbeitung des Gegenstandes auf historischer Basis ruhe und neue Gesichtspunkte biete«[15] – Grundsätze, die bis heute für eine Publikation im NASG gelten.

Aus Altersgründen und wegen dienstlicher Überlastung gab Wachsmuth seine Mitarbeit als Herausgeber bereits nach zwei Bänden auf. Ab 1865 fungierte von Weber damit als alleiniger Herausgeber der im Leipziger Verlag Bernhard Tauchnitz[16] erscheinenden Zeitschrift. Webers nachhaltiger Einflussnahme blieb es in den folgenden Jahren vorbehalten, das »Archiv für die Sächsische Geschichte« als angesehenes und qualitativ höher stehendes Fachorgan neben den populären »Mitteilungen« des Altertumsvereins zu etablieren.

Nach insgesamt 18 Jahrgängen – zwölf Bände des ASG und weitere sechs Bände der Neuen Folge des ASG – unter der Leitung Karl von Webers sah sich dieser aus Altersgründen veranlasst, die Redaktion der Zeitschrift niederzulegen. In dieser Situation trat mit dem sächsischen Staatsarchivar Hubert Ermisch[17] (1850–1932) ein Mann hervor, der die Geschicke des NASG für die folgenden 46 Jahre maßgeblich bestimmen sollte. Ermisch hatte bereits seit 1877 die Verantwortung für die »Mitteilungen« des Altertumsvereins inne, und wie sein Vorgänger Posse hatte er versucht, die Vereinszeitschrift zu reformieren und auf ein höheres fachwissenschaftliches Niveau zu heben. Sein Vorschlag, die beiden sächsischen Zeitschriften – Webers »Archiv für die Sächsische Geschichte« und die »Mitteilungen« des Altertumsvereins – zusammen als »Neues Archiv für Sächsische Geschichte und Altertumskunde« weiterzuführen, wurde vom Vorstand des Altertumsvereins gebilligt, und so erschien 1880 der erste Band der umgestalteten Zeitschrift, die sich wissenschaftlich an das ASG, in der Berücksichtigung von Altertumskunde und Kunstgeschichte aber an die »Mitteilungen« des Altertumsvereins anschließen sollte. Als neuer Verleger konnte die aufstrebende Dresdner Firma Wilhelm Baensch[18] gewonnen werden.

Die Finanzierung des »Neuen Archivs für Sächsische Geschichte und Altertumskunde« ruhte aufgrund dieser Genese auf zwei Säulen: dem fortgeführten Zuschuss des Kultusministeriums und dem bislang für die »Mitteilungen« aufgewendeten Anteil des Altertumsvereins, für den die Mitglieder des Vereins kostenlose Exemplare der neuen Zeitschrift erhielten. Inhaltlich gewährte man dem neuen Herausgeber freie Hand. Der Vorstand des Altertumsvereins nahm keinen unmittelbaren Einfluss auf die Konzeption und Gestaltung der Zeitschrift. Nach dem Ausscheiden des Kultusministers von Falkenstein aus seinem Amt beschränkte man sich dann auch seitens des Ministeriums auf die finanziellen Belange.

Unter Hubert Ermischs umsichtiger Schriftleitung gewann das NASG in den folgenden Jahrzehnten an wissenschaftlichem Profil. Dem Staatsarchivar und späteren Direktor der Sächsischen Landesbibliothek gelang es, das NASG inhaltlich auf die Beiträge ausgewiesener Fachhistoriker zu stützen, ohne es für engagierte historische Laien zu verschließen. Obwohl Ermisch strenge Maßstäbe an die Wissenschaftlichkeit, Quellengebundenheit und Aktualität der Aufsätze anlegte, überstiegen die eingehenden Manuskripte schon bald die Veröffentlichungsmöglichkeiten. Für den nun neu hinzugetretenen Rezensionsteil gewann Ermisch Autoren aus ganz Deutschland, und mit den 1904 anlässlich des 25-jährigen Bestehens des NASG neu hinzugekommenen »Nachrichten« sollten die Leser zukünftig dann auch über die Neuerscheinungen hinaus »über alle anderen wissenswerten Vorgänge auf dem Gebiete der sächsischen Geschichte und Altertumskunde auf dem Laufenden gehalten werden«,[19] so zum Beispiel über neue archäologische Funde, über Ausstellungen oder auch die Arbeit anderer Vereine und Institutionen. Als wichtige wissenschaftliche Vermittler zwischen Geschichtsvereinen, Universitäten und Archiven traten ab 1896 die Historische Kommission für sächsische Geschichte[20] sowie ab 1906 das Leipziger Seminar für Landesgeschichte und Siedlungskunde unter Rudolf Kötzschke[21] (1867–1949) hinzu.

Dank Hubert Ermisch zählte das NASG seit dem ausgehenden 19. Jahrhundert zu den besten landeshistorischen Zeitschriften seiner Zeit. Mit der neuen konzeptionellen Ausrichtung hatte sich das NASG zudem zu einem wichtigen Kommunikations- und Informationsorgan für die landesgeschichtlichen Organisationen in Sachsen gewandelt. Dieser Erfolg spiegelte sich in wachsendem Umfang – 1913 immerhin 464 Seiten – und Absatz wider. Spätestens in der wirtschaftlichen Krise der frühen 1920er-Jahre brach diese Entwicklung ab. 1922 musste Ermisch um das bloße Überleben der Zeitschrift kämpfen, im Folgejahr konnte aus Geld- und Papiermangel nur mehr ein schmales Heft von 160 Seiten erscheinen. Unter hohem persönlichem Einsatz gelang es Ermisch aber auch in diesen schwierigen Zeiten, die Existenz des »Neuen Archivs« zu sichern. 1925 gab der inzwischen 75-Jährige die Herausgabe des NASG an Woldemar Lippert[22] (1861–1937) ab, den damaligen Direktor des Dresdner Hauptstaatsarchivs. Lippert nahm die Herausgeberschaft auch nach dem Ausscheiden aus dem Staatsdienst 1928 bis zu seinem Tod wahr und führte die Zeitschrift auf dem erreichten hohen Standard weiter.

Karlheinz Blaschke bei seinem Ehrenkolloquium zum 80. Geburtstag 2007

Bereits seit dem Band 56 (1935) hatte der neue Staatsarchivdirektor Hellmut Kretzschmar[23] (1893–1965) seinem Amtsvorgänger bei der Herausgabe beigestanden. Nach Lipperts Ableben übernahm Kretzschmar mit Band 58 (1937) die Herausgeberschaft. Er behielt die inhaltliche Ausrichtung der Zeitschrift bei, konnte aber nicht verhindern, dass es 1943 nach 63 Bänden zur kriegsbedingten Einstellung und damit zum Erliegen der Zeitschrift kam.

Auch nach dem Ende des Zweiten Weltkriegs sollte es in der DDR keine Fortsetzung der so lange bestimmenden landeshistorischen Zeitschrift Sachsens geben. Die DDR mit ihrer antiföderalen Politik hatte kein Interesse mehr an einer als bürgerlicher Ballast stigmatisierten Landesgeschichte, die sich an den als überholt geltenden Ländern orientierte und sich vermeintlich in unnötiger Detailforschung verzetteln würde.[24] Gänzlich untergegangen ist das stark bedrängte Fach indessen nicht. Das in der Gesellschaft weiterhin vorhandene große heimat- und lokalgeschichtliche Interesse wurde jedoch im Sinne des neuen politischen Systems umgedeutet und erhielt als »marxistische Regionalgeschichte« zukünftig eine eigene, auf die DDR ausgerichtete identitätsstiftende Aufgabe zugewiesen. Die Vielfalt der sächsischen Landes- und Regionalgeschichte in den vier Jahrzehnten der DDR vermag dabei noch heute durchaus zu überraschen.[25] Auch die große Lücke, die die Einstellung des NASG gerissen hatte, konnte zumindest teilweise durch neue landes- und heimatgeschichtliche Periodika geschlossen werden. Zu nennen sind hier vor allem die »Sächsischen Heimatblätter«, die seit 1954 erfolgreich populäre und wissenschaftliche Interessen verbanden, sowie das 1965 von Karl Czok[26] (1926–2013) an der Universität Leipzig begründete »Jahrbuch für Regionalgeschichte«. Beide Zeitschriften konnten auch nach dem Ende der DDR, freilich unter stark veränderten Rahmenbedingungen, ihren Platz behaupten.[27]

Mit der deutschen Einheit und der Wiederbegründung des Freistaats Sachsen am 3. Oktober 1990 begann auch für die Landesgeschichte eine neue Blütezeit.[28] Es ist vor allem Karlheinz Blaschke[29] anzurechnen, dass in der damaligen Aufbruchsstimmung 1993 das »Neue Archiv für sächsische Geschichte« mit Finanzmitteln der Sächsischen Staatsregierung wiederbelebt werden konnte. In bewusster Anknüpfung an die ältere Reihe führte Blaschke nach exakt 50-jähriger Unterbrechung die Zeitschrift weiter und setzte die Zählung der Bände demonstrativ ohne Zäsur mit Band 64 (1993) fort. Nachdem die Bände 64 bis 69 beim Weimarer Verlag Hermann Böhlaus Nachfahren erschienen waren, übernahm mit Band 70 (1999) die renommierte und landeshistorisch bestens ausgewiesene Verlagsdruckerei Schmidt in Neustadt a.d. Aisch die Herstellung. Seit diesem Jahr erfolgte die Herausgabe des NASG zunächst in Verbindung mit dem 1997 gegründeten Institut für Sächsische Geschichte und Volkskunde, an dem Schriftleitung und Redaktion institutionell verankert waren. 2002 wurde die Herausgabe des NASG generell an das ISGV gebunden und die Herausgeberschaft neu geordnet: Neben Karlheinz Blaschke traten Enno Bünz, Winfried Müller, Martina Schattkowsky und Uwe Schirmer in das neu formierte Herausgebergremium ein. Die Schriftleitung oblag bis 2001 Uwe John, von 2002 bis 2010 dann André Thieme. Mit Band 82 (2011) wurde die Redaktionsarbeit aufgesplittet: Die Schriftleitung hat seitdem Frank Metasch inne, den Rezensionsteil betreute bis Band 87 (2016) Lutz Vogel und seitdem Jens Klingner.

Das 1993 wiederbegründete NASG hat schnell wieder seine Position als führende wissenschaftliche Zeitschrift für die Landesgeschichte Sachsens eingenommen. Es gehört heute wieder zum Kreis so renommierter Vertreter wie den »Rheinischen Vierteljahrsblättern«, der »Zeitschrift für bayerische Landesgeschichte«, dem »Hessischen Jahrbuch« oder auch den »Blättern für deutsche Landesgeschichte«. Auch in den anderen ostdeutschen Bundesländern konnten sich seit der Wende erfolgreich wieder landesgeschichtliche Fachzeitschriften etablieren, in direkter territorialer Nachbarschaft beispielsweise die »Zeitschrift des Vereins für Thüringische Geschichte«, das anhaltinische Jahrbuch »Sachsen und Anhalt« sowie das »Jahrbuch für brandenburgische Landesgeschichte«.

Das NASG erscheint jährlich mit einem Umfang von ca. 400 Seiten. Jeder Band enthält einen wissenschaftlichen Aufsatzteil, in dem neuere Forschungen zur sächsischen Landesgeschichte vorgestellt werden, sowie einen Abschnitt »Forschung und Diskussion«, der ein Forum für kleinere Beiträge und Forschungsberichte bietet. Bereits der beispielhafte Blick in den 2016 erschienenen Band 87 verdeutlicht das große thematische und zeitliche Spektrum, das eine breite Leserschaft ansprechen soll: Von einem sprachgeschichtlichen Beitrag zum slawischen Adel im 10. bis 13. Jahrhundert, spätgotische Bucheinbände aus Leipzig, eine zeitgenössische Beschreibung der Residenzstadt Torgau in der Reformationszeit, eine Spurensuche nach sächsischen Kolonialherren in Ostindien im 17. Jahrhundert bis hin zum nationalsozialistischen Schutzhaftlager Schloss Osterstein oder den Novemberpogromen 1938 reicht hier die Bandbreite. Ein umfangreicher Rezensionsteil mit Besprechungen der wichtigsten Neuerscheinungen zur deutschen und sächsischen Landesgeschichte, aber auch zur Kunstgeschichte sowie zur sächsischen Heimatforschung beschließt den Band. Die Vielzahl der unterschiedlichen universitären wie außeruniversitären Institutionen, die hinter den Autoren der Beiträge und Rezensionen stehen, verdeutlicht zugleich, dass das NASG wieder erfolgreich seine Rolle als zentrales wissenschaftli-

Band 87 des »Neuen Archivs für sächsische Geschichte«

ches Kommunikationsforum für die sächsische Landesgeschichte erfüllt.

Doch wie alle wissenschaftlichen Zeitschriften unterliegt auch das NASG den aktuellen Wandlungen infolge der zunehmenden Digitalisierung und des sich verändernden Kommunikations- und Rechercheverhaltens. Auch wenn noch offen ist, wie sich die landesgeschichtlichen Zeitschriften in Zukunft entwickeln werden, so fühlt sich das NASG den neuen Herausforderungen der »digitalen Revolution« durchaus gewachsen. Bereits seit seiner Gründung verfolgt das ISGV eine bewusste Doppelstrategie und veröffentlicht seine Schriften als einen Mix aus klassischen Printmedien und Online-Publikationen.[30] Als die Traditionszeitschrift für die sächsische Landesgeschichte wird hierbei das NASG auch weiterhin in Buchform publiziert. Das klassische Buch mit seinen besonderen haptischen Eigenschaften ist nicht nur immer noch das mit Abstand beliebteste Medium vieler Leser, solange die Probleme bei der Langzeitarchivierung digitaler Angebote nicht nachhaltig gelöst sind, ist es für die Bewahrung der Forschungsergebnisse auch das bessere Speichermedium.

Um aber zugleich den nicht in Abrede zu stellenden Vorteilen des Internets beim schnellen und einfachen Zugriff auf Forschungsergebnisse Rechnung zu tragen, soll die Online-Präsenz des NASG ausgebaut werden. 2017 wurden die Voraussetzungen geschaffen, um zukünftig über die noch im Aufbau befindliche Plattform recensio.regio[31] zeitgleich mit den neuen Bänden die Rezensionen im Internet zu veröffentlichen. Alle seit 1993 im NASG erschienenen Rezensionen und Beiträge sind schon seit längerem über die online verfügbare »Sächsische Bibliographie«[32] der Sächsischen Landesbibliothek – Staats- und Universitätsbibliothek Dresden (SLUB) bzw. ein eigenes Gesamtinhaltsverzeichnis auf der ISGV-Homepage[33] recherchierbar. Zudem können sämtliche Vorkriegsbände des NASG als Retrodigitalisate in der SLUB abgerufen werden.[34]

Eine weitere, durch das Internet noch verstärkte Herausforderung ist die zunehmende Konkurrenz zwischen den verschiedenen wissenschaftlichen Medien, wodurch es sich auch für die historischen Zeitschriften immer schwieriger gestaltet, an qualitativ geeignete Manuskripte zu gelangen. Längst sind die Zeiten vorbei, als die Zahl der angebotenen Texte noch weit über dem vorhandenen Platzangebot lag. Mittlerweile ist hinsichtlich solcher Schwierigkeiten sogar schon die Frage aufgeworfen worden, ob die Zeitschriften nicht ihre ursprünglichen Funktionen schon längst an Tagungsbände, Festschriften und Weblogs verloren hätten.[35]

Ungeachtet aller technischen und kommunikativen Veränderungen sind gedruckte Zeitschriften im digitalen Zeitalter aber keineswegs überholt. Im Internet mag es sich schneller, billiger und auch freier zugänglich publizieren lassen, hinsichtlich der Qualitätsprüfung und -sicherung, des fachlichen Renommees, der typografischen Ästhetik und der dauerhaften Dokumentierung der Forschungsergebnisse haben aktuell immer noch die klassischen Printmedien die Nase vorn.[36] Die erfolgreichste Strategie dürfte daher die sinnvolle Verknüpfung von Printmedium und Internetpräsenz sein.

Den landesgeschichtlichen Zeitschriften mit ihrer wichtigen »Scharnierfunktion« zwischen Wissenschaft und interessierter Öffentlichkeit spielt zudem in die Hände, dass auch im Internet und in den Fernsehprogrammen ein zunehmender Trend zur Regionalisierung – und damit ein ununterbrochen hohes Bedürfnis an landesgeschichtlicher Forschung – zu beobachten ist.[37] Unter solchen Voraussetzungen blickt auch das 2018 bereits sein 25-jähriges Jubiläum der Wiederbegründung feiernde »Neue Archiv für sächsische Geschichte« optimistisch seiner Zukunft entgegen.

Anmerkungen

1 Zur aktuellen wissenschaftlichen und gesellschaftlichen Verortung sowie den vielfältigen Funktionen landes- und regionalgeschichtlicher Zeitschriften vgl. Thomas Küster (Hg.), Medien des begrenzten Raumes. Landes- und regionalgeschichtliche Zeitschriften im 19. und 20. Jahrhundert (Forschungen zur Regionalgeschichte 73), Paderborn 2013, und hier insbesondere Ders., Landes- und regionalgeschichtliche Zeitschriften zwischen Wissenschaft und Öffentlichkeit – Befunde und Perspektiven, S. 11–26; Winfried Speikamp, Regionalismen und wissenschaftliche Konzeptionen: Landesgeschichtliche Vereine und ihre Zeitschriften im 19. und 20. Jahrhundert, S. 29–41.

2 Thomas Küster, Vorwort, in: Ders. (Hg.), Medien des begrenzten Raumes (wie Anm. 1), S. 7 f., hier S. 8.

3 Vgl. Sigrid Stöckel, Verwissenschaftlichung der Gesellschaft – Vergesellschaftung der Wissenschaft, in: Dies./Wiebke Lisner/Gerlind Rüve (Hgg.), Das Medium Wissenschaftszeitschrift seit dem 19. Jahrhundert. Verwissenschaftlichung der Gesellschaft – Vergesellschaftung von Wissenschaft (Wissenschaft, Politik und Gesellschaft 5), Stuttgart 2009, S. 9–23, hier S. 9.

4 Vgl. Rudi Mechthold, Landesgeschichtliche Zeitschriften 1800–2009. Ein Verzeichnis deutschsprachiger landesgeschichtlicher und heimatkundlicher Zeitschriften, Zeitungsbeilagen und Schriftenreihen (Zeitschrift für Bibliothekswesen und Bibliographie, Sonderbände 101), Frankfurt/Main 2011.

5 Die Ausführungen zu den Anfängen des NASG basieren wesentlich auf: Jana Lehmann, Hubert Ermisch 1850–1932. Ein Beitrag zur Geschichte der sächsischen Landesgeschichtsforschung (Geschichte und Politik in Sachsen 14), Köln/Weimar/Wien 2001, S. 159–191; sowie auf André Thieme, Neues Archiv für sächsische Geschichte, in: Das Institut für Sächsische Geschichte und Volkskunde 1997–2007, hrsg. vom Institut für Sächsische Geschichte und Volkskunde, bearbeitet von Winfried Müller und Andreas Martin, Dresden 2007, S. 114–119. Allgemein zur Entwicklung und Etablierung landesgeschichtlicher Zeitschriften vgl. Küster, Landes- und regionalgeschichtliche Zeitschriften (wie Anm. 1).

6 Zur Geschichte des Sächsischen Altertumsvereins vgl. Daniel Ristau, Zur Geschichte des »Vereins der sächsischen Alterthums-Freunde« zu Dresden (1834–1837), in: Mitteilungen des Vereins für sächsische Landesgeschichte e. V. 7 (2009), S. 5–37. Zur Rolle und Bedeutung der Geschichtsvereine im 19. Jahrhundert, u. a. als Träger der neuen landesgeschichtlichen Zeitschriften, vgl. auch Gabriele Clemens, Sanctus amor patriae. Eine vergleichende Studie zu deutschen und italienischen Geschichtsvereinen im 19. Jahrhundert (Bibliothek des Deutschen Historischen Instituts in Rom 106), Tübingen 2004.

7 Vgl. Winfried Müller, Landesgeschichtliche Zeitschriften in Sachsen – vor und nach der Wende, in: Küster (Hg.), Medien des begrenzten Raumes (wie Anm. 1), S. 251–264, hier S. 252 f.

8 Vgl. Hans Brunner, Über Berg und Tal. Zur Erinnerung an Karl Gautsch, in: Mitteilungen des Landesvereins Sächsischer Heimatschutz e. V. 1992, H. 2, S. 39–42.

9 Vgl. Tom Graber, Posse, Otto Adalbert, in: Sächsische Biografie, hrsg. vom Institut für Sächsische Geschichte und Volkskunde e. V., bearb. von Martina Schattkowsky, http://saebi.isgv.de/biografie/Otto_Posse_(1847–1921).

10 Lehmann, Ein Beitrag zur Geschichte der sächsischen Landesgeschichtsforschung (wie Anm. 5), S. 163.

11 Speziell zur Universität Leipzig vgl. Enno Bünz (Hg.), 100 Jahre Landesgeschichte (1906–2006). Leipziger Leistungen, Verwicklungen und Wirkungen, Leipzig 2012.

12 Hellmut Kretzschmar, Karl von Weber (Berichte über die Verhandlungen der Sächsischen Akademie der Wissenschaften zu Leipzig. Philologisch-historische Klasse 104/4), Berlin 1958.

13 Franz Xaver von Wegele, Wachsmuth, Wilhelm, in: Allgemeine Deutsche Biographie 40 (1896), S. 423 f., https://www.deutsche-biographie.de/gnd119214229.html#adbcontent.

14 Hellmut Kretzschmar, Falkenstein, Paul Freiherr von, in: Neue Deutsche Biographie 5 (1961), S. 15 f., https://www.deutsche-biographie.de/gnd116396245.html#ndbcontent.

15 Zitate entnommen aus ASG 1 (1863), Vorwort, S. IX f.

16 Zum Verleger Bernhard von Tauchnitz (1816–1895) vgl. Lothar Poethe, Tauchnitz, Bernhard Freiherr von/seit 1860, in: Neue Deutsche Biographie 25 (2013),

S. 805 f., https://www.deutsche-biographie.de/gnd117247391.html#ndbcontent.

17 Vgl. Jana Lehmann, Ermisch, Hubert Maximilian, in: Sächsische Biografie (wie Anm. 9), http://saebi.isgv.de/biografie/Hubert_Ermisch_(1850–1932); Dies., Ein Beitrag zur Geschichte der sächsischen Landesgeschichtsforschung (wie Anm. 5).

18 Zum Verleger Wilhelm Baensch (1828–1899) vgl. Werner Rummert, Baensch, Johann Wilhelm von, in: Magdeburger Biografisches Lexikon, http://www.uni-magdeburg.de/mbl/.

19 Vgl. Ermischs »Vorbemerkung« in: NASG 25 (1904), S. 198.

20 Vgl. Geschichtsforschung in Sachsen. Von der Sächsischen Kommission für Geschichte zur Historischen Kommission bei der Sächsischen Akademie der Wissenschaften zu Leipzig 1896–1996, hrsg. von der Historischen Kommission der Sächsischen Akademie der Wissenschaften zu Leipzig (Quellen und Forschungen zur sächsischen Geschichte 14), Stuttgart 1996.

21 Vgl. Bünz (Hg.), 100 Jahre Landesgeschichte (wie Anm. 11), insbesondere die Beiträge in Sektion I: Rudolf Kötzschke und die Landesgeschichte in Leipzig, S. 19–157; Wieland Held/Uwe Schirmer (Hgg.), Rudolf Kötzschke und das Seminar für Landesgeschichte und Siedlungskunde an der Universität Leipzig. Heimstatt sächsischer Landeskunde (Schriften der Rudolf-Kötzschke-Gesellschaft 1), Beucha 1999.

22 Lorenz Friedrich Beck, Lippert, Hermann Woldemar, in: Sächsische Biografie (wie Anm. 9), http://saebi.isgv.de/biografie/Woldemar_Lippert_(1861–1937).

23 Vgl. Kretzschmar, Hellmut, in: Catalogus professorum lipsiensium. Professorenkatalog der Universität Leipzig, http://research.uni-leipzig.de/catalogus-professorum-lipsiensium.

24 Vgl. Winfried Müller, Landes- und Regionalgeschichte in Sachsen 1945–1989. Ein Beitrag zur Geschichte der Geschichtswissenschaften in der DDR, in: Bünz (Hg.), 100 Jahre Landesgeschichte (wie Anm. 11), S. 345–447; sowie Ders., Landesgeschichtliche Zeitschriften in Sachsen (wie Anm. 7), S. 256–262.

25 Vgl. Ders., Landes- und Regionalgeschichte in Sachsen (wie Anm. 24), S. 348.

26 Vgl. Uwe Schirmer, In memoriam Karl Czok (1926–2013), in: NASG 85 (2014), S. 317–320.

27 Vgl. http://zkg-dd.de/index.php/saechsische-heimatblaetter; Matthias Steinbrink, (Über)Regionalgeschichte. Entwicklung, Neuausrichtung und Aufgaben des »Jahrbuchs für Regionalgeschichte« und das Problem der Überregionalität, in: Küster (Hg.), Medien des begrenzten Raumes (wie Anm. 1), S. 285–299.

28 Vgl. Müller, Landesgeschichtliche Zeitschriften in Sachsen (wie Anm. 7), S. 262–264.

29 Weiterführende biografische wie bibliografische Informationen bieten: Ders., Landes- und Regionalgeschichte in Sachsen (wie Anm. 24), S. 437–445; sowie die beiden Festschriften zu Karlheinz Blaschkes 75. und 80. Geburtstag: Karlheinz Blaschke, Beiträge zur Verfassungs- und Verwaltungsgeschichte Sachsens. Ausgewählte Aufsätze, aus Anlaß seines 75. Geburtstages hrsg. von Uwe Schirmer und André Thieme, Leipzig 2002; Winfried Müller (Hg.), Perspektiven der Reformationsforschung in Sachsen. Ehrenkolloquium zum 80. Geburtstag von Karlheinz Blaschke, Dresden 2008.

30 Vgl. Müller, Landesgeschichtliche Zeitschriften in Sachsen (wie Anm. 7), S. 263 f.

31 Vgl. http://www.recensio-regio.net/.

32 Vgl. http://swb.bsz-bw.de/; vgl. auch Michael Letocha, Sächsische Bibliographie im digitalen Zeitalter, in: NASG 74/75 (2003/2004), S. 455–460.

33 Vgl. http://www.isgv.de/alle-publikationen/zeitschriften/das-neue-archiv-fuer-saechsische-geschichte.

34 Vgl. http://digital.slub-dresden.de/werkansicht/dlf/11882/1/.

35 Vgl. Küster, Landes- und regionalgeschichtliche Zeitschriften (wie Anm. 1), S. 21.

36 Vgl. ebd., S. 25 f.; Ludger Claßen, Analog oder digital? Die Zukunftsperspektiven wissenschaftlicher Zeitschriften, in: Küster (Hg.), Medien des begrenzten Raumes (wie Anm. 1), S. 325–332.

37 Vgl. ebd., S. 331.

Das Jahrbuch »Volkskunde in Sachsen«

Mit dem Periodikum »Volkskunde in Sachsen« (ViS) beteiligt sich der Bereich Volkskunde an aktuellen Fachdiskussionen. Die ersten drei Ausgaben wurden noch vor der Gründung des ISGV von der Arbeitsgruppe Volkskunde herausgegeben: Mitarbeiterinnen und Mitarbeiter der ehemaligen volkskundlichen Arbeitsstelle Dresden der Akademie der Wissenschaften der DDR führten in diesem Rahmen ihre Arbeit fort, bevor sie 1997 an das neu gegründete ISGV wechseln konnten. Während in Band 1 (1996) die Beiträge breit gefächert sind und von Nahrungsgewohnheiten, Bräuchen und Tracht über Volkstheater, Volksvergnügen und Weihnachtsmärkten bis hin zur Vitriolherstellung im Erzgebirge handeln, waren Band 2 und 3 als Themenhefte zum Landhandwerk in Sachsen (1996) sowie zum Wirken des Volkskundlers Adolf Spamer (1997) konzipiert. Band 4 zum Thema »Ehe und Familie in sächsischen Folkloresammlungen des 19. Jahrhunderts« erschien bereits als Publikation des ISGV (1997).

Mit dem Doppelband 5/6 von 1999 erfolgte ein Verlagswechsel, der mit der Veränderung von Umschlaggestaltung, Layout und Format einherging. Neben der seither charakteristischen blauen Einbandfarbgebung fällt insbesondere die deutliche Erweiterung des Umfangs von bislang 100 bis 120 Seiten auf nunmehr etwa 200 Seiten ins Auge. Damit nahm die zweite Phase der Reihe ihren Anfang (bis Band 15 im Jahr 2003): Der Kreis der Autorinnen und Autoren wurde schrittweise über das ISGV hinaus geöffnet und in der Folge somit ein erweitertes Themenspektrum erschlossen. Der Doppelband 5/6 präsentiert – mit Beiträgen ihrer jeweiligen Mitarbeiterinnen und Mitarbeiter – die seinerzeit 23 Landesstellen, Institute und anderen außeruniversitären Einrichtungen im deutschsprachigen Raum, die volkskundlich-kulturanthropologische Arbeit leisteten. Dieser Band erschien zugleich als Beiheft 6 der von der Deutschen Gesellschaft für Volkskunde verlegten »dgv-Informationen«. Weitere ViS-Bände dieser Phase referieren die Ergebnisse wissenschaftlicher Tagungen des ISGV zur elektronischen Erschließung von Bildsammlungen (Band 8 von 2003), zur medikalen Alltagskultur (Doppelband 10/11 von 2001) sowie zur Geschichte der volkskundlichen Forschung in und um Sachsen (Doppelband 13/14 von 2002).

Weiterhin erschienen zwei Bände mit autobiografischen Dokumenten aus dem im ISGV seit 1997 aufgebauten Lebensgeschichtlichen Archiv für Sachsen: Die Lebenserinnerungen eines rangniedrigen Soldaten beim 1. Garderegiment in Dresden aus dem letzten Drittel des 19. Jahrhunderts wurden in Band 9 (1999) publiziert, gefolgt vom Briefwechsel eines Studenten der polytechnischen Bildungsanstalt Dresden aus den Jahren 1848 bis 1854 in Band 15 (2003).

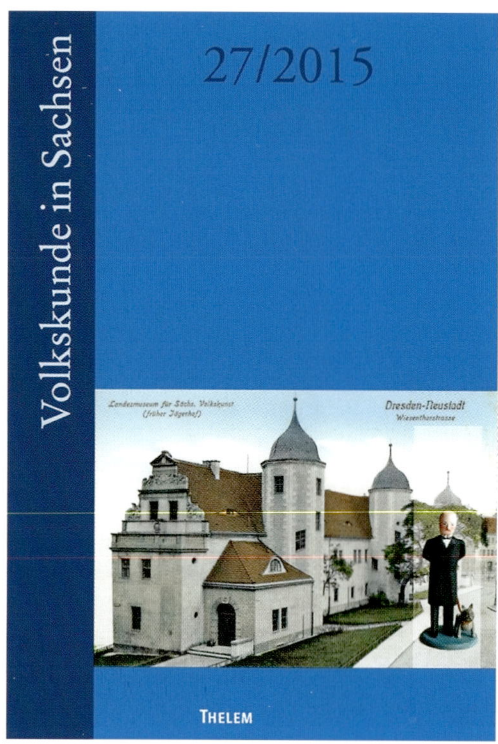

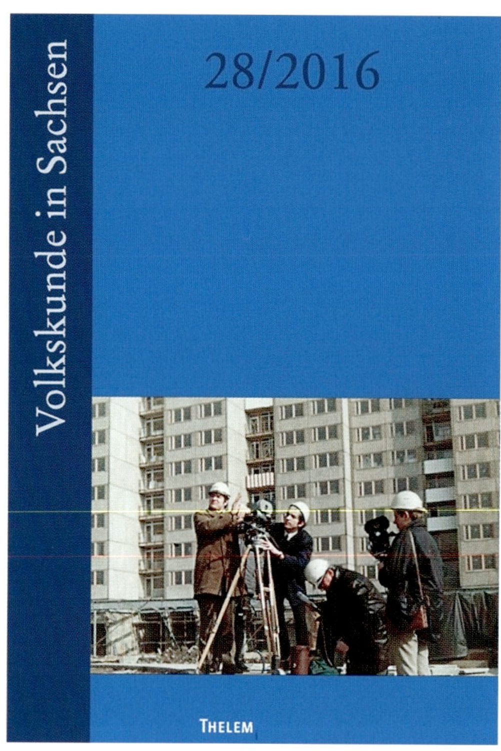

Die Bände 27 (2015) und 28 (2016) des Jahrbuchs »Volkskunde in Sachsen«

Die Bände 7 (1999) und 12 (2001) komplettieren diese Phase mit Beiträgen zu fachspezifischen Themen sowie zur Wissenschaftsgeschichte der Volkskunde in Sachsen. Die Artikel in Band 7 analysieren Brauchhandlungen, populäre Lesestoffe, Phänomene der Alltagskultur im 18. und frühen 19. Jahrhundert sowie Narrationen über das Kriegsende 1945. Band 12 präsentiert sechs biografische Skizzen volkskundlicher Forscher von Anfang des 19. bis zur Mitte des 20. Jahrhunderts.

Die Ursprungskonzeption der »Volkskunde in Sachsen« als Mischform zwischen Zeitschrift und Reihe wurde im Zuge einer Umstrukturierung der Publikationsvorhaben des ISGV mit Band 16 (2004) reformiert. Impulsgebend war, dass die seit 1960 bestehende und vom ISGV fortgeführte Zeitschrift »Demos« im Jahr 2001 als osteuropäisches Referateorgan eingestellt wurde. Durch die zunehmende Bedeutung des Internets als Informations- und Publikationsmedium sowie infolge der gesellschaftlichen Transformationsprozesse nach 1989 und der Öffnung der Grenzen hatte sich die Anzahl der Zuarbeitenden aus den osteuropäischen Staaten merklich verringert. In der zunächst landesgeschichtlich ausgerichteten Reihe »Schriften zur sächsischen Geschichte und Volkskunde« erschienen mittlerweile ebenfalls volkskundliche Studien. Zudem bieten die »Bausteine aus dem Institut für Sächsische Geschichte und Volkskunde« seit 2005 ein weiteres Publikationsorgan für Monografien und Sammelbände. Der Reihencharakter der ViS wurde dadurch obsolet. Damit begann die dritte Phase der »Volkskunde in Sachsen«, die seither als Jahrbuch mit volkskundlichen, kulturanthropologischen und ethnologischen Beiträgen erscheint sowie einen

Berichtsteil bietet. Das Jahrbuch will sich vor allem in zwei Bereichen profilieren und dabei die gesamte Palette volkskundlicher bzw. kulturanthropologischer Forschungs- und Zugangsweisen abdecken. Zum einen sollen aus diesen Forschungskontexten Beiträge publiziert werden, die im weitesten Sinn thematisch mit Sachsen und den östlichen Bundesländern in Verbindung stehen. Zum anderen will das Jahrbuch den Blick über die Grenzen hinaus werfen und in der Tradition der Zeitschrift »Demos« Beiträge aus und über Osteuropa veröffentlichen. Der Berichtsteil informiert insbesondere über Tagungen und gibt einen komprimierten Überblick über deren Inhalte sowie die Diskussionsergebnisse.

Die Jahrbücher ab Band 16 bieten ein breites Spektrum sowohl an historischen als auch an gegenwartsbezogenen Themen, an historisch-archivalischen und empirischen Zugängen. Damit wird der vielfältigen Forschungslandschaft und den aktuellen wissenschaftlichen Diskursen Rechnung getragen. Durch das thematisch breite Angebot wird zugleich ein großes interessiertes Publikum erreicht.

In Band 23 (2011) sind erstmals in Form eines Sonderteils die Ergebnisse von Veranstaltungen veröffentlicht, die mit ISGV-Beteiligung durchgeführt wurden: Einen thematischen Block in dieser Ausgabe bilden die Ergebnisse des Workshops »Populare Biografik in Sachsen«; die Beiträge werden durch ein entsprechendes Editorial kontextualisiert. Das Format Jahrbuch bietet in diesem Zusammenhang die Möglichkeit, aktuelle Erkenntnisse möglichst rasch zu publizieren und dadurch den wissenschaftlichen Dialog zu befördern. Dieser Weg wurde ebenfalls beschritten mit Band 24 (2012), der die Referate des Symposiums »Grenzgänge. Kleinräumige Mobilität in der ländlichen Gesellschaft« präsentiert, sowie mit den Bänden 26 (2014) und 27 (2015), die jeweils Sektionsbeiträge der Tagung »›Heimat‹-Bilder, Strategien der Beheimatung in Kunst, Medien und Alltagskultur« vereinen. Band 28 (2016) bereitet die Ergebnisse des Workshops »Arbeiten im Kollektiv. Politische Praktiken der Normierung und Gestaltung von Gemeinschaft« auf.

Neben der jeweiligen Schwerpunktsetzung durch einen Sonderteil mit Tagungsergebnissen bieten die Jahrbücher einen zusätzlichen Aufsatzteil, der aktuelle Themen und Perspektiven des Fachs sowie aus angrenzenden Disziplinen präsentiert. Zusätzlich wurde ab Band 26 die Rubrik »Forum« neu definiert und als Plattform für kleinere Beiträge und Werkstattberichte etabliert. Insbesondere für junge Wissenschaftlerinnen und Wissenschaftler, die ihre Dissertationen und Qualifikationsarbeiten kürzlich abgeschlossen haben, bietet das »Forum« eine Möglichkeit, Ergebnisse ihrer Forschungen zu präsentieren. Für die Ausrichtung des Jahrbuchs bedeutet die Einbeziehung solcher Beiträge eine Aktualisierung bzw. stärkere Partizipation an aktuellen Entwicklungen im Fachdiskurs.

Anhang

Schriften zur sächsischen Geschichte und Volkskunde (Band 1–4: Schriften zur sächsischen Landesgeschichte)

Band 1: Martina Schattkowsky (Hg.), Dresdner Maiaufstand und Reichsverfassung 1849. Revolutionäres Nachbeben oder demokratische politische Kultur?, Leipzig 2000

Band 2: André Thieme, Die Burggrafschaft Altenburg. Studien zu Amt und Herrschaft im Übergang vom hohen zum späten Mittelalter, Leipzig 2001

Band 3: Martina Schattkowsky/André Thieme (Hgg.), Altzelle. Zisterzienserabtei in Mitteldeutschland und Hauskloster der Wettiner, Leipzig 2002

Band 4: Jonas Flöter/Günther Wartenberg (Hgg.), Die Dresdener Konferenz 1850/51. Föderalisierung des Deutschen Bundes versus Machtinteressen der Einzelstaaten, Leipzig 2002

Band 5: Karlheinz Blaschke, Beiträge zur Verfassungs- und Verwaltungsgeschichte Sachsens. Ausgewählte Aufsätze, aus Anlaß seines 75. Geburtstages hrsg. von Uwe Schirmer und André Thieme, Leipzig 2002

Band 6: Martina Schattkowsky (Hg.), Witwenschaft in der Frühen Neuzeit. Fürstliche und adlige Witwen zwischen Fremd- und Selbstbestimmung, Leipzig 2003

Band 7: Sönke Löden (Hg.), Montanlandschaft Erzgebirge. Kultur – Symbolik – Identität, Leipzig 2003

Band 8: Winfried Müller/Martina Schattkowsky (Hgg.), Zwischen Tradition und Modernität. König Johann von Sachsen 1801–1873, Leipzig 2004

Band 9: Jonas Flöter/Günther Wartenberg (Hgg.), Die sächsischen Fürsten- und Landesschulen. Interaktion von lutherisch-humanistischem Erziehungsideal und Eliten-Bildung, Leipzig 2004

Band 10: Michael Wetzel, Das schönburgische Amt Hartenstein 1702–1878. Sozialstruktur – Verwaltung – Wirtschaftsprofil, Leipzig 2004

Band 11: Peter Mertens, Zivil-militärische Zusammenarbeit während des Ersten Weltkriegs. Die »Nebenregierungen« der Militärbefehlshaber im Königreich Sachsen, Leipzig 2004

Band 12: Tom Graber (Hg.), Diplomatische Forschungen in Mitteldeutschland, Leipzig 2005

Petr Lozoviuk

Grenzland als Lebenswelt

Grenzkonstruktionen, Grenzwahrnehmungen und Grenzdiskurse in sächsisch-tschechischer Perspektive

Leipziger Universitätsverlag

Wolfgang Huschner, Enno Bünz, Christian Lübke (Hg.)

Italien – Mitteldeutschland – Polen

Geschichte und Kultur im europäischen Kontext vom 10. bis zum 18. Jahrhundert

Leipziger Universitätsverlag

Anja Mede-Schelenz

Musealisierung, Volkskultur und Moderne um 1900

Die Sammlung zur ländlichen Kleidung des Vereins für sächsische Volkskunde

Leipziger Universitätsverlag

Martina Schattkowsky (Hg.)

Das Erzgebirge im 16. Jahrhundert

Gestaltwandel einer Kulturlandschaft im Reformationszeitalter

Leipziger Universitätsverlag

Band 13: Simone Mergen, Monarchiejubiläen im 19. Jahrhundert. Die Entdeckung des historischen Jubiläums für den monarchischen Kult in Sachsen und Bayern, Leipzig 2005

Band 14: Wolfgang Flügel, Konfession und Jubiläum. Zur Institutionalisierung der lutherischen Gedenkkultur in Sachsen 1617–1830, Leipzig 2005

Band 15: Enno Bünz (Hg.), Bücher, Drucker, Bibliotheken in Mitteldeutschland. Neue Forschungen zur Kommunikations- und Mediengeschichte um 1500, Leipzig 2006

Band 16: Rolf Lindner/ Johannes Moser (Hgg.), Dresden. Ethnografische Erkundungen einer Residenzstadt, Leipzig 2006

Band 17: Thomas Hengartner/Johannes Moser (Hgg.), Grenzen & Differenzen. Zur Macht sozialer und kultureller Grenzziehungen. Tagungsband zum 35. Kongress der Deutschen Gesellschaft für Volkskunde vom 25. bis 28. September 2005 in Dresden, Leipzig 2006

Band 18: Veit Damm, Selbstrepräsentation und Imagebildung. Jubiläumsinszenierungen deutscher Banken und Versicherungen im 19. und frühen 20. Jahrhundert, Leipzig 2007

Band 19: Ute Essegern, Fürstinnen am kursächsischen Hof. Lebenskonzepte und Lebensläufe zwischen Familie, Hof und Politik in der ersten Hälfte des 17. Jahrhunderts, Leipzig 2007

Band 20: Martina Schattkowsky, Zwischen Rittergut, Residenz und Reich. Die Lebenswelt des kursächsischen Landadligen Christoph von Loß auf Schleinitz (1574–1620), Leipzig 2007

Band 21: Jens Kunze, Das Amt Leisnig im 15. Jahrhundert. Verfassung, Wirtschaft, Alltag, Leipzig 2007

Band 22: Katja Lindenau, Brauen und herrschen. Die Görlitzer Braubürger als städtische Elite in Spätmittelalter und Früher Neuzeit, Leipzig 2007

Band 23: Enno Bünz (Hg.), Ostsiedlung und Landesausbau in Sachsen. Die Kührener Urkunde von 1154 und ihr historisches Umfeld, Leipzig 2008

Band 24: Alexandra-Kathrin Stanislaw-Kemenah, Spitäler in Dresden. Vom Wandel einer Institution, Leipzig 2008

Band 25: Sönke Friedreich, Autos bauen im Sozialismus. Arbeit und Organisationskultur in der Zwickauer Automobilindustrie nach 1945, Leipzig 2008

Band 26: Petr Lozoviuk, Interethnik im Wissenschaftsprozess. Deutschsprachige Volkskunde in Böhmen und ihre gesellschaftlichen Auswirkungen, Leipzig 2008

Band 27: Martina Schattkowsky (Hg.), Die Familie von Bünau. Adelsherrschaften in Sachsen und Böhmen vom Mittelalter bis zur Neuzeit, Leipzig 2008

Ingrid Baumgärtner (Hg.)

Fürstliche Koordinaten

Landesvermessung und Herrschaftsvisualisierung um 1600

Leipziger Universitätsverlag

Christian Heinker

Die Bürde des Amtes – die Würde des Titels

Der kursächsische Geheime Rat im 17. Jahrhundert

Leipziger Universitätsverlag

Enno Bünz, Ulrike Höroldt und Christoph Volkmar (Hg.)

Adelslandschaft Mitteldeutschland

Die Rolle des landsässigen Adels in der mitteldeutschen Geschichte (15.–18. Jahrhundert)

Leipziger Universitätsverlag

Enno Bünz und Hartmut Kühne (Hg.)

Alltag und Frömmigkeit am Vorabend der Reformation in Mitteldeutschland

Leipziger Universitätsverlag

Band 28: Tom Graber/Martina Schattkowsky (Hgg.), Die Zisterzienser und ihre Bibliotheken. Buchbesitz und Schriftgebrauch des Klosters Altzelle im europäischen Vergleich, Leipzig 2008

Band 29: Petr Lozoviuk (Hg.), Grenzgebiet als Forschungsfeld. Aspekte der ethnografischen und kulturhistorischen Erforschung des Grenzlandes, Leipzig 2009

Band 30: Gunter Janoschke, Von der Erlebnis- zur Erinnerungsgemeinschaft. Militärvereine und militärische Erinnerungskultur im Königreich Sachsen 1863–1913, Leipzig 2009

Band 31: Nicole Völtz, Staatsjubiläum und Friedliche Revolution. Planung und Scheitern des 40. Jahrestages der DDR 1989, Leipzig 2009

Band 32: Harald Winkel, Herrschaft und Memoria. Die Wettiner und ihre Hausklöster im Mittelalter, Leipzig 2010

Band 33: Martina Schattkowsky/Manfred Wilde (Hgg.), Sachsen und seine Sekundogenituren. Die Nebenlinien Weißenfels, Merseburg und Zeitz (1657–1746), Leipzig 2010

Band 34: Frank Metasch, Exulanten in Dresden. Einwanderung und Integration von Glaubensflüchtlingen im 17. und 18. Jahrhundert, Leipzig 2011

Band 35: Manfred Seifert (Hg.), Zwischen Emotion und Kalkül. »Heimat« als Argument im Prozess der Moderne, Leipzig 2010

Band 36: Judith Matzke, Gesandtschaftswesen und diplomatischer Dienst Sachsens 1694–1763, Leipzig 2011

Band 37: Wolfgang Hesse (Hg.), Die Eroberung der beobachtenden Maschinen. Zur Arbeiterfotografie der Weimarer Republik, Leipzig 2012

Band 38: Enno Bünz (Hg.), 100 Jahre Landesgeschichte (1906–2006). Leipziger Leistungen, Verwicklungen und Wirkungen, Leipzig 2012

Band 39: Stefanie Krebs/Manfred Seifert (Hgg.), Landschaft quer Denken. Theorien – Bilder – Formationen, Leipzig 2012

Band 40: Stefan Dornheim, Der Pfarrer als Arbeiter am Gedächtnis. Lutherische Erinnerungskultur in der Frühen Neuzeit zwischen Religion und sozialer Kohäsion, Leipzig 2013

Band 41: Petr Lozoviuk, Grenzland als Lebenswelt. Grenzkonstruktionen, Grenzwahrnehmungen und Grenzdiskurse in sächsisch-tschechischer Perspektive, Leipzig 2012

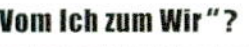

Band 42: Wolfgang Huschner/Enno Bünz/Christian Lübke (Hgg.), Italien – Mitteldeutschland – Polen. Geschichte und Kultur im europäischen Kontext vom 10. bis zum 18. Jahrhundert, Leipzig 2013

Band 43: Anja Mede-Schelenz, Musealisierung, Volkskultur und Moderne um 1900. Die Sammlung zur ländlichen Kleidung des Vereins für sächsische Volkskunde, Leipzig 2013

Band 44: Martina Schattkowsky (Hg.), Das Erzgebirge im 16. Jahrhundert. Gestaltwandel einer Kulturlandschaft im Reformationszeitalter, Leipzig 2013

Band 45: Julia Kahleyß, Die Bürger von Zwickau und ihre Kirche. Kirchliche Institutionen und städtische Frömmigkeit im späten Mittelalter, Leipzig 2013

Band 46: Ingrid Baumgärtner (Hg.) unter Mitarbeit von Lena Thiel, Fürstliche Koordinaten. Landesvermessung und Herrschaftsvisualisierung um 1600, Leipzig 2014

Band 47: Lutz Vogel, Aufnehmen oder abweisen? Kleinräumige Migration und Einbürgerungspraxis in der sächsischen Oberlausitz 1815–1871, Leipzig 2014

Band 48: Christian Heinker, Die Bürde des Amtes – die Würde des Titels. Der kursächsische Geheime Rat im 17. Jahrhundert, Leipzig 2015

Band 49: Enno Bünz/Ulrike Höroldt/Christoph Volkmar (Hgg.), Adelslandschaft Mitteldeutschland. Die Rolle des landsässigen Adels in der mitteldeutschen Geschichte (15.–18. Jahrhundert), Leipzig 2016

Band 50: Enno Bünz/Hartmut Kühne (Hgg.), Alltag und Frömmigkeit am Vorabend der Reformation in Mitteldeutschland. Wissenschaftlicher Begleitband zur Ausstellung »Umsonst ist der Tod«, Leipzig 2015

Band 51: Olav Heinemann, Das Herkommen des Hauses Sachsen. Genealogisch-historiographische Arbeit der Wettiner im 16. Jahrhundert, Leipzig 2015

Band 52: Swen Steinberg, Unternehmenskultur im Industriedorf. Die Papierfabriken Kübler & Niethammer in Sachsen (1856–1956), Leipzig 2015

Band 53: Uta Bretschneider, »Vom Ich zum Wir«? Flüchtlinge und Vertriebene als Neubauern in der LPG, Leipzig 2016

Band 54: Dirk Martin Mütze, Das Augustiner-Chorherrenstift St. Afra in Meißen (1205–1539), Leipzig 2016

Band 55: Martina Schattkowsky (Hg.), Frauen und Reformation. Handlungsfelder – Rollenmuster – Engagement, Leipzig 2016

Band 56: Katrin Lehnert, Die Un-Ordnung der Grenze. Mobiler Alltag zwischen Sachsen und Böhmen und die Produktion von Migration im 19. Jahrhundert, Leipzig 2017

Band 57: Sönke Friedreich, Der Weg zur Großstadt. Stadtentwicklung, bürgerliche Öffentlichkeit und symbolische Repräsentation in Plauen (1880–1933), Leipzig 2017

Quellen und Materialien zur sächsischen Geschichte und Volkskunde

Band 1: Matthias Donath (Hg.), Die Grabmonumente im Dom zu Meißen, Leipzig 2004

Band 2: Karlheinz Blaschke (Hg.), Historisches Ortsverzeichnis von Sachsen. Neuausgabe, bearbeitet von Susanne Baudisch und Karlheinz Blaschke, Halbband 1: A – M, Halbband 2: N – Z, Leipzig 2006

Band 3.1: André Thieme (Hg.), Die Korrespondenz der Herzogin Elisabeth von Sachsen. Erster Band: Die Jahre 1505 bis 1532, Leipzig 2010

Band 3.2: Jens Klingner (Hg.), Die Korrespondenz der Herzogin Elisabeth von Sachsen. Zweiter Band: Die Jahre 1533 und 1534, Leipzig 2016

Band 4: Katalog der Handschriften der Domstiftsbibliothek Bautzen, bearbeitet von Ulrike Spyra und Birgit Mitscherlich (Hgg.) unter Mitarbeit von Christoph Mackert und Agnes Scholla, Leipzig 2012

Band 5: Peter Wiegand, Der päpstliche Kollektor Marinus de Fregeno († 1482) und die Ablasspolitik der Wettiner. Quellen und Untersuchungen, Leipzig 2015

Bausteine aus dem Institut für Sächsische Geschichte und Volkskunde. Kleine Schriften zur sächsischen Geschichte und Volkskunde

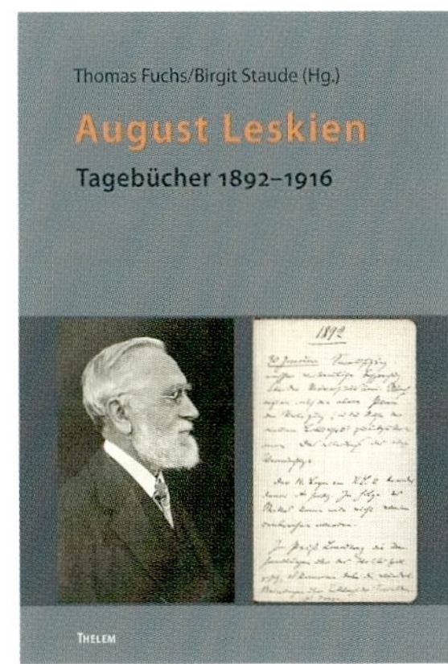

Band 1: Anita Maaß, »Man glaubt, in einem Märchenlande zu sein …«. Zum ökonomischen Aufstieg und zur soziokulturellen Integration der sächsischen Familie Falz-Fein in Russland 1807–1914, Dresden 2004

Band 2: Siegfried Schmidt, Die Entwicklung der politischen Opposition im Königreich Sachsen zwischen 1830 und 1848, Dresden 2005

Band 3: Henning Steinführer, Der Leipziger Rat im Mittelalter. Die Ratsherren, Bürgermeister und Stadtrichter 1270–1539, Dresden 2005

Band 4: Johannes Moser/Jens Stöcker (Hgg.), Volkskundliche Forschung und Praxis im regionalen Kontext. Eine Präsentation der »Landesstellen« im deutschsprachigen Raum, Dresden 2005

Band 5: Johannes Moser/Lars Rebehn/Sybille Scholz (Hgg.), »Mit großer Freude greif ich zur Feder«. Autobiographische und biographische Zeugnisse sächsischer Marionettenspieler, Dresden 2006

Band 6: Ulrich Rosseaux/Wolfgang Flügel/Veit Damm (Hgg.), Zeitrhythmen und performative Akte in der städtischen Erinnerungs- und Repräsentationskultur zwischen Früher Neuzeit und Gegenwart, Dresden 2005

Band 7: Petr Lozoviuk/Johannes Moser (Hgg.), Probleme und Perspektiven der volkskundlich-kulturwissenschaftlichen Fachgeschichtsschreibung, Dresden 2005

Band 8: Marek Wejwoda, Kirche und Landesherrschaft. Das Hochstift Meißen und die Wettiner im 13. Jahrhundert, Dresden 2007

Band 9: Andreas Martin/Lars Rebehn (Hgg.), Kurt Dombrowsky. Von einem, der auszog, Marionettentheater zu spielen oder: Der schöne, aber mühevolle Versuch, eine alte Tradition am Leben zu erhalten, Dresden 2007

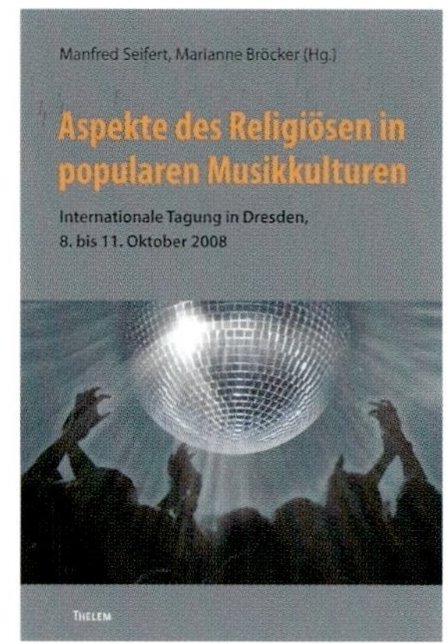

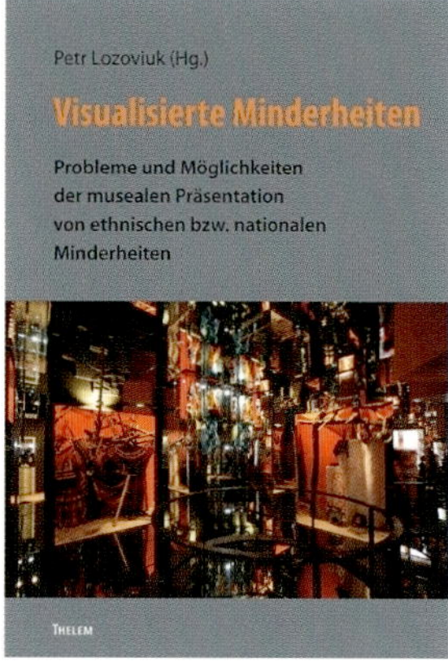

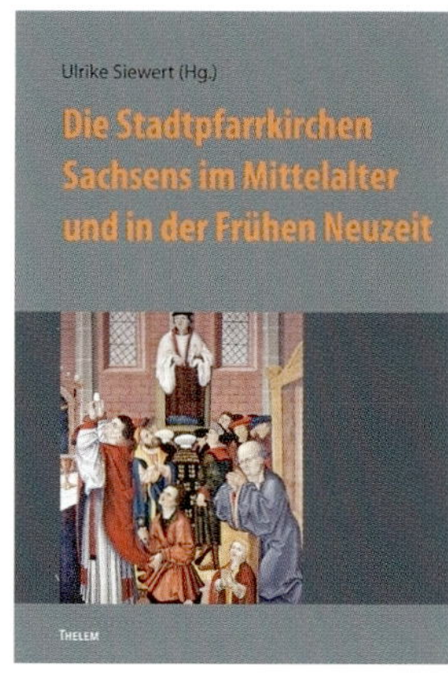

Band 10: Matthias Lienert (Hg.), Cornelius Gurlitt (1850–1938). Sechs Jahrzehnte Zeit- und Familiengeschichte in Briefen, Dresden 2008

Band 11: Sebastian Schaar, Christian Friedrich Frenzel (1780–1864). Erinnerungen eines sächsischen Infanteristen an die napoleonischen Kriege. Edition und Kommentar, Dresden 2008

Band 12: Winfried Müller (Hg.), Perspektiven der Reformationsforschung in Sachsen. Ehrenkolloquium zum 80. Geburtstag von Karlheinz Blaschke, Dresden 2008

Band 13: Ira Spieker/Elke Schlenkrich/Johannes Moser/Martina Schattkowsky (Hgg.), UnGleichzeitigkeiten. Transformationsprozesse in der ländlichen Gesellschaft der (Vor-) Moderne, Dresden 2008

Band 14: Martina Schattkowsky/Frank Metasch (Hgg.), Biografische Lexika im Internet. Internationale Tagung der »Sächsischen Biografie« in Dresden (30. und 31. Mai 2008), Dresden 2009

Band 15: Swen Steinberg (Hg.), Rolf Maaß, Die Sterkamps. Autobiografie eines sächsischen Gewerkschaftsfunktionärs 1920 bis 1933, Dresden 2009

Band 16: Manfred Seifert/Sönke Friedreich (Hgg.), Alltagsleben biografisch erfassen. Zur Konzeption lebensgeschichtlich orientierter Forschung, Dresden 2009

Band 17: Wolfgang Hesse/Claudia Schindler/Manfred Seifert (Hgg.), Produktion und Reproduktion – Arbeit und Fotografie. Tagung im Westsächsischen Textilmuseum Crimmitschau, 24. und 25. April 2009, Dresden 2010

Band 18: Enno Bünz (Hg.) unter Mitarbeit von Thomas Lang, Walter Schlesinger, Beiträge zur Geschichte der Stadt Glauchau, Dresden 2010

Band 19: Manfred Seifert/Marianne Bröcker (Hgg.), Aspekte des Religiösen in popularen Musikkulturen. Internationale Tagung in Dresden, 8. bis 11. Oktober 2008, Dresden 2010

Band 20: Katrin Lehnert/Lutz Vogel (Hgg.), Transregionale Perspektiven. Kleinräumige Mobilität und Grenzwahrnehmung im 19. Jahrhundert, Dresden 2011

Band 21: Dirk Martin Mütze (Hg.), Regular- und Säkularkanonikerstifte in Mitteldeutschland, Dresden 2011

Band 22: Sönke Friedreich, Urlaub und Reisen während der DDR-Zeit. Zwischen staatlicher Begrenzung und individueller Selbstverwirklichung, Dresden 2011

Band 23: Christine Schlott, Bestatter in Leipzig. Ritualanbieter in säkularer Zeit, Dresden 2011

Band 24: Wolfgang Hesse, Körper und Zeichen. Arbeiterfotografien aus Dohna, Heidenau und Johanngeorgenstadt 1932/33, Dresden 2013

Band 25: Petr Lozoviuk (Hg.), Ethnizität und Interethnik in der tschechischen Ethnologie, Dresden 2012

Band 26: Petr Lozoviuk (Hg.), Visualisierte Minderheiten. Probleme und Möglichkeiten der musealen Präsentation von ethnischen bzw. nationalen Minderheiten, Dresden 2012

Band 27: Ulrike Siewert (Hg.), Die Stadtpfarrkirchen Sachsens im Mittelalter und in der Frühen Neuzeit, Dresden 2013

Band 28: Ira Spieker, Kapital – Konflikte – Kalkül. Ländlicher Alltag in Sachsen im 19. Jahrhundert, Dresden 2013

Band 29: Stefanie Fritzsche (Hg.), Ökonomie und Lebensalltag in der sächsischen Stadt Penig 1748 bis 1810. Die Lebenserinnerungen des Sattlermeisters Johann Ephraim August Jacobi, Dresden 2013

Band 30: Andreas Martin (Hg.), Die Flusslandschaft Mulde. Geschichte und Wahrnehmung, Dresden 2013

Band 31: Manfred Seifert (Hg.), Die mentale Seite der Ökonomie. Gefühl und Empathie im Arbeitsleben, Dresden 2014

Band 32: Manfred Seifert (Hg.), Die Lebenserinnerungen des Tischlergesellen Anton Peschel (1861–1935). Eine Arbeiter-Autobiografie im Zugriff regionalgeschichtlicher Aktivitäten des Kulturbundes der DDR, Dresden 2014

Band 33: Peter F. N. Hörz/Marcus Richter, »Schöneck – Bekannt durch gute Zigarren«. Studien zur Industriegeschichte einer vogtländischen Kleinstadt, Dresden 2014

Band 34: Julia Kahleyß, Die Kirchenrechnungen der Zwickauer Kirche St. Marien (1441–1534). Edition und Analyse ausgewählter Rechnungen, Dresden 2016

Band 35: Uta Bretschneider/Sönke Friedreich/Ira Spieker (Hgg.), Verordnete Nachbarschaften. Transformationsprozesse im deutsch-polnisch-tschechischen Grenzraum seit dem Zweiten Weltkrieg, Dresden 2016

Band 36: Thomas Fuchs/Birgit Staude (Hgg.), August Leskien, Tagebücher 1892–1916, Dresden 2016

Band 37: Wolfgang Hesse/Holger Starke (Hgg.), Arbeiter | Kultur | Geschichte. Arbeiterfotografie im Museum, Leipzig 2017

Volkskunde in Sachsen

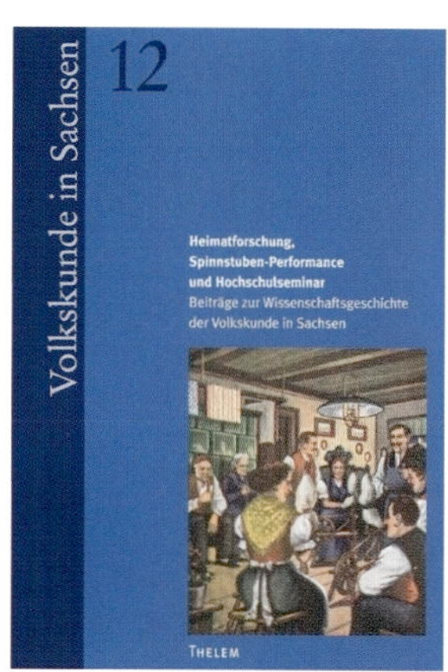

Band 1: Andreas Martin (Hg.), Volkskunde in Sachsen, Dresden 1996

Band 2: Andreas Martin (Hg.), Landhandwerk, Dresden 1996

Band 3: Andreas Martin (Hg.), Aus dem Nachlaß Adolf Spamers, Dresden 1997

Band 4: Brigitte Emmrich, »'s wërd schá noch kumme/ dös Kinnergeschrei«. Ehe und Familie in sächsischen Folklore-Sammlungen des 19. Jahrhunderts, Dresden 1997

Band 5/6: Michael Simon (Hg.), Volkskundliche Arbeit in der Region. Ein Wegweiser zu den »Landesstellen« im deutschsprachigen Raum, Dresden 1999

Band 7: Michael Simon (Hg.), Studien 2, Dresden 1999

Band 8: Andreas Martin (Hg.), Digitale Bilderwelten. Zur elektronischen Erschließung von Bildsammlungen, Dresden 2003

Band 9: Michael Simon (Hg.), Als Gardereiter in Dresden. Aus den Lebenserinnerungen Karl Heinrich Helbigs 1875 bis 1877, Dresden 1999

Band 10/11: Michael Simon (Hg.) unter Mitarbeit von Monika Kania-Schütz, Auf der Suche nach Heil und Heilung. Religiöse Aspekte der medikalen Alltagskultur, Dresden 2001

Band 12: Brigitte Emmrich, Heimatforschung, Spinnstuben-Performance und Hochschulseminar. Beiträge zur Wissenschaftsgeschichte der Volkskunde in Sachsen, Dresden 2001

Band 13/14: Michael Simon/ Monika Kania-Schütz/Sönke Löden (Hgg.), Zur Geschichte der Volkskunde. Personen – Programme – Positionen, Dresden 2002

Band 15: Klaus Mauersberger/Johannes Moser (Hgg.), Studium, Alltag und Kultur in Dresden um 1850, Dresden 2003

ab Band 16 als Zeitschrift fortgeführt

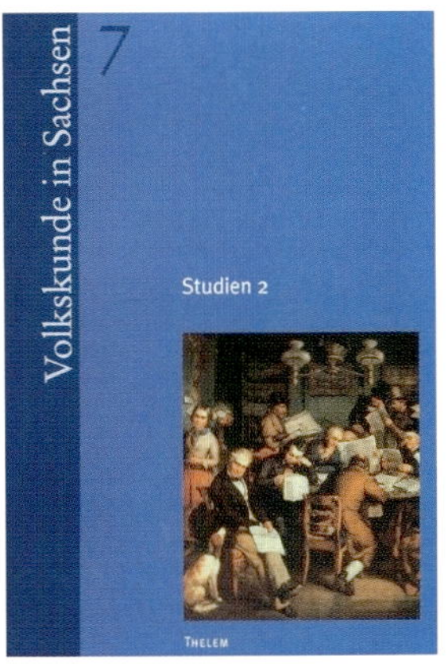
Volkskunde in Sachsen
7
Studien 2
THELEM

Volkskunde in Sachsen
8
Digitale Bilderwelten
Zur elektronischen Erschließung
von Bildsammlungen
THELEM

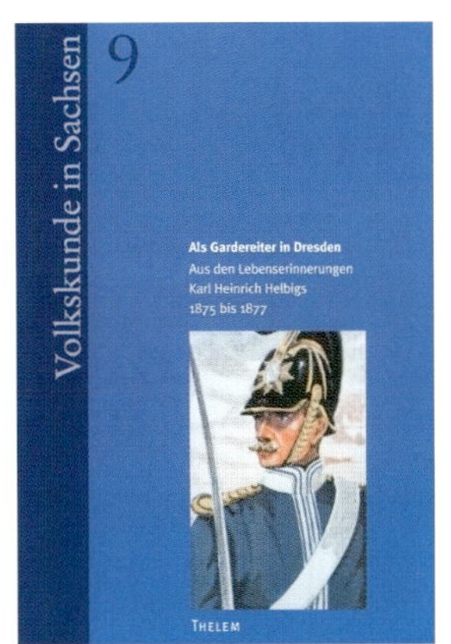
Volkskunde in Sachsen
9
Als Gardereiter in Dresden
Aus den Lebenserinnerungen
Karl Heinrich Helbigs
1875 bis 1877
THELEM

Volkskunde in Sachsen
10/11
Auf der Suche nach Heil und Heilung
Religiöse Aspekte
der medikalen Alltagskultur
THELEM

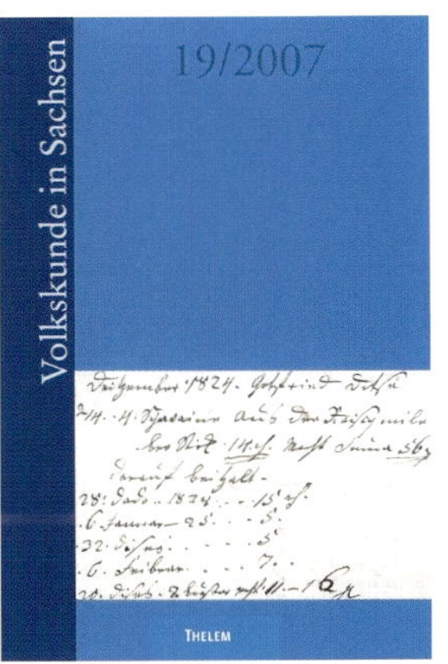
Volkskunde in Sachsen
19/2007
THELEM

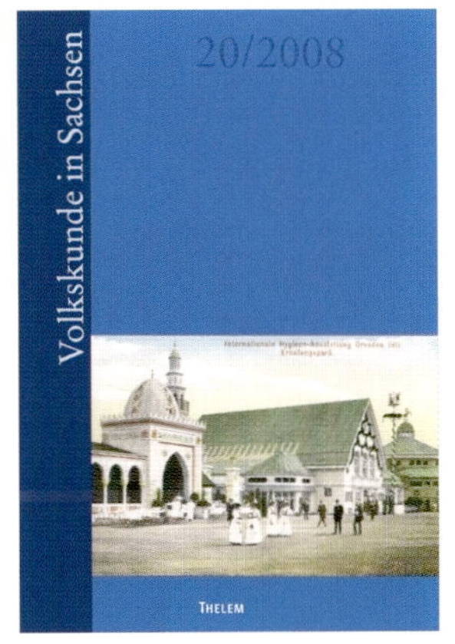
Volkskunde in Sachsen
20/2008
THELEM

Volkskunde in Sachsen
21/2009
THELEM

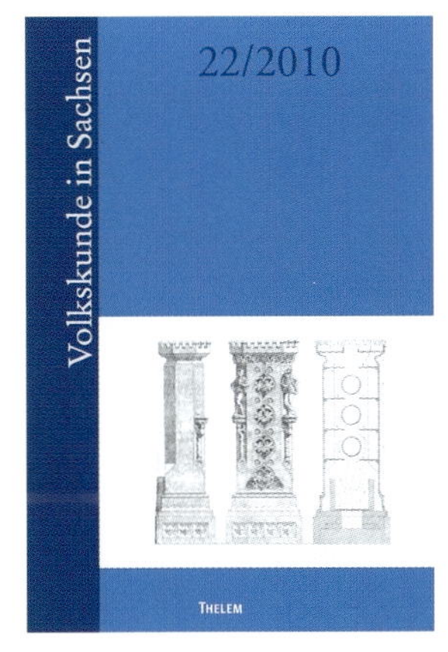
Volkskunde in Sachsen
22/2010
THELEM

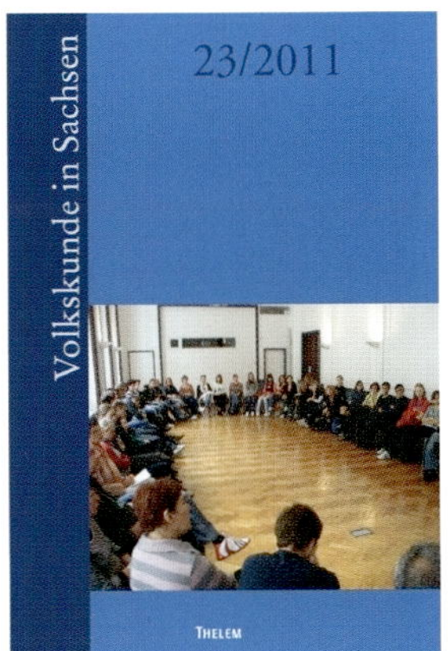
Volkskunde in Sachsen
23/2011
THELEM

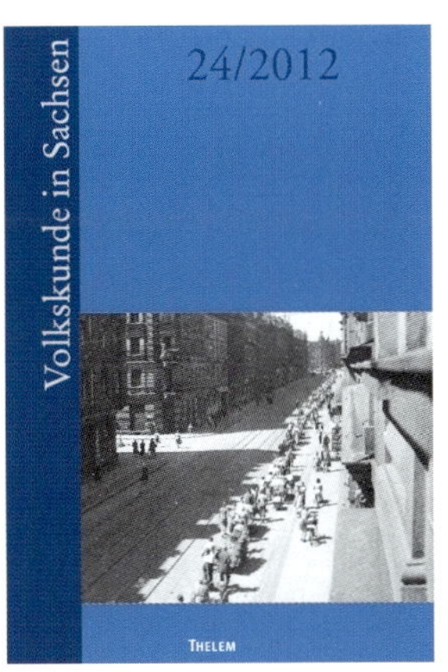
Volkskunde in Sachsen
24/2012
THELEM

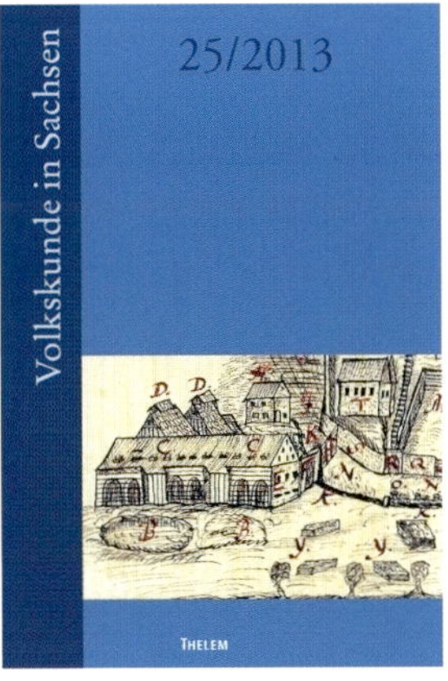
Volkskunde in Sachsen
25/2013
THELEM

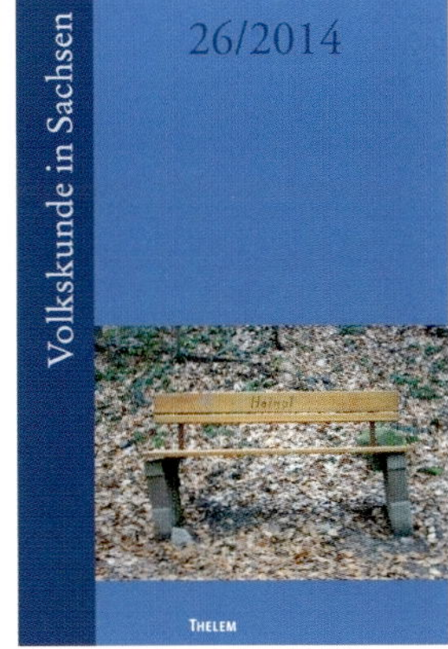
Volkskunde in Sachsen
26/2014
THELEM

Spurensuche. Geschichte und Kultur Sachsens

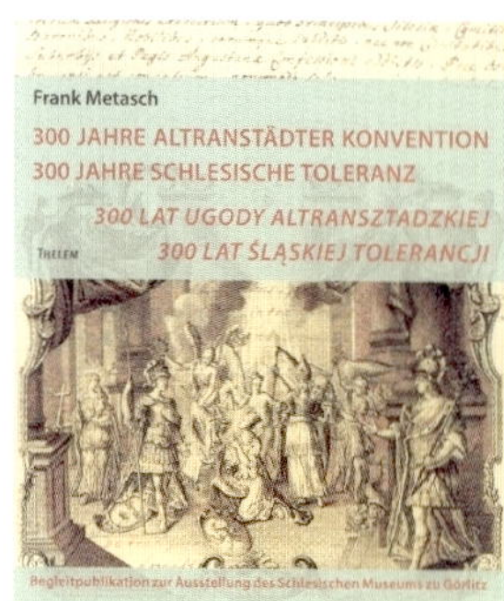

Band 1: Institut für Sächsische Geschichte und Volkskunde 1997–2007, hrsg. vom Institut für Sächsische Geschichte und Volkskunde, bearbeitet von Winfried Müller und Andreas Martin, Dresden 2007

Band 2: Frank Metasch, 300 Jahre Altranstädter Konvention – 300 Jahre schlesische Toleranz, Dresden 2007

Band 3: Enno Bünz/Tom Graber, Die Gründungsdokumente der Universität Leipzig (1409). Edition – Übersetzung – Kommentar, Dresden 2010

Band 4: Andreas Martin, Spankörbe aus dem Erzgebirge. Vom Nebenerwerb zum Wegbereiter dörflicher Industrialisierung, Dresden 2010

Band 5: Andreas Martin/Anke Fröhlich, Die Flusslandschaft an den Mulden. Frühe Wahrnehmungen in bildender Kunst und Reiseliteratur, Dresden 2012

Band 6: Enno Bünz/Winfried Müller/Martina Schattkowsky/Ira Spieker (Hgg.), Sachsen: Weltoffen! Mobilität – Fremdheit – Toleranz, Dresden 2016

Band 7: Institut für Sächsische Geschichte und Volkskunde 1997–2017, hrsg. vom Institut für Sächsische Geschichte und Volkskunde, Redaktion: Winfried Müller und Daniel Geißler, Dresden 2017

Sonderpublikationen des ISGV

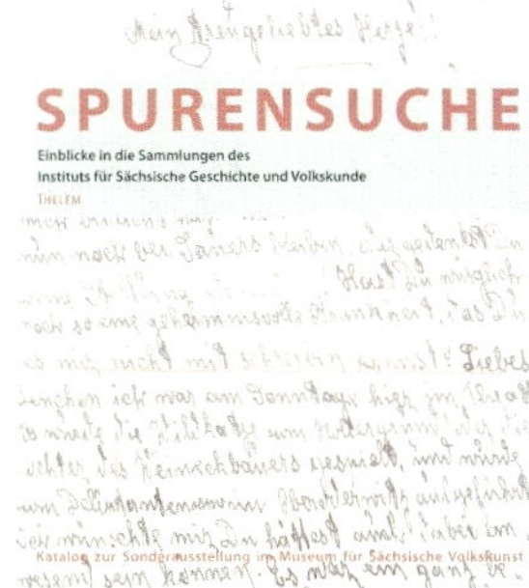

Brigitte Emmrich/Johannes Moser (Hgg.), Europäische Ethnologien im neuen Millenium. Osteuropäische Ethnologien auf neuen Wegen – Abschied vom Referatenorgan DEMOS, Dresden 2002

Johannes Moser/Karsten Jahnke (Hgg.), Dieser Schmerz bleibt. Lebenserinnerungen vertriebener Polen und Schlesier, Dresden 2004 (CD)

Johannes Moser (Hg.), Spurensuche. Einblicke in die Sammlungen des Instituts für Sächsische Geschichte und Volkskunde. Katalog zur Sonderausstellung im Museum für Sächsische Volkskunst 1. September bis 6. November 2005, Dresden 2005

Ira Spieker/Sönke Friedreich (Hgg.), Fremde – Heimat – Sachsen. Neubauernfamilien in der Nachkriegszeit, Beucha/Markkleeberg 2014

Martina Schattkowsky/Konstantin Hermann/Roman Rabe (Hgg.) unter Mitarbeit von Daniel Geißler, Frank Metasch, Lutz Vogel und Hendrik Keller, Sächsische Biografie. Dresdner Bibliothekarinnen und Bibliothekare, Leipzig 2014

Wolfgang Hesse (Hg.), Das Auge des Arbeiters. Arbeiterfotografie und Kunst um 1930, Leipzig 2014

Codex diplomaticus Saxoniae

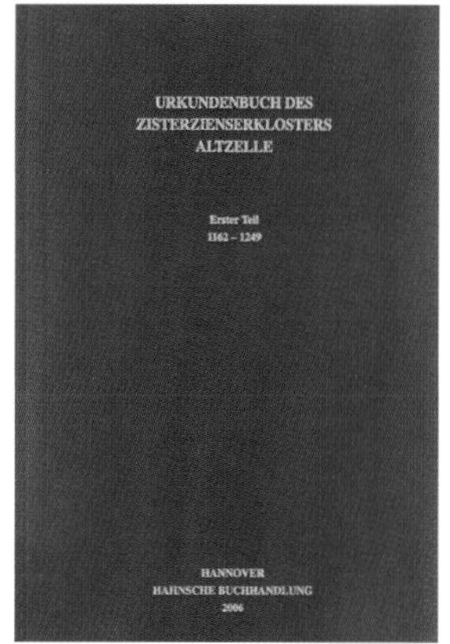

Im Auftrag der Sächsischen Staatsregierung herausgegeben vom Institut für Sächsische Geschichte und Volkskunde und der Sächsischen Akademie der Wissenschaften zu Leipzig

II. Hauptteil:
Die Urkunden der Städte und geistlichen Institutionen in Sachsen

Band 19: Urkundenbuch des Zisterzienserklosters Altzelle, 1. Teil: 1162–1249, bearbeitet von Tom Graber, Hannover 2006

Band 20: Urkundenbuch der Stadt Zwickau, 2. Teil: Das älteste Stadtbuch 1375–1481, bearbeitet von Jens Kunze, Hannover 2012

Band 21: Urkundenbuch der Stadt Zwickau, 1. Teil: Die urkundliche Überlieferung 1118–1485, 1. Band: 1118–1399, bearbeitet von Henning Steinführer, Peine 2014

III. Hauptteil:
Die Papsturkunden in Sachsen

Band 1: Die Papsturkunden des Hauptstaatsarchivs Dresden – Originale Überlieferung, 1. Teil: 1104–1303, bearbeitet von Tom Graber, Hannover 2009

Zeitschriften

Demos.
Internationale Ethnographische und Folkloristische Informationen,
Bd. 1 (1960) – Bd. 34 (2001).
Redaktion im ISGV: Brigitte Emmrich (1997 – 2001)

Neues Archiv
für sächsische Geschichte,
im Auftrag des Instituts
für Sächsische Geschichte
und Volkskunde hrsg. von
Karlheinz Blaschke,
Enno Bünz, Winfried Müller,
Martina Schattkowsky,
Uwe Schirmer.
Schriftleitung:
André Thieme (2002 – 2010),
Frank Metasch (seit 2010).
Rezensionen:
Lutz Vogel (2010 – 2016),
Jens Klingner (seit 2016)

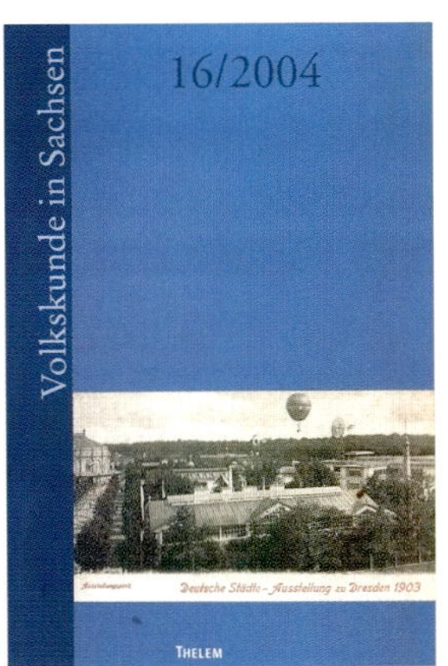

Volkskunde in Sachsen,
Schriftleitung:
Johannes Moser (2004 – 2006),
Sönke Friedreich
(Mitarbeit seit 2004,
Schriftleitung seit 2005),
Manfred Seifert (2007 – 2013)
und Ira Spieker
(Mitarbeit seit 2006,
Schriftleitung seit 2013),
unter Mitarbeit von
Uta Bretschneider (2014–2016),
Wolfgang Hesse (2009 – 2015),
Nadine Kulbe (seit 2012),
Katrin Lehnert (2008 – 2009),
Petr Lozoviuk (2004 – 2012),
Merve Lühr (seit 2013) und
Andreas Martin (2004 – 2009)

Online-Publikationen

Sächsische Biografie
Website: http://saebi.isgv.de

Digitales Bildarchiv
Website: http://bild.isgv.de

Lebensgeschichtliches Archiv
für Sachsen
Website: http://lga.isgv.de

Repertorium Saxonicum
Website: http://repsax.isgv.de

Codex diplomaticus Saxoniae
Website: http://codex.isgv.de

Historisches Ortsverzeichnis
Website: http://hov.isgv.de

Arbeiterfotografie Sachsen
Website: http://
www.arbeiterfotografie-sachsen.de

Neubauern Sachsen
Website: http://www.neubauern-sachsen.de

Sächsische Gerichtsbücher
Website: http://
www.saechsische-gerichtsbuecher.de

Sächsisches Klosterbuch
Website: http://www.klosterbuch-sachsen.de

Kontaktzonen
Website: http://www.bordernetwork.eu

PROJEKT BESTAND HILFE

ISGV LEBENSGESCHICHTLICHES ARCHIV FÜR SACHSEN

Erinnerungen an den DDR-Urlaub

Brigadebücher

Erinnerungen von vertriebenen Polen und Schlesiern

Briefe des Dresdner Studenten August Diezel

INSTITUT FÜR SÄCHSISCHE GESCHICHTE UND VOLKSKUNDE E.V.

Das Auge des Arbeiters

Untersuchungen zur proletarischen Amateurfotografie am Beispiel Sachsens

Projekt

Das Auge des Arbeiters

Von Februar 2009 bis Januar 2012 konnte im Bereich Volkskunde des Instituts fur Sachsische Geschichte und Volkskunde (ISGV) mit Mitteln der Deutschen Forschungsgemeinschaft www.dfg.de das Projekt „Das Auge des Arbeiters Untersuchungen zur proletarischen Amateurfotografie der Weimarer Republik am Beispiel Sachsens" durchgeführt werden

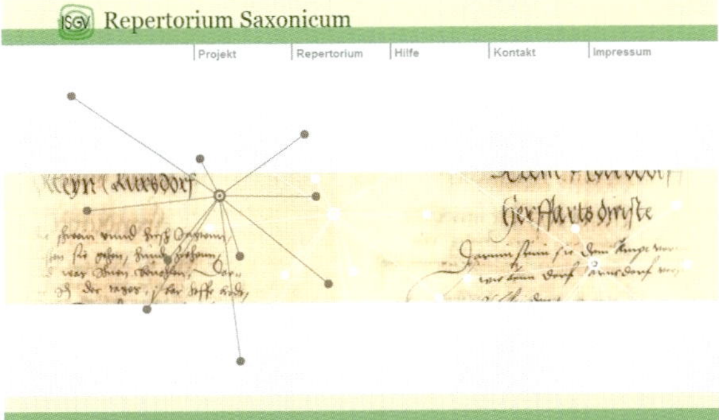

Fremde – Heimat – Sachsen: Vertriebene als Neubauern

Staatliche Integrationsmaßnahmen und individuelle Adaptionsstrategien

Projekt

Eine Million Menschen drängten infolge der Bevölkerungsverschiebungen durch den Zweiten Weltkrieg nach Sachsen. Die Neuankömmlinge übten einen großen Einfluss auf die bestehenden Milieus wie auch auf die Neustrukturierung der Gesellschaft aus; sie setzten Impulse durch ihre Erfahrungswelten und eigenen soziokulturellen Wertordnungen. Der ländliche Raum hatte hierbei eine Schlüsselposition inne: Zum einen entfaltete das Land wegen der besseren Versorgungslage und Arbeitsmöglichkeiten eine Sogwirkung, zum anderen nahmen hier folgenreiche Umstrukturierungsprozesse ihren Ausgang. Infolge der Bodenreform entstanden allein in Sachsen etwa 18.000 Neubauernstellen, davon wurden 7.000 (40 Prozent) an so genannte Umsiedler vergeben.

Das Forschungsprojekt nimmt die Schnittmenge Vertriebene und Neubauern in den Blick und analysiert somit eine Gesellschaftsgruppe, in der sich der soziale Wandel manifestierte. Dieser Ansatz bietet die Möglichkeit, Anpassungsleistungen, Identitätskonstruktionen sowie Interaktionen zwischen Neu- und Altbürgern am konkreten Beispiel und aus der Subjektperspektive zu untersuchen.

Aktuelles

Nun sind sie erschienen: die Ergebnisse des Projekts "Fremde - Heimat - Sachsen. Vertriebene als Neubauern". Einen ersten Eindruck und weitere Informationen gibt es beim Sax-Verlag, Beucha/Markleeberg, der die Publikation herausgebracht hat.

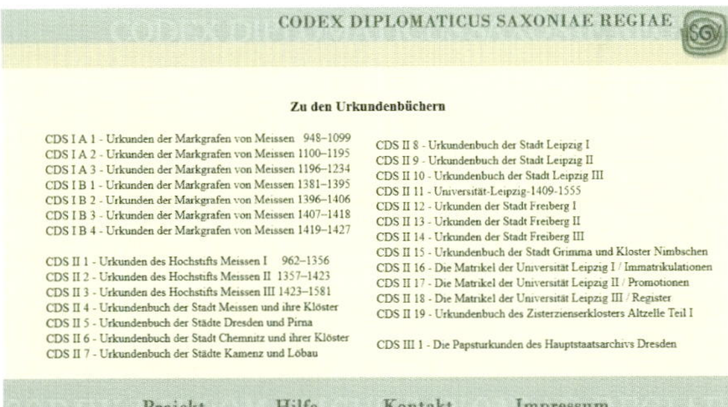

CODEX DIPLOMATICUS SAXONIAE REGIAE

Zu den Urkundenbüchern

CDS I A 1 - Urkunden der Markgrafen von Meissen 948–1099
CDS I A 2 - Urkunden der Markgrafen von Meissen 1100–1195
CDS I A 3 - Urkunden der Markgrafen von Meissen 1196–1234
CDS I B 1 - Urkunden der Markgrafen von Meissen 1381–1395
CDS I B 2 - Urkunden der Markgrafen von Meissen 1396–1406
CDS I B 3 - Urkunden der Markgrafen von Meissen 1407–1418
CDS I B 4 - Urkunden der Markgrafen von Meissen 1419–1427

CDS II 1 - Urkunden des Hochstifts Meissen I 962–1356
CDS II 2 - Urkunden des Hochstifts Meissen II 1357–1423
CDS II 3 - Urkunden des Hochstifts Meissen III 1423–1581
CDS II 4 - Urkundenbuch der Stadt Meissen und ihre Klöster
CDS II 5 - Urkundenbuch der Städte Dresden und Pirna
CDS II 6 - Urkundenbuch der Stadt Chemnitz und ihrer Klöster
CDS II 7 - Urkundenbuch der Städte Kamenz und Löbau

CDS II 8 - Urkundenbuch der Stadt Leipzig I
CDS II 9 - Urkundenbuch der Stadt Leipzig II
CDS II 10 - Urkundenbuch der Stadt Leipzig III
CDS II 11 - Universität-Leipzig-1409-1555
CDS II 12 - Urkunden der Stadt Freiberg I
CDS II 13 - Urkunden der Stadt Freiberg II
CDS II 14 - Urkunden der Stadt Freiberg III
CDS II 15 - Urkundenbuch der Stadt Grimma und Kloster Nimbschen
CDS II 16 - Die Matrikel der Universität Leipzig I / Immatrikulationen
CDS II 17 - Die Matrikel der Universität Leipzig II / Promotionen
CDS II 18 - Die Matrikel der Universität Leipzig III / Register
CDS II 19 - Urkundenbuch des Zisterzienserklosters Altzelle Teil I

CDS III 1 - Die Papsturkunden des Hauptstaatsarchivs Dresden

Projekt Hilfe Kontakt Impressum

Sächsisches Klosterbuch

Home Projekt Aktuell Klöster Klosterkarte

Projekt

Sächsisches Klosterbuch

Klöster und Stifte stellten als geistliche Gemeinschaften tragende und prägende Strukturelemente und Sozialformationen der vormodernen Verfassung, Gesellschaft, Wirtschaft und Kultur dar. Ihre Bedeutung und ihr Einfluss reichten weit über den kirchlichen Bereich hinaus. Neben dem flächendeckenden Netz der Pfarreien waren die Klöster und Stifte die breiteste Schnittstelle von Kirche und Welt. Die Abfolge der Ordensgründungen und Reformbewegungen, Elemente einer überregionalen, europaweiten Vernetzung und Verflechtung, zeugen von der anhaltenden Aktualität und Attraktivität religiöser Gemeinschaftsbildung im Mittelalter, die zudem noch durch die Ausprägung monastischer und kanonischer Lebensform (Kloster und Stift) weiter aufgefächert worden ist. Für alle weiterreichenden und tiefergehenden Untersuchungen, nicht zuletzt in überregional vergleichender Perspektive, stellt ein „Klosterbuch" als Handbuch und Nachschlagewerk die unverzichtbare Ausgangslage dar.
Insgesamt haben im Gebiet des heutigen Freistaates Sachsen im Mittelalter 78 Klöster, Stifte und Kommenden bestanden. Diese werden im Rahmen des „Klosterbuches", in der Projektlaufzeit von 2010 bis 2012, erstmals grundlegend untersucht.

About Flickr Search

Flyer der Tagung zur 20-Jahr-Feier des Instituts für Sächsische Geschichte und Volkskunde

Veranstaltungen

Tagungen und Workshops

27./28. Mai 1999, Dresden
Revolutionäres Nachbeben oder demokratische politische Kultur? Die Aufstände vom Mai 1849 in Sachsen und in den mitteldeutschen Kleinstaaten (Leitung: Martina Schattkowsky)

22./23. November 1999, Dresden
Auf der Suche nach Heil und Heilung. Religiöse Aspekte der medikalen Alltagskultur (Leitung: Michael Simon)

5./6. Mai 2000, Altzelle
Kloster Altzelle – Zisterzienserkloster in Mitteldeutschland und Hauskloster der Wettiner (Leitung: Martina Schattkowsky/ André Thieme)

20./21. Oktober 2000, Meißen
Diplomatische Forschung in Mitteldeutschland (Leitung: Tom Graber)

27./28. Oktober 2000, Meißen
Herzog Albrecht der Beherzte. Ein sächsischer Fürst im Reich und in Europa (Leitung: André Thieme in Verbindung mit dem Verein für sächsische Landesgeschichte)

20./21. November 2000, Dresden
Zur Geschichte der Volkskunde. Personen – Programme – Positionen (Leitung: Michael Simon)

11./12. Mai 2001, Dresden
Digitale Bilderwelten. Zur elektronischen Erschließung von Bildsammlungen (Leitung: Andreas Martin)

17.–19. Mai 2001, Dresden
Die Dresdener Konferenz 1850/51. Föderalisierung des Deutschen Bundes versus Machtinteressen der Einzelstaaten (Leitung: Jonas Flöter/Günther Wartenberg)

21.–23. Mai 2001, Rochlitz
Fürstliche und adlige Witwen in der Frühen Neuzeit. Zwischen Fremd- und Selbstbestimmung (Leitung: Martina Schattkowsky)

6.–8. September 2001, Weesenstein
Zwischen Tradition und Modernität. König Johann von Sachsen 1801–1873 (Leitung: Winfried Müller/ Martina Schattkowsky)

12./13. November 2001, Dresden
Europäische Ethnologien im neuen Millennium. Inhalte und Methoden (Leitung: Brigitte Emmrich)

14.–16. November 2002, Wechselburg
Reform – Sequestration – Säkularisation. Die Niederlassungen der Augustiner-Chorherren im Zeitalter der Reformation und am Ende des Alten Reiches (Leitung: Winfried Müller in Verbindung mit der Akademie der Augustiner-Chorherren von Windesheim)

1.–3. April 2003, Meißen
Die sächsischen Fürsten- und Landesschulen. Interaktion von lutherisch-humanistischem Erziehungsideal und Eliten-Bildung (Leitung: Jonas Flöter/Günther Wartenberg)

15.–17. Mai 2003, Leipzig
Bücher, Drucker, Bibliotheken in Mitteldeutschland. Neue Ergebnisse zur Kommunikations- und Mediengeschichte um 1500 (Leitung: Enno Bünz)

23.–26. September 2004, Wittenberg/Torgau
Glaube und Macht. Theologie, Politik und Kunst im Jahrhundert der Reformation (Leitung: Stiftung Luthergedenkstätten Sachsen-Anhalt in Verbindung mit dem ISGV und dem Theologischen Arbeitskreis Reformationsgeschichtlicher Forschungen)

29.–31. Oktober 2004, Wurzen
Ostsiedlung und Landesausbau im Leipziger Land – 850 Jahre Kührener Urkunde (Leitung: Enno Bünz)

5.–8. Mai 2005, Dresden
25. Jahrestagung des Arbeitskreises »Bild – Druck – Papier« (Leitung: Arbeitskreis »Bild – Druck – Papier«; Tagungsvorbereitung: Andreas Martin/Johannes Moser/Winfried Müller)

25.–28. September 2005, Dresden
Grenzen & Differenzen – Zur Macht sozialer und kultureller Grenzziehungen. 35. Kongress der Deutschen Gesellschaft für Volkskunde (Leitung: Deutsche Gesellschaft für Volkskunde; Tagungsvorbereitung: Thomas Hengartner/Johannes Moser)

18.–20. Mai 2006, Altzelle
Die Zisterzienser und ihre Bibliotheken – Buchbesitz und Schriftgebrauch im Kloster Altzelle (Leitung: Martina Schattkowsky/Tom Graber)

23. Juni 2006, Dresden
Sachsen und seine Nachbarn im Osten. Kolloquium für Eva Wiese (Leitung: Winfried Müller)

4. September 2006, Dresden
175 Jahre Sächsische Verfassung (Leitung: Winfried Müller in Verbindung mit dem Sächsischen Landtag und dem Sächsischen Staatsarchiv)

26.–28. Oktober 2006, Weesenstein
Die Bünaus – Geschichte einer Adelsfamilie in Sachsen und Böhmen (Leitung: Martina Schattkowsky)

24./25. November 2006, Dresden
Reichsständisches Gesandtschaftswesen und europäische Diplomatie (1648–1806) (Leitung: Judith Matzke)

22./23. Juni 2007, Delitzsch
Sachsen und seine Sekundogenitur-Fürstentümer (Leitung: Martina Schattkowsky/Manfred Wilde in Verbindung mit dem Museum Barockschloss Delitzsch, der Historischen Kommission der Sächsischen Akademie der Wissenschaften zu Leipzig und dem Landesheimatbund Sachsen-Anhalt)

6./7. Juli 2007, Dresden
UnGleichzeitigkeiten. Transformationsprozesse in der ländlichen Gesellschaft der (Vor-)Moderne (Leitung: Elke Schlenkrich/Ira Spieker)

4. Oktober 2007, Dresden
Perspektiven der Reformationsforschung in Sachsen. Ehrenkolloquium für Karlheinz Blaschke (Leitung: Winfried Müller)

9.–11. November 2007, Liberec
Grenzgebiet als Forschungsfeld. Aspekte der ethnografischen und kulturhistorischen Erforschung des Grenzlandes (Leitung: Petr Lozoviuk in Kooperation mit dem Lehrstuhl für Geschichte der Technischen Universität Liberec)

30. November/1. Dezember 2007, Dresden
Alltagsleben biografisch erfassen. Zur Konzeption lebensgeschichtlich orientierter Recherche und Sammlung (Leitung: Manfred Seifert)

27./28. März 2008, Dresden
Zwischen Emotion und Kalkül. »Heimat« als Argument im Prozess der Moderne (Leitung: Manfred Seifert)

30./31. Mai 2008, Dresden
Biografische Lexika im Internet (Leitung: Martina Schattkowsky/Frank Metasch)

30. September–3. Oktober 2008, Dresden
Asymmetrien in Vergangenheit und Gegenwart. Deutsche und Tschechen als ungleiche Nachbarn? Sektion auf dem 47. Deutschen Historikertag (Leitung: Martina Schattkowsky/Petr Lozoviuk)

8.–11. Oktober 2008, Dresden
Aspekte des Religiösen in popularen Musikkulturen (Leitung: Manfred Seifert/Gisela Probst-Effah in Kooperation mit der Kommission zur Erforschung musikalischer Volkskulturen)

22.–25. Oktober 2008, Leipzig
Italien – Mitteldeutschland – Polen. Geschichte und Kultur im europäischen Kontext vom 10. bis zum 18. Jahrhundert (Leitung: Enno Bünz in Kooperation mit dem Lehrstuhl für Mittelalterliche Geschichte am Historischen Seminar der Universität Leipzig und dem Geisteswissenschaftlichen Zentrum für Geschichte und Kultur Ostmitteleuropas an der Universität Leipzig)

24./25. April 2009, Crimmitschau
Produktion und Reproduktion: Arbeit und Fotografie (Leitung: Manfred Seifert/Claudia Schindler/Wolfgang Hesse in Kooperation mit dem Westsächsischen Textilmuseum Crimmitschau)

15. Mai 2009, Dresden
Louise Otto-Peters und die Revolution von 1848/49. Erinnerungen an die Zukunft (Leitung: Martina Schattkowsky/Susanne Schötz)

25./26. Juni 2009, Bautzen
Kleinräumige Mobilität und Grenzwahrnehmung im 19. Jahrhundert – Transregionale Perspektiven (Leitung: Katrin Lehnert/Lutz Vogel in Kooperation mit dem Archivverbund Bautzen)

17.–19. September 2009, Dresden
Landschaft quer Denken. Theorien – Bilder – Formationen (Leitung: Manfred Seifert/Andreas Martin)

16./17. Oktober 2009, Meißen
Regular- und Säkularkanonikerstifte in Mitteldeutschland (Leitung: Dirk Martin Mütze)

16./17. April 2010, Dresden
Die Eroberung der beobachtenden Maschinen. Arbeitstagung des DFG-Projekts »Das Auge des Arbeiters« (Leitung: Manfred Seifert/Wolfgang Hesse)

4. Juni 2010, Dresden
Populare Biografik in Sachsen (Leitung: Manfred Seifert/Sönke Friedreich)

5./6. November 2010, Görlitz
Menschen unterwegs. Die via regia und ihre Akteure (Leitung: Winfried Müller/Swen Steinberg in Kooperation mit den Staatlichen Kunstsammlungen Dresden und der Oberlausitzischen Gesellschaft der Wissenschaften)

26./27. November 2010, Dresden
Heimat heute – Reflexionen und Perspektiven (Leitung: Manfred Seifert/Manuel Frey in Kooperation mit der Kulturstiftung des Freistaats Sachsen und der Konrad-Adenauer-Stiftung/Bildungswerk Dresden)

14. Januar 2011, Dresden
Ausstellungskonzeption »Geschichte der Deutschen in den böhmischen Ländern« (Leitung: Petr Lozoviuk/Winfried Müller/Manfred Seifert in Kooperation mit dem Collegium Bohemicum)

21./22. Januar 2011, Dresden
Kurfürstliche Koordinaten. Landesvermessung und Herrschaftsvisualisierung im frühneuzeitlichen Sachsen (Leitung: Ingrid Baumgärtner/Winfried Müller in Kooperation mit den Staatlichen Kunstsammlungen Dresden)

30. Juni/1. Juli 2011, Dresden
Die Stadtpfarrkirchen Sachsens im Mittelalter und in der Frühen Neuzeit (Leitung: Ulrike Siewert in Kooperation mit der Katholischen Akademie des Bistums Dresden-Meißen)

8./9. Juli 2011, Dresden
Fremde – Heimat – Sachsen: Vertriebene als Neubauern. Staatliche Integrationsmaßnahmen und individuelle Adaptionsstrategien (Leitung: Ira Spieker/Sönke Friedreich/Manfred Seifert)

29./30. September 2011, Grimma
Die Flusslandschaft Mulde. Geschichte und Wahrnehmung heute (Leitung: Andreas Martin in Kooperation mit dem Naturpark Muldenland e. V.)

14./15. Oktober 2011, Annaberg-Buchholz
Das Erzgebirge im 16. Jahrhundert. Gestaltwandel einer Kulturlandschaft im Reformationszeitalter (Leitung: Martina Schattkowsky)

7.–9. März 2012, Kloster Drübeck
Adelslandschaft Mitteldeutschland. Die Rolle des landsässigen Adels in der mitteldeutschen Geschichte (15.–18. Jahrhundert) (Leitung: Enno Bünz/Ulrike Höroldt/Christoph Volkmar in Kooperation mit dem Landeshauptarchiv Sachsen-Anhalt)

30./31. März 2012, Dresden
Visualisierte Minderheiten. Probleme und Möglichkeiten der musealen Präsentation von ethnischen bzw. nationalen Minderheiten (Leitung: Petr Lozoviuk/Winfried Müller/Manfred Seifert)

19.–21. April 2012, Leipzig
Alltag und Frömmigkeit am Vorabend der Reformation in Mitteldeutschland (Leitung: Enno Bünz/Hartmut Kühne)

26./27. Oktober 2012, Pirna
Neue Forschungen zu sächsischen Klöstern. Ergebnisse und Perspektiven (Leitung: Enno Bünz/Dirk Martin Mütze/Sabine Zinsmeyer in Kooperation mit dem Stadtmuseum Pirna)

21.–23. März 2013, Dresden
Die mentale Seite der Ökonomie: Care-Management, Gefühl, Empathie (Leitung: Manfred Seifert in Kooperation mit der Kommission »Arbeitskulturen« der Deutschen Gesellschaft für Volkskunde)

19.–21. September 2013, Doberlug-Kirchhain
Preußen und Sachsen. Szenen einer Nachbarschaft – Konferenz zur Ersten Brandenburgischen Landesausstellung 2014 (Leitung: Frank Göse/Winfried Müller in Kooperation mit dem Haus der Brandenburgisch-Preußischen Geschichte)

10./11. Oktober 2013, Schloss Rochlitz
Frauen & Reformation. Handlungsfelder – Rollenmuster – Engagement (Leitung: Martina Schattkowsky/Jens Klingner/André Thieme in Kooperation mit dem Staatsbetrieb Staatliche Schlösser, Burgen und Gärten Sachsen)

28./29. November 2013, Dresden
Adel in Sachsen und Böhmen. Aspekte einer Beziehungsgeschichte in Spätmittelalter und Früher Neuzeit (Leitung: Martin Arnold in Kooperation mit dem Sächsischen Staatsarchiv, Hauptstaatsarchiv Dresden)

6.–8. März 2014, Dresden
»Heimat«-Bilder. Strategien der Beheimatung in Kunst, Medien und Alltagskultur (Leitung: Winfried Müller/Manfred Seifert/Justus H. Ulbricht)

16.–18. Oktober 2014, Merseburg
Bischof Thilo von Trotha (1466–1514). Merseburg und seine Nachbarbistümer im Kontext des ausgehenden Mittelalters (Leitung: Enno Bünz/Markus Cottin in Kooperation mit den Vereinigten Domstiftern Naumburg und Merseburg und dem Kollegiatstift Zeitz)

20.–22. November 2014, Dresden
Verordnete Nachbarschaften. Transformationsprozesse im Grenzraum Deutschland – Polen – Tschechien seit dem Zweiten Weltkrieg (Leitung: Ira Spieker/Sönke Friedreich/Uta Bretschneider in Kooperation mit der Brücke/Most-Stiftung, der Bundeszentrale für politische Bildung und dem Sächsischen Staatsarchiv, Hauptstaatsarchiv Dresden)

27./28. März 2015, Dresden
Arbeiter | Kultur | Geschichte – Arbeiterfotografie der Weimarer Republik im Museum (Leitung: Wolfgang Hesse)

9.–11. Juli 2015, Torgau/Dresden
Kurfürst August von Sachsen. Ein nachreformatorischer »Friedensfürst« zwischen Territorium und Reich (Leitung: Winfried Müller/Martina Schattkowsky/Dirk Syndram in Kooperation mit den Staatlichen Kunstsammlungen Dresden)

17.–19. September 2015, Hamburg
Die Elbe – Fluss ohne Grenzen (1815–2015) (Leitung: Andreas Martin in Kooperation mit dem Landschaftsverband Stade e. V., dem Hamburg Museum und dem Altonaer Museum für Kunst und Kulturgeschichte)

8./9. Oktober 2015, Dresden
(Un)Gleiche Kurfürsten? Die Pfalzgrafen bei Rhein und die Herzöge von Sachsen im späten Mittelalter (1356–1547) (Leitung: Jens Klingner/Benjamin Müsegades in Kooperation mit dem Institut für Fränkisch-Pfälzische Geschichte und Landeskunde in Heidelberg und dem Sächsischen Staatsarchiv, Hauptstaatsarchiv Dresden)

5./6. November 2015, Dresden
Wissen – Wolle – Wandel. Merinoschafzucht und Agrarinnovation in Sachsen (18./19. Jahrhundert) (Leitung: Ira Spieker/Martina Schattkowsky in Kooperation mit dem Sächsischen Staatsarchiv, Hauptstaatsarchiv Dresden)

5.–7. November 2015, Merseburg
1815: Europäische Friedensordnung – Mitteldeutsche Neuordnung. Die Neuordnung auf dem Wiener Kongress und ihre Folgen für den mitteldeutschen Raum (Leitung: Ulrike Höroldt/Andreas Erb/Hans-Werner Hahn/Frank Lothar Kroll/Winfried Müller in Kooperation mit der Historischen Kommission für Sachsen-Anhalt, der Historischen Kommission der Sächsischen Akademie der Wissenschaften, der Historischen Kommission für Thüringen, der Preußischen Historischen Kommission, der Landeszentrale für politische Bildung Sachsen-Anhalt und dem Landeshauptarchiv Sachsen-Anhalt)

29./30. April 2016, Jüterbog
Tetzel | Ablass | Fegefeuer (Leitung: Enno Bünz in Kooperation mit der Stadt Jüterbog und der Kirchgemeinde St. Nikolai in Jüterbog)

2./3. Juni 2016, Chemnitz
Arbeiten im Kollektiv. Politische Praktiken der Normierung und Gestaltung von Gemeinschaft (Leitung: Merve Lühr in Kooperation mit dem Sächsischen Staatsarchiv, Staatsarchiv Chemnitz)

7.–9. Juni 2016, Dresden/Wrocław
Normalfall Migration? Kulturelle, historische und aktuelle Dimensionen (Leitung: Ira Spieker in Kooperation mit dem Willy Brandt Zentrum für Deutschland- und Europastudien der Universität Breslau/Wrocław, dem Bundesinstitut für Kultur und Geschichte der Deutschen im östlichen Europa, der Landeshauptstadt Dresden, der Stadt Breslau/Wrocław und dem Institut für Migrationsforschung und Interkulturelle Studien Osnabrück)

9.–11. Juni 2016, Brandenburg an der Havel
Reformation(en) vor Ort – Christlicher Glaube und konfessionelle Kultur in Brandenburg und Sachsen im Zeitalter der Reformation (Leitung: Enno Bünz/Heinz-Dieter Heimann/Klaus Neitmann)

10./11. Juni 2016, Dresden
Aktuelle Forschungen zu Problemen der ländlichen Welt. Jahrestagung der Gesellschaft für Agrargeschichte (Leitung: Stefan Brakensiek/Martina Schattkowsky in Kooperation mit der Gesellschaft für Agrargeschichte)

18./19. November 2016, Dresden
Kontaktzonen. Alternative Wissensvermittlung (Leitung: Ira Spieker/Sarah Kleinmann/Uta Bretschneider in Kooperation mit der Brücke/Most-Stiftung und dem Europäischen Zentrum der Künste Hellerau)

18./19. November 2016, Dresden
Das Geld in Krisenzeiten. Geld- und finanzpolitische Innovationen des Siebenjährigen Krieges (Leitung: Frank Metasch/Rainer Grund in Kooperation mit dem Münzkabinett der Staatlichen Kunstsammlungen Dresden)

15./16. Juni 2017, Chemnitz
Die industrielle Stadt. Lokale Repräsentationen von Industriekultur im urbanen Raum seit dem ausgehenden 19. Jahrhundert (Leitung: Sönke Friedreich in Kooperation mit dem Sächsischen Staatsarchiv, Staatsarchiv Chemnitz)

7./8. September 2017, Burg Gnandstein
Adel und Reformation (Leitung: Martina Schattkowsky/André Thieme in Kooperation mit dem Staatsbetrieb Staatliche Schlösser, Burgen und Gärten Sachsen und dem Evangelischen Zentrum Ländlicher Raum, Heimvolkshochschule Kohren-Sahlis)

19./20. Oktober 2017, Dresden
Landesgeschichte und Volkskunde in der DDR und in den neuen Ländern. 20 Jahre Institut für Sächsische Geschichte und Volkskunde/44. Tag der Landesgeschichte (Leitung: Winfried Müller/Klaus Neitmann in Kooperation mit der Sächsischen Landesbibliothek – Staats- und Universitätsbibliothek Dresden)

23./24. November 2017, Dresden
»Kontaktzonen« und Grenzregionen. Aktuelle kulturwissenschaftliche Perspektiven (Leitung: Sarah Kleinmann in Kooperation mit dem Sächsischen Staatsarchiv, Hauptstaatsarchiv Dresden)

28.–30. November 2017, Prag
Reformation als Kommunikationsprozess. Böhmische Kronländer – Sachsen – Mitteleuropa (Leitung: Martin Holý/Petr Hrachovec/Jiří Just/Winfried Müller/Martina Schattkowsky/Gerd Schwerhoff in Kooperation mit dem Historischen Institut der Tschechischen Akademie der Wissenschaften, Prag, und dem Lehrstuhl für die Geschichte der Frühen Neuzeit der Technischen Universität Dresden)

Vortragsreihen

Anno domini. In Zusammenarbeit mit der Evangelischen Akademie Meißen (sechs Vorträge, 27. September 2000–16. Mai 2001)

Kathedralforum. In Zusammenarbeit mit der Katholischen Akademie des Bistums Dresden-Meißen (sieben Vorträge, 30. April 2003–8. März 2006)

Ad acta. In Zusammenarbeit mit dem Sächsischen Staatsarchiv, Hauptstaatsarchiv Dresden (fünf Vorträge, 10. März 2004–2. März 2005)

Ausstellungen und Ausstellungsbeteiligungen

Erziehung zur Elite. Die Fürsten- und Landesschulen um 1900, Kreismuseum Grimma (Eröffnung am 12. Dezember 2003, Leitung: Jonas Flöter)

Spurensuche. Einblicke in die Sammlungen des Instituts für Sächsische Geschichte und Volkskunde, Museum für Sächsische Volkskunst der Staatlichen Kunstsammlungen Dresden (Eröffnung am 1. September 2005, Leitung: Johannes Moser)

Mensch! Photographien aus Dresdner Sammlungen, Residenzschloss Dresden, Kupferstich-Kabinett (Eröffnung am 17. Juni 2006, Projektmitarbeit: Andreas Martin)

Baustelle Heimat, Museum für sächsische Volkskunst Dresden (Eröffnung am 17. Mai 2008, Leitung: Manfred Seifert)

BäuerinnenBilder, Bauernhausmuseum Bielefeld (Eröffnung am 2. Mai 2010, Konzeption/Organisation: Ira Spieker)

Zwischen Verlust und Neubeginn. Vertriebene nach 1945. Neue Dauerausstellung, Hennebergisches Museum Kloster Veßra (Eröffnung am 12. September 2010, Konzeption/Organisation: Ira Spieker)

Via regia – 800 Jahre Bewegung und Begegnung. 3. Sächsische Landesausstellung, Görlitz (Eröffnung am 21. Mai 2011, Wissenschaftlicher Koordinator: Winfried Müller)

Wanderausstellung »Fremdes Land. Neubauernfamilien in Sachsen« im Rahmen des Projekts »Fremde – Heimat – Sachsen: Vertriebene als Neubauern«, Schloss Seelingstädt (Eröffnung am 20. Oktober 2012); Rathaus Weißenberg (Eröffnung am 27. November 2012); Sächsisches Ministerium des Innern, Dresden (Eröffnung am 5. März 2013); Wenceslai-Kirche Wurzen (Eröffnung am 26. April 2013); Sächsisches Landesamt für Umwelt, Landwirtschaft und Geologie, Nossen (Eröffnung am 27. Juni 2013); Sächsisches Landesamt für Umwelt, Landwirtschaft und Geologie, Lehr- und Versuchsgut Köllitsch (Eröffnung am 26. Juli 2013); Archivverbund Stadtarchiv/Staatsfilialarchiv und Stadtbibliothek Bautzen (Eröffnung am 23. September 2013); Deutsches Landwirtschaftsmuseum Schloss Blankenhain (Eröffnung am 9. Februar 2014), Evangelisches Zentrum Ländlicher Raum, Heimvolkshochschule Kohren-Sahlis (Eröffnung am 12. Mai 2014), seit Dezember 2015 als Dauerleihgabe beim Zentrum des Geschichtsvereins Seelingstädt (Konzeption/Organisation: Ira Spieker, Uta Bretschneider)

Niederschlesien: Deutsch? Polnisch? Europäisch? Fotoausstellung, Jena u. a. (Eröffnung am 18. April 2013, Konzeption/Organisation: Ira Spieker, Uta Bretschneider)

Die königliche Jagdresidenz Hubertusburg und der Frieden von 1763. Sonderausstellung der Staatlichen Kunstsammlungen Dresden, Schloss Hubertusburg (Eröffnung am 28. April 2013, Projektmitarbeit: Frank Metasch)

Umsonst ist der Tod! Alltag und Frömmigkeit am Vorabend der Reformation, Mühlhäuser Museen, Stadtgeschichtliches Museum Leipzig, Kulturhistorisches Museum Magdeburg (Eröffnung am 28. September 2013, Konzeption/Organisation: Enno Bünz, Hartmut Kühne in Zusammenarbeit mit den Kooperationspartnern)

Preußen und Sachsen. Szenen einer Nachbarschaft. 1. Brandenburgische Landesausstellung, Doberlug-Kirchhain (Eröffnung am 7. Juni 2014, Wissenschaftliche Beratung: Frank Göse, Winfried Müller)

Das Auge des Arbeiters. Arbeiterfotografie & Kunst um 1930, Kunstsammlungen Zwickau (Eröffnung am 23. Mai 2014), Käthe Kollwitz Museum Köln (Eröffnung am 14. August 2014), Stadtmuseum Dresden (Eröffnung am 21. März 2015, Konzeption/Organisation: Wolfgang Hesse)

Bekenne dich! Der sächsische Adel im Glaubensstreit. Sonderausstellung, Schloss Nossen (Eröffnung am 1. April 2017, Wissenschaftliche Beratung: Martina Schattkowsky in Kooperation mit dem Staatsbetrieb Staatliche Schlösser, Burgen und Gärten Sachsen)

Verwoben. Geschichten in der Grenzregion, Deusches Damast- und Frottiermuseum Großschönau (Eröffnung am 26. Juni 2017); »Haus der Mauer« Jena (Eröffnung am 14. Oktober 2017, Konzeption/Organisation: Ira Spieker in Kooperation mit der Brücke/Most-Stiftung)

Trägerverein

Freistaat Sachsen, vertreten durch das Sächsische Staatsministerium für Wissenschaft und Kunst

Technische Universität Dresden

Universität Leipzig

Technische Universität Bergakademie Freiberg

Technische Universität Chemnitz

Sächsische Akademie der Wissenschaften zu Leipzig

Sächsische Landesbibliothek – Staats- und Universitätsbibliothek Dresden

Sorbisches Institut e. V., Bautzen/Cottbus

Kuratorium

Prof. Dr. Volker Bigl, Rektor, Universität Leipzig, 1998–2003

Prof. Dr. Thomas Bürger, Generaldirektor, Sächsische Landesbibliothek – Staats- und Universitätsbibliothek Dresden (Vertreter der Mitgliederversammlung), seit 2016

Angela Dargel, Sächsisches Staatsministerium für Wissenschaft und Kunst, 2009–2010 (Vorsitz)

Prof. Dr. Hans-Jürgen Hardtke, Prorektor, Technische Universität Dresden, 2001–2003

Prof. Dr. Franz Häuser, Rektor, Universität Leipzig, 2003–2010

Andrea Keller, Sächsisches Staatsministerium für Wissenschaft und Kunst, 2009 (Vorsitz)

Prof. Dr. Hermann Kokenge, Rektor, Technische Universität Dresden, 2003–2010

Prof. Dr. Karl Lenz, Prorektor (bis 2015), Technische Universität Dresden, seit 2010

Joachim Linek, Sächsisches Staatsministerium für Wissenschaft und Kunst, 2006–2009, 2010–2014 (Vorsitz)

Jörg Logé, Sächsisches Staatsministerium für Wissenschaft und Kunst, seit 2017 (Vorsitz)

Prof. Dr. Achim Mehlhorn, Rektor, Technische Universität Dresden, 1997–2001

Christoph F. Meier, Sächsisches Staatsministerium für Wissenschaft und Kunst, 2014–2017 (Vorsitz)

Prof. Dr. Dietrich Scholze, Direktor, Sorbisches Institut e.V., Bautzen/Cottbus (Vertreter der Mitgliederversammlung), 1997–2015

Prof. Dr. Beate Schücking, Rektorin, Universität Leipzig, seit 2011

Prof. Dr. Cornelius Weiss, Rektor, Universität Leipzig, 1997–1998

Dr. Eva Wiese, Sächsisches Staatsministerium für Wissenschaft und Kunst, 1997–2006 (Vorsitz)

Wissenschaftlicher Beirat

Prof. Dr. Karlheinz Blaschke, Technische Universität Dresden/Friedewald, 1997–2006

Prof. Dr. Ursula Braasch-Schwersmann, Hessisches Landesamt für geschichtliche Landeskunde, Marburg, seit 2013

Prof. Dr. Wolfgang Brückner, Julius-Maximilians-Universität Würzburg, 1997–2006

Dr. Elisabeth Fendl, Institut für Volkskunde der Deutschen des östlichen Europa, Freiburg/Breisgau, seit 2014

Prof. Dr. Silke Göttsch-Elten, Christian-Albrechts-Universität zu Kiel, seit 2002 (Vorsitz seit 2014)

Prof. Dr. Peter Johanek, Westfälische Wilhelms-Universität Münster, 1998–2002

Prof. Dr. Christel Köhle-Hezinger, Friedrich-Schiller-Universität Jena, seit 2000

Prof. Dr. Konrad Köstlin, Universität Wien, seit 1997 (Vorsitz 1997–2014)

Prof. Dr. Maximilian Lanzinner, Rheinische Friedrich-Wilhelms-Universität Bonn, 2002–2014

Prof. Dr. Franz Quarthal, Universität Stuttgart, 2000–2012

Prof. Dr. Arnd Reitemeier, Georg-August-Universität Göttingen, seit 2014

Prof. Dr. Konrad Vanja, Museum Europäischer Kulturen, Berlin, 1997–2014

Prof. Dr. Matthias Werner, Friedrich-Schiller-Universität Jena, seit 2000

Dr. Andrea Wettmann, Sächsisches Staatsarchiv, Dresden, seit 2013

Dr. Jürgen Rainer Wolf, Sächsisches Staatsarchiv, Dresden, 2002–2011

Direktorium

Prof. Dr. Enno Bünz,
Universität Leipzig,
seit 2002
(Geschäftsführung
2003–2005, 2007–2009,
2011–2013, 2015–2017)

Prof. Dr. Winfried Müller,
Technische Universität
Dresden, seit 2000
(Geschäftsführung
2001–2003, 2005–2007,
2009–2011, 2013–2015,
seit 2017)

Prof. Dr. Walter Schmitz,
Technische Universität
Dresden, 1997–1999

Prof. Dr. Dr. Günther
Wartenberg,
Universität Leipzig,
1997–2002

Bereich Geschichte

Bereichsleitung

PD Dr. Katrin Keller,
1998–1999
Prof. Dr. Martina Schatt-kowsky, seit 1999

Wissenschaftliche Mitarbeiterinnen und Mitarbeiter

(Planstellen und Drittmittelstellen)

Dipl.-Psych. Martin Arnold
B. A., 2007–2016

Dr. Susanne Baudisch,
1999–2001

Silvio Dittrich M. A.,
2013–2014

Dr. Jonas Flöter,
1999–2004

Daniel Geißler M. A.,
seit 2005

Dr. Tom Graber,
1998–2008

Dr. Maike Günther,
2008–2012

Dipl.-Hist. Uwe John,
1999–2002

Dr. Jens Klingner,
seit 2010

Dr. Judith Matzke,
2003–2007

Dr. Frank Metasch,
2003 – 2005, seit 2007

Dr. Dirk Martin Mütze,
2007 – 2012

Dr. Andreas Neemann,
1998 – 1999

Manuela Ruschinsky M. A.,
2011

PD Dr. Elke Schlenkrich,
2006 – 2010

Dr. des. Christian Schuffels,
seit 2017

Henrik Schwanitz M. A.,
seit 2016

Torsten Schwenke M. A.,
2012 – 2015

Dr. Ulrike Siewert,
2009 – 2016

Dr. André Thieme,
1998 – 2010

Dr. Jochen Vötsch,
2017

Dr. Lutz Vogel,
2007 – 2016

Dr. Sabine Zinsmeyer,
2010 – 2013

Bereich Volkskunde

Bereichsleitung

Dr. Monika Kania-Schütz,
2001 (kommissarisch)

Prof. Dr. Johannes Moser,
2002 – 2006

Prof. Dr. Manfred Seifert,
2006 – 2013

Prof. Dr. Michael Simon,
1998 – 2000

PD Dr. Ira Spieker,
seit 2014

Wissenschaftliche Mitarbeiterinnen und Mitarbeiter
(Planstellen und Drittmittelstellen)

Dr. Uta Bretschneider,
2008 – 2009, 2011 – 2016

Anke Diekmann M. A.,
2001 – 2003

Moritz Ege M. A.,
2006 – 2007

Dr. Brigitte Emmrich,
1998 – 2002

Dr. Sönke Friedreich,
seit 2001

Wolfgang Hesse M. A.,
2009 – 2015

Dr. Monika Kania-Schütz,
1998 – 2001

Dr. des. Sarah Kleinmann,
seit 2015

Nadine Kulbe M. A.,
seit 2009

Dr. Katrin Lehnert,
2007 – 2009

Dr. Dipl.-Ing. Beate Löffler,
2008 – 2012

PD Dr. Petr Lozoviuk,
2003 – 2013

Merve Lühr M. A.,
seit 2013

Dr. Andreas Martin,
seit 1998

Dr. des. Arnika Peselmann,
seit 2016

Dr. Bernd Schöne,
1998 – 2000

Jan Schrastetter M. A.,
2010 – 2012

PD Dr. Ira Spieker,
2006 – 2013

Ursula Schlude M. A.,
2009 – 2011

Dr. Carsten Voigt,
2009 – 2010

Dr. Heidrun Wozel,
1998

Verwaltung

Dipl.-Dok. Dorothea Döhler,
Bibliothek,
seit 1998

Dipl.-Ing. Ludwig Felber,
Informations- und Kommunikationstechnik,
2003 – 2017

Dipl.-Ing. Evelyn Georgi,
Verwaltung,
1998 – 2006

Jörg Hennersdorf,
Dokumentation und Technik,
1998 – 2007

Hendrik Keller M. A.,
Dokumentation und Technik,
seit 2009

Christine Lindstedt,
Verwaltung,
seit 2006

Dipl.-Inf. Michael Schmidt,
Informations- und Kommunikationstechnik,
seit 2007

Bildnachweis

Alle Bildvorlagen stammen aus dem Bestand des Instituts für Sächsische Geschichte und Volkskunde, mit folgenden Ausnahmen:

S. 19: Matthias Hiekel (Dresden)

S. 22 (oben): Wolfgang Hesse (Hg.), Das Auge des Arbeiters. Arbeiterfotografie und Kunst um 1930, Leipzig: Spector Books 2014

S. 22 (unten): DFG-Journal »forschung« 4 (2011), Titelseite; Deutsche Forschungsgemeinschaft, Bonn

S. 23 (oben): Winfried Müller/Swen Steinberg (Hgg.), Menschen unterwegs. Die via regia und ihre Akteure. Essayband zur 3. Sächsischen Landesausstellung [Görlitz, 21. Mai bis 31. Oktober 2011], Dresden: Sandstein Verlag 2011

S. 23 (unten): Preußen und Sachsen. Szenen einer Nachbarschaft, Hauptband, hrsg. von Frank Göse, Winfried Müller, Kurt Winkler und Anne-Katrin Ziesak für das Haus der Brandenburgisch-Preußischen Geschichte, Dresden: Sandstein Verlag 2014

S. 30: Von Land und Kultur. Beiträge zur Geschichte des mitteldeutschen Ostens, in gemeinsamer Arbeit mit Wolfgang Ebert u. a. zum 70. Geburtstag Rudolf Kötzschkes hrsg. von Werner Emmerich, Leipzig: Bibliographisches Institut 1937

S. 34: Stadtgeschichtliches Museum Leipzig, F/3707/2005, via Wikimedia Commons (URL: https://de.wikipedia.org/wiki/Goldener_B%C3%A4r_(Leipzig)#/media/File:Goldener_B%C3%A4r_1925.jpg)

S. 35: Hans Patze/Fred Schwind (Hgg.), Ausgewählte Aufsätze von Walter Schlesinger 1965–1979 (Konstanzer Arbeitskreis für Mittelalterliche Geschichte. Vorträge und Forschungen 34), Sigmaringen: Thorbecke 1987

S. 36 (oben): Forschungen aus mitteldeutschen Archiven. Zum 60. Geburtstag von Hellmut Kretzschmar (Schriftenreihe der Staatlichen Archivverwaltung 3), hrsg. von der Staatlichen Archivverwaltung im Staatssekretariat für Innere Angelegenheiten, Berlin: Rütten & Loening 1953

S. 36 (unten): Helmut Bräuer/Elke Schlenkrich (Hgg.), Die Stadt als Kommunikationsraum. Beiträge zur Stadtgeschichte vom Mittelalter bis ins 20. Jahrhundert. Festschrift für Karl Czok zum 75. Geburtstag, Leipzig: Leipziger Universitätsverlag 2001

S. 38 (oben): Dietlind Kremer (Leipzig)

S. 38 (unten): Uwe John/Josef Matzerath (Hgg.), Landesgeschichte als Herausforderung und Programm. Karlheinz Blaschke zum 70. Geburtstag (Quellen und Forschungen zur sächsischen Geschichte 15), Stuttgart: Steiner 1997

S. 48 (links): Unser Vogtland 1 (1895), Heft 12

S. 51: Sächsische Volkstrachten und Bauernhäuser, hrsg. vom Ausschuss für das Sächsische Volkstrachtenfest zu Dresden 1896, Dresden 1897

S. 53 (links): Festschrift Eugen Mogk zum 70. Geburtstag, Halle/Saale: Niemeyer 1924

S. 59: Kurt Heine (Bautzen)

S. 60: Götz Altmann, Sächsische Landesstelle für Volkskultur, in: Johannes Moser/Jens Stöcker (Hgg.), Volkskundliche Forschung und Praxis im regionalen Kontext. Eine Präsentation der »Landesstellen« im deutschsprachigen Raum, Dresden: Thelem 2005

S. 61: Susanne Hose/Ines Keller, Das Sorbische Institut in Bautzen, in: Johannes Moser/Jens Stöcker (Hgg.), Volkskundliche Forschung und Praxis im regionalen Kontext. Eine Präsentation der »Landesstellen« im deutschsprachigen Raum, Dresden: Thelem 2005

S. 72: Bayerische Staatsbibliothek, München

S. 87: Sächsische Landesbibliothek – Staats- und Universitätsbibliothek Dresden, Deutsche Fotothek, Aufnahme-Nr. df_hauptkatalog_0050328

S. 89: Sächsisches Staatsarchiv, Hauptstaatsarchiv Dresden, 10001, Ältere Urkunden, OU. 6071; Fotografie: Petra Weickert

S. 90: Sächsisches Staatsarchiv, Hauptstaatsarchiv Dresden, 10001, Ältere Urkunden, OU. 6224; Fotografie: Petra Weickert

S. 93: Sammlung des Museums Schloss Wilhelmsburg Schmalkalden, D IV a 1307

S. 95: Sächsisches Staatsarchiv, Hauptstaatsarchiv Dresden, 10024, Loc. 10548/6, fol. 29r

S. 96: Sächsisches Staatsarchiv, Hauptstaatsarchiv Dresden, 10024, Loc. 10548/6, fol. 67r

S. 97: Stadtverwaltung Mittweida, Stadtarchiv, V.I. Nr. 8 Acta

S. 128: Martina Schattkowsky (Hg.), Adlige Lebenswelten in Sachsen. Kommentierte Bild- und Schriftquellen, Köln/Weimar/Wien: Böhlau 2013

S. 129: von Schönbergsche Stiftung (Freiberg)

S. 135: Sächsische Landesbibliothek – Staats- und Universitätsbibliothek Dresden, Deutsche Fotothek, Aufnahme-Nr. df_dk_0006875

S. 137: Sächsische Landesbibliothek – Staats- und Universitätsbibliothek Dresden, Deutsche Fotothek, Aufnahme-Nr. df_dk_0005384

S. 140 (unten): Jahrbuch Wintersport in Sachsen 1908–1909

S. 144: Sächsische Landesbibliothek – Staats- und Universitätsbibliothek Dresden, Deutsche Fotothek, Hist.Sax.K.17-7,73

S. 145: Museum des Landkreises Oberspreewald-Lausitz; Festungsanlage-Museum Senftenberg

S. 146 (oben): Kunstsammlungen der Städtischen Museen Zwickau

S. 146 (unten): Sächsische Landesbibliothek – Staats- und Universitätsbibliothek Dresden, Deutsche Fotothek, Hist.Amer.1283,misc.5

S. 148: Bundesarchiv Berlin, Plak 100-015-022

S. 159: Sächsische Landesbibliothek – Staats- und Universitätsbibliothek Dresden, Deutsche Fotothek, Aufnahme-Nr. df_hauptkatalog_0255532, Fotografie: Ernst Pofeldt, 1875

S. 160: Deutsches Damast- und Frottiermuseum Großschönau

S. 161: Sächsisches Staatsarchiv, Staatsfilialarchiv Bautzen, 50016 Amtshauptmannschaft Zittau, Nr. 603, Lage 65, fol. 10

S. 163 (links): Stadtarchiv Kamenz, Rat der Stadt Kamenz, Nr. 2199: Auswanderung des Musikers Clemens Gärtner (1845–1888)

S. 163 (rechts): Sächsisches Staatsarchiv, Staatsfilialarchiv Bautzen, 50016 Amtshauptmannschaft Zittau, Nr. 602: Einwanderungen in den Bezirk des Gerichtsamts Großschönau (1861–1871), Lage 28, unpag.

S. 164 (links): Sächsische Landesbibliothek – Staats- und Universitätsbibliothek Dresden, Deutsche Fotothek, Aufnahme-Nr. df_hauptkatalog_0000317_035a, Fotografie: Höhne/Pohl

S. 164 (rechts): Sächsische Landesbibliothek – Staats- und Universitätsbibliothek Dresden, Deutsche Fotothek, Aufnahme-Nr. df_hauptkatalog_0032420_003, Fotografie: Höhne/Pohl

S. 166: Archiv des Hennebergischen Museums Kloster Veßra, BI 7a, Nr. 53

S. 169: Vogtlandmuseum Plauen

S. 172 (unten): Archiv des Hennebergischen Museums Kloster Veßra, BI 7a, Nr. 51a; Fotografie: Uta Bretschneider

S. 185: Privatbesitz; Ernst Hirsch/Matthias Griebel/Volkmar Herre, August Kotzsch 1836–1910. Photograph in Loschwitz bei Dresden, Dresden: Verlag der Kunst 1986

S. 186: Sächsische Landesbibliothek – Staats- und Universitätsbibliothek Dresden, Deutsche Fotothek, Aufnahme-Nr. df_hauptkatalog_0264809